WIE DAS WORT GOTTES FEIERN?

QUAESTIONES DISPUTATAE

Begründet von
KARL RAHNER UND HEINRICH SCHLIER

Herausgegeben von
PETER HÜNERMANN UND THOMAS SÖDING

194

WIE DAS WORT GOTTES FEIERN?

Internationaler Marken- und Titelschutz: Editiones Herder, Basel

WIE DAS WORT GOTTES FEIERN?

DER WORTGOTTESDIENST ALS THEOLOGISCHE HERAUSFORDERUNG

HERAUSGEGEBEN VON
BENEDIKT KRANEMANN UND THOMAS STERNBERG

FREIBURG · BASEL · WIEN

KLEMENS RICHTER
dem Kollegen und Freund

Die Deutsche Bibliothek – CIP-Einheitsaufnahme

Wie das Wort Gottes feiern? : Der Wortgottesdienst als theologische Herausforderung / Hrsg.: Benedikt Kranemann und Thomas Sternberg. – Freiburg im Breisgau ; Basel ; Wien : Herder, 2002
 (Quaestiones disputatae ; 194)
 ISBN 3-451-02194-3

Alle Rechte vorbehalten – Printed in Germany
© Verlag Herder Freiburg im Breisgau 2002
www.herder.de
Satzherstellung: SatzWeise, Föhren
Druck und Bindung: Difo-Druck, Bamberg 2002
Gedruckt auf umweltfreundlichem, chlorfrei gebleichtem Papier
ISBN 3-451-02194-3

Inhalt

Einführung 7

„Wort Gottes"
– Bibelwissenschaftliche Grundlegung –

Erich Zenger
„Du thronst auf den Psalmen Israels" (Ps 22,4). Von der Unverzichtbarkeit der jüdischen Psalmen im christlichen Wortgottesdienst 16

Thomas Söding
Wort des lebendigen Gottes? Die neutestamentlichen Briefe im Wortgottesdienst der Eucharistiefeier 41

Claus-Peter März
Das „Wort vom Kult" und der „Kult des Wortes". Der Hebräerbrief und die rechte Feier des Gottesdienstes 82

„Gegenwart Gottes"
– Systematisch-theologische Sondierungen –

Thomas Pröpper
Zur vielfältigen Rede von der Gegenwart Gottes und Jesu Christi. Versuch einer systematischen Erschließung 100

Dorothea Sattler
Gegenwart Gottes im Wort. Systematisch-theologische Aspekte 123

Feierformen, gottesdienstliche Elemente, Handlungsvollzüge
– Liturgiewissenschaftliche Perspektiven –

Albert Gerhards
Dem Wort Gottes Gestalt geben. Heutige Anfragen an tradierte Formen des Wortgottesdienstes 146

Christian Grethlein
Die Predigt – Zentrum des Gottesdienstes? Evangelische Einsichten zu einer fundamentalliturgischen Frage 166

Manfred Probst
Die Leitung von Wort-Gottes-Feiern durch beauftragte Laien 181

Benedikt Kranemann
Das „Lob- und Dankgebet" in der sonntäglichen Wort-Gottes-Feier. Zu Genese, Struktur und Theologie eines neuen Gebetselements 205

Dieter G. Baumewerd
Der liturgische Raum 234

Epilog

Manfred Plate
Kulturelle Erfahrung und kirchliche Liturgie. Gedanken eines Laien 240

Mitarbeiterinnen und Mitarbeiter 250

Register 251
1. Bibelstellen 251
2. Namen 254

Einführung

Wollte man die Themen aufzählen, die auf eine Agenda zukünftiger Aufgaben der Liturgiewissenschaft gesetzt werden müssten – die Untersuchung des Wortgottesdienstes mit seiner Geschichte, Theologie und Praxis müsste zweifellos aufgenommen werden. Nach Josef Andreas Jungmanns 1965 erschienenem Buch „Wortgottesdienst im Lichte von Theologie und Geschichte"[1] ist keine „Elementarlehre" – so damals der Klappentext – mehr über den Wortgottesdienst erschienen. Mehr noch: Auch einzelne Aspekte von historischer Entwicklung, theologischer Bedeutung und liturgischer Gestaltgebung des Wortgottesdienstes sind wenig bearbeitet worden. Ohne jeden Zweifel hat die deutschsprachige Liturgiewissenschaft vor allem mit Blick auf unterschiedliche Aspekte der Liturgie der Sakramente im 20. Jahrhundert Immenses geleistet. Doch was die Wortverkündigung angeht, besteht erheblicher Nachholbedarf!

Dies ist umso verwunderlicher, als sich, sieht man einmal von der Liturgischen Bewegung der ersten Jahrhunderthälfte ab, schon in Sacrosanctum Concilium ganz zentrale Aussagen über den Rang und die Gestalt der Wortverkündigung finden: der Tisch des Wortes soll reicher gedeckt werden (SC 51); von der Gegenwart Christi im Wort wird wieder gesprochen (SC 7); es sollen die Schätze der Heiligen Schrift reicher und mannigfaltiger verkündet werden (SC 35,1). Auch die sehr differenzierte Theologie von Wortverkündigung und Wortgottesdienst in der Messfeier, die die Pastorale Einführung in das Messlektionar skizziert, muss hier erwähnt werden.[2] Sie ist keineswegs schon ausgeschöpft. Zudem hat die Würzburger Synode im „Beschluß: Gottesdienst" u. a. mit Blick auf die

---

[1] Vgl. *J. A. Jungmann*, Wortgottesdienst im Lichte von Theologie und Geschichte. 4., umgearbeitete Auflage der „Liturgischen Feier". Regensburg 1965.
[2] Vgl. Pastorale Einleitung in das Meßlektionar gemäß der Zweiten Authentischen Ausgabe des Ordo lectionum Missae (1981), in: Die Meßfeier – Dokumentensammlung. Auswahl für die Praxis. Hg. v. Sekretariat d. Dt. Bischofskonferenz. 7., korr. u. erg. Aufl. Bonn 1998 (Arbeitshilfen 77) 191–241.

Situation der zwar Getauften, aber doch Glaubensfremden einfache Wortgottesdienstformen empfohlen.[3] Vor allem aber dürfen die Veränderungen in der Liturgiepraxis nicht übersehen werden. Nicht nur, dass die Leseordnungen der Sonn- und Wochentage grundlegend verändert wurden und die Wortverkündigung einschließlich der Predigt wieder als unentbehrlich für die Liturgie betrachtet wird. Keine sakramentliche Feier verzichtet heute mehr auf die Schriftlesung. Der Lektorendienst hat neue Bedeutung erhalten. Um die Gestaltung von Ambonen, von Evangeliaren und Lektionaren hat man sich in vielen Gemeinden gesorgt.

Gerade die Situation der Liturgiepastoral verlangt nach der Beschäftigung mit dem Wortgottesdienst. Nicht nur wächst die Zahl der „Glaubensfremden" und wird zugleich nach Gottesdienstformen gesucht, die – sei es mit diakonalem, sei es mit „missionarischem" Engagement – dieser Situation angemessen sind; dies wären gerade Wortgottesdienste und nicht die Eucharistiefeier. Auch der Mangel an ordinierten Priestern verpflichtet zunehmend im ganzen deutschen Sprachgebiet Diözesanleitungen und Gemeinden zur Suche nach alternativen Gottesdienstformen für die sonntägliche Gemeindeversammlung und verweist auf die Wort-Gottes-Feier, die längst Praxis ist, obwohl einige theologisch essentielle Fragen kaum andiskutiert sind. Für ein lebendiges und vielfältiges liturgisches Leben in den Gemeinden braucht man gottesdienstliche Formen neben der Eucharistiefeier. Aber die Fixierung auf die Eucharistie ist nicht nur ein Problem der Praxis. Auch im theologischen Diskurs spielen Wortverkündigung und Wortgottesdienst eine eher marginale Rolle.[4]

Schließlich ist sogar der Wortgottesdienst innerhalb der Messfei-

---

[3] Vgl. Beschluß: Gottesdienst, in: Gemeinsame Synode der Bistümer in der Bundesrepublik Deutschland. Beschlüsse der Vollversammlung. Offizielle Gesamtausgabe I. Freiburg/Br. 1976, 196–225, hier 202–205.

[4] Vgl. *Fr. Eisenbach*, Die Gegenwart Jesu Christi im Gottesdienst. Systematische Studien zur Liturgiekonstitution des II. Vatikanischen Konzils. Mainz 1982; *A. Moos*, Das Verhältnis von Wort und Sakrament in der deutschsprachigen katholischen Theologie des 20. Jahrhunderts. Paderborn 1993 (KKS 59); Wort und Buch in der Liturgie. Interdisziplinäre Beiträge zur Wirkmächtigkeit des Wortes und Zeichenhaftigkeit des Buches. Hg. v. H. P. Neuheuser. St. Ottilien 1995; *B. Kirchgessner*, Kein Herrenmahl am Herrentag? Eine pastoralliturgische Studie zur Problematik der sonntäglichen Wort-Gottes-Feier. Regensburg 1996 (StPaLi 11); *ders.*, Gottes Wort: gefeiert, verkündet und in Zeichen gedeutet. Die sonntägliche Wort-Gottes-Feier im Kontext der theologischen Disziplinen, in: HlD 54. 2000, 181–192; Das Wort Gottes, in: IKZ 30. 2001, H. 2. Vgl. auch den umfangreichen, von *F. Böhl* u. a. verfassten Artikel Wort Gottes, in: LThK 10. ³2001, 1295–1304; *F. Schneider*, Art. Wortgottesdienst, Wort-Gottes-Feier, in: ebd. 1305 f.

er erst in jüngster Zeit und nur partiell Gegenstand von Forschung und Diskussion gewesen. Immerhin hat das interdisziplinäre Gespräch zwischen Teilen der (vor allem alttestamentlichen) Exegese und der Liturgiewissenschaft die Perikopenordnung ins Blickfeld gebracht und damit eine theologisch fruchtbare Auseinandersetzung über den Rang von Wortverkündigung im Gottesdienst angestoßen.[5] Doch fällt auf, dass bei der anstehenden Revision des Messbuches bislang die Leseordnung und ihre theologische Fundierung wenig berücksichtigt worden sind.[6]

Nicht zuletzt aufgrund der geringen theologischen Durchdringung von Wortverkündigung wie -gottesdienst und der versäumten Vermittlung ihrer spirituellen Bedeutung haben sich problematische Mischformen entwickelt. Der Hildesheimer Bischof Josef Homeyer hat im Jahre 2000 in einem viel beachteten Hirtenbrief beklagt, durch die Verbindung der Wort-Gottes-Feier mit dem Kommunionempfang ohne Mahlhalten werde es immer „schwieriger, die Wort-Gottes-Feiern als eigenständige und wertvolle Formen der gemeindlichen Versammlung zu entwickeln"[7]. Die Probleme, die damit angesprochen sind, müssen nicht eigens aufgezählt werden.

Die Wort-Gottes-Feier in allen tradierten und neuen Formen gehört folglich mehr denn je auf die Tagesordnung der Liturgiewissenschaft. Die folgenden Beiträge verstehen sich als Diskussionsbeiträge und wählen deshalb bisweilen die Thesenform. Sie zeigen, welch theologisch sensibles und komplexes Gebilde ein Wortgottesdienst ist, das nach einer entsprechenden Gestaltung und Feierkultur verlangt. Die Textauswahl und die Dialogizität der Texte aus Altem und Neuen Testament, die Erschließung dieser Texte in ihrer Dynamik und Lebensrelevanz, die Frage, wie man für die Wortverkündigung von Gegenwart Gottes sprechen kann, die Suche nach einer

---

[5] Aus der Fülle der Literatur seien einige Sammelbände genannt: Christologie der Liturgie. Der Gottesdienst der Kirche – Christusbekenntnis und Sinaibund. Hg. v. K. Richter – B. Kranemann. Freiburg/Br. 1995 (QD 159); Streit am Tisch des Wortes. Zur Deutung und Bedeutung des Alten Testaments und seiner Verwendung in der Liturgie. Hg. v. A. Franz. St. Ottilien 1997 (PiLi 8); Leseordnung. Altes und Neues Testament in der Liturgie. Hg. v. G. Steins. Stuttgart 1997 (Gottesvolk S/97).

[6] So ist in dem umfangreichen Band: Studien und Entwürfe zur Meßfeier. Texte der Studienkommission für die Meßliturgie und das Meßbuch der Internationalen Arbeitsgemeinschaft der Liturgischen Kommissionen im deutschen Sprachgebiet 1. Hg. v. E. Nagel u. a. Freiburg/Br. 1995, lediglich ein kurzes Kapitel (Die Frau in der Bibel. Vorschläge für Ergänzungen zum Meßlektionar, ebd. 115–118) diesem Themenkreis gewidmet.

[7] „Die Eucharistie am Sonntag hat den Vorrang vor jedem anderen Gottesdienst". Das Hirtenwort des Bischofs von Hildesheim, Dr. Josef Homeyer, zur österlichen Bußzeit 2000, in: Gottesdienst 34. 2000, 73–78, hier 77.

geeigneten, theologisch wie im Blick auf die Menschen angemessenen Gebetsform, die alles andere als nebensächliche Frage nach der Leitung solcher Gottesdienste, die Zeichenhaftigkeit auch der Wortverkündigung bis hin zur Gestaltung liturgischer Praxis – wer sich auf diese Ausdrucksform christlichen Glaubens einlässt, begegnet rasch zentralen Fragen der (Liturgie)Theologie. Der Wortgottesdienst ist in seiner Vielfalt für die christliche Spiritualität der Gegenwart erst noch (wieder) zu entdecken. Zu dieser Wiederentdeckung wollen die Aufsätze dieses Bandes ihren Beitrag leisten.

Wortgottesdienste sind ein zu komplexes Gebilde, als dass man die Erkenntnisse der Exegese – hier sei nur an die für die Liturgiewissenschaft geradezu aufregenden Ergebnisse der Kanontheologie erinnert – übersehen könnte. Eine bibelwissenschaftliche Grundlegung eröffnet deshalb die Reihe der Beiträge. *Erich Zenger* geht der Frage nach, warum der Psalter für solche Gottesdienste unverzichtbar ist. Der Alttestamentler führt an die existentielle Dichte dieser Texte heran, die er der „Theo-Poesie" zurechnet, zeigt aber zugleich, wie diese bis in die jüngere christliche liturgietheologische Diskussion hinein verkannt wurde. Zenger vertritt zudem die These, dass gerade die Liturgie ein produktiver Ort christlicher Israeltheologie sein müsste.[8]

Sind in den vergangenen Jahren vor allem aus alttestamentlicher Perspektive der Stellenwert der Schriftlesung und die Leseordnung im Besonderen diskutiert worden, so stellt dem mit *Thomas Söding* ein Neutestamentler Überlegungen an die Seite, in denen die Unverzichtbarkeit des Alten Testaments für den christlichen Gottesdienst unterstrichen, zugleich der besondere Stellenwert des Evangeliums vertreten und auf den Rang der neutestamentlichen Brieflesung hingewiesen wird. Söding plädiert für Dialogizität zwischen den Schrifttexten, die die Spannungen zwischen den verschiedenen Lesetexten fruchtbar mache; diese sei schon in der Kanonizität der biblischen Schriften angelegt. Der Beitrag, der die Liturgie als „Ernstfall der Schriftlesung" betrachtet, befasst sich kritisch mit Einzelheiten der liturgischen Schriftlesung heute, so der Perikopenauswahl und den rahmenden Formeln, und lädt zum interdisziplinären Gespräch ein.

Exemplarisch zeigt *Claus-Peter März*, dass für den Verfasser des Hebräerbriefes jeder Gottesdienst „Wortgottesdienst" im Sinne eines Anrede-Antwort-Geschehens ist. Der Mensch antwortet als der von Gott im Sohn Angesprochene. Die Gottesdiensttheologie

---

[8] Vgl. in diesem Band S. 35.

des Hebräerbriefes entsteht im Kontext von Verunsicherungen über den Gottesdienst. Im Brief wird der Gottesdienst der eschatologischen Kultgemeinschaft zugeordnet, er besitzt soteriologische Qualität. Die exegetischen Überlegungen sind hilfreich, um die Theologie des Wortgottesdienstes zu vertiefen und das Gewicht dieser Gottesdienstordnung zu unterstreichen.

Der zweite Teil des Buches widmet sich systematisch-theologischen Sondierungen. Die Ausführungen von *Thomas Pröpper* zielen, wie der Systematiker es eingangs formuliert, auf ein „gedanklich geklärtes und zusammenhängendes Verständnis der verschiedenen Weisen der Präsenz Gottes wie auch der Gegenwart Jesu Christi für uns Menschen".[9] Sie interpretieren die Selbstoffenbarung Gottes als „Selbstbestimmung Gottes" für die Menschen in Jesus Christus und zugleich als „Selbstgegenwart Gottes und Jesu Christi" in den Menschen durch den Geist. Der Glaube aktualisiert diese Selbstgegenwart und ist menschliche Antwort. Beachtenswert für die liturgiewissenschaftliche Diskussion sind Pröppers Ausführungen zum Begriff des „darstellenden Handelns" und zur „Theorie gläubiger Praxis", die als „Basistheorie für das Verständnis der Glaubensüberlieferung und aller gläubigen und kirchlichen Vollzüge" bezeichnet wird.[10] Pröpper formuliert abschließend Konsequenzen für das Verständnis der Selbstpräsenz Gottes und Jesu Christi in der Eucharistie, die auf den Wortgottesdienst übertragbar sind.

Dorothea Sattler nähert sich der Frage nach der Gegenwart Gottes im Wort von sprachphilosophischen und kommunikationswissenschaftlichen Überlegungen her. Das Wesen der Gegenwart des Wortes Gottes fasst die Systematikerin als Selbstkunde Gottes. Wortverkündigung interpretiert sie als einen unvergleichlich wertvollen „Ort der Gegenwart Gottes im antwortenden Zeugnis der verkündigenden Glaubensgemeinschaft".[11] Die Wortverkündigung bildet den Kontext für das Deutewort über die sakramentalen Zeichenhandlungen. Bemerkenswert ist der Hinweis auf die biographischen Bedingungen von Kommunikationsgeschehen, der zur Formulierung führt, Wortverkündigung sei „Gottes-Kunde angesichts der Lebensgeschichten der Sprechenden und Hörenden".[12]

Im dritten Teil des Buches werden einzelne Feierformen, gottes-

---

[9] Vgl. in diesem Band S. 100.
[10] Vgl. ebd. S. 115. Vgl. den Beitrag schon in: *Th. Pröpper*, Evangelium und freie Vernunft. Konturen einer theologischen Hermeneutik. Freiburg/Br. 2001, 245–265.
[11] Vgl. in diesem Band S. 140.
[12] Vgl. in diesem Band ebd.

dienstliche Elemente und Handlungsvollzüge behandelt, also liturgiewissenschaftliche Perspektiven entwickelt. *Albert Gerhards* untersucht die Praxis des Wortgottesdienstes. Er will einen dritten Weg der „symbolischen Inszenierung" der Wortverkündigung zwischen thematischer Verzweckung und ritualistischer Verengung weisen. Sechs Thesen gelten der Objektivität der Proclamatio Verbi, der subjektiven Aneignung und meditativen Vertiefung, der Antwort auf die Verkündigung in „übersubjektiver Verbindlichkeit", dem Feiercharakter des Wortgottesdienstes, den Orten der Wortverkündigung und dem missionarischen Charakter des Wortgottesdienstes. Der Liturgiewissenschaftler untersucht den Wortgottesdienst der Messfeier, befragt ihn historisch-theologisch und weist, wo nötig, auf Alternativen für die Feiergestalt hin.

Christian Grethlein skizziert Martin Luthers Predigtverständnis, wonach das Predigtwort das Medium sei, durch welches das Christusereignis auf die Menschen zukomme. Muss sich aber Predigt, so fragt der evangelische Theologe, immer auf einen Schrifttext beziehen? Grethlein favorisiert demgegenüber ein induktives Predigtmodell. Gottesdienst ist für ihn ein Kommunikationsgeschehen, das handlungstheoretisch zu verstehen ist. Als Ziel müsse mit einem Wort Luthers gelten, „das Wort im Schwange zu halten".

Manfred Probst diskutiert unterschiedliche Positionen aus Theologie und kirchenamtlichen Dokumenten zur Legitimität und Praxis der Leitung von Wort-Gottes-Feiern durch Laien. Seine These ist, dass es sich dabei um einen Laiendienst mit neuer Qualität handele. Laien sollten durch eine Beauftragung zum Dienst der Gottesdienstleitung delegiert werden. Durch die bischöfliche Beauftragung werde zum Ausdruck gebracht, dass der Bischof an seiner eigenen priesterlichen Vollmacht Anteil gebe.

Für die sonntäglichen Wort-Gottes-Feiern hat sich in der Praxis und theologisch kaum reflektiert ein neues Gebetselement herausgebildet, das u.a. als Lob- und Dankgebet bezeichnet wird und zumeist in unmittelbarer Beziehung zur Wortverkündigung steht. *Benedikt Kranemann* dokumentiert, welche Funktion diesem Gebetselement in neueren liturgischen Büchern beigemessen wird und wie dieser Gebetstyp entstanden ist. Ausgewählte Gebetstexte werden hinsichtlich ihrer Struktur, der Zeitebenen im Gebet, der Funktionalität innerhalb der Liturgie und der Participatio actuosa der Gläubigen untersucht. Kritische Rückfragen an den neuen Gebetstypus wollen zur theologischen und formalen Konturierung des Lob- und Dankgebets beitragen, das, einmal eingeführt, für die Feier- wie für die Sinngestalt sonntäglichen Wortgottesdienstes große Bedeutung besitzt.

Mit der Erneuerung der Liturgie im 20. Jahrhundert ist die Umgestaltung liturgischer Räume verbunden gewesen. *Dieter G. Baumewerd* zeigt als Architekt, wie im Zusammenspiel mit gegenwärtiger Liturgietheologie liturgische Räume verstanden werden können. Auch hier findet der besondere Rang der Wortverkündigung seinen Ausdruck, wenn Altar *und* Ambo als aufeinander verwiesene „Elemente einer Form" im Brennpunkt des Raumes stehen.

Den Epilog bildet ein Essay von *Manfred Plate*, Publizist und langjähriger Chefredakteur des „Christ in der Gegenwart". Plate entwickelt vor dem Hintergrund zeitgenössischer Kultur mit wenigen Strichen das gesellschaftlich-kulturelle Szenarium, in dem heute Christen Liturgie feiern. Er schärft den Blick für kulturelle Gegebenheiten, die gerade für die Suche nach angemessenen Formen des Wortgottesdienstes zu berücksichtigen sind.

Die Aufsätze sind aus einem Kolloquium hervorgegangen, das anlässlich des 60. Geburtstags von Klemens Richter am 26./27. Mai 2000 in der Akademie Franz-Hitze-Haus in Münster stattgefunden hat. Es stand unter dem Thema „‚Gottes Wort feiern'. Situation und Perspektiven des Wortgottesdienstes". Der Dank der Herausgeber gilt den Autorinnen und Autoren, die durch ihre Mitarbeit das Entstehen des Buches ermöglicht haben. Dank zu sagen ist auch Frau Lic. theol. Daniela Kranemann, die die redaktionelle Bearbeitung der Manuskripte übernommen hat.

Klemens Richter hat mit einem sehr genauen Gespür für die Probleme und Fragen christlicher Liturgie der Gegenwart immer wieder auf neue Themen der Liturgiewissenschaft aufmerksam gemacht und weiterführende Diskussionen angestoßen, nicht zuletzt durch mehrere Bände der „Quaestiones Disputatae".[13] Auch zum Thema „Wortgottesdienst" hat er sich geäußert und auf anstehende Fragen aufmerksam gemacht.[14] Umso mehr freuen sich die Heraus-

---

[13] Liturgie – ein vergessenes Thema der Theologie? Hg. v. K. Richter. Freiburg/Br. 1986. ²1987 (QD 107); Eheschließung – mehr als ein rechtlich Ding? Hg. v. K. Richter. Freiburg/Br. 1989 (QD 120); Der Umgang mit den Toten. Tod und Bestattung in der christlichen Gemeinde. Hg. v. K. Richter. Freiburg/Br. 1990 (QD 123); Christologie der Liturgie. Der Gottesdienst der Kirche – Christusbekenntnis und Sinaibund (wie Anm. 5); Wie weit trägt das gemeinsame Priestertum? Liturgischer Leitungsdienst zwischen Ordination und Beauftragung. Hg. v. M. Klöckener – K. Richter. Freiburg/Br. 1998 (QD 171); Das Opfer – Biblischer Anspruch und liturgische Gestalt. Hg. v. A. Gerhards – K. Richter. Freiburg/Br. 2000 (QD 186).

[14] *K. Richter – R. Freitag*, Zur liturgischen Struktur des Wortgottesdienstes. Ein Diskussionsbeitrag. Münster 1965 (RLGD 8) 14.

geber, dem Lehrer, Kollegen und Freund die Aufsätze dieses Buches im Namen aller Autorinnen und Autoren in der Hoffnung zueignen zu dürfen, dass sich auch daraus wieder eine hilfreiche Diskussion für die Liturgie der Kirche entwickeln möge.

Erfurt – Münster, im Januar 2002 *Benedikt Kranemann*
Thomas Sternberg

„Wort Gottes"
– Bibelwissenschaftliche Grundlegung –

„Du thronst auf den Psalmen Israels"
(Ps 22,4)
Von der Unverzichtbarkeit der jüdischen Psalmen
im christlichen Wortgottesdienst

Von Erich Zenger, Münster

„Das Buch der Psalmen trägt wie ein Garten, was in allen (anderen Büchern der Heiligen Schrift) vorkommt, in sich ... Wie man die übrige Heilige Schrift im Psalter finden kann, so trifft man auch oft ‚Psalmen' in den anderen Büchern der heiligen Schriften an. Denn auch Moses schreibt einen Psalm, und Isaias psalmodiert, und Habakuks Gebet hat Liedform ... Deswegen wird einerseits im Psalter, der wesentlich aus Liedern besteht, in Vers und Melodie besungen ..., was in anderen Büchern in Prosa gesagt wird. Andererseits kann der Psalter auch einmal ein Gesetz geben ..., die Geschichte des Weges Israels erzählen und über den Heiland prophezeien ...

Und auch folgendes ist in den Psalmen wiederum auffallend: was die Heiligen (Schriftsteller) reden und wovon sie sprechen, das beziehen die Leser auf die Personen, von denen berichtet wird, und die Hörer halten sich für andere als die, von denen die Rede ist. Die berichteten Taten erwecken lediglich Bewunderung und das Verlangen, sie nachzuahmen. Anders jedoch, wenn du den Psalter in die Hand nimmst. Nur die Prophezeiungen über den Heiland vernimmst du in der üblichen Weise wie in den übrigen Büchern, ‚bewundernd und betend', die restlichen Psalmen aber liest du als deine eigenen Wörter. Wer diese Psalmen liest, wird zerknirscht, wie jemand, der selber so redet, er wird durch die Worte dieser Lieder in die gleiche innere Stimmung versetzt, wie wenn es seine eigenen persönlichen wären ... Ich bin der Ansicht, daß in den Worten dieses Buches das ganze menschliche Leben, sowohl die geistlichen Grundhaltungen als auch die jeweiligen ‚Bewegungen' und Gedanken umfaßt und enthalten sind. Nichts kann darüber hinaus im Menschen gefunden werden ...

Ich jedenfalls meine, daß die Psalmen auf den, der sie singt, wie ein Spiegel wirken: er kann sich selbst und die Regungen seiner Seele in ihnen betrachten und sie in dieser Erkenntnis beten ... Um es in aller Deutlichkeit zu sagen: Zwar ist die ganze Heilige Schrift Lehrerin der Tugend und des wahren Glaubens, das Buch der Psalmen aber enthält (darüber hinaus) irgendwie das (Ur)bild des (rechten) Lebenswandels (der Seelen). Wer Zutritt zum König hat, der hält sich in Wort und Auftreten an eine bestimmte Form. Andernfalls wird er, wenn er sich nicht daran hält, als ungebildeter Mensch hinausgeworfen.

Ähnlich macht es die Heilige Schrift: Wer zur Tugend eilt und das irdische Leben des Heilands kennenlernen will, den läßt sie zuerst die Psalmen lesen, damit er die (rechten) ‚Bewegungen' der Seele vor Augen hat und durch das Lesen dieser Worte sich formt und bildet ...

Keiner suche jedoch den Psalter durch treffendere Ausdrücke weltlicher Redeweise zu verschönern oder ihn umzuarbeiten oder gar zu verändern. Man lese und singe ihn vielmehr ganz einfach im vorliegenden Wortlaut. Die Männer, die ihn uns geschenkt haben, sollen nämlich ihre eigenen Worte wiedererkennen und so mit uns zusammen beten können. Mehr noch, der Heilige Geist soll die Worte, die er durch jene gesprochen hat, wahrnehmen und so auch uns ‚beistehen' (vgl. Röm 8,26). Denn im Maße als das Leben der Heiligen heiliger ist als das der übrigen Menschen, wird man auch zu Recht ihre Worte für heiliger und wirksamer halten als die, die wir zusammenfügen ...

Ein jeder möge also Mut fassen, indem er diese Worte nachspricht. Denn Gott erhört durch sie (die Worte der Psalmen) die Flehenden. Wer in Not ist, wird beim Aussprechen dieser Worte den großen in ihnen liegenden verborgenen Zuspruch erfahren. Wer versucht und verfolgt ist, wird durch ihren Gesang sich bewähren. Er wird von Gott beschützt werden, der auch den beschirmt hat, der diese Worte (ursprünglich) gesungen hat. Mit diesen Worten wird er den Teufel verjagen und die Dämonen vertreiben."[1]

Auf die Frage, warum ein christlicher Wortgottesdienst nicht auf die biblischen Psalmen verzichten darf, kann man kaum zutreffendere Antworten geben als es diese im 4. Jahrhundert n. Chr. verfasste Laudatio tut, die von Athanasius von Alexandrien, dem großen Verteidiger des Konzils von Nikaia, stammt. Was hier über die Einzigartigkeit des Psalters unter *allen* Büchern der Heiligen Schrift *und* über die von den Worten des Psalters ausgehende Wirkung auf die Seele gesagt ist, nennt die entscheidenden Aspekte, die bis heute Gültigkeit haben. Es wäre reizvoll, eine genauere Analyse und Interpretation des umfangreichen „Briefes an Marcellinus", aus dem die von mir zitierten Passagen stammen, durchzuführen. Das

---

[1] Die Übersetzung folgt *H.-J. Sieben*, Athanasius über den Psalter. Analyse seines Briefes an Marcellinus, in: ThPh 48. 1973, 157–173; einige Passagen schließen sich der Übersetzung an, die *Ch. Reemts*, Schriftauslegung. Die Psalmen bei den Kirchenvätern. Stuttgart 2000 (Neuer Stuttgarter Kommentar-Altes Testament 33/6) 29–31 bietet.

ist hier nicht möglich.² Stattdessen will ich im Gespräch mit diesem faszinierenden patristischen Text in drei Reflexionsgängen einige Gründe für die Unverzichtbarkeit der Psalmen im christlichen Wortgottesdienst vorlegen und in der gebotenen Kürze erläutern.

1. Der Psalter als Theo-Poesie

Der Brief gehört in den Kontext der großen Psalterrenaissance des Davidpsalters im 4. Jahrhundert. „Während die altkirchliche Liturgie zu den wechselnden Anlässen jeweils einige passende Psalmen auswählte – dieser Brauch lebt im Missale und Rituale Romanum bis heute fort – kam im 4. Jahrhundert die völlig neue Weise auf, die Anzahl von Psalmen in fortlaufender Reihe, wie sie im Davidpsalter nacheinander folgen, ‚kursorisch' [d.h. als lectio currens; E. Z.] zu rezitieren ... Wie es scheint, haben zuerst die Einsiedler in den Wüsten Syriens und Ägyptens aus der fortlaufenden Psalterlesung ein kursorisches Psalmenbeten gemacht. Manche, besonders strenge Asketen beten sogar den ganzen Psalter mit seinen sämtlichen 150 Psalmen in einer einzigen Nacht durch. Von den Anachoreten ging dann diese Form des Gotteslobes in die Kirchen der klösterlichen Gemeinschaften über, und dem Beispiel der Mönche folgten bald die Weltpriester und sogar erstaunlich viele Laien."³ Diese Psalterrenaissance (es war eine Renaissance, weil sie die neutestamentlich bezeugte Psalmenfrömmigkeit der christusgläubigen Gemeinden des 1. Jahrhunderts revitalisierte) führte zu einer verstärkten Reflexion über die sprachliche, liturgische und theologische Eigenart dieser biblischen Texte. Eines der wichtigsten Dokumente der Wiederentdeckung der Psalmen ist der „Brief an Marcellinus". Seine herausragende Bedeutung für die Alte Kirche ist daran abzulesen, dass er schon kaum ein Jahrhundert nach seiner Entstehung als Psalterprolog in den Codex Alexandrinus aufgenommen wurde und danach für andere Psalterprologe eine entscheidende Vorgabe bzw. ein prägendes Vorbild wurde.⁴

Der „Brief an Marcellinus" stellt zwei Lese- bzw. Gebetsweisen des Psalmenbuches gleichberechtigt nebeneinander, was für unseren Zusammenhang besonders wichtig ist und was die liturgischen

---

² Vgl. *Sieben*, Athanasius (wie Anm. 1) sowie *G. Bader*, Psalterium affectuum palaestra. Prolegomena zu einer Theologie des Psalters. Tübingen 1996 (HUTh 33) 112–128.
³ *H. Schneider*, Psalmenfrömmigkeit einst und heute, in: GuL 33. 1960, 359–369, hier 364f.
⁴ Vgl. dazu *Bader*, Psalterium (wie Anm. 2) 111–186.

Reformer bei und nach dem II. Vatikanum weitgehend übersehen bzw. verweigert haben: Neben die christologische Dimension des christlichen Psalmenbetens stellt Athanasius die existentielle Dimension, ihre emotionale und konkrete Sprache, ihren Lebensbezug und ihre vom Geist Gottes selbst gewirkte Kraft, die Beterinnen und Beter in ihrem Innersten zu ergreifen und zu verwandeln. Athanasius verwendet in diesem Zusammenhang drei wichtige Begriffe: „Wiederaufrichtung" (διόρθωσις), „Umschwung" (μεταβολή) und „Bewegung" bzw. „Bewegtheit" (κίνησις bzw. κίνημα). Wer die Worte des Psalters zu seinen eigenen macht, wird in seiner Not und in seinem Leid, aber auch in seiner Freude „aufgerichtet" und „ausgerichtet" – hin zum lebendigen Gott. Die Worte der Psalmen haben die Kraft, Umschwung im Sinne von Umkehr und Erneuerung zu bewirken. Und sie versetzen durch ihre poetische Kunst, durch die emotionale Tiefe ihrer Bilder und durch den dynamischen Rhythmus ihrer Textgestalt die Beterinnen und Beter in eine polare Spannung von Bewegung und Ruhe, von Gott-Suchen und Gott-Finden.

Die existentielle Dimension der Psalmen zeigt sich zunächst in ihrer spezifischen Sprachgestalt und in ihrer Bildwelt. Die Sprache der Psalmen ist nicht abstrakt und lehrhaft, sondern konkret und erfahrungsbezogen. In ihr spricht sich gewissermaßen das Leben selbst in seiner Vielgestaltigkeit und Dramatik aus. In den Psalmen spiegelt sich das alltägliche Leben der Einzelnen und der Gemeinschaft wider – und zwar in einer Wahrnehmung von Wirklichkeit, die einerseits so konkret ist, dass der unmittelbare Bezug zur alltäglichen Wirklichkeit in plastischen und emotionalen, bisweilen sogar widersprüchlich erscheinenden Bildern benannt wird. Und andererseits ist die Bildsprache der Psalmen zugleich so offen, dass mit dem Nach-Sprechen der Psalmen weitere und neue Erfahrungen gemacht werden können, weil die lebenskontextlichen Bilder der Psalmen jeweils unterschiedlich aktualisiert werden können. Das ist ja die Eigenart von Poesie überhaupt. Sie gestaltet mit ihrer poetischen Sprache einerseits höchst individuelle Welt- und Lebensbilder; diese sind aber andererseits so authentisch und im wahrsten Sinne des Wortes „poietisch", d.h. die Wirklichkeit neu schaffend, gestaltend und geradezu verwandelnd, dass sie ihren Rezipienten neue Horizonte und Dimensionen ihres eigenen Lebens erschließen können. Auch die Psalmen sind solche Poesie. Sie sind verdichtetes Leben. In ihnen spricht sich das Leben selbst aus – in seinen Sehnsüchten und Ängsten, in seinen Zweifeln und Hoffnungen, in seiner Not und in seiner Last, aber auch in seiner Kraft zum Kampf für Gerechtigkeit und zum Widerstand gegen Lüge und Gewalt. In den Psalmen spricht sich das Leben selbst aus – vor allem mit der Leidenschaft, dass es *als Leben* gelebt werden will – *vor und mit Gott*. Das ist die existentielle Dimension der Psalmen schlechthin: Sie feiern das Leben als Geschenk Gottes, sie protestieren gegen alles, was das so verstandene Leben bedroht, und sie erinnern Gott selbst daran, dass er die Fürsorge für *dieses* Leben übernommen hat.

Wegen ihrer fundamentalen Gottesbezogenheit kann man die Psalmen zu Recht „Theo-Poesie" nennen. Das ist etwas anderes als die Kategorie „religiöse Dichtung", neben der es dann auch noch „profane bzw. nichtreligiöse Dichtung" gäbe. Die Psalmen sind nicht Dichtung, die das Segment „Religion" neben anderen Segmenten wie Kultur, Wirtschaft und Politik „bearbeitet". Diese Aufspaltung der Wirklichkeit der Neuzeit, die leider auch die Sprache der liturgischen Texte der Neuzeit weitgehend bestimmt, gab es in der Zeit, in der die Psalmen entstanden sind, noch nicht. Die Rede *von* Gott und die Rede *zu* Gott war in Israel auf alle Bereiche der Wirklichkeit bezogen. Deshalb sind die Psalmen Israels „alles andere als Poesie in einer religiösen Nische. Sie reden, singen vom Dasein in all seinen sozialen und individuellen Aspekten. Daß sie es ‚coram Deo', in der Gegenwart Gottes tun, ist selbstverständlich, denn zu ihrer Zeit war alles Leben ‚religiös', d. h. auf Gott oder Götter bezogen. Insofern ragt die biblische Theopoesie als ganzheitlicher Fremdkörper in unser zersplittertes Bewußtsein hinein. Das macht die Psalmen einerseits unzeitgemäß, andererseits durchbricht just diese Unzeitgemäßheit die Kategorien unseres Zeitgeistes, so daß Milan Machovec sagen konnte, selbst für ihn, den Atheisten, seien die Psalmen ‚dynamische Beschreibungen seiner persönlichen Situation im 20. Jahrhundert' und deshalb ‚phantastisch aktuell'".[5]

In den Psalmen kommen die elementaren (Ur-)Erfahrungen des Lebens in ihrer Polarität zur Sprache (Gesundheit ↔ Krankheit, Freude an der Gemeinschaft des Lebens ↔ Leiden an feindlicher Bedrohung und Einsamkeit, Begeisterung über die Schönheit und das Geheimnis der Schöpfung ↔ Enttäuschung über die Störungen, ja Zerstörungen des Lebens, Gottesnähe ↔ Gottesferne), und zwar als Erfahrungen der Einzelnen *und* als Erfahrungen Israels als einer durch Gott selbst geschaffenen Gemeinschaft. In den Psalmen erleben wir, wie Israel mit diesen positiven und negativen Erfahrungen umgeht, wie es dabei mit sich selbst und vor allem mit seinem Gott umgeht. Die Psalmen sind die Anthropologie Israels *coram Deo*. Hier kommt das Leben *zu sich selbst, wie es wirklich ist*, in seinem

---

[5] Nach *K. Marti*, Die Psalmen 107–150. Annäherungen. Stuttgart 1993, 5.

Enttäuschtsein *und* in seinem Gelingen. Hier artikuliert sich wirklich die condition humaine, in Zustimmung und in Protest, in ihrer individuellen und gesellschaftlichen Komplexität, in ihrer Verwobenheit in den Ablauf der Geschichte und der Schöpfung insgesamt. Das ist die theologische Eigenart der Psalmen, die sie zu Gebeten für die Liturgie geradezu prädestiniert: Die Psalmen sind poetische Inszenierung des Lebens *coram Deo* in dessen Dramatik und Dynamik, und sie wollen als solche rezitiert oder gesungen werden.[6]

Gewiss, nicht alle Psalmen sind in gleicher Weise poetisches Kunstwerk, aber in irgendeiner Weise eignet ihnen allen jene dichterische Kraft, die nicht nur den Verstand, sondern die emotionale, personale Mitte der Psalmenbeterinnen und Psalmenbeter anspricht und zur Identifikation, zum Widerspruch und zum „Weiterschwingen" herausfordert. Aus der Fülle der literarischen Zeugnisse über diese emotionale Identifikationskraft der Psalmen mag die Erinnerung an zwei ihrerseits begabte Dichter genügen. In seiner Vorrede zur Psalterübersetzung von 1528 sagt Martin Luther über die Psalmen: Im Psalter findet „ein jeglicher, in welcherlei Sache er ist, Psalmen und Worte drinnen ..., die sich auf seine Sache reimen und ihm so eben sind, als wären sie allein um seinetwillen also gesetzt, daß er sie auch selbst nicht besser setzen noch finden kann noch wünschen mag."[7] Und Rainer Maria Rilke schreibt am 4. Januar 1915 an seinen Verleger S. Fischer: „Ich habe die Nacht einsam hingebracht in mancher innerer Abrechnung und habe schließlich, beim Scheine meines noch einmal entzündeten Weihnachtsbaumes, die Psalmen gelesen, eines der wenigen Bücher, in dem man sich restlos unterbringt, mag man noch so zerstreut und ungeordnet und angefochten sein."[8]

Weil die Psalmen verdichtetes Leben sind, kann sich jede und jeder in ihnen wiederfinden – im klagenden Nein zum Leid und zur Gewalt, in der sehnsuchtsvollen Gott-Suche mitten in Krankheit, Zweifel, Einsamkeit und inmitten von Anfeindung und Hass, aber auch im beglückten Dank für erfahrene Hilfe durch Menschen und durch das Geschenk der Gottesnähe sowie schließlich im

---

[6] Zur theologischen Anthropologie der Psalmen vgl. die grundlegenden Reflexionen bei *Ch. Hardmeier*, Systematische Elemente der Theo-logie in der Hebräischen Bibel. Das Loben Gottes – ein Kristallisationsmoment biblischer Theo-logie, in: JBTh 10. 1995, 111–127, sowie besonders *B. Janowski*, Die „Kleine Biblia". Zur Bedeutung der Psalmen für eine Theologie des Alten Testaments, in: Der Psalter in Judentum und Christentum. Hg. v. E. Zenger. Freiburg/Br. 1998 (Herders biblische Studien 18) 381–420.
[7] M. Luther, Zweite Vorrede auf den Psalter (1528), in: Luthers Vorreden zur Bibel. Hg. v. H. Bornkamm. Frankfurt 1983, 68.
[8] *R. M. Rilke*, Briefe an seinen Verleger. Leipzig 1934, 247.

selbst- und interesselosen Rühmen des (trotz allem) gütigen und barmherzigen Gottes.

Gerade als Gedichte wollen und können die Psalmen im Leser / Beter jenes Geschehen auslösen, das sie sprachlich beschreiben. So will ein *Klagepsalm* in der Abfolge seiner Bauelemente – (1) „Invocatio" (Anrufung Gottes mit seinem Namen bzw. Titel bzw. mit der Erinnerung an eine seiner Heilstaten), (2) „Klage" (Schilderung der Not / des Leids), (3) „Bitte um ein Ende der Bedrängnis", (4) „Vertrauensäußerung" – die Leidenden an die Hand nehmen, um sie aus Isolation und Verzweiflung ihres Leids herauszuführen – hin zu dem Gott, der seine Kraft gerade in und an den Leidenden erweisen, ja offenbaren will. Und ein *Dankpsalm* will denen, die Anlass zum Dank haben, eine sprachliche Hilfe sein, ihre neue Situation vertieft zu begreifen und anderen zu bezeugen (Bauelemente: [1] Ankündigung des Dankes, [2] Rettungserzählung, [3] Einladung an die „Gemeinde", sich dem Dank anzuschließen) – als Begegnung mit dem rettenden Gott. Und ein *Hymnus* (Bauelemente: [1] Aufforderung zum Lobpreis, [2] Begründung und Durchführung des Lobpreises, [3] Ausklang) will mit seiner Aufforderung zum Lobpreis von jener oberflächlichen Welt- und Geschichtssicht, die nur positivistisch registriert, was „ist" oder „war", wegführen – hin zu jener staunend-lobpreisenden Wahrnehmung, dass alles, was lebt, letztlich aus der gütigen Hand Gottes lebt, und dass alles, was atmet, dabei Anteil hat am Lebensatem Gottes selbst.

Als Dichtung ermöglichen, ja fordern die Psalmen ein kreatives Nach- und Mitsprechen, und zwar gerade in ihrer spezifischen sprachlichen Gestalt, die ihnen eine eigentümlich produktive Offenheit gibt, in die jeder sich selbst einbringen kann. Sie sind wie das Text- und Regiebuch eines guten Stücks, das nicht sklavisch, sondern kreativ „realisiert" werden will. Dabei ist es hilfreich und wichtig (wie bei jedem Kunstwerk, ob Malerei, Musik, Architektur usw.), sowohl die einzelnen Elemente der künstlerischen Gestaltung als auch die Gesamtgestalt eines Psalms auf sich wirken zu lassen und in sich aufzunehmen. Manchmal wird dies intuitiv geschehen, manchmal kann (und muss) man sich dies im Detail erarbeiten (oder erklären lassen).

Diese Vielfalt der existentiellen Dimension der Psalmen muss sich auch in der Vielfalt ihrer liturgischen Inszenierung widerspiegeln. Das gilt sowohl für die unterschiedlichen Formen ihrer liturgischen „Aufführung" (solistische Rezitation mit antiphonaler Rahmung bzw. Strukturierung des Psalms, chorische Aufführung in mehrstimmiger Vertonung, Sprechgesang mit Begleitung durch ein Instrument, Rezitation durch einen Sprecher in Kombination mit einem von der „Gemeinde" als „Antiphon" rezitierten Psalmvers, „Psalmenoratorien", Textkollagen, Rezitation im Wechsel wie beim Stundengebet usw.) als auch für die Auswahl der einzelnen Psalmen bzw. für ihren Ort im Ablauf des Wortgottesdienstes bzw. der Liturgie überhaupt („Eröffnungspsalm" = Introitus, „Antwortpsalm", „Fürbittgebetspsalm", „Segenspsalm", „Sanctuspsalm" usw.). Entscheidende Perspektive muss der lebenskontextliche, existentielle Bezug sein, der ja das Charakteristikum der biblischen Psalmen ist. In dieser Perspektive erscheint es mir dann auch vertretbar zu sein, wenn nur Teile eines Psalms ausgewählt werden, vor allem dann, wenn eine „Gemeinde" noch sehr wenig mit den Psalmen vertraut ist.

Dass diese existentielle Dimension der Psalmen, die sie z. B. von vielen Orationen der traditionellen Liturgie (die nicht selten wie ein theologischer Traktat in Gebetsform klingen) unterscheidet, nicht erst eine Entdeckung der Moderne ist, bestätigt der Blick in die Rezeption der Psalmen durch die Alte Kirche, von der schon kurz die Rede war. Es war m. E. gerade die Wiederentdeckung der existentiellen Kraft der Psalmen, die zur Psalterrenaissance in der Alten Kirche geführt hat. Denn, so muss man in der Tat fragen, „wie war es möglich, daß die christliche Kirche – eben im konstantinischen Jahrhundert ihres endgültigen Sieges – gerade das alttestamentliche Psalmenbuch zu ihrem wichtigsten Gebet- und Gesangbuch machte? Dazu haben mehrere Faktoren beigetragen. Im selben 4. Jahrhundert gelangte der Scheidungsprozeß zwischen kanonischen und nichtkanonischen Büchern der Bibel zum Abschluß. Dadurch stiegen die kanonischen Bücher, und mit ihnen auch der Psalter, im Ansehen, und man wollte – nach jüdischem Vorbild – im Gottesdienst nur noch kanonische Bücher zum Vortrag zulassen. In diesem Sinn soll bereits das Konzil von Laodicea im Jahre 360 bestimmt haben: ‚In der Kirche dürfen nicht irgendwelche selbstverfaßten Psalmen vorgetragen werden, sondern nur die kanonischen' (Enchiridion Biblicum Nr. 11). Gegen die von Christen neu verfaßten Psalmen und Hymnen war die rechtgläubige Kirche besonders darum mißtrauisch, weil die Häretiker, vor allem die Gnostiker, ihre Irrlehre gerade durch neue Psalmen zu verbreiten suchten. Bei den Asketen kam dazu noch ein anderer Grund: Sie empfanden die kunstvolle Form der nichtbiblischen Hymnen und ihre verfeinerte Vortragsweise als Abfall vom ursprünglichen [ur-]christlichen Geist, dem Geist der Einfachheit und Strenge. Darum müsse man, so forderten sie, zu den Davidpsalmen zurückkehren und dürfe auch diese nur schlicht rezitieren."[9] Im Kampf gegen christologi-

---

[9] *Schneider*, Psalmenfrömmigkeit (wie Anm. 3) 365.

sche Irrlehren berief sich schon um 200 n. Chr. der erste lateinische Kirchenvater Tertullian auf die Psalmen Davids, die er den platonisierenden Häretikern als biblische Zeugnisse von der wahren Menschheit Jesu entgegenhielt: „Uns leisten dabei auch die Psalmen Beistand, nicht die des Apostaten, Häretikers und Platonikers Valentin, sondern die heiligen und allgemein anerkannten Psalmen Davids. *Er singt uns von Christus, und durch ihn singt uns Christus von sich selbst.*"[10]

In der Wiederentdeckung des Psalmenbeters Jesus, und zwar gerade des die Psalmen in ihrer existentiellen Dimension zu seinem Vater betenden Jesus, ist die Alte Kirche dem biblischen Jesus treu geblieben. Ihn zeigen ja die Evangelien, insbesondere die Passionsgeschichte, als den paradigmatischen Beter, der die Psalmen seiner jüdischen Tradition betet. Im und durch das Beten der Psalmen, vor allem der Klage- und Vertrauenspsalmen Ps 22, 31, 42/43 und 69 geht der biblische Jesus seinen Lebens- und Sterbeweg als Weg mit und zu dem Gott Israels, dem Gott der Psalmen. Die narrative neutestamentliche Christologie ist weithin Psalmen-Christologie. Man vergegenwärtigte sich Jesus in und mit Worten des Psalmenbuchs, man sah und deutete sein Leben, seinen Tod und seine Auferweckung im Licht der Psalmen. Und zugleich ist gerade der Psalmen betende Jesus das Nachfolge-Paradigma für seine Jünger par excellence, einerseits für das Psalmenbeten als Wegbegleitung auf dem Lebensweg durch Leid und Tod ins Gottesreich, andererseits aber auch für alle Formen und Arten des Betens im Gehorsam gegenüber Jesus als dem Lehrmeister christlichen Betens, wie ihn die Synoptiker präsentieren. Auf die Bitte seiner Jünger „Herr, lehre uns beten!" reagiert Jesus ja bekanntlich mit dem Vaterunser, das nicht nur in formaler Hinsicht ein Psalm ist,[11] sondern auch motivlich bzw. inhaltlich ur-jüdisch bzw. ur-psalmisch ist. Es ließe sich unschwer aufweisen, dass und wie die einzelnen Formulierungen des Vaterunsers eine anspielende Aufnahme alttestamentlicher Psalmen sind.[12] Wie Tertullian das Vaterunser zu Recht als *breviarium*

---

[10] Tertullian, De carne Christi 20,3f. (CSEL 70): „Nobis quoque ad hanc speciem psalmi patrocinantur, non quidem apostatae et haeretici et Platonici Valentini, sed sanctissimi et receptissimi prophetae David. Ille apud nos canit Christum, per quem se cecinit ipse Christus."
[11] Nach der Invocatio (Vater / Unser Vater) folgen (in Mt 6,9–13) drei Du-Bitten, die in zwei Parallelismen gestaltet sind (Dein Name / Dein Reich: synonymer Parallelismus; Dein Wille: synthetischer Parallelismus), und vier Wir-Bitten, wieder in zwei Parallelismen gestaltet (Brotgabe / Sündenvergebung: synonymer Parallelismus; Bewahrung vor Versuchung / Rettung aus der Macht des Bösen: antithetischer Parallelismus).
[12] Vgl. die immer noch unübertroffene Zusammenstellung bei *A. Deissler*, Der Geist des Vaterunsers im alttestamentlichen Glauben und Beten, in: Das Vaterunser. Ge-

totius evangelii (Kurzfassung des ganzen Evangeliums)[13] bezeichnet, so könnte man es zu Recht auch *breviarium totius psalterii* (Kurzfassung des ganzen Psalmenbuchs) nennen.[14] Ja, es lässt sich sogar ein einzelner Psalm nennen, dem das Vaterunser bis in das theologische Konzept hinein verwandt ist. Es ist der „junge" Psalm 145, der im Psalter an herausragender Stelle steht.[15] Ps 145 ist der letzte „Davidpsalm" des Psalters, er ist der Schlusspsalm des 5. Psalmenbuchs 107–145, er leitet hinüber zu dem großen Halleluja-Finale des Psalters 146–150 – und vor allem: Er beschwört die faszinierende Vision vom endgültigen Kommen des Gottesreichs, allem Leid und aller Schuld, allen Tränen und allem Hunger zum Trotz. Wie das Vaterunser hält Psalm 145 fest, dass der biblische Gott gemäß seiner Selbstdefinition im Buch Exodus sich als lebendiger Gott dadurch erweisen will, dass er lebendig macht.[16] Weil die Psalmen dieses Gott-Geheimnis in immer neuen Variationen einklagen und bejubeln, ist der Psalter zutiefst ein Lebensbuch – und deshalb unverzichtbar für jeden christlichen Gottesdienst, der nicht griechische Götter anbeten will, sondern den einen und einzigartigen Gott Israels, der der Schöpfer Himmels und der Erden und der Vater Jesu Christi ist. Und vor allem: Die Psalmen sind nach der Vor-Gabe des Vor-Beters Jesus Gebetstexte, die dem ausdrücklichen Wunsch Jesu am nächsten kommen, der sagt: „So sollt ihr beten ..." (Mt 6,9 par).

2. *Der Psalter als Medium der Gottes-Offenbarung*

Der Brief des Athanasius reflektiert noch eine zweite Besonderheit des Psalters, die ihn für christliche Liturgie kostbar und unverzichtbar zugleich macht. Er betont zu Recht eine Eigenart, die den Psalter von den anderen biblischen Büchern unterscheidet und ihn da-

---

meinsames im Beten von Juden und Christen. Hg. v. M. Brocke – J. J. Petuchowski – W. Strolz. Freiburg/Br. 1974, 131–150.
[13] Tertullian, De oratione 1,4 (CSEL 20): „..., ut reuera in oratione breuiarium totius euangelii comprehendatur."
[14] Den Zusammenhang von Vaterunser und Psalter hat m. E. jene mittelalterliche Tradition von volkssprachlichen Psalterien erfasst, die eine Konfiguration von Vaterunser und Psalter bieten: vgl. dazu *Th. Lentes*, Text des Kanons und Heiliger Text. Der Psalter im Mittelalter, in: Der Psalter in Judentum und Christentum (wie Anm. 6) 323–354, hier 344f.
[15] Vgl. *E. Zenger*, „Daß alles Fleisch den Namen seiner Heiligung segne" (Ps 145,21). Die Komposition Ps 145–150 als Anstoß zu einer christlich-jüdischen Psalmenhermeneutik, in: BZ 41. 1997, 1–27.
[16] Vgl. die beiden aufeinander bezogenen und sich gegenseitig auslegenden (poetisch gestalteten) Selbstdefinitionen JHWHs in Ex 3,14 und Ex 34,6f.

durch zum Gebetstext par excellence macht. Es ist ein literarisches und theologisches Proprium, das auch die Psalmenexegese heute wieder neu entdeckt und das die christliche Tradition immer wieder gepriesen hat. Athanasius hat diese Eigenart in einer wunderschönen Metapher eingefangen, wenn er sagt: Der Psalter ist wie ein Garten, in dem alle Blumen und Früchte zusammen vorkommen, die in den anderen Büchern verstreut und vereinzelt wachsen. Das haben große Theologen immer wieder intuitiv erfasst. Nur zwei Jahrhunderte nach Athanasius bezeichnet Cassiodor, dessen Psalmen-Kommentar das mittelalterliche Psalmenverständnis stark beeinflusste, den Psalter als „totius scripturae divinae thesaurus" (Schatzkammer der ganzen Heiligen Schrift).[17] Für die mittelalterliche Christenheit wurde der Psalter zusammen mit dem Paternoster „zur abbreviierten Form ... der ganzen Heiligen Schrift und aller Wissensbestände des christlichen Glaubens ... Petrus Lombardus († 1160) deutete den Psalter als Ansammlung der ganzen Theologie und Gilbert von Poitiers († 1154) als ‚prophetisches Evangelium.'"[18] Noch Martin Luther nennt in einer seiner berühmten Vorreden zu seiner Psalmenübersetzung den Psalter „eine kleine Biblia ..., darin alles aufs schönste und kürzeste, wie in der ganzen Bibel stehet, gefasset, und zu einem feinen Enchiridion oder Handbuch gemacht und bereitet ist; daß mich dünkt, der Heilige Geist habe selbst wollen die Mühe auf sich nehmen und eine kurze Bibel und Exempelbuch von der ganzen Christenheit oder allen Heiligen zusammenbringen, auf daß wer die ganze Biblia nicht lesen könnte, hätte hierin doch fast die ganze Summa, verfasset in ein klein Büchlein."[19] Den für unsere Fragestellung bedeutsamen Aspekt, *dass* und vor allem *wie* die Psalmen brennpunktartig Altes *und* Neues Testament in sich kontrastreich und multiperspektiv versammeln, kann ich nur kurz andeuten:

(1) Es könnte gezeigt werden, wie breit und intensiv die Psalmen motivlich und zitathaft auf die Tora und auf Prophetenbücher zurückgreifen. Hier hat gerade die sog. anthologische Psalmenforschung, nicht zuletzt durch ihren großartigen Vertreter Alfons Deissler, unendlich viele Beobachtungen zusammengetragen.[20] Die neuere Intertextualitätsforschung, insbesondere in der Gestalt der kanonisch-intertextuellen Lektüre, hat darüber hinaus das ganze Netz von Bezügen und Anspielungen zu sehen gelernt, das von

---

[17] Cassiodor, Expositio Psalmorum. Expositio in octo decadas. Praefatio, in: Cassiodor, Opera II,2. Turnhout 1958 (CChr.SL 98) 647.
[18] *Lentes*, Text des Kanons (wie Anm. 14) 332f.
[19] M. Luther, Vorrede (wie Anm. 7) 65.
[20] Vgl. A. *Deissler*, Die Psalmen. Düsseldorf 1964 (WB.KK 1).

den übrigen Büchern des Ersten Testaments her im Psalter zusammengeknüpft ist.

(2) Sogar in literarhistorischer Hinsicht gibt es gute Gründe für die Annahme, dass die sukzessive Wachstumsgeschichte des Kanons der Jüdischen Bibel im 2. Jahrhundert v. Chr. eine Kanongestalt kennt, in der nach Tora und Neviim der Psalter angefügt wurde – und zwar als Schlussbuch *dieser* damaligen Kanongestalt, und dies eben deshalb, weil man erkannte, dass der Psalter eine Zusammenfassung von Gesetz und Propheten ist.[21]

(3) Auch die neutestamentliche Exegese lernt mehr und mehr, dass die einseitige Rede, das Neue Testament interpretiere das Alte Testament, ergänzt werden muss durch die Perspektive, dass umgekehrt auch das Neue Testament im Lichte des Alten Testaments gelesen und ausgelegt werden muss, nicht im Sinne der naiven praeparatio evangelii, sondern nach der Programmatik der kanonischen Dialogizität.[22]

(4) Alle diese eben skizzierten Verbindungen des Psalters sowohl zu den übrigen Büchern des Ersten Testaments wie zu den Schriften des Neuen Testaments erhalten ihre eigentliche theologische Relevanz erst, wenn die Besonderheit erfasst ist, die auch Athanasius hervorhebt, wenn er sagt: Während in den übrigen Büchern der Heiligen Schrift zwischen dem Text und dem Leser bzw. Hörer eine gewisse Distanz bleibt bzw. bleiben muss, heben die Psalmen diese Distanz ausdrücklich auf. Die Psalmen, so sagt Athanasius, „liest du als deine eigenen Worte." Für die allermeisten Psalmen als Einzeltexte und für den Psalter als Buch gilt: Hier redet nicht das Ich Gottes zu den Menschen wie in den Prophetenbüchern und in der Tora / im Pentateuch, hier redet vielmehr ein menschliches Ich und ein menschliches Wir *zu* seinem Gott, *mit* seinem Gott, weil es diesen Gott sucht, ihn hören und schauen will – im Vollzug des Psalmengebets selbst. Die Psalmen sind fachtheologisch gesprochen ein lebendiges Diskursgeschehen zwischen Mensch und Gott in einer spannungsreichen Polarität: Hier reden Menschen *zu* und *von* ihrem Gott, weil dieser zu ihnen geredet hat und reden will. Im Psalter sehen und erleben wir buchstäblich, wie im biblischen Sinn Offenbarung Gottes geschieht, nämlich (um mit Emmanuel Levi-

---

[21] Vgl. *O. H. Steck*, Der Abschluß der Prophetie im Alten Testament. Ein Versuch zur Frage der Vorgeschichte des Kanons. Neukirchen 1991, 160–162.
[22] Vgl. dazu *E. Zenger*, Am Fuß des Sinai. Gottesbilder des Ersten Testaments. Düsseldorf ⁴1995, 51–84; *Ch. Dohmen – G. Stemberger*, Hermeneutik der Jüdischen Bibel und des Alten Testaments. Stuttgart 1996 (KStTh 1,2) 192–202; *G. Steins*, Die „Bindung Isaaks" im Kanon (Gen 22). Grundlagen und Programm einer kanonisch-intertextuellen Lektüre. Freiburg/Br. 1999 (Herders biblische Studien 20) 32–39.

nas zu sprechen): Die Offenbarung Gottes geschieht *durch den*, der sie *empfängt*.

Gerhard von Rad hat dieses Proprium der biblischen Psalmen, das sie zu Gebetstexten par excellence eines Gottesdienstes macht, der Gottes Wort verkünden und hören will, mit der m. E. glücklichen Formel zusammengefasst, die Psalmen seien „Antwort Israels", in der „Israel vor JHWH" auf die Heilstaten seines Gottes reagiere. In den Psalmen werde sichtbar, wie Israel sich als Bundesvolk verstanden habe. JHWH habe sich Israel eben nicht als stummes Objekt seines Geschichtswillens erwählt, sondern zum Gespräch. Die Psalmen seien Niederschlag dieses Gesprächs, in dem Israel und die einzelnen Israeliten im Gegenüber Gottes zum Ich und Wir gefunden hätten. Die Psalmen seien Israels Antwort auf die erfahrene Zuwendung und auf die erlittene Abwendung seines Gottes. Diese „Antwort Israels" zeigt uns, wie Gottes Worte und Taten „auf Israel gewirkt haben, sie zeigt uns, wie Israel nun seinerseits diese Existenz in der Unmittelbarkeit und Nähe zu Jahwe bejaht und verstanden hat, welche Anstalten es getroffen hat, sich vor sich selbst und vor Jahwe in dieser Nähe zu rechtfertigen oder zu schämen. Sie zeigt uns aber auch, wie Israel in diesem Verkehr mit Jahwe sich selber offenbar wurde und in welchem Bild es sich sah, wenn es redend vor Jahwe trat".[23] Das also ist die besondere theologische Dignität der Psalmen: In ihnen erleben wir buchstäblich jenes Mysterium, dass der Gott Israels, der Schöpfer Himmels und der Erden, in dieser unserer Welt erfahren wurde und wird – als der lebendigmachende Gott.

Die jüdische Tradition und im Anschluss dann auch die christliche Tradition haben dieses theologische Proprium der Psalmen als *menschlicher Rede zu Gott* dadurch herausgestellt und bleibend festgehalten, dass sie den Psalmen die Würde der „Heiligen Schrift" zugesprochen und sie damit zum geoffenbarten Wort Gottes selbst deklariert haben. Dass die Psalmen als Antwort Israels auf das Gegenwärtigwerden Gottes letztlich von eben diesem Gott selbst eingegebene Worte Gottes sind, kommt mehrfach in den Psalmen selbst zum Ausdruck. Klassisch ist dies in Ps 40 formuliert, wenn es dort heißt: „Gehofft, ja gehofft habe ich auf JHWH. Und er neigte sich zu mir, er hörte meinen Schrei ... Und er gab in meinen Mund ein neues Lied, einen Lobpreis für unseren Gott" (Ps 40,2.4). Vor allem hat die „Davidisierung" des Psalters, die in historischer Hinsicht ein komplexer Vorgang ist, die (prophetisch verstandene) Of-

---

[23] *G. von Rad*, Theologie des Alten Testaments I. München [10]1992, 367.

fenbarungsdimension des Psalters unterstrichen.[24] Der Psalter wird nun in Analogie zur Tora des Mose als Tora des David verstanden und als das von Gott durch David vermittelte Gotteswort für Israel gedeutet. Diese offenbarungstheologische Deutung des Psalters wird bereits innerbiblisch in den „letzten Worten Davids" (2 Sam 23,1–7) greifbar, wenn David als „lieblicher (Sänger) der Psalmen Israels" (2 Sam 23,1) von sich sagt: „Der Geist JHWHs redet durch mich, und sein Wort ist auf meiner Zunge" (2 Sam 23,2).[25]

Ausführlich reflektiert wird diese besondere Würde der Psalmen im rabbinischen Psalmenmidrasch (Midrasch Tehillim), indem er Mose und David parallelisiert. Der Midrasch[26] eröffnet die offenbarungstheologische Parallelisierung von Mose und David bzw. von Tora / Pentateuch und Psalter mit der Frage: „Und wer ist der größte unter den Propheten und der größte unter den Königen?" und gibt eine Antwort, deren Form die in unserem Zusammenhang wichtige Aussage ankündigt, dass David deshalb der größte unter den Königen ist, weil Gott durch ihn den Psalter als Gotteswort gab, als prophetische Offenbarung Gottes selbst. Die Aussage wird dadurch vorbereitet, dass Ex 19,3 zitiert wird, wodurch Mose als prophetischer Offenbarungsempfänger am Berg Sinai qualifiziert wird: „Der größte unter den Propheten, das ist Mose, denn es heißt: ‚Und Mose stieg hinauf zu Gott' (Ex 19,3)". Und dann folgt zunächst ohne weitere Begründung die Aussage: „Und der größte unter den Königen ist David." Die Begründung wird freilich sogleich mit einer ganzen Kette von Aussagen nachgereicht. Die Kette wird mit der fundamentalen Parallelisierung des David mit Mose eröffnet: „Alles, was Mose getan hat, hat (auch) David getan". Diese Parallelisierung ist überraschend, weil die biblische Überlieferung gerade die Unvergleichbarkeit des Mose mit seiner einzigartigen Gottesnähe, ja Gottesunmittelbarkeit betont (Dtn 34,10). Aber genau auf diese irritierende Pointe der Parallelisierung kommt es unserem Midrasch an. Der Midrasch zählt zunächst eine Reihe von Entsprechungen zwischen Mose und David auf und formuliert dann die Klimax, auf die es ihm ankommt: „Mose gab Israel die fünf Fünftel der Tora, und David gab Israel die fünf Bücher der Tehillim

---

[24] Vgl. E. Ballhorn, „Um deines Knechtes David willen" (Ps 132,10). Die Gestalt Davids im Psalter, in: BN 76. 1995, 16–31; M. Kleer, „Der liebliche Sänger der Psalmen Israels". Untersuchungen zu David als Dichter und Beter der Psalmen. Bodenheim 1996 (BBB 108).
[25] Vgl. Kleer, Der liebliche Sänger (wie Anm. 24) 39–77.
[26] Die nachstehend zitierte Übersetzung des Midrasch-Abschnitts und seine Deutung übernehme ich aus der Münsteraner Diplomarbeit von Th. Hansberger, „David begann mit dem Wort, mit dem Mose geschlossen hatte" (Midr Pss 1,5). Zu Psalm 1 in rabbinischer Auslegung. Münster 1999, 30 f.75 f.

[der Psalmen]." Die fünfteilige Tora und der fünfteilige Psalter werden hier parallelisiert: Tora und Psalter sind durch Mose bzw. David vermitteltes *Gotteswort für Israel*. Der Midrasch konkretisiert die Parallelisierung dann noch weiter: „Mose segnete Israel mit ‚Selig / glücklich, du‘ (Dtn 33,29) und David segnete Israel mit ‚Selig / glücklich, der‘ (Ps 1,1)". Hier wird der Anfang von Ps 1 und damit der Anfang des Psalters mit den letzten Worten des Mose, dem sog. Mosesegen Dtn 33, parallelisiert, aber vor allem wird hier eine tiefsinnige inhaltliche Parallelisierung vorgenommen: Schon Dtn 30 deutet das Buch der Tora, die Mose Israel gibt, als einen Segen, den Israel annehmen soll: „Leben und Tod lege ich dir vor, Segen und Fluch. Wähle also das Leben, damit du lebst, du und deine Nachkommen" (Dtn 30,19). Eine solche *Segensgabe* für das Leben Israels ist auch der Psalter Davids, ja, er ist nach einer anderen Passage des Midrasch Tehillim die Fortsetzung und die Explikation dieses Mosesegens, und das heißt, der Mosetora: „Als David aufstand, eröffnete er mit dem, womit Mose geschlossen hatte. Er sagte: Auch ich will Israel segnen mit ‚Selig / glücklich‘!" (MTeh 1,5). Nach Auffassung des Midrasch setzt sich damit der Psalter selbst zur Mosetora in Beziehung: Der Psalter will von der Tora aus und auf sie hin gelesen werden.

Der Psalter will rezitiert und meditiert werden wie die Tora des Mose – als Tora zum Leben. Wie die Worte der Tora des Mose buchstabieren auch die Worte der Tora Davids das Geheimnis der Welt als der Schöpfung Gottes. Und wo immer sie *coram Deo* rezitiert werden, und sei es im Protest gegen Gott, tragen sie dazu bei, dass die Welt bleibt, was sie ist – Welt Gottes, an der Gottes Herz hängt.

Dass das Beten und Singen der Psalmen buchstäblich Gottes Gegenwart herbeiführt, hebt die chronistische Tempelweihe-Erzählung hervor. Als die Musikanten und Tempelsänger mit dem Psalmengesang auf dem Platz vor dem Tempelgebäude beginnen, erfüllt die Wolke JHWHs den Tempel (vgl. 2 Chr 5,12f.) – so wie es auch am Sinai bei dem Beginn des Kultes am Offenbarungszelt („Stiftshütte") der Fall war (vgl. Ex 40,34f.).

So ist es keine Frage: Von dieser offenbarungstheologischen Perspektive her sind die Psalmen die Gebetsworte par excellence für jeden jüdischen und christlichen Gottesdienst, wobei diese Dimension aus christlicher Sicht noch dadurch hervorgehoben ist, dass die Psalmen als Gebete Jesu (s. o.) Worte von zusätzlicher „Offenbarungsqualität" sind.

3. Das kirchliche Psalmengebet als Einübung christlich-jüdischer Weggemeinschaft

Die Psalmen sind der Niederschlag jenes Geschehens, in dem Offenbarung in Israel „ankam" – real und wahr, ehe es Kirche und Christentum gab. Damit bin ich beim dritten Punkt meiner Ausführungen angelangt, den freilich Athanasius *so* nicht sehen konnte, der mir selbst aber sehr am Herzen liegt und der für unser Nachdenken über den Ort der biblischen Psalmen in einem christlichen Wortgottesdienst an der Schwelle zu einem neuen Jahrtausend besonders wichtig ist.

Dieser Punkt ist für nicht wenige Liturgen und Liturgiewissenschaftler, aber auch für nicht wenige christliche Beter, ein großes theologisches Problem. Ich will dieses Problem mit den Worten eines Nestors der deutschen Liturgiewissenschaft und einer der maßgebenden Figuren der nachkonziliaren Liturgiereform zusammenfassen, nämlich mit Balthasar Fischer: „Wohltuend an den Psalmen ist, daß sie so menschlich sind … Unsere Not und Verzagtheit und Verzweiflung darf hier zum Ausdruck kommen, aber das letzte ist dann doch immer wieder der Lobpreis dessen, der uns geschaffen und erlöst hat. Eine gewisse Schwierigkeit ergibt sich aus der Tatsache, daß diese Lieder … dem AT entstammen, also vor der Ankunft Christi niedergeschrieben sind und nur in ganz seltenen Fällen auf den kommenden Messias Bezug nehmen. Wie können sie da christliches Gebet werden, bei dem doch Christus die Mitte ist, sei es, daß wir zu ihm beten, sei es, daß wir seinem Beten uns anschließen?"[27] Damit die Psalmen „christliches Gebet" werden können, müssten sie explizit „verchristlicht" werden,[28] wie dies auch die „Allgemeine Einführung in das Stundengebet" (AES) von 1978 forderte (AES 109) und das neue Stundenbuch selbst vor allem durch die von ihm den Psalmen vorangestellten „Psalmen-

---

[27] Das Zitat stammt aus der von Balthasar Fischer verfassten „Einführung" in das Kleine Stundenbuch. Im Jahreskreis. Morgen- und Abendgebet der Kirche aus der Feier des Stundengebetes für die katholischen Bistümer des deutschen Sprachgebietes. Hg. v. den Liturgischen Instituten Salzburg, Trier und Zürich. Einsiedeln u. a. 1981, 7*.

[28] Noch schärfer wurde bzw. wird das hermeneutische Problem, das mit der Entstehung der Psalmen im Judentum gegeben ist, dort herausgestellt, wo man meint, dass der eigentliche Sinn des Alten Testaments ohnedies erst und nur im Lichte des Neuen Testaments bzw. in der Lektüre der christlichen Kirche offenbar werde. So konnte man noch in dem 1956 erschienenen „Handbuch des evangelischen Gottesdienstes Leiturgia" lesen: „Wenn die Kirche die Psalmen des Alten Bundes betet, ist für sie die Decke auch von diesen Gebeten und Liedern Israels weggenommen. Ihr Sinn ist erschlossen in der Offenbarung des dreieinigen Gottes" (*H. Goltzen*, Der tägliche Gottesdienst, in: Leiturgia, Bd. III. Kassel 1956, 99–294, hier 239).

titel" (AES 111) und durch die (allerdings noch nicht erschienenen) „Psalmen-Kollekten" (AES 112) mit einem hohen Verbindlichkeitsgrad vorsehe. Gewiss sei der Wortsinn eines Psalms auch für einen christlichen Leser / Beter nicht irrelevant und bei seiner Erhebung leiste die alttestamentliche Exegese „einen unersetzlichen und unschätzbaren Dienst. Aber christliches Psalmengebet kann sich mit diesem Wortsinn der Psalmen nicht begnügen. Seit der Abfassung der Psalmen ist ein entscheidendes, ja *das* entscheidende Ereignis der Heilsgeschichte eingetreten: das Christusereignis, genauer gesagt: das Ereignis, das wir ‚Pascha des Herrn' nennen, sein rettender Hinübergang durch den Tod in das Leben. Im Lichte dieses Ereignisses gelesen (‚wiedergelesen' sagen die französischen Exegeten: relecture), nehmen die alten Lieder einen neuen Sinn an, den man auch als ‚Erfüllungssinn' bezeichnet."[29] Deshalb genüge auf keinen Fall jene „‚Minimal-Christianisierung' der Psalmen, die entsteht, wenn ich den Gott, von dem und zu dem sie reden, als den Vater unseres Herrn Jesus Christus begreife ... Wo solch eine Konzeption an den nicht durch die Antiphonen gelenkten alltäglichen Psalmengebrauch angelegt wird, kann man sie kaum rundweg ablehnen. Aber sie gilt doch eher für den Bereich des privaten Psalmenbetens und in seinem Rahmen wieder eher für gelegentlichen Psalmengebrauch und für den, der sich gleichsam als Neuankömmling aus einem säkularisierten Jahrhundert erstmals in der Welt der Psalmen zu akklimatisieren versucht ... Wer sich dagegen nicht im Privatgebet, sondern im Stundengebet der Kirche Tag für Tag im Innenraum einer Gebetswelt aufhält, in der der Psalter nicht *ein*, sondern *das* Gebetbuch des ntl. Gottesvolkes geworden ist, wird sich mit einer solchen Minimal-Christianisierung der Psalmen nicht begnügen können. Der Gedanke wird ihm nicht eingehen, daß ein Christ am Anfang oder Ende seines Tages in der Feier der Eucharistie Christus ‚leibhaftig' begegnet und den Tag über verurteilt [! E. Z.] sein soll, an Christus gleichsam ‚vorbeizubeten'. Zu solcher Voll-Christianisierung und oft Christologisierung des gesamten Psalters wollen Psalmentitel und Psalmenkollekten einladen."[30]

Noch schärfer hat Otto Knoch, einst hochverdienter Direktor des Katholischen Bibelwerks und dann Professor für Biblische Kerygmatik an der Universität Passau, das Problem zugespitzt: „Dadurch,

---

[29] *B. Fischer*, Dich will ich suchen von Tag zu Tag. Meditationen zu den Morgen- und Abendpsalmen des Stundenbuches. Freiburg/Br. ²1987, 15.
[30] *B. Fischer*, Neue Hilfen zum christlichen Psalmenbeten in der nachkonziliaren Liturgia Horarum von 1971, in: *ders.*, Die Psalmen als Stimme der Kirche. Trier 1982 [zuerst 1973 erschienen], 121–137, hier 123 f.

daß die Psalmen nach dem Vatikanum II in deutscher Sprache gebetet werden und sowohl das Stundengebet der Priester – als auch das Brevier der Ordensleute, auch der Benediktiner, den Laien zugänglich sind und auch zahlreiche Psalmen in die Meßliturgie (als Zwischengesang nach der 1. Lesung an Sonn- und Festtagen) und in das Gotteslob Aufnahme gefunden haben, ist ein Problem vielen bewußt geworden, das sich der Kirche von Anfang an stellte und das auch die Verantwortlichen für die erneuerte Liturgie beschäftigte und das sich so umschreiben läßt: Kann der Christ als Glied des neuen Gottesvolks genauso wie der Jude als Glied des alten alle Psalmen beten, oder erfordert die neue Heilsebene und die Hinordnung des Christen auf Jesus Christus, den auferstandenen Herrn der Kirche und der Menschheit, eine Veränderung der Psalmtexte und des Vollzugs des Psalmengebets?"[31] In der Tat: Gilt nicht gerade für die christliche Liturgie und das christliche Psalmengebet, „daß neuer Wein in neue Schläuche gehört" (vgl. Mt 9,17)?[32] Wer so denkt und solches zumindest für *kirchliches* Psalmengebet fordert, kann sich auf kirchenlehramtliche Vorgaben berufen, wie sie gebündelt in der „Allgemeinen Einführung in das Stundengebet" vorliegen. Dieses Dokument bietet in Art. 100–109 unter der Überschrift „Die Psalmen und ihr Verhältnis zum christlichen Gebet" ein Kompendium christlicher Psalmenhermeneutik, das einerseits die kirchliche Hochschätzung der Psalmen großartig zusammenfasst, andererseits freilich an jener traditionellen Abwertung des Alten Testaments festhält, die sich auch in der Offenbarungskonstitution des II. Vatikanums findet und deren Problematik bzw. Revisionsbedürftigkeit in den letzten Jahren immer deutlicher geworden ist.[33]

Es ist keine Frage: Christliches Psalmenbeten geschieht im Horizont des Christusbekenntnisses. Und ebenso gilt: Als biblische Tex-

---

[31] *O. Knoch*, Altbundlicher Psalter. Wie kann, darf und soll ein Christ ihn beten?, in: Erneuerung in Kirche und Gesellschaft 4. 1989, 45–47, hier 45.
[32] *V. Huonder*, Die Psalmen in der Liturgia Horarum. Fribourg 1991 (SF 74) 188.
[33] Vgl. die m. E. richtige *und* wichtige Feststellung von Albert Gerhards: „Der Überblick über das Psalmenkapitel der AES demonstriert ein zwiespältiges Verhältnis zum Psalter. Ist man einerseits bemüht, den literarischen und spirituellen Wert der Psalmen herauszustreichen, so werden andererseits so viele Kautelen eingebaut, daß der Abschnitt mitunter eher wie eine Warnung vor dem Psalter wirkt als eine Einführung in das Psalmengebet ... Die Psalmen erscheinen im Grunde als ein Fremdkörper, der auf unterschiedliche Weise ‚mundgerecht' zu machen ist" (*A. Gerhards*, Die Psalmen in der römischen Liturgie. Eine Bestandsaufnahme des Psalmengebrauchs in Stundengebet und Meßfeier, in: Der Psalter in Judentum und Christentum [wie Anm. 6] 355–379, hier 368). Eine kritische Würdigung der Psalmenhermeneutik von Balthasar Fischer bzw. der AES bietet nun *H. Buchinger*, Zur Hermeneutik liturgischer Psalmenverwendung. Methodologische Überlegungen im Schnittpunkt von Bibelwissenschaft, Patristik und Liturgiewissenschaft, in: HlD 54. 2000, 193–222, hier 196–200.

te sind die Psalmen im Christentum Teil der Heiligen Schrift aus beiden Testamenten und erhalten für Christen ihre authentischen Sinn-Dimensionen, indem sie im gesamtbiblischen Horizont verstanden und gebetet werden. Ob sie dabei aber prinzipiell *so* verchristlicht werden müssen, wie dies Balthasar Fischer und AES fordern, damit sie von dem Makel ihrer vor-christlichen Entstehung befreit werden, setzt m. E. ein fragwürdiges Offenbarungs- und Schriftverständnis voraus, das weder in historischer Hinsicht der theologischen Wertung der Bibel Israels durch Jesus selbst und durch die Urkirche gerecht wird noch in hermeneutischer Hinsicht der Komplexität und dem Reichtum unserer *zwei-einen* Heiligen Schrift entspricht. Die beklagte jüdische Provenienz der Psalmen ist keine „Erbsünde", die durch eine christliche Taufe beseitigt werden muss, sondern ein gottgegebenes Proprium, das es zu erkennen und anzuerkennen gilt – gerade im *kirchlichen* Psalmenbeten, das sich an der durch das II. Vatikanum und insbesondere durch Papst Johannes Paul II. vorangetriebenen und geforderten Erneuerung des Verhältnisses der Kirche zum Judentum als der die Kirche tragenden Wurzel orientieren will.

Die Wiederentdeckung der theologischen Würde des nachbiblischen Judentums und der bleibenden Bezogenheit der Kirche auf dieses Judentum betrifft nicht eine Randfrage christlicher Theologie, sondern hat mit dem Zentrum des kirchlichen Selbstverständnisses zu tun, wie Art. 4 von *Nostra aetate* unmissverständlich und wegweisend formuliert hat: „Mysterium Ecclesiae perscrutans, Sacra haec Synodus meminit vinculi, quo populus Novi Testamenti cum stirpe Abrahae spiritualiter coniunctus est." Das heißt: Indem und wenn die Kirche sich auf ihr ureigenes Geheimnis besinnt, stößt sie unweigerlich auf ihre bleibende, ja kirchenkonstitutive Verbundenheit mit dem Judentum.[34] Diese theologische Erkenntnis hat im Übrigen mehrere evangelische Landeskirchen dazu geführt, das Bekenntnis der bleibenden Bindung der Kirche an das Judentum sogar in ihre Kirchenordnungen aufzunehmen.[35]

Diese neue theologische Sicht des Verhältnisses Kirche – Israel muss vor allem in der christlichen Liturgie zum Ausdruck kommen.

---

[34] Zur Entstehung und Relevanz von Artikel 4 der Erklärung Nostra aetate vgl. E. *Zenger*, Nostra aetate. Der notwendige Streit um die Anerkennung des Judentums in der katholischen Kirche, in: Die Kirchen und die Juden. Versuch einer Bilanz. Hg. v. G. B. Ginzel – G. Fessler. Gerlingen 1997, 49–81.

[35] Schon 1988 nahm die Evangelisch-reformierte Kirche eine solche Aussage in ihre Kirchenverfassung auf. Es folgten die Evangelischen Kirchen in Hessen (1991), der Pfalz (1995), im Rheinland (1996), in Berlin-Brandenburg (1996) sowie die Pommersche (1997) und die Lippische Kirche (1998).

Die Liturgie ist ja der Ort und die Zeit, in denen die Kirche das Geheimnis ihrer Stiftung und Erneuerung durch den lebendigen Gott, der zuallererst der Gott Israels war und bleibt, realisiert. Deshalb kann und muss die Liturgie die Zeit sein, in der die Kirche ihre heilsgeschichtliche Zeitgenossenschaft mit dem Judentum erinnert *und* feiert – zum Heil der ganzen Welt. Deshalb muss die jahrhundertelange Epoche der kirchlichen Israelvergessenheit endlich zu Ende gehen, und zwar gerade dadurch, dass die Liturgie (die ja ohnedies *faktisch* ihre jüdischen Ursprungselemente bewahrt hat) zu einem produktiven Ort christlicher Israeltheologie wird, die eben nicht mehr von Substitutions- oder gar Damnationsgedanken geprägt sein darf, auch nicht von den für die Juden in der Vergangenheit so fatalen christlichen Superioritätsgefühlen.

Christliche Liturgie muss so erneuert werden, dass die bleibende heilsgeschichtliche Weggemeinschaft von Juden und Christen zum Ausdruck kommt. „Jedem, der heute am Gottesdienst partizipiert, müßte deutlich werden können, daß er in eine Prozession des Gotteslobs eingereiht ist, die aus den Tiefen der Jahrhunderte von Abel bis Abraham herkommt ... Die Kraft der Liturgie liegt darin, daß sie Gedächtnis ist. Sie soll heilsgeschichtliche Tiefe nicht nur besitzen, sie *muß* sie auch ins Zeichen und ins Wort bringen, damit sie ‚identisch' wird und Leben hervorbringt."[36] Das neue christlich-jüdische Miteinander, das treffend als christlich-jüdische Zeitgenossenschaft *coram Deo* und als je spezifische Indienstnahme von Juden und Christen für die Vollendung des Reiches Gottes gekennzeichnet werden kann, lässt sich m. E. in hervorragender Weise gerade durch ein erneuertes kirchliches Psalmenverständnis „realisieren". Die Perspektivik dieses erneuerten Psalmengebets lässt sich thesenartig folgendermaßen zusammenfassen.

(1) Wenn wir Christen die Psalmen beten, müssen wir uns bewusst machen, dass es schon lange vor und neben dem christlichen Psalmenbeten die jüdische Psalmengebetstradition gibt, in der das Judentum über die Jahrhunderte hinweg seine Würde als Bundesvolk Gottes verwirklicht. Wenn wir heute wieder anerkennen, dass die Juden das Gottesvolk des von Gott nie gekündigten Bundes sind, bedeutet dies, dass wir Israel vor allem als betendes Gottesvolk anerkennen.

(2) Wenn wir Christen die Psalmen beten, erfahren wir die bleibende Gotteswahrheit über Israel *(veritas iudaica)*: Wir begegnen in den Psalmen zuallererst der Leidens- und Hoffnungsgeschichte Is-

---

[36] *N. Lohfink,* Altes Testament und Liturgie. Unsere Schwierigkeiten und unsere Chancen, in: LJ 47. 1997, 3–22, hier 5.

raels. Wenn in den Psalmen vom „Gott Israels" und von „Israel", vom „Zion" und von „Jerusalem", von der „Tora" und vom „König", vom „Tempel" und vom „Land" usw. die Rede ist, dann dürfen wir das nicht vorschnell „entjudaisieren", indem wir es spiritualisieren und „verchristlichen": Da ist zuerst das Judentum im Blick – und erst „abgeleitet" und nur in Gemeinschaft mit dem Judentum das Christentum. Wir können dabei lernen, dass wir Christen nicht immer im Mittelpunkt der Bibel und der Gottesgeschichte stehen müssen. Und im sensiblen Meditieren der Psalmen Israels können wir lernen, die Missverständnisse und die Verzerrungen zu überwinden, die eine falsche christliche Theologie jahrhundertelang über das Judentum verbreitet hat: In den Psalmen können wir neu entdecken, dass der Gott des sog. Alten Testaments ein Gott der Güte und der Barmherzigkeit ist; dass die Tora Israels nicht ein unfrei machendes „Gesetz", sondern eine beglückende Wegweisung ist; dass die Geschichte Gottes mit Israel hinzielt auf das alle Völker in Frieden zusammenführende Gottesreich; dass Israel sich gehalten weiß von der Gnade der Sündenvergebung des „neuen" Bundes.

(3) Wenn wir Christen die Psalmen beten, sagen wir ausdrücklich Ja zu unserer jüdischen Ursprungsgeschichte und zu dem „geistlichen" Erbe, das die Kirche seit ihren Anfängen mit dem Judentum teilt. Wir erkennen an, dass es legitimerweise zwei verschiedene, gleichberechtigte und gleichwertige Weisen des Psalmenbetens gibt – eine jüdische und eine christliche; das ist im Wissen um den sog. hermeneutischen Zirkel ohnedies eine Selbstverständlichkeit, die wir Christen vergessen haben.

(4) Dass Juden und Christen die gleichen Psalmen zu und vor ihrem gemeinsamen Gott JHWH beten und lesen, ruft sie – angesichts der Schoa – zu einem Neuanfang, der gewiss schwierig ist und bei dem die Christen sich vor der Gefahr hüten müssen, die Juden abermals für sich zu instrumentalisieren. Doch es sind die Psalmen selbst, die Israel und die Völker (die Gojim) unter der Gottesherrschaft des *einen* Gottes zusammenführen wollen. Das meint auch die Bitte Jesu im Vaterunser: „Dein Reich komme!" Gerade angesichts des im Vaterunser artikulierten Leidens an Hunger, an der Schuld und an der Anfechtung kommt es für die Christen nicht darauf an, die Psalmen der jüdischen Bibel / des christlichen Ersten Testaments im „Erfüllungs-", sondern im „Verheißungssinn" zu beten, nämlich als Einübung und Vergewisserung der großen, Juden und Christen zusammenbindenden, adventlich-messianischen Gottesbotschaft, die der biblische Gottesname JHWH von Ex 3,14 (der ja im Namen Jesus = Jeschu'a erneut bekräftigt und biographisch

aktualisiert wurde: *in* ihm und *durch* ihn erweist sich Gott als Rettung) verkündet: „Ich werde und will bei euch und durch euch da sein – als der, der Leben und Freiheit als Gerechtigkeit schenkt!"
(5) Im Horizont dieser Psalmenhermeneutik ergibt sich von selbst, dass die biblischen Psalmen keiner *besonderen* Verchristlichung bedürfen. Eine Christologisierung von oben, die die Psalmen *zu* Christus betet, nimmt ihnen nicht nur ihre unaufgebbare jüdische Dimension, sondern nimmt ihnen ihre spezifisch christliche Leidenschaft, die darin besteht, dass wir als Christen diese Gebete *in Gemeinschaft mit Jesus* dem Vater vortragen.[37] Der von Origenes in seinem Traktat „Vom Gebet" aufgestellte Grundsatz, dass „der, welcher recht zu beten versteht, nicht zu dem beten darf, welcher selbst betet"[38], gilt gerade für Christen, die in der Nachfolge Jesu die Psalmen *so* beten wollen, wie er sie gebetet hat. Die Psalmen als Gebete *zu* Christus zu rezitieren, nimmt ihnen aber auch zugleich jene Verheißungskraft, die ihnen zukommt, wenn wir Christen das Handeln Gottes in und durch Jesus als endgültige Besiegelung der großen Verheißung bekennen, um deren Erfüllung wir beten: „Dein Reich komme." Wenn wir die Psalmen ausdrücklich und bewusst zu Gott bzw. nur zu Gott als unserem Vater (und unse-

---

[37] Auch von rezeptionshermeneutischen Überlegungen her ließe sich zeigen, dass die Psalmen *als Gedichte* eine kreative, evokative Rezeption fordern und *als solche* die Lebenssituation der Beter anzielen – bei Christen also ihre christliche Identität –, aber dies ist keine zusätzliche oder nachträgliche Christianisierung der Psalmen, sondern die Aktualisierung der den Psalmen als Poesie eingestifteten Tiefendimension ihrer Bildsprache *und* ihres Existenzbezuges. Vgl. zu diesem Aspekt unserer Fragestellung: *N. Füglister*, Das Psalmengebet. München 1965; dass viele Psalmen „unterchristliche Texte" seien und *deshalb* einer aktualisierenden Verchristlichung bedürften und dass die Psalmen als „vorchristliche Texte" ihren „Vollsinn" *erst* bzw. *nur* im Christentum finden, wie Füglister ebd. immer wieder betont, ist mir freilich nicht akzeptabel. – Will man die *biblische* Psalmenhermeneutik mit der kirchlichen Tradition vermitteln, könnte man die von Georg Braulik *so* formulierte Perspektive einbeziehen: „Inneralttestamentlich sind die Psalmen zwar nicht ‚vox hominis / Ecclesiae ad Christum' ... Aber der davidische Messias spricht die Psalmen – ‚vox Christi (auch *cum ipsius Corpore) ad Patrem*' – und die Psalmen sprechen über den Messias zu Gott – ‚vox de Christo'! Im letzten Fall müßte noch weiter differenziert und ausdrücklich gemacht werden ...: das Gebet der Psalmen *für* den ‚Messias'- ‚vox pro Christo' – und für sein mit ihm unlöslich verbundenes ‚messianisches' Volk – die Psalmen also genauer als ‚vox pro Capite et Corpore'" (*G. Braulik*, Christologisches Verständnis der Psalmen – schon im Alten Testament?, in: Christologie der Liturgie. Der Gottesdienst der Kirche – Christusbekenntnis und Sinaibund. Hg. v. K. Richter – B. Kranemann. Freiburg/Br. 1995 [QD 159] 57–86, hier 85). Braulik gibt ebd. Anm. 122 noch folgenden Hinweis: „Im übrigen muß man die Ausrichtung des Psalmodierens *ad Christum* – wie zum Beispiel die Benediktregel zeigt – nicht unbedingt zur Anrede machen, sondern kann sie auch schlicht als ein *coram Christo* (‚in conspectu Divinitatis', Bened. reg. 19,6) verstehen."
[38] Vgl. *P. Koetschau*, Des Origenes Schriften vom Gebet und Ermahnung zum Martyrium. München 1926 (BKV ²48) 56.

rer Mutter) beten, bleiben wir ohnehin der altkirchlichen Tradition treu, die alle ihre großen Gebete nur an Gott bzw. an den Vater richtet[39], – durch Christus im Heiligen Geist. Das war im Übrigen auch der ursprüngliche Wortlaut und Sinn der trinitarischen Doxologie beim christlichen Psalmenbeten gewesen. Die Doxologie wurde nicht hinzugefügt, weil man die Psalmen christianisieren wollte, wie man irrigerweise immer wieder lesen kann, sondern man folgte dabei der urjüdischen Tradition, das Gebet mit einer Doxologie zu beenden.[40] Wenn die Kirche oder eine Gemeinde meint, an der trinitarischen Doxologie festhalten zu wollen, könnte sie den theologisch und hermeneutisch richtigeren Wortlaut wählen:

„Ehre sei dem Vater und dem Sohn und dem Heiligen Geist, *dem einen Gott* von Ewigkeit zu Ewigkeit. Amen."

(6) Gerade angesichts der schrecklichen Leiden und der Unbegreifbarkeit des Bösen in der Geschichte sind die von Juden und Christen unterschiedlich und doch gemeinsam gebeteten Psalmen als Klage und Anklage, aber auch als Festhalten am Lobpreis Gottes als dem Gott der Gerechtigkeit und der Barmherzigkeit das ihnen auferlegte Gottes-Zeugnis vor und in der Welt. Wenn die Theodizeefrage an der Wende zum 3. Jahrtausend *die* Herausforderung der Religionen schlechthin ist, dann wäre der in den Psalmen artikulierte Antwortversuch die gemeinsam verantwortete Gott-Rede, die allem Bösen zum Trotz unbeirrbar verkündet, dass das Böse nicht das letzte Wort haben wird. Papst Johannes Paul II. hat *diese* Bedeutung gerade der Psalmen in seiner bewegenden Rede in Yad Vashem am 23. März 2000 mit außergewöhnlicher Sensibilität und hoher geistlicher Kompetenz betont. Er re-zitierte in dieser Rede gleich dreimal (am Anfang, in der Mitte und am Schluss) Worte des 31. Psalms, wobei er dreifach wiederholte, worin die Juden und Christen gemeinsame Kraft zum Widerstand gegen das Böse und

---

[39] Vgl. dazu immer noch grundlegend: *J. A. Jungmann*, Die Stellung Christi im liturgischen Gebet. Münster 1925 (LF 7/8) ²1962 (LQF 19/20) sowie die behutsame „Verteidigung" der Position Jungmanns gegen seine Kritiker (Balthasar Fischer und Albert Gerhards) bei: *B. Kranemann*, Liturgisches Beten zu Christus? Zur Theozentrik und Christozentrik liturgischen Betens, in: KuI 7. 1992, 45–60; den Versuch einer Antwort darauf unternimmt: *A. Gerhards*, Zur Frage der Gebetsanrede im Zeitalter des jüdisch-christlichen Dialogs, in: TThZ 103. 1993, 245–257. – Dass die Gebetsrichtung *ad Deum* bzw. *ad Patrem* in den vom II. Vatikanum angestoßenen nachkonziliaren liturgischen Dokumenten und neuen Präsidialgebeten als die eigentliche Gebetsrichtung vorgesehen und realisiert ist, zeigt: *K. Richter*, Per Christum ad Deum. Der Adressat in den Präsidialgebeten der erneuerten Liturgie, in: Und dennoch ist von Gott zu reden. FS H. Vorgrimler. Hg. v. M. Lutz-Bachmann. Freiburg/Br. 1994, 277–295.
[40] Vgl. den Nachweis bei: *H.-Chr. Schmidt-Lauber*, Verchristlichung der Psalmen durch das Gloria Patri?, in: Zur Aktualität des Alten Testaments. FS G. Sauer. Hg. v. S. Kreuzer – K. Lüthi. Frankfurt/M. u. a. 1992, 317–329.

zur Hoffnung auf Rettung gründet: „Die Welt muß die Warnung hören, die die Holocaust-Opfer und das Zeugnis der Überlebenden an uns richten. Hier, in Yad Vashem, lebt die Erinnerung weiter fort und brennt sich in unsere Seelen ein. Sie läßt auch uns rufen: ‚Ich höre das Zischeln der Menge – Grauen ringsum [...] Ich aber, Herr, ich vertraue dir, ich sage: Du bist mein Gott!' (Ps 31,13–15)."[41]

(7) Die Verbundenheit von Israel und Kirche könnte einerseits in „thematischen" Wortgottesdiensten ausdrücklich meditiert und reflektiert werden, andererseits könnte sie zumindest in den die Psalmenrezitation eröffnenden Einleitungen ausdrücklich zur Sprache kommen, wie dies z. B. die neue Agende der Evangelischen Kirche von Kurhessen-Waldeck für das Psalmengebet am sog. Israelsonntag (10. Sonntag nach Trinitatis) vorschlägt: „*Mit Israel* bitten wir Gott um Erbarmen" und „*Mit Israel* hoffen wir auf den Herrn."[42]

Sollten die skizzierten sieben Perspektiven bei der Auswahl und Rezitation der Psalmen in der christlichen Liturgie leitend werden, könnten die Psalmen wirklich zu dem werden, was sie sind: Vom heilswilligen Gott *zum Heil der ganzen Welt geoffenbarte Gebete der Juden und der Christen*. Welcher Umbruch gegenüber der christlichen Psalmentradition, die in nicht wenigen christlichen Köpfen und Herzen immer noch weiterlebt, notwendig ist, kann abschließend der Blick auf ein künstlerisch faszinierendes, aber theologisch erschreckendes Relief im Chorgestühl des Erfurter Doms zeigen, das den angeblichen Sieg des Christentums über das angeblich verblendete Judentum am Beispiel der beim Stundengebet im Chorraum gesungenen Psalmen explizieren will. Das Relief befindet sich an der linken Seitenwange im westlichen Teil des Chorraums. Dargestellt ist eine Hopfenranke, deren Früchte musizierende (und Psalmen singende) Engel sind und deren oberste Ranke der Psalmendichter und Psalmensänger König David mit der Harfe ist. Unter dieser Hopfenranke bzw. dort, wo ihre Wurzeln sind, aus denen

---

[41] Jubiläumspilgerreise zu den Heiligen Stätten. Predigten und Ansprachen von Papst Johannes Paul II. bei der Feier zum Gedenken an Abraham und bei seinen Pilgerfahrten zum Berg Sinai in Ägypten und ins Heilige Land im Jubiläumsjahr 2000. Bonn 2000 (VApS 145) 53.

[42] Es wird höchste Zeit, dass die Bistümer Deutschlands und Österreichs endlich die längst überfällige Überarbeitung des „Gotteslobs" vorantreiben und dabei den Psalmen jene Bedeutung geben, wie dies das neue „Evangelische Gesangbuch" (1993), das neue „Gesangbuch der Evangelisch-reformierten Kirchen der deutschsprachigen Schweiz" (1998) und das neue „Katholische Gesangbuch der deutschsprachigen Schweiz" (1998) in großartiger Weise tun. Vgl. zu den beiden letztgenannten „Gesangbüchern" das „Werkheft 3": Psalmen. Arbeitshilfen zum Katholischen, Reformierten und Christkatholischen Gesangbuch der Schweiz. Gossau u. a. 2000.

sie ihre Lebenskraft zieht, vollzieht sich der Sieg des Christentums über das Judentum als Kampf zweier freilich sehr ungleicher Ritter. Die Kirche ist repräsentiert durch einen kraftvollen jungen Ritter, der auf einem Pferd reitet. In der einen Hand hält er sein Wappen mit dem Fisch als Christussymbol und in der anderen hält er seine Lanze gegen seinen Gegner gerichtet, um ihn niederzustechen. Dieser Gegner ist ein alter, bärtiger Mann, der den spitzen Judenhut trägt und der auf einer Sau reitet. Die Kraft des christlichen Psalmengesangs erwächst nach diesem Bild aus der theologischen Verachtung des Judentums durch die Kirche und aus deren Vernichtungskampf gegen das Judentum. Wie und warum die Kirche zu solchen hässlichen und zutiefst unchristlichen Bildern kommen konnte (dieses Erfurter Relief ist ja kein Einzelfall), kann hier nicht weiter diskutiert werden. Für uns Heutige dürfte, zumal nach der Schoa, klar sein: Wir brauchen neue Bilder *und* neue liturgische Vollzüge, um dieser wahrhaft satanischen Verirrung entgegenzuwirken – und um der Juden und Christen *gemeinsamen* Gottesreich-Botschaft auch liturgisch den Weg zu bereiten. Ein erneuertes christliches Psalmenverständnis wäre ein solcher Weg. Ich hoffe sehr, dass die anstehenden Reformen dazu beitragen.[43]

---

[43] Dieser Beitrag entstand im Kontext des Forschungsprojekts „Religiöse Dichtung als Konstituierung von Gegenwelten" im SFB 493 „Funktionen von Religion in antiken Gesellschaften des Vorderen Orients".

Wort des lebendigen Gottes?
Die neutestamentlichen Briefe im Wortgottesdienst der Eucharistiefeier

Von Thomas Söding, Wuppertal

„Wo nach der Lesung ein Zuruf der Gemeinde üblich ist", heißt es im Messbuch, „fügt der Lektor ... an: Wort des lebendigen Gottes". Dass dieser Zuruf dem Lektor und der Gemeinde hilft, eine Ahnung zu spüren, *welcher* Text zu Gehör gebracht wird, ist vielleicht eine fromme Illusion, kann aber schon Grund genug sein, die Anregung, die das Messbuch gibt, ernst zu nehmen. Jedenfalls sollte nicht dogmatische Unsicherheit des Gemeindeleiters oder des Lektorenkreises in Sachen Schrift-Theologie zum Verzicht auf die Formel führen – so wie es umgekehrt von schlechter Theologie zeugte, wollte man sie wie selbstverständlich benutzen und geradezu triumphalistisch hinausposaunen, als ob mit ihr alles geklärt wäre und jede Kritik verstummen müsste. Aus neutestamentlicher Sicht wirft sie jedenfalls eine Reihe schwieriger Fragen auf.[1]

1. Fragestellung

Die Briefe des Apostels Paulus, Paradebeispiele der Episteln, sind Gelegenheitsschriften. Ihre Entstehung, ihre Themen, ihre Intentionen und Wirkungen sind an ihre historische Zeit und ihren historischen Ort gebunden.[2] Sie sind so stark durch die persönliche Handschrift, die Erfahrungen und Reflexionen des Apostels bestimmt, dass die Exegese sich zutrauen darf, zwischen „echten"

---

[1] Die Diskussion um die Schrift-Lesungen im Sonntagsgottesdienst wird derzeit – nicht ohne Grund – von alttestamentlicher Seite dominiert; vgl. Christologie der Liturgie. Der Gottesdienst der Kirche – Christusbekenntnis und Sinaibund. Hg. v. K. Richter – B. Kranemann. Freiburg/Br. u. a. 1995 (QD 159); Streit am Tisch des Wortes? Zur Deutung und Bedeutung des Alten Testaments und seiner Verwendung in der Liturgie. Hg. v. A. Franz. St. Ottilien 1995 (PiLi 8); Leseordnung. Altes und Neues Testament in der Liturgie. Hg. v. G. Steins. Stuttgart 1997 (Gottes Volk S/97). Um die Diskussion zu verbreitern, seien neutestamentliche Ansatzpunkte markiert, die auf einem exegetischen Konzept Biblischer Theologie basieren; vgl. *Th. Söding*, Entwürfe Biblischer Theologie in der Gegenwart. Eine neutestamentliche Standortbestimmung, in: Biblische Theologie. Hg. v. H. Hübner – B. Jaspert. Göttingen 1999, 41–103.

[2] Grundinformationen vermittelt *U. Schnelle*, Einleitung in das Neue Testament. Göttingen ³1999 (¹1994) (UTB 1830).

und „unechten", authentischen und pseudonymen Paulusschreiben zu unterscheiden. Für die anderen neutestamentlichen Briefe, die – wahrscheinlich durchweg Pseudepigraphen – mit den Namen der Jerusalemer „Säulen" Petrus, Jakobus und Johannes, zudem mit Judas verbunden sind, lässt sich Ähnliches nachweisen. Wie können sie da als „Wort des lebendigen Gottes" tituliert werden?

Die Frage verschärft sich: „Evangelium unseres Herrn Jesus Christus" lautet, wiederum wo es „üblich" ist, die abschließende Definition des Diakons oder Priesters im Wortgottesdienst der Eucharistiefeier. Dieser Sprachgebrauch geht auf den Eingangssatz des ältesten Evangeliums zurück: „Anfang des Evangeliums Jesu Christi, des Sohnes Gottes", heißt es Mk 1,1.[3] Der Genitiv ist im doppelten Wortsinn gebraucht[4]: Das Evangelium handelt *von* Jesus Christus, erzählt *über* ihn, hat ihn zum Thema, Jesus, den Christus, den Sohn Gottes, und es fängt die Verkündigung Jesu selbst ein, das Evangelium der Basileia, das er in Wort und Tat verkündet und in dem er auch sich selbst zur Sprache gebracht hat. Die liturgische Einleitungswendung „Evangelium *nach* Markus (Matthäus, Lukas, Johannes)" greift die *kata*-Wendungen der Evangelientituli auf, die in den Handschriften seit der Mitte des 2. Jahrhunderts erstaunlich konstant den Weg zur Kanonisierung säumen.[5] Das *eine* Evangelium Jesu Christi begegnet den späteren Christengenerationen authentisch in Form der *vier* Evangelienbücher, die es kanonisch überliefern.[6] Im Gottesdienst, namentlich in der Eucharistiefeier, als „Evangelium unseres Herrn Jesus Christus" verkündet, schärfen sie nicht nur die Erinnerung an signifikante Szenen und Worte Jesu (DV 18), sondern halten auch dafür, dass sich der auferstandene Gekreuzigte kraft des Geistes Gottes selbst in Szene setzt und zu Wort meldet, wenn „zwei oder drei" in seinem „Namen versammelt sind" (Mt 18,20). Diese pneumatische Präsenz des Kyrios im Wort, das verkündet, gehört, besprochen und bejaht wird,[7] ist von der katholischen Theologie allzu lange verdrängt worden[8]. In der Sprache

---

[3] Die liturgische Tradition macht durch einen Unterschied diesen Rückbezug unzweideutig. Als Einleitungswendung für die Lesung der Evangelienanfänge gilt: *initium sancti evangelii secundum* ... Bei späteren Abschnitten heißt es dann: *sequentia* ...
[4] Vgl. *Th. Söding*, Glaube bei Markus. Glaube an das Evangelium, Gebetsglaube und Wunderglaube im Kontext der markinischen Basileiatheologie und Christologie. Stuttgart ²1987 (SBB 12) 222–227.
[5] Vgl. *M. Hengel*, Die Evangelienüberschriften. Heidelberg 1984 (SHAW.PH 3).
[6] Hermeneutisch neu ausgewertet von *G. Stanton*, The Fourfold Gospel, in: NTS 43. 1997, 317–346.
[7] Reflektiert von Augustinus, In Joh. Tract. 30,1: Nos itaque sic audiamus evangelium quasi praesentem Dominum.
[8] Vgl. aber *F. Eisenbach*, Die Gegenwart Jesu Christi im Gottesdienst. Systematische Studien zur Liturgiekonstitution des II. Vatikanischen Konzils. Mainz 1982, 496–557.

der Liturgie wird sie aber für das Evangelium seit alters eigens angezeigt[9]; deshalb konnte sie vom Konzil wiederentdeckt werden (SC 7). Nur: So stimmig die liturgische Definition des „Evangeliums unseres Herrn Jesus Christus" ist, wenn „aus dem hl. Evangelium nach" Markus, Matthäus, Lukas und Johannes vorgelesen wird – lässt sich ernsthaft für die Briefe Ähnliches behaupten? Was heißt es, bei den Episteln *Deo gratias* für das „Wort des lebendigen Gottes" zu sagen? Ließe sich der Genitiv ebenfalls so verstehen, dass die Briefe einerseits relevante, normative Aussagen über Gott treffen und andererseits Gott selbst durch sie sein Wort sagt, damals, als der Brief geschrieben wurde, und heute, wenn er gelesen wird? Und welches Verhältnis besteht dann zwischen der Lesung aus einem neutestamentlichen Brief und der Lesung aus einem Evangelium?

Die Frage spitzt sich noch weiter zu: In den liturgischen Einführungen und Ausleitungen wird zwischen der Ersten Lesung aus dem Alten Testament und der Zweiten Lesung aus den Briefen des Neuen Testaments nicht unterschieden; sie werden vielmehr durch denselben Zuruf des Lektors und dieselbe Antwort der Gemeinde – offenbar gezielt – auf eine Stufe gestellt. Ist das angemessen? Für Paulus, Petrus, Jakobus, Johannes und Judas, die ekklesialen Autoritäten aus Jerusalem und dem Nachkömmling aus Tarsus, stehen die „heiligen Schriften" (Röm 1,2) des Gottesvolkes Israel in kanonischem Rang. Sie gelten als inspiriertes, normatives, heiliges Gotteswort – ganz unabhängig von der historischen Tatsache, dass die Grenzen des „alttestamentlichen" Kanons noch gar nicht überall gezogen sind und dass durchaus fraglich ist, wer überhaupt im Besitz aller einschlägigen Schriftrollen gewesen ist. Dass ihnen *ta logia tou theou* anvertraut sind, rechnet Paulus in Röm 3,1 f. als das wichtigste unter den bleibenden Privilegien der Juden (vgl.

---

[9] Plerophorisch und in gezielter Interpretation kommt dies durch zusätzliche Formeln des Priesters (oder Diakons) zum Ausdruck, die seit etwa 1000 bezeugt sind, z. B. (aus der Missa Illyrica um 1030): *Per istos sanctos sermones evangelii Domini nostri Jesu Christi indulgeat nobis Dominus universa peccata nostra* oder (aus dem Missale von St. Denis im 11. Jahrhundert): *Ave verba sancti evangelii quae totum mundum replestis* oder (in der tridentinischen Messe): *Per evangelica dicta deleantur nostra delicta* (vgl. J. A. Jungmann, Missarum Sollemnia. Eine genetische Erklärung der römischen Messe I–II. 5., verb. Aufl. Wien 1962, I 577) und dem folgend in der vatikanischen Liturgie (die vom Priester oder Diakon leise gesprochenen Worte): „Herr, durch dein Evangelium nimm hinweg unsere Sünden". Kennzeichnend ist aber auch das Halleluja, das nicht als zweiter „Zwischengesang", sondern (nach dem Vorbild von Mk 11,1–11 parr., dem Einzug Jesu in Jerusalem) als Begrüßung des im Wort ankommenden resp. durch das Wort in die Ekklesia einziehenden Kyrios zu verstehen ist; vgl. A.-G. Martimort, Origine et signification de l'alleluia de la messe romaine, in: Kyriakon 2. 1970, 811–834; E. Jammers, Das Alleluja in der gregorianischen Messe. Eine Studie über seine Entstehung und Entwicklung. Münster 1973 (LQF 55).

Röm 9,1–5).[10] Aus neutestamentlicher Sicht ist es vollauf berechtigt, dass „Gott sei Dank" aus dem Alten Testament als „Wort ... Gottes" vorgelesen wird. Aus neutestamentlicher Sicht ist auch der Genitiv im doppelten Sinn des Kasus berechtigt. Einerseits enthält das „Alte Testament" schlechterdings basale Aussagen über Gott, ohne die das Neue Testament nicht zur Sprache gebracht werden könnte; andererseits hält im Neuen Testament vor allem die Paulusschule in tiefer Übereinstimmung mit dem Frühjudentum dafür, dass durch das Schriftwort Gott selbst bis heute seine Hörer sucht und findet. Ähnliche Qualifikationen finden sich im Neuen Testament über die Episteln nicht ohne weiteres. Darf man dann aber die liturgischen Proklamationen aufrechterhalten? Müsste man nicht wenigstens einen signifikanten Unterschied zum Alten Testament markieren?

Die entscheidende Frage lautet, ob die neutestamentlichen Briefe überhaupt dazu qualifiziert sind, im Gottesdienst als *verbum Dei* verkündet zu werden. Davon hängt die zweite Frage ab, wie sie sich einerseits zur Schriftlesung aus dem Alten Testament, andererseits zur Lesung aus dem Evangelienbuch verhalten.

Eine Antwort auf diese Fragen kann nicht schon in einer Exegese der Konzilstexte gefunden werden. Denn die Konzilskonstitutionen *Sacrosanctum Concilium* und *Dei Verbum*[11] verweisen ihrerseits zurück auf die Heilige Schrift und stellen sich unter ihre Norm, die sie ja gerade beanspruchen, neu zur Geltung zu bringen. Entscheidend ist also, dass nicht nur permanent *über* die biblischen Texte gesprochen und geurteilt wird, sondern dass *deren* Sprache und Urteile zur Geltung kommen, auch dort, wo theologisch geklärt wird, was „Heilige Schrift", was Inspiration und Kanonizität, was Einheit und Vielfalt, was Gottesdienst und Kirche überhaupt heißen können.[12] Dies setzt voraus, dass sich die Exegese in ganz neuer Weise fundamentalhermeneutisch herausfordern lässt und dass die Systematische Theologie wie aber auch die Liturgiewissenschaft das Gespräch mit der Exegese führen.

---

[10] Die Vulgata übersetzt, dem Geist ihrer Zeit folgend, *eloquia Dei* und denkt an die *viva vox Dei*. Paulus hat mit hoher Wahrscheinlich an die „heiligen Schriften" (Röm 1,2) gedacht, die ihm als Offenbarungsworte Gottes gelten; vgl. *U. Wilckens*, Der Brief an die Römer. 1. Teilband. Röm 1–5. Zürich-Neukirchen-Vluyn 1978 (EKK VI/1) 164.
[11] Vgl. *H. B. Meyer*, Eucharistie. Geschichte, Theologie, Pastoral. Mit einem Beitrag von I. Pahl. Regensburg 1989 (GdK 4) 29–34.
[12] Besondere Bedeutung können auf diesen Themenfeldern die Studien des „Ökumenischen Arbeitskreises" gewinnen: Verbindliches Zeugnis I-III. Hg. v. W. Pannenberg – Th. Schneider. Freiburg/Br. – Göttingen 1992–1998 (DiKi 7.9.10).

2. Die neutestamentlichen Briefe und der Gottesdienst der Urgemeinde

Welche Bedeutung haben die neutestamentlichen Briefe für den urchristlichen Gottesdienst[13] gewonnen? Welche Bedeutung hat der Gottesdienst der Urgemeinde für die Entstehung, Rezeption und Wirkung der Briefe gehabt? Wenn diese Korrelation herausgearbeitet wird, kann deutlicher werden, welchen „Sitz im Leben" die neutestamentlichen Aussagen über die Bedeutung der Briefe für die geisterfüllte Verkündigung des Wortes Gottes haben.

2.1 Der Gottesdienst als Traditionsraum der neutestamentlichen Briefe

Die neutestamentlichen Briefe sind (samt der Johannes-Offenbarung) die bei weitem wichtigste Quelle für die Geschichte der urchristlichen Liturgie. Zwar findet sich nicht nur im Ersten Korintherbrief, sondern bekanntlich auch in den synoptischen Evangelien ein Abendmahlsbericht, der auf die urchristliche Liturgie zurückverweist. Aber wie das „Mahl des Herrn" gefeiert worden ist, kann man nur aus Paulus (1 Kor 11 und 14) eruieren (und später aus der Didache). Es bleiben genügend Unsicherheiten.[14] Das meiste kann man nur undeutlich erahnen, vieles vermuten, wenig beweisen.

---

[13] Vgl. *F. Hahn*, Der urchristliche Gottesdienst. Stuttgart 1970 (SBS 41); *ders.*, Art. Gottesdienst, in: TRE 14. 1985, 28–39; *J. Chr. Salzmann*, Lehren und Ermahnen. Zur Geschichte des christlichen Wortgottesdienstes in den ersten drei Jahrhunderten. Tübingen 1994 (WUNT 59); auch *O. Knoch*, „In der Gemeinde von Antiochia gab es Propheten und Lehrer" (Apg 13,1). Was sagt das Neue Testament über Wortgottesdienste und ihre Leiter?, in: LJ 32. 1982, 133–150; *V. Stolle*, Apostelbriefe und Evangelien als Zeugnisse für den urchristlichen Gottesdienst, in: LuThK 12. 1988, 50–65. Forschungsgeschichtlich bedeutend sind die Werke von *W. Bauer*, Der Wortgottesdienst der ältesten Christen. Tübingen 1930 (SGV 148); *G. Delling*, Der Gottesdienst im Neuen Testament. Berlin 1952; *O. Cullmann*, Urchristentum und Gottesdienst. Zürich – Stuttgart ⁴1962 (AThANT 3).

[14] Geht 1 Kor 11 davon aus, dass die eucharistischen Gesten und Gaben ein Sättigungsmahl rahmten? Oder stand die „Eucharistie" am Schluss eines gemeinsamen Mahles, das mit einer Agape begann? Für das Erste votiert *M. Klinghardt*, Gemeinschaftsmahl und Mahlgemeinschaft. Soziologie und Liturgie frühchristlicher Mahlfeiern. Tübingen – Basel 1996 (TANZ 13) 297–331; für das Zweite (mit besseren Gründen) *H.-J. Klauck*, Herrenmahl und hellenistischer Kult. Eine religionsgeschichtliche Untersuchung zum ersten Korintherbrief. Münster 1982 (NTA 15) 287–297.

2.1.1 Elemente urchristlicher Gottesdienste

Gewöhnlich versammelt man sich einmal in der Woche[15] abends (Apg 20,7.11) zum Gottesdienst (1 Kor 16,2), nicht am Sabbat, sondern am ersten Tag der Woche (Apg 20,7), also am Sonntag, dem „Tag des Herrn" (Offb 1,10; Did 14,1), dem Tag der Auffindung des leeren Grabes durch die Osterfrauen (Mk 16,2 parr.)[16]. Gewöhnlich trifft sich die Gemeinde zum Gottesdienst im Privathaus eines reicheren Christen bzw. einer begüterten Christin. Nach 1 Kor 14,22–25 nehmen am Gottesdienst einer Gemeinde (auch am Herrenmahl?) nicht nur die Getauften, sondern auch „Ungläubige" teil: Nicht-Christen, die am Glauben interessiert sind und von Gemeindegliedern mitgenommen werden. Der Gottesdienst gewinnt so eine missionarische Funktion.

Am Gottesdienst sind nach 1 Kor 14,26–33 viele Gemeindeglieder, Männer und Frauen (11,5)[17], auf verschiedene Weise aktiv beteiligt. Schriftlesung und Schriftauslegung[18] sind nach synagogalem Vorbild[19] ein fester Bestandteil des urchristlichen

---

[15] Apg 2,46 wird zwar gelegentlich als Argument für die sehr frühe Praxis einer täglichen Eucharistiefeier in Anspruch genommen, ist aber nicht klar genug; vgl. *R. Pesch*, Die Apostelgeschichte. 1. Teilband. Apg 1–12. Zürich – Neukirchen-Vluyn ²1994 (¹1986) (EKK V/1) 132.

[16] Offen bleibt, ob – nach jüdischer Tagesrechnung (vgl. Apg 4,3) – die Versammlung am Abend nach dem Sabbat oder – nach römischer (vgl. Apg 23,31 f.) – am Sonntagabend stattfand. Die Erscheinungserzählungen der Evangelien verweisen auf den Abend des Sonntages. Die später bezeugte Tradition eines sonntäglichen Frühgottesdienstes (schon Justin?) knüpft an die Grabeserzählung an.

[17] Der Passus 1 Kor 14,33b–36, der den Frauen das Wort in der Gemeinde verbietet, ist, exegetisch umstritten, wegen des Widerspruchs zu 11,5 wahrscheinlich ein Nachtrag von späterer Hand, der bei der Sammlung und Verbreitung der Paulus-Briefe (gegen Ende des 1. Jahrhunderts) eingefügt worden ist. Er stimmt in der Einschätzung der Rolle der Frauen mit 1 Tim 2,11 f. überein.

[18] Vgl. *M. Hengel*, Die Septuaginta als „christliche" Schriftensammlung, ihre Vorgeschichte und das Problem ihres Kanons, in: Die Septuaginta zwischen Judentum und Christentum. Hg. v. M. Hengel – A. M. Schwemer. Tübingen 1994 (WUNT 72) 182–284; *ders.*, Schriftauslegung und Schriftwerdung in der Zeit des Zweiten Tempels, in: Schriftauslegung im antiken Judentum und im Urchristentum. Hg. v. M. Hengel – H. Löhr. Tübingen 1994 (WUNT 73) 1–71.

[19] Vgl. *J. Maier*, Schriftlesung in jüdischer Tradition, in: Streit am Tisch des Wortes? (wie Anm. 1) 505–559; ferner *L. Trepp*, Der jüdische Gottesdienst. Gestalt und Entwicklung. Stuttgart u.a. 1992. Das Quellenproblem ist auch auf judaistischem Gebiet groß. Zu den ältesten Quellen für synagogale Schriftlesung gehören neben Josephus (ap. 2,17: „Gesetz") und Philo (hyp. 7,12f.: „Gesetz"; vgl. vit. cont. 28f.31: Psalmen) 2 Kor 3 („Mose), Lk 4,16ff. (Jesaja) und Apg 13,15 (Mose und Propheten) sowie Apg 15,21 (Tora). Aus rabbinischer Zeit gibt es genauere Auskünfte. MidrHl 8,13 spricht von der Lesung aus dem „Gesetz" und „am Schluss" aus den Propheten. Weitere Informationen (aus späterer Zeit) enthält der Traktat Megilla. Ein Basistext ist Neh 8.

Gottesdienstes.[20] Auch Psalmengesang wird üblich gewesen sein.[21] Freilich nehmen geistliche Worte aus der Urgemeinde seit je einen breiten Platz ein. Die Charismen der Prophetie und der (prä- wie postbaptismalen) Katechese blühen (1 Kor 14; vgl. 12,8ff.28ff.; Röm 12,6ff.). Großen Raum nimmt das jesuanisch-christliche Beten ein (vgl. 1 Kor 11,4f.), vom Vaterunser (Mt 6,9–13; vgl. Gal 4,4ff.; Röm 8,15) über das „Maranatha" (1 Kor 16,22) bis zur Glossolalie (1 Kor 12.14). Credoformeln spielen eine Rolle (1 Kor 15,3ff.). Zu den „Psalmen", „Hymnen" und „Liedern", die (nach 1 Kor 14,26; Kol 3,16 und Eph 5,19) gesungen wurden, haben auch neutestamentliche Gottes- und Christusgesänge gehört.[22] Welche es waren, kann fragmentarisch aus den Briefen[23] und der Apokalyp-

---

[20] In 1 Kor 14 wird die Schriftlesung nicht eigens erwähnt, aber (nicht nur) in 1 Kor 4,6 ist umfassende Schriftkenntnis in Korinth vorausgesetzt; vermutlich wird sie Aufgabe der Lehrer gewesen sein. Auch 2 Kor 3 dürfte nicht nur die paulinische Kenntnis synagogaler, sondern auch die Praxis ekklesialer Tora-Lesung widerspiegeln. In den Pastoralbriefen gewinnt die Schriftauslegung wegen der Auseinandersetzung mit der schriftgelehrten „Gnosis" (1 Tim 6,20) Gewicht; vgl. 1 Tim 4,13 in Verbindung mit 2 Tim 3,15f. Ignatius setzt gottesdienstliche Lektüre der Propheten (Smyrn 7,2) voraus, aber wohl auch des Gesetzes (Smyrn 5,1). Nicht selten werden – wie im Judentum – nicht vollständige Schrift-Texte, sondern Testimonien und Florilegien in Gebrauch gewesen sein. Gegen die These einer Schriftlesung im Gottesdienst der Urgemeinde wandte sich – mit problematischer Berufung auf die paulinische Gesetzeskritik – die ältere (protestantische) Exegese, vgl. *Delling*, Gottesdienst (wie Anm. 13) 89ff.

[21] Ganz klar sind die Texte nicht; die Exegeten sind uneins. Aber in der Summe legen 1 Kor 14,26, Kol 3,16 und Eph 5,19 (vgl. Röm 15,9) sowie 1 Kor 14,15 und Apg 16,25 (vgl. Hebr 2,12) das Urteil nahe; vgl. *M. Hengel*, Hymnus und Christologie, in: Wort in der Zeit. FS K.-H. Rengstorf. Hg. v. W. Haubeck – M. Bachmann. Leiden 1980, 1–23, hier 17. Für die Zeit ist liturgischer Psalmengesang frühjüdisch in Qumran („neue Psalmen": 1QH) und bei den Therapeuten (Philo, vit. Cont. 80) belegt, während der synagogale Gebrauch erst seit dem 2. und 3. Jahrhundert bezeugt ist; vgl. *J. Maier*, Zur Verwendung der Psalmen in der synagogalen Liturgie (Wochentag und Sabbat), in: Liturgie und Dichtung. Ein interdisziplinäres Kompendium I. Historische Präsentation. Hg. v. H. Becker – R. Kaczynski. St. Ottilien 1983 (PiLi 1) 55–90.

[22] Die Diskussion wird eher darüber geführt, ob nur urchristliche oder auch alttestamentliche (und frühjüdische) Psalmen gesungen worden sind; einen Überblick verschafft *W. Schrage*, Der Erste Brief an die Korinther. 3. Teilband. 1 Kor 11,17–14,40. Zürich – Neukirchen-Vluyn 1999 (EKK VII/3) 446f. Einem offenbar gefährlich naheliegenden Missverständnis erliegt Plinius d.J., wenn er in seinem Brief an Trajan vom christlichen Gottesdienst schreibt: *carmen ... Christo quasi deo dicere secum invicem* (ep. 10, 96).

[23] Dort wird freilich in der neueren Literatur der Gattungsbegriff „Hymnus" (über)kritisch gesehen; vgl. *G. Kennel*, Frühchristliche Hymnen? Gattungskritische Studien zur Frage nach den Liedern der frühen Christenheit. Neukirchen-Vluyn 1993 (WMANT 71); *R. Brucker*, „Christushymnen" oder „epideiktische Passagen"? Studien zum Stilwechsel im Neuen Testament und seiner Umwelt. Göttingen 1997 (FRLANT 176). Wie immer ist vieles eine Definitionsfrage; vgl. *M. Lattke*, Hymnus. Materialien zu einer Geschichte der antiken Hymnologie. Freiburg/Schw. – Göttingen 1991 (NTOA 19).

se[24] erschlossen werden. Welche Bedeutung aber haben die Briefe selbst gespielt?

2.1.2 Paulus und seine Briefe in der Versammlung der Gemeinde

Paulus mahnt die Thessalonicher in seinem ältesten erhaltenen Schreiben, der frühesten Schrift des gesamten Neuen Testaments (1 Thess 5,27): „Ich beschwöre euch beim Herrn, diesen Brief allen Brüdern vorzulesen." Die starke Formulierung lässt nicht auf Autoritätsprobleme des Apostels schließen, sondern auf sein Interesse, das neue Kommunikationsmedium des Gemeindebriefes[25] effizient zu platzieren.[26] Die Bitte richtet sich direkt an (nicht näher genannte) Einzelne, vermutlich die (faktischen) Gemeindeleiter (vgl. 5,12), die, des Lesens kundig, die Bekanntmachung, vielleicht auch die Erläuterung des Briefes zu übernehmen hatten.[27] Als Ort kommt wohl nur der Gottesdienst der Ekklesia in Frage[28] – wobei offenbleiben muss, ob es in den paulinischen Gemeinden nur die Herrenmahlfeier am Sonntag einschließlich Wortgottesdienst oder auch reine Wortgottesdienste gegeben hat.[29] Das Lesen ist in der Antike, anders als in der Neuzeit, weithin ein öffentlicher Akt.[30] Diese soziale Dimension hat Paulus ekklesiologisch geöffnet. Die Worte des Briefes müssen und können sprechen, wenn der Apostel selbst nicht persönlich das Evangelium verkünden und die Lehre

---

[24] Vgl. *K.-P. Jörns*, Das hymnische Evangelium. Untersuchungen zu Aufbau, Funktion und Herkunft der hymnischen Stücke in der Johannesoffenbarung. Gütersloh 1971 (StNT 5).
[25] Zur religionsgeschichtlichen Einordnung vgl. *H.-J. Klauck*, Die antike Briefliteratur und das Neue Testament. Ein Lehr- und Arbeitsbuch. Paderborn 1998 (UTB 2022).
[26] Ob Paulus mit mehreren „Hausgemeinden" rechnet oder mit einem mehrfachen Vorlesen, damit auch tatsächlich „alle" den Brief kennenlernen, bleibt offen. Eher geht es ihm darum, dass diejenigen, die den Brief *de facto* empfangen haben (weil sie in gemeindeleitender Funktion standen und die unmittelbaren Ansprechpartner des Paulus wie des Timotheus waren), ihn auch im Wortlaut allen Gemeindegliedern vorlesen – was angesichts der Tatsache, dass der Erste Thessalonicherbrief der erste (erhaltene) Paulusbrief ist, vielleicht keine bare Selbstverständlichkeit war.
[27] Zur Kultur-, Sozial- und Theologiegeschichte des Lesens vgl. *P. Müller*, „Verstehst Du auch, was du liest?" Lesen und Verstehen im Neuen Testament. Darmstadt 1994.
[28] Vgl. *T. Holtz*, Der Erste Brief an die Thessalonicher. Zürich – Neukirchen-Vluyn 1986 (EKK XIII) 274.
[29] Während Apg 20,7 die Einheit voraussetzt, scheint Apg 2,46 eine Trennung anzudeuten – ohne dass aus dem einen oder dem anderen auf eine feste Regel im Urchristentum geschlossen werden dürfte. Plinius – von dem man nicht genau weiß, wie gut er informiert war – scheint zwei Typen, Mahlfeier und Wortgottesdienst, zu kennen (ep. 10, 96,7), während Justin Wortgottesdienst und Eucharistie verbindet, aber nicht mehr in Einheit mit der „Agape" sieht (apol. I 67,3 ff.).
[30] Vgl. *K. Quinn*, The Poet and His Audience in the Augustian Age, in: ANRW 30/1. 1982, 75–180.

vortragen kann (1 Kor 5,3; vgl. Kol 2,5). Briefe sind aber nicht nur Notbehelf. Sie können Räume, später auch Zeiten überbrücken. Paulus weiß um den starken Eindruck, den seine Briefe machen (2 Kor 10,10) und rechnet damit. Die *viva vox evangelii* geht den Briefen voraus, die ihrerseits auf die mündliche Verlesung (und Auslegung; vgl. 2 Petr 3,15f.) angelegt sind. Welchen Stellenwert der Brief in der Gemeindeversammlung eingenommen hat, ist freilich nicht ohne weiteres klar. Ursprünglich geht es sicher noch nicht um eine Lesung vom Rang und von der Art der *lectio* aus „Gesetz und Propheten". Aber der Erste Thessalonicherbrief ist, achtet man auf die Leitverben, Danksagung (1,2; 2,13), Erinnerung (1,3), Glaubensvertiefung (3,10), Wissensvermittlung (4,13), Fürbitte (3,11ff.), Paraklese (4,1) und Segenswort (5,23f.)[31] des Apostels (2,1–12), der sich an „die Ekklesia der Thessalonicher" (1,1) wendet. Das ist für alle Paulusbriefe typisch. Für Paulus, der um die „Kraft" seiner Briefe wusste (2 Kor 10,10), sind die Schreiben zwar vielfach Ersatz für verhinderte persönliche Interventionen in den Gemeinden (Gal 4,20), aber gleichzeitig in der Konkretion ihrer Adresse eminente Evangeliumsverkündigung in schriftlicher Form.[32] Es schreibt der „Apostel" an die „Ekklesia", voller Autorität und Sendungsbewusstsein und im klaren Interesse am Aufbau der Ekklesia (1 Kor 3,14). Als Kommunikationsmittel des Glaubens setzen die Paulusbriefe nicht nur bestehende Christengemeinschaften aus Juden und Heiden voraus; sie schaffen sich ihre eigene Hörergemeinde durch die Verkündigung des Evangeliums.

Ob verbindlich, ob polemisch, ob werbend, ob demagogisch – der Apostel schreibt in der sicheren (freilich bisweilen enttäuschten) Erwartung, in den Gemeinden Gehör zu finden. Die Zustimmung zum Brief des Apostels vollzieht sich letztlich in seiner Bejahung durch die Gemeinde, und zwar nicht nur, wenn sie dem Inhalt des Briefes zustimmt, sondern wenn sie Gottesdienst feiert und dabei die Schrift Israels als von Paulus markiertes Kriterium ihrer Lehre gelten lässt, die Prophetie am Maß des von Paulus verkündeten Glaubens misst (Röm 12), die Lehre auf das von Paulus verkündete Wort vom Kreuz gründet (1 Kor 1–2) und das Herrenmahl so feiert, dass tatsächlich die Agape am größten ist.

---

[31] M. *Müller*, Vom Schluß zum Ganzen. Zur Bedeutung des paulinischen Briefkorpusabschlusses. Göttingen 1997 (FRLANT 172) 128f., spricht von einem „konduktiven Gotteszuspruch", so auch in vergleichbaren Fällen wie Phil 4,9f.; Röm 15,13.
[32] Vgl. Th. *Söding*, Erweis des Geistes und der Kraft. Der theologische Anspruch der paulinischen Evangeliumsverkündigung und die Anfänge der neutestamentlichen Kanon-Bildung (1993), in: *ders.*, Das Wort vom Kreuz. Studien zur paulinischen Theologie. Tübingen 1997 (WUNT 93) 196–221.

Die Briefe des Apostels decken ein breites Spektrum kerygmatischer, katechetischer, konfessorischer und responsorischer Rede ab, die mit apostolischer Autorität vorgetragen wird und die Adressaten als „Ekklesia", als eschatologisches Gottesvolk, anspricht. Die Briefe integrieren in Lob, Dank und Bitte elementare Gebetsformen. Das zielt auf eine eminent „ekklesiale" Rezeption, deren Ort nicht nur das Lehrhaus ist (in dem sich eine Paulusschule entwickeln wird), sondern auch die Gemeindeversammlung, die eine Vielzahl von Elementen enthielt, im Wesentlichen aber Agape und Eucharistie war.
Weitere Indizien für einen gottesdienstlichen „Sitz im Leben" der Briefe treten hinzu. Besonders die Eingangs- und Schlusswendungen sind durch eine liturgienahe Sprache ausgezeichnet.[33] Sehr dicht begegnen sie im Eschatokoll des Ersten Korintherbriefes (16,20–23). Der „heilige Kuss" wird erwähnt (16,20b; vgl. Röm 16,16; 2 Kor 13,12; 1 Petr 5,14), der nach Justin zwischen das Gebet und das Mahl gehört (apol. 65,2; vgl. Clem.Alex., paid. III 81,2)[34], ein *Anathema*, das auch die Didache (10,6) im Interesse der Heiligkeit (vgl. 1 Kor 11,27 ff.) mit der Eucharistiefeier verknüpft, und das *Maranatha*, das auch in der Johannesoffenbarung (22,20) auf die eschatologische Ausrichtung der Abendmahlsfeier (vgl. 1 Kor 11,26) verweist. Fraglich ist, ob daraus gefolgert werden kann, dass sich die Briefe gezielt in den urchristlichen Gottesdienst einbauen wollen, um ihn so zu strukturieren, dass die Epistel den Wortgottesdienst abschließt und zur Eucharistiefeier überleitet[35]; sicher aber scheint, dass Paulus bei der Formulierung seiner Briefe nicht nur die urchristliche Liturgie im Auge gehabt, sondern auch mit der Verlesung des Briefes in der (gottesdienstlichen) Gemeindeversammlung gerechnet und seinem Brief eine liturgische Aura verliehen hat[36], ohne dass die Vorlesung als ein sakramentaler Akt inszeniert worden wäre.[37]

---

[33] Vgl. *F. Schnider – W. Stenger*, Studien zum neutestamentlichen Briefformular. Leiden u. a. 1987 (NTTS 11).
[34] Als liturgische Ausdruckshandlung (zu) stark relativiert von *K. Thraede*, Ursprünge und Formen des „Heiligen Kusses" im frühen Christentum, in: JAC 11/12. 1968/69, 124–180.
[35] Optimistisch ist *U. B. Müller*, Prophetie und Predigt im Neuen Testament. Formgeschichtliche Untersuchungen zur urchristlichen Prophetie. Gütersloh 1975, 208. Auch *Salzmann* (Lehren und Ermahnen [wie Anm. 13] 58 f.) will auf einen liturgischen Sitz im Leben der Brieflesung (regelmäßig?) zwischen dem Sättigungsmahl und der „Eucharistie" schließen.
[36] Das ahmen spätere Briefe nach; vgl. 2 Thess 3,16 ff.; Hebr 13,20–24; 2 Petr 3,17 f.
[37] Vgl. die differenzierte Position von *Klauck*, Herrenmahl (wie Anm. 14) 351–363.

2.1.3 Die Entwicklung in der Paulusschule und ihrer Umgebung

Die Paulusschule[38] markiert weitere Schritte auf dem Weg zur Kanonisierung der Apostelbriefe[39], der parallel zu ihrer liturgischen Aufwertung verlaufen sein dürfte.

Im deuteropaulinischen *Kolosserbrief* findet sich die Aufforderung (4,16), Briefe zwischen Gemeinden auszutauschen – was vermutlich paradigmatisch gemeint war und selbstverständlich dem Zweck diente, dass sie gelesen werden, und zwar von den Gemeinden, also nach Lage der Dinge in ihren ekklesialen Zusammenkünften. Damit ist die erste Spur einer gezielten Sammlung von Paulusbriefen gefunden, die eine Keimzelle des Kanons geworden ist.

Der *Epheserbrief* spielt mit dem „Schreiben" des Apostels (3,3f.) und spekuliert vermutlich auf ein mehrmaliges Vorlesen, das der Schärfung des Gedächtnisses dient.[40]

Die *Pastoralbriefe* signalisieren die Tendenz, neben den *Biblia,* den alttestamentlichen „Büchern" (vgl. 2 Tim 3,15f.)[41], auch weitere „Pergamente", worunter vermutlich Abschriften der Paulusbriefe zu zählen sind, zum apostolischen Bücherschatz zu rechnen (2 Tim 4,13).[42]

Der *Zweite Petrusbrief* parallelisiert (in 3,2) „die von den heiligen Propheten vorausgesagten Worte" und das „Gebot eurer Apostel

---

[38] Zur Existenz einer „Paulusschule" und zu ihren Anfängen bei Paulus selbst und seinen zahlreichen Mitarbeitern vgl. *K. Scholtissek,* Paulus als Lehrer. Eine Skizze zu den Anfängen der Paulusschule, in: Christologie in der Paulus-Schule. Zur Rezeptionsgeschichte des paulinischen Evangeliums. Hg. v. K. Scholtissek. Stuttgart 2000 (SBS 181) 11–36.
[39] Vgl. die Skizze von *Schnelle,* Einleitung (wie Anm. 2) 362–377.
[40] Polykarp wird den Philippern das gründliche Studium der Briefe empfehlen, die ihnen Paulus „aus der Ferne" geschrieben hat (Polykarp, Phil 3,2). Ob damit mehrere Philipperbriefe gemeint sind (der kanonische Brief ist in seiner literarischen Integrität unsicher) oder andere Briefe (an andere Gemeinden), die den Philippern zusätzlich zur Verfügung stehen, bleibt unklar. Bemerkenswert: In Smyrna weiß man (oder geht wie selbstverständlich davon aus), dass man in Philippi mehrere Paulusbriefe zum Studium besitzt.
[41] Der Sprachgebrauch ist durch Josephus frühjüdisch belegt (ant. 4,303). Den frühchristlichen Sprachgebrauch dokumentiert *A. v. Harnack,* Über das Alter der Bezeichnung „die Bücher" (Die Bibel) für die h. Schriften in den Kirchen, in: Zentralblatt für das Bibliothekswesen 45. 1928, 337–342.
[42] So die Vermutung von *E. Plümacher,* Art. Bibel II, in: TRE 6. 1980, 8–22, hier 9; ähnlich *A. J. Hultgren,* I-II Timothy, Titus. Minneapolis 1984, 143. Auf das Alte Testament deutet jedoch *L. Oberlinner,* Pastoralbriefe: Zweiter Timotheusbrief. Freiburg/Br. 1995 (HThK-NT XI 2/2) 173f. Ein Indiz für Paulustexte ist das *malista.* Interessanterweise nutzen die Christen sehr früh, spätestens seit Mitte des 2. Jahrhunderts, die Form des Kodex (vgl. P^{66}); vgl. *C. H. Roberts – T. C. Skeats,* The Birth of the Codex. London 1983: Die Vorzüge seien „compactness", „comprehensiveness" und „convenience of use".

des Herrn und Retters"[43], wobei an den Ersten Petrusbrief (3,1) und die Paulinen gedacht ist (3,15 ff.). Dass die Apostel auf einer Höhe mit den Propheten zu stehen kommen, ist für den (wahrscheinlich) jüngsten Brief des Neuen Testaments „Petrus" darin begründet, dass in den von ihnen „überlieferten heiligen Geboten" (2,21) der Anspruch des Evangeliums Jesu sich bekundet.[44]

Die Hinweise auf eine innere Verbindung zwischen Brief und Liturgie reichen über die Paulusschule hinaus. Der Hebräerbrief[45] und der Erste Johannesbrief[46] sind in Briefform gehaltene Predigten, beide eher themenzentrierte *sermones* als schriftauslegende *homiliae* (wenn man so unterscheiden will[47]), der Erste in der Tradition jüdisch-hellenistischer Synagogenpredigt[48], der Zweite mit Stilelementen populärphilosophischer Lebensberatung[49]: Der ideale „Sitz im Leben" beider Briefe ist die Liturgie; sie schreien geradezu danach, im Gottesdienst verlesen zu werden. Wann und wo jedoch dieser Schrei erhört worden ist, lässt sich für die Frühzeit nicht erkennen.[50]

2.1.4 Die Offenbarung des Johannes

Den höchsten Anspruch auf Offenbarung, Inspiration und Kanonizität im gesamten Neuen Testament, vielleicht in der ganzen Bibel, erhebt jene Schrift, deren Wahrheit, Geistlichkeit und Verbindlich-

---

[43] A. Vögtle, Der Zweite Petrusbrief. Zürich – Neukirchen-Vluyn 1994 (EKK XXII) 214, übersetzt : „des (von) euren Aposteln (überlieferten) Gebotes des Herrn und Retters". Für die hier zu diskutierende Frage macht die Übersetzungsvariante keinen gravierenden Unterschied.
[44] Vgl. *Vögtle*, Der Zweite Petrusbrief (wie Anm. 43) 214.
[45] Zur Gattungsbestimmung vgl. (mit ausführlicher Forschungsdiskussion) K. *Backhaus*, Der neue Bund und das Werden der Kirche. Die Diatheke-Deutung des Hebräerbriefes im Rahmen der frühchristlichen Theologiegeschichte. Münster 1996 (NTA 29) 42–47.
[46] Vgl. *H.-J. Klauck*, Die Johannesbriefe. Darmstadt 1991 (EdF 276) 68–74.
[47] Zur Gattungstypologie vgl. *H. F. Plett*, Einführung in die rhetorische Textanalyse. Hamburg [8]1991 ([1]1971) 18 f.
[48] Vgl. *H. Thyen*, Der Stil der Jüdisch-Hellenistischen Homilie. Göttingen 1955 (FRLANT 65).
[49] *S. K. Stowers*, Letter Writing in Graeco-Roman Antiquity. Philadelphia 1986 (LEC 5) 96.
[50] Der Erste Clemensbrief beansprucht Inspiration (63,2) und ist nach Dionysos von Korinth (bei Euseb., hist. eccl. IV 23,9 ff.), dessen Notiz Mitte des 2. Jahrhunderts datiert, seit langem im Gottesdienst vorgelesen worden – wohl als (Ersatz für die) Predigt (vgl. *Ph. Vielhauer*, Geschichte der urchristlichen Literatur. Berlin 1978, 534 f.) und jedenfalls voller Respekt für die Märtyrer-Apostel Petrus und Paulus (5,1–7). Auch beim Zweiten Clemensbrief (vgl. 19,1), bei den Ignatianen und dem (Zweiten) Philipperbrief des Polykarp von Smyrna wird an eine öffentliche Verlesung im Gottesdienst (in Abschnitten) als Predigt gedacht sein.

keit am längsten umstritten waren: die Apokalypse des Johannes. Gleich im Präskript wird ihr Anspruch deutlich, nichts Geringeres zu sein als die genaue Aufzeichnung (1,2) jener das eschatologische Heil in sich begreifenden Offenbarung, die Gott dem Kyrios Jesus „gegeben hat" (1,1), damit dieser „durch seinen Engel, den er sandte, seinem Knecht Johannes zeigt", was er all „seinen Knechten" zeigt: das nämlich, was nach Gottes Willen „bald geschehen muss" (vgl. Dan 2,28f.), das soteriologische Drama der Aufrichtung der Gottesherrschaft angesichts einer Welt der Sünde, der Gewalt, der politischen Hybris und des Todes. Der Seher führt – im Stil frühjüdischer Apokalyptik – das Schreiben seines Buches (vgl. 2,1.8.18; 3,1.7.14) auf den Geist Gottes zurück, der ihn ergreift (1,10ff.), so dass sich Jesus gerade so durch ihn offenbart, wie Jesus bezeugt sein will (19,10).[51] Die Johannesoffenbarung nimmt deshalb – durchaus konsequent – am Ende die deuteronomistische Kanonisierungsformel[52] für sich in Anspruch (22,18f.), um dieses Buch in der gleichen Weise mit sakrosankter Verbindlichkeit auszustatten (vgl. 1,19; 22,7f.10) wie die Bücher des „Alten Testaments", aus deren Zukunftsbildern das christologische Szenario des apokalyptischen Finale montiert ist.

Dem atemberaubenden Wahrheitsanspruch entspricht die sichere Erwartung des Schreibers, dass sein Buch vorgelesen wird – und zwar, wie die Form des Makarismus zeigt, zum Heil des Lektors wie des Hörers, „der sich an das hält, was geschrieben steht" (1,3). Ohne Zweifel ist damit an eine gottesdienstliche Lesung gedacht[53], vermutlich am „Tag des Herrn", an dem nach 1,10 die Inspiration den Seher überkommen hat.[54]

2.1.5 Auswertung

Das Neue Testament, besonders die Paulustradition, lässt eine dynamische Entwicklung erkennen, die verschiedene Phasen eines ka-

---

[51] Vgl. *J. Roloff*, Die Offenbarung des Johannes. Zürich ²1987 (¹1984) (ZBK.NT 18) 182.
[52] Dtn 4,2; 13,1; ferner die weisheitlichen Varianten Koh 3,14; Jer 26,2; Spr 30,6 sowie epAr 311 (über die Authentizität der Septuaginta); vgl. *Chr. Dohmen – M. Oeming*, Biblischer Kanon – warum und wozu? Eine Kanontheologie. Freiburg/Br. 1992 (QD 137) 68–89.
[53] *U. B. Müller*, Die Offenbarung des Johannes. Gütersloh 1984 (ÖTBK 19) 69, urteilt sogar, Johannes habe den brieflichen Rahmen gewählt, um zu sichern, dass sein Buch im Gottesdienst vorgelesen wird.
[54] Aus dem Gebetswunsch um das Kommen des Herrn in 22,20 ist wiederum auf den genauen Platz der *lectio* vor der Feier des Herrenmahls gefolgert worden, z. B. von *Salzmann*, Lehren und Ermahnen (wie Anm. 13) 115. Aber das bleibt unsicher.

nonischen Prozesses durchläuft und gleichzeitig die ekklesiale Rezeption der Briefe forciert, die den Unterschied zur Heiligen Schrift Israels gerade nicht verwischt und doch einen normativen Wahrheitsanspruch hochhält. Die Indizien sind stark, dass sich schon in neutestamentlicher Zeit die Praxis regelmäßiger Lektüre und Auslegung (vgl. 2 Petr 3,16f.) der Apostelbriefe, auch im Gottesdienst, zu entwickeln beginnt. Allerdings: Das älteste Zeugnis für die liturgische Lesung aus den Evangelien parallel zur alttestamentlichen Prophetenlesung findet sich erst bei Justin (apol. I 67,3)[55], und eine gottesdienstliche *lectio* aus den Apostelbriefen ist sicher erst bei Tertullian[56] und Origenes[57], indirekt bei Clemens Alexandrinus[58] bezeugt, freilich als schon bestehende Praxis.[59] Für die Zeit davor gibt es kaum Quellen zum christlichen (und jüdischen) Wortgottesdienst. Mit verschiedenen Entwicklungstempi zu verschiedenen Zeiten und an verschiedenen Orten muss gerechnet werden; die Gesamttendenz ist eindeutig.

2.2 Das Evangelium in den Paulusbriefen und seine geistvolle Bejahung in der Gemeinde

Die Suche nach den Gründen für die erstaunliche Entwicklung, die wahrscheinlich seit dem 2. Jahrhundert das Gesicht des christlichen Gottesdienstes vielerorts prägt, führt zurück zu Paulus. Dass seine Briefe über den Tag hinaus Wirkung gezeigt, ja eine eigene paulinische Tradition als Keimzelle des Kanons gebildet haben, hängt

---

[55] Justin ist allerdings weit davon entfernt, eine Vielzahl von Details oder auch nur annäherungsweise eine Agende mitzuteilen. Aus der Apologie ein *argumentum e silentio* gegen eine Lesung aus Briefen abzuleiten, wäre deshalb sehr riskant.
[56] Tertullian, Praescr. 36,1 f.; 3,65 (ecclesia Romana ... legem et prophetas cum euangelicis et apostolicis litteris miscet); Marc. IV 5,1; vgl. monog. 12,3 f. (1 Tim 3). Strittig ist nur die Zahl und Abfolge der Lesungen; vgl. *Salzmann*, Lehren und Ermahnen (wie Anm. 13) 416ff.
[57] Laut Werkliste hat Origenes auch Epistel-Homilien gehalten, die aber nicht überliefert sind. Die Homilien sind kein sicherer Beweis, aber ein starkes Indiz für gottesdienstliche *lectiones*, die im (alltäglichen) Wortgottesdienst oder in der Eucharistiefeier am Sonntag (sowie Mittwoch und Freitag) Platz gefunden haben können.
[58] Nach strom. VI 113,3 (und paid. III 89,1) gehört die Schriftlesung zum Gottesdienst, für Clemens ist auch schon das Neue Testament „Schrift" (strom. VII 1,4; 94,1); er redet bereits technisch vom „Alten" und „Neuen Testament" (strom. I 5; V 85,1; auch IV 134,2f.). Quis dives 4,3 belegt die Lesung aus den Evangelien.
[59] Nach der syrischen Didaskalie beginnt der frühmorgendliche Gottesdienst mit Schriftlesung und Predigt durch den Bischof. Die Frage, ob „Schrift" in der Didaskalie – wie sonst zu jener Zeit – auch neutestamentliche Texte über die Evangelien hinaus meint, ist kaum sicher zu beantworten. Zur Vorsicht rät, dass der Gottesdienst der Osternacht nur Lesungen aus den Propheten und aus den Evangelien zu kennen scheint und bei den „Propheten" eher nur die alt- als auch die neutestamentlichen gemeint sein dürften.

an der Art des Apostels, in den Briefen das Evangelium zu verkünden. Einerseits ist er so konkret, dass eine Übertragung auf andere, analoge, auch weit entfernte Situationen möglich ist. Andererseits verfügt er über die Fähigkeit, die anstehenden Probleme in Zusammenhängen und Tiefendimensionen zu sehen, die für das Verständnis des christlichen Glaubens schlechterdings konstitutiv sind. Die Konkretion seiner Briefe steht für die praktische Ausrichtung des Evangeliums, die seiner soteriologischen Dynamik folgt; die Grundsätzlichkeit seiner Interventionen steht für die „Wahrheit" des Evangeliums (Gal 2), die seiner parakletischen Dynamik entspricht. Den Paulusbriefen kommt nicht nur exemplarische, sondern von Anfang an „kanonische" Autorität zu (vgl. Gal 6,6) – zunächst im Kreis seiner Anhänger und Schüler erkannt, dann weiter in die Ekklesia hinein transponiert, nicht ohne mächtige Modifikationen seines theologischen Impetus, aber doch in der Form, dass der schriftliche Text der Anwalt der paulinischen Theologie bleiben konnte.[60]

Die späteren Briefe hängen sich an diesen Zug an. Bis in die Johannesepisteln, den Jakobusbrief und die Sendschreiben der Apokalypse hinein ist die formprägende Kraft der Paulusbriefe zu spüren. Die Deuteropaulinen setzen die Autorität des Heidenapostels voraus und bestärken sie auf ihre eigene Weise.[61] „Was hätte Paulus dazu gesagt?", ist ihre unausgesprochene Leitfrage, und sie antworten im sicheren Kalkül, dass ein Brief, der seinen Namen trägt, in der Gemeinde und ihrem Gottesdienst Gehör findet. Andere Briefe haben andere Bezugspunkte: Die Johannesbriefe beziehen sich auf das Evangelium zurück (vgl. 1 Joh 1,1–4), die Sendschreiben ordnen sich auf die bestürzenden Visionen des neutestamentlichen Apokalyptikers hin.[62] Auch sie nutzen die kommunikativen Möglichkeiten eines apostolischen Briefes: Die Schriftform garantiert die Zuverlässigkeit der übermittelten Botschaft, die Möglichkeit ihrer Wiederholung und vertiefenden Aneignung, die Adresse beansprucht normative Autorität und zielt auf die Rezeption in der Ekklesia und durch die Ekklesia.

Der entscheidende Zusammenhang zwischen der Abfassung des

---

[60] Zum Brief als authentischer Form neutestamentlicher Theologie vgl. *H. Weder*, Neutestamentliche Hermeneutik. Zürich 1986, 314–325.
[61] Vgl. *D. G. Meade*, Pseudonymity and Canon. An investigation into the relationship of authorship and authority in Jewish and earliest Christian tradition. Tübingen 1986 (WUNT 39).
[62] Umgekehrt prägen sie der ganzen Apokalypse brieflichen Charakter auf; vgl. *M. Karrer*, Die Johannesoffenbarung als Brief. Studien zu ihrem literarischen, historischen und theologischen Ort. Göttingen 1986 (FRLANT 140).

Briefes und seiner ekklesialen Rezeption ist – die Paulusschreiben haben einmal mehr eine hermeneutische Leitfunktion – pneumatologischer Art.[63] Paulus verkündet das Evangelium kraft des Geistes, grundlegend in mündlicher, aufbauend auch in schriftlicher Form. Diese Geistbegabung ist die Frucht seiner Berufung zum Heidenapostel. Sie wirkt in der lebendigen Beziehung zwischen dem Kyrios Jesus und seinem Diakonos und Doulos, dem Apostel. In dieser Christusbeziehung darf und muss es sich der Apostel herausnehmen, seine eigene Berufung nach dem Vorbild der Prophetenberufungen zu stilisieren.[64] Gleichzeitig sieht er die Adressaten seiner Briefe gerade deshalb als Ekklesia, weil er alles darauf setzt, dass ihnen, Juden wie Heiden, durch die Predigt des Evangeliums der Geist Gottes verliehen worden ist (Gal 3), der in ihnen die Charismen entzündet (1 Kor 12; Röm 12) und sie zusammen mit dem Gottessohn Jesus rufen lässt: Abba, lieber Vater (Gal 4,5f.; Röm 8,15)[65].

Die eigentliche Stärke der paulinischen Apostolats- und Inspirationstheologie aber liegt darin, dass sie im strengen Sinn *theologia crucis* ist. Im Blick auf das Evangelium und seine eigene Person sagt der Apostel (2 Kor 4,7): „Wir tragen diesen Schatz in irdenen Gefäßen, damit das Übermaß der Kraft Gott vorbehalten bleibe und nicht von uns ausgehe." Damit fängt er nicht nur den Gegensatz zwischen der Unendlichkeit Gottes und der Endlichkeit der Menschen ein, nicht nur die letzte Unangemessenheit jeder menschlichen Gottesrede, sondern – weit mehr noch – die Partizipation des präexistenten Gottessohnes an der Niedrigkeit der Menschen zum Heil Israels wie der Völker (vgl. 2 Kor 8,9; Phil 2,6–11) und die Konformität des leidenden Apostels mit seinem leidenden Kyrios (2 Kor 11,21–33; vgl. 4,7–15). In demütiger Klarheit – und in selbstkritischer Einsicht – weiß der Apostel (2 Kor 12,10): „Wenn ich schwach bin, dann bin ich stark." Denn im Blick auf den auferweckten Gekreuzigten sagt er (2 Kor 12,9): „Die Kraft wird in Schwachheit vollendet."

Seine Briefe machen diese Kreuzestheologie nicht nur zum The-

---

[63] Zur paulinischen Pneumatologie vgl. *F.-W. Horn*, Das Angeld des Geistes. Studien zur paulinischen Pneumatologie. Göttingen 1992 (FRLANT 154).
[64] Gal 1,15 ist nach dem Vorbild von Jer 1,5 und Jes 49,1.5f. gestaltet. Der Apostel Jesu Christi ist ein lebendiger Beweis dafür, dass der Geist der Prophetie nicht erloschen ist, sondern „in Christus" die Frucht der vollmächtigen Evangeliumsverkündigung hervorbringt.
[65] Die traditionsgeschichtlichen Spuren, die nicht deutlich zu erkennen sind, führen zurück zum Gebet Jesu, besonders zum Vaterunser, verweisen aber auch auf die alttestamentlichen und frühjüdischen Anrufungen Gottes als „Vater"; vgl. *A. Strotmann*, „Mein Vater bist du!" (Sir 51,10). Zur Bedeutung der Vaterschaft Gottes in kanonischen und nichtkanonischen frühjüdischen Schriften. Frankfurt/M. 1991 (FTS 39).

ma, sondern sind als Kommunikationsform des Glaubens von ihr geprägt. Einerseits schreibt Paulus im Ersten Thessalonicherbrief, auf seine Gründungspredigt zurückblickend, aber auch auf die Wirkung seines Schreibens bedacht (2,13): „Deshalb danken wir Gott immer wieder, dass ihr unsere Botschaft nicht als Wort von Menschen angenommen habt, sondern als das, was es in Wahrheit ist: als Wort Gottes, der auch in euch Gläubigen wirksam ist." Andererseits hat er wenige Sätze zuvor der jungen Gemeinde in schutzloser Offenheit geschrieben (2,8): „Voller Leidenschaft haben wir euch nicht allein am Evangelium Gottes Anteil gegeben, sondern an unserem eigenen Leben, denn ihr seid uns lieb geworden".

Die menschliche Vermittlung entspricht der göttlichen Qualität, weil Gott – wie es an der alt- und neutestamentlichen Prophetie abgelesen werden kann – durch das Wort von Menschen seine Stimme erhebt und umgekehrt der Apostel (jedenfalls idealiter) in seiner Verkündigung auf die offenbarte, tradierte, reflektierte, interpretierte „Wahrheit" des Evangeliums festgelegt ist und dem Evangelium gemäß lebt (1 Thess 2,1–12).[66]

Die nachpaulinische Schule steht in der Gefahr, die kreuzestheologische Dialektik von Gotteswort und Menschenwort aufzulösen. So weit die hagiographische Stilisierung des Apostels geht, so sehr seine Stärke und nicht mehr auch seine Schwäche hervorgehoben wird, desto leichter schien seine Kanonisierung – und desto wichtiger ist die Rückbesinnung auf die genuin paulinische Apostolatstheologie, die letztlich allein die Kanonisierung der Briefe begründen kann und in dem Maße ihre konstruktive Gemeindearbeit leisten kann, wie sie in ihrer ursprünglichen Kraft zu Wort kommt.

3. Die neutestamentlichen Briefe in ihrem Verhältnis zum Evangelium Jesu und zur Heiligen Schrift

Für Paulus sind die „heiligen Schriften" (Röm 1,2) des Gottesvolkes Israel (vgl. 3,1f.) eine Vorgabe, die er in dankbarer Selbstverständlichkeit seiner Verkündigung und auch seinen Briefen zugrunde legt. Ähnlich steht es bei den anderen neutestamentlichen Briefautoren.[67] Die Evangelien hingegen sind einige Zeit später als

---

[66] Paulus hat Anlass, sich den Thessalonichern noch einmal so in Erinnerung zu bringen, dass er nicht mit kynisch-stoischen Wanderpredigern (deren schlechtes Image der Apostel voraussetzt) verwechselt wird; vgl. A. J. Malherbe, Paul and the Thessalonians. Philadelphia 1987.
[67] Wertvolle Beobachtungen zur Rezeption des Alten Testaments finden sich bei H. Hübner, Biblische Theologie des Neuen Testaments II–III. Göttingen 1993. 1995.

die Paulusbriefe und im Wesentlichen gleichzeitig mit den späteren Briefen verfasst. Man kann durchaus diskutieren, in welchem Maße die Evangelien von paulinischer Theologie beeinflusst sind. Doch führen diese historischen Anmerkungen allein nicht weit genug. Für eine Hermeneutik der neutestamentlichen Briefe im Blick auf ihren gottesdienstlichen Gebrauch ist vielmehr die theologische Verhältnisbestimmung einerseits zu Jesus Christus, andererseits zur „Schrift" entscheidend.

3.1 Der Primat Jesu und seines Evangeliums im Spiegel der neutestamentlichen Briefe

Die Autorität Jesu Christi ist für den Apostel Paulus über jeden Zweifel erhaben.[68] Dass er am irdischen Jesus desinteressiert sei, ist ein Mythos der Kerygmatheologie.[69] Die Probleme, die Paulus in seinen Briefen anspricht, sind meist nicht von der Art, dass sie durch die Zitation eines Herrenwortes gelöst werden könnten. Wo es geht, wie zum Beispiel in den korinthischen Diskussionen über Ehescheidung und Ehelosigkeit, führt der Apostel ein Jesuslogion als unumstößliche Norm an und ordnet sein eigenes Urteil dem qualitativ unter (1 Kor 7).[70] Die „Davidssohnschaft" ist ein integrales Moment der Gottessohnschaft Jesu (Röm 1,3f.). Dass Jesus Jude ist, ist nicht nur eine selbstverständliche historische Tatsache, sondern eines der bleibenden Heilsprivilegien des Gottesvolkes Israel (Röm 9,4f.). Was Jesus in der „Nacht, in der er ausgeliefert wurde", getan und gesagt hat, prägt das Bild des „historischen" Jesus und die urchristliche Eucharistiefeier (1 Kor 11,23ff.).

Entscheidend ist die Orientierung am Kreuzestod und an der Auferweckung Jesu. Dass Jesus „gestorben ist für unsere Sünden"

Allerdings darf der Blick nicht auf jene alttestamentlichen Texte fixiert bleiben, die in den neutestamentlichen Schriften direkt oder indirekt rezipiert werden.

[68] Vgl. *K. Kertelge*, Autorität des Gesetzes und Autorität Jesu bei Paulus (1989), in: *ders.*, Grundthemen paulinischer Theologie. Freiburg/Br. 1989, 92–110.

[69] Als tief problematisch hat sich die Auslegung von 2 Kor 5,16 durch *R. Bultmann* (Die Bedeutung des geschichtlichen Jesus für die Theologie des Paulus, in: *ders.*, Glauben und Verstehen I. Tübingen ⁴1964, 188–213, hier 202ff.; Theologie des Neuen Testaments [1958]. Hg. v. O. Merk. Tübingen ⁹1984, 293f.) erwiesen. Vgl. demgegenüber die Klarstellungen durch *K. Scholtissek*, „Geboren von einer Frau, geboren unter das Gesetz" (Gal 4,4). Die christologisch-soteriologische Bedeutung des irdischen Jesus bei Paulus, in: Paulinische Christologie. Exegetische Studien. FS H. Hübner. Hg. v. U. Schnelle – Th. Söding – M. Labahn. Göttingen 2000, 194–219.

[70] Eine geistreiche Spekulation bleibt die These von *H. W. Kuhn*, Der irdische Jesus bei Paulus als traditionsgeschichtliches Problem, in: ZThK 67. 1970, 295–320, die Jesus-Tradition sei von den korinthischen „Enthusiasten" gepflegt worden, die Paulus kreuzestheologisch kritisiere.

und „auferweckt worden ist am dritten Tage", beides „gemäß den Schriften", ist eine konfessorische Kurzfassung der Passionsgeschichte, die Paulus aus jerusalemer und antiochenischer Tradition als Kernsätze seines Evangeliums verkündet und reflektiert (1 Kor 15,3–5). Grundlegend sind die Erzählungen vom Wirken und Leiden Jesu, die zweifellos eine große Rolle in der paulinischen Erstverkündigung gespielt[71] und später ihre verbindliche Form in den Evangelienbüchern gefunden haben. Die Briefe des Apostels Paulus sehen ihre Aufgabe nicht darin, die Stationen des Wirkens und Leidens Jesu narrativ zu vergegenwärtigen, sondern von Kreuz und Auferweckung her dessen Heilsbedeutung zur Sprache zu bringen und in das Leben der Ekklesia hinein zu vermitteln.

Die Deuteropaulinen folgen der Spur des Paulus. Ihre Nähe zu Jesus erschließt sich durch den Tod und die Auferweckung Jesu, wie dies der Perspektive sowohl der Paulusbriefe als auch der urchristlichen Christus-Bekenntnisse entspricht, auf die sie in reichem Maße rekurrieren. Interessanterweise sind es gerade die Pastoralbriefe, die mit der Erinnerung an die Davidssohnschaft Jesu (2 Tim 2,8) die irdische Existenz Jesu (vgl. 1 Tim 3,16), auch sein Mensch-Sein (1 Tim 2,5), christologisch weiter aufwerten[72], ohne jedoch die Verkündigung des Irdischen wiederzugeben, von der sie wohl auch in Gestalt von Evangelien Kenntnis gewonnen haben. Strukturell ähnlich wie bei den Deuteropaulinen stellt sich die Sachlage im Ersten Petrusbrief und im Hebräerbrief dar. Die christologische Dynamik ist offenkundig und macht sich an der Neuinterpretation des Leidens wie der Auferstehung Jesu fest, im Ersten Petrusbrief vor allem durch eine intensive Passionschristologie (2,18–25), im Hebräerbrief durch die Christologie des Hohepriestertums Jesu, getragen vom Glauben Jesu (Hebr 12,2) und fokussiert im Aufruf: „Schaut auf Jesus" (3,1)[73].

Einen ganz eigenen Akzent setzt der Zweite Petrusbrief. Die wahrscheinlich jüngste Schrift des Neuen Testaments, die bereits den Ersten Petrusbrief und eine Sammlung von Paulusbriefen voraussetzt, beruft sich am massivsten auf apostolische Verfasserschaft.

---

[71] Das braucht nicht dazu zu verleiten, auf Schritt und Tritt, bei jedem vergleichbaren Motiv, Spuren der Jesus-Tradition zu vermuten. So ist aber leider die Tendenz von D. *Wenham*, Paulus – Jünger Jesu oder Gründer des Christentums? Paderborn 1999 (engl. 1995); R. *Riesner*, Paulus und die Jesus-Überlieferung, in: Evangelium – Schriftauslegung – Kirche. FS P. Stuhlmacher. Hg. v. J. Adna u. a. Göttingen 1997, 347–365.
[72] Vgl. *Th. Söding*, Das Erscheinen des Retters. Zur Christologie der Pastoralbriefe, in: Christologie in der Paulus-Schule (wie Anm. 38) 149–192.
[73] Vgl. F. *Laub*, „Schaut auf Jesus" (Hebr 3,1). Die Bedeutung des irdischen Jesus für den Glauben nach dem Hebräerbrief, in: Vom Urchristentum zu Jesus. FS J. Gnilka. Hg. v. H. Frankemölle – K. Kertelge. Freiburg/Br. 1989, 417–432.

Nichts Geringeres als die „persönliche" Erinnerung des „Autors" an die Verklärung Christi (1,16ff.) trägt die Autorität, beschreibt den theologischen Standpunkt und öffnet die hermeneutische Perspektive authentischer Schriftauslegung und Paulusinterpretation, für die das Schreiben einsteht (1,3.10f.; 3,15f.).

Der Primat des Evangeliums lässt sich am deutlichsten an den Johannesbriefen erkennen: zum einen historisch, da sie das Evangelium voraussetzen und auf einen Streit um das rechte Verständnis der in ihm bekundeten Theologie reagieren[74], zum anderen theologisch, da der programmatische Eingangstext 1 Joh 1,1–4 auf Joh 1,1–18 und das ganze Evangeliencorpus zurückgreift, um nicht nur – formal – den Wahrheitsanspruch des Verfassers und seiner Kommunität, sondern auch – inhaltlich – die Qualität seines Christuszeugnisses auf das Evangelium zurückzuführen.

Die Struktur des neutestamentlichen Kanons fängt den Primat Jesu ein, indem er – ungeachtet der Chronologie – die Evangelien an die erste Stellung rückt und sogar die literarischen Zusammenhänge einerseits des lukanischen Doppelwerks, andererseits des Corpus Johanneum auflöst, um die vier Evangelien beieinander zu haben, denen die „Apostelgeschichte" folgt, bevor die Briefe ihren kanonischen Platz finden können.

3.2 Die „heiligen Schriften" Israels im Lichte der neutestamentlichen Briefe

Paulus hat seine Briefe nicht geschrieben, weil er meinte, die „Heilige Schrift" Israels sei unzureichend oder ergänzungsbedürftig, gar irrelevant oder falsch.[75] Er hat sie nicht selektiert oder nachträglich korrigiert, sondern sie schlicht akzeptiert. Er wäre nicht auf die Idee gekommen, seine Briefe der heiligen Schrift Israels einzufügen oder anzuhängen. Er hat in seinen Briefen auch keinen Kommentar zum Alten Testament geliefert, so wie – viel später – Talmud und Midrasch vielleicht als Bibelkommentare eingeschätzt werden können, die für das Judentum autoritativ geworden sind. Er hat vielmehr erstens das Seine dazu beigetragen, dass die Bibel Israels auch den Heidenchristen als Heilige Schrift vertraut werden konnte, da sie doch die Verwurzelung der Kirche Jesu Christi im Gottes-

---

[74] Überzeugend ist die Argumentation von *Klauck*, Johannesbriefe (wie Anm. 46) 46f., für die Priorität des Evangeliums; für die Priorität der Briefe plädiert allerdings mit gewichtigen Gründen *Schnelle*, Einleitung (wie Anm. 2) 451f. 468ff.
[75] Zum Hintergrund der folgenden Erwägungen vgl. *Th. Söding*, Heilige Schriften für Israel und die Kirche. Die Sicht des „Alten Testamentes" bei Paulus (1995), in: *ders.*, Das Wort vom Kreuz (wie Anm. 32) 222–247.

volk Israel dokumentiert; und er hat sie zweitens „in Christus" neu gelesen, nämlich als Zeugnis einer großen Verheißung, die Gott jetzt durch den auferstandenen Gekreuzigten eschatologisch bejaht hat (2 Kor 1,20): die Verheißung des Lebens für Israel und alle Völker. Paulus hat allerdings dem Evangelium, das er zu verkünden hatte, auch keinen minderen Rang als die „Schrift" eingeräumt. Er stellt sich vielmehr – auch mit seinen Briefen – in den Dienst eines eschatologisch Neuen, das Gott selbst durch die Sendung, den Tod und die Auferweckung Jesu geschaffen hat und nun vor Juden wie Heiden proklamiert haben will. Dass Paulus seine Berufung zum Apostel nach dem Muster alttestamentlicher Prophetenbücher beschreibt, gewinnt an dieser Stelle seine kanontheologische Pointe: Paulus kommuniziert mit Jesaja und Jeremia, auch mit dem Propheten Mose auf gleicher Augenhöhe[76], indem er den Blick auf den „lebendigen und wahren" Gott lenkt (1 Thess 1,9), der Jesus von den Toten auferweckt hat.

Paulus ist sich vollkommen im Klaren darüber, dass die Schriften aus dem Zeitraum vor dem Kommen Jesu Christi stammen. Deshalb sind sie nicht veraltet oder überholt, vielmehr bleibend aktuell, weil ja Gott ein und derselbe ist. Deshalb bedarf es aber „jetzt" einer neu ansetzenden Verkündigung, die das „Alte" nicht abstreifen kann, aber das „Wort vom Kreuz" zur Sprache bringt. Ohne die „Schriften" wäre dieser Dienst des Neuen Bundes, der Dienst der Versöhnung (2 Kor 3–5), schlechterdings nicht zu leisten: nicht nur, weil das Evangelium sonst sprachlos wäre, sondern weil Jesus in die Geschichte Israels hineingehört und mit seiner Person dafür einsteht, dass Gott seine Gnade nicht reut, die er dem Israel der Väter erwiesen hat, so dass nicht nur alle Glaubenden, sondern auch „ganz Israel" gerettet werden (Röm 11). Umgekehrt lässt sich der Aussagewert, der diesen Schriften für die Christen eignet, in der Hermeneutik paulinischer Theologie nicht ohne den Blick auf jenes Handeln Gottes erkennen, das nach christlichem Glauben durch den Gottessohn Jesus von Nazareth ein für alle Mal eschatologisches Heil schafft.

In der Paulusschule werden solche Überlegungen teils wie selbstverständlich vom Apostel übernommen, teils, wo nötig, theologisch reflektiert. In kritischer Auseinandersetzung mit einer sog. „Gnosis" (1 Tim 6,20), die in der Gefahr zu stehen scheint, (plakativ ge-

---

[76] Der sekundäre Schluss des Römerbriefes, Röm 16,25 ff., rechnet den Brief selbst zu den prophetischen Schriften. Dass die Apostel auf einer Höhe mit den Propheten zu stehen kommen, ist für den Zweiten Petrusbrief darin begründet, dass in den von ihnen „überlieferten heiligen Geboten" (2,21) der Anspruch des Evangeliums Jesu sich bekundet; vgl. *Vögtle*, Der Zweite Petrusbrief (wie Anm. 43) 214.

sagt) Biblische Theologie in synkretistische Mythologie aufzulösen[77], formuliert der Zweite Timotheusbrief (3,16f.)[78]: »Die ganze Schrift ist von Gott inspiriert und nützlich zur Lehre, zur Beweisführung, zur Zurechtweisung und zur Erziehung in Gerechtigkeit, [17]damit der Mensch Gottes gerüstet sei, zu jedem guten Werk bereit.« Gemeint ist nicht das „Neue", sondern das „Alte" Testament, die Bibel Israels; gemeint sind auch nicht nur einzelne Teile, sondern „die ganze Heilige Schrift", d. h. die Bibel als Ganzheit und in all ihren Teilen, den verschiedenen Büchern und den zahlreichen Perikopen. Diese Schrift gilt in der Paulusschule von Anfang an als normative Glaubensurkunde (vgl. 2 Petr 1,20f.). In den Auseinandersetzungen mit der aufkommenden Gnosis am Ende des neutestamentlichen Jahrhunderts erhält die Schrift eine so herausragende Bedeutung, dass dem „lieben Timotheus" und mit ihm allen Bischöfen, die es nach dem Willen des Verfassers erst noch geben soll, das Studium der „Schrift" als wichtigste Amtspflicht eingeschärft wird.[79] Es liegt nahe, dass sie eine große Rolle in der ekklesialen Didache gespielt hat, die ja gerade das Reservat des Bischofs werden soll. Interessant ist, dass die Bedeutung der „Schrift" formal – hinsichtlich ihrer Inspiration und Relevanz – weitgehend der hellenistisch-jüdischen Inspirationstheologie entspricht, während sie inhaltlich klar durch das Christus-Evangelium geprägt ist, dem sie zugeordnet wird.

Der *Hebräerbrief* geht ebenso wie Paulus (und die alexandrinisch-frühjüdische Theologie) von der Inspiration der „Schrift" aus (z.B. 3,7; 4,7; 9,8; 10,15), obschon gerade der *Schrift*-Charakter der Bibel nicht betont wird.[80] Entscheidend ist, dass der eine Gott auch in der Geschichte Israels seine Stimme erhebt (1,5–13 u.ö.) – und zwar so markant und verbindlich, dass sie jeweils gerade „jetzt", „heute" (3,7–4,13), in der eschatologischen Gegenwart des christologischen Heilsgeschehens als direkte Anrede ertönt. Dass Gott „einst" zu den Vätern durch die Propheten", „jetzt aber zu uns durch den Sohn" gesprochen hat resp. spricht (1,1f.), wertet das frühere Reden Gottes nicht ab, sondern – im christlichen Kontext –

---

[77] Vgl. *Th. Söding*, Mysterium fidei. Zur Auseinandersetzung mit der „Gnosis" in den Pastoralbriefen, in: IKaZ 26. 1997, 502–524.
[78] Zur Exegese vgl. *Oberlinner*, Zweiter Timotheusbrief (wie Anm. 42) 136–151.
[79] Vgl. (mit anderen Akzenten) *G. Häfner*, »Nützlich zur Belehrung« (2 Tim 3,16). Die Rolle der Schrift in den Pastoralbriefen im Rahmen der Paulusrezeption. Freiburg/Br. 2000 (Herders biblische Studien 25).
[80] Vgl. *M. Theobald*, Vom Text zum „lebendigen Wort" (Hebr 4,12). Beobachtungen zur Schrifthermeneutik des Hebräerbriefes, in: Jesus Christus als die Mitte der Schrift. Studien zur Hermeneutik des Evangeliums. FS O. Hofius. Hg. v. Chr. Landmesser – H.-J. Eckstein – H. Lichtenberger. Berlin 1997 (BZNW 86) 751–790.

gerade auf. Die Schrift-Theologie des Hebräerbriefes ist allerdings nicht wie bei Paulus in erster Linie apokalyptisch-, sondern „hellenistisch-eschatologisch" entwickelt[81]: nicht von der erwarteten Vollendung und antizipierten Gegenwart des Reiches Gottes her, sondern im (mittelplatonisch vorgegebenen, aber biblisch-theologisch umstrukturierten) Gefüge von himmlischem Urbild und irdischem Abbild. Sie ist deshalb weniger geeignet, die geschichtliche Tiefendimension biblischer Theologie zu erhellen, formuliert aber ein klares Votum für eine umfassende, gerade aus christologischen Gründen theozentrisch orientierte und existentiell verdichtete Schrift-Auslegung, auch im Gottesdienst.

Der *Erste Petrusbrief* entwickelt eine dezidiert positive Schrift-Theologie unter dem Vorzeichen einer präexistenzchristologisch geprägten Inspirationstheologie (1,10ff.). Weil es „der Geist Christi", d.h. Christus selbst in der Kraft des Geistes Gottes (1,11), war, der „in" den Propheten wirkte, konnten sie in ihrem Zeugnis (das die alttestamentlichen Schriften einfangen) bereits von jenem eschatologischen Heil handeln, das sich für die Christen gegenwärtig realisiert. Inspiriertes „Wort Gottes" ist die alttestamentliche Prophetie ihrem Inhalt nach, weil sie Tod und Auferweckung Jesu Christi als das eschatologische Heilsgeschehen voraussagt, und ihrer Form nach, weil Gott die Propheten durch Jesus Christus inspiriert hat, sein Wort zu verkünden.

Die neutestamentliche Briefliteratur bezeugt eine reiche Schrift-Theologie. Eine christliche „Vereinnahmung" geschieht an keiner Stelle – schon deshalb nicht, weil sich die einschlägigen Texte gerade im Horizont *juden*christlicher Theologie finden, die in ihren vielfältigen Ausprägungen und Wirkungen nie den Eindruck erweckt hätte, ihr Judentum zu verlassen, zu „überwinden" oder gar aufzugeben. Umgekehrt ist die *interpretatio Christiana* des „Alten Testaments", wie sie sich im Neuen Testament vielstimmig (gerade auch in den Evangelien) entwickelt, nicht nur ein probates Mittel zur Legitimation der Christologie (was einer Funktionalisierung der „Schrift" gleichkäme), sondern zugleich eine Voraussetzung, es in seiner ganzen Erstreckung als kanonische Glaubensurkunde anzunehmen. Würde das Alte Testament nicht „in Christus" und „auf Christus" hin interpretiert, bliebe es das Zeugnis einer großen Vergangenheit. Würde diese *interpretatio Christiana* undialektisch

---

[81] Vgl. *N. Walter*, „Hellenistische" Eschatologie im Neuen Testament (1985), in: *ders.*, Praeparatio Evangelica. Studien zur Umwelt, Exegese und Hermeneutik des Neuen Testaments. Hg. v. W. Kraus – F. Wilk. Tübingen 1997 (WUNT 98) 252–272, hier 267–271.

geleistet, gegen die hermeneutischen Regeln der Allegorie und Typologie[82], würde nicht nur die Bibel Israels christomonistisch vereinnahmt, es bedürfte dann auch nicht mehr der neuen Verkündigung des Evangeliums Jesu Christi als Evangelium Gottes. Die „Heiligen Schriften" des Gottesvolkes Israel bleiben für die Ekklesia relevant – als Altes Testament. Die Grundstruktur der christlichen Bibel, die zwei Testamente in der Heiligen Schrift, hält genau diese Spannung aufrecht – welche Chance für die Liturgie und welche Herausforderung: das Alte Testament nicht ohne das Zeugnis der neutestamentlichen Apostelschriften und die neutestamentlichen Apostelschriften nicht ohne das Alte Testament zu lesen, beides durch Christus im Heiligen Geist von Gott her und auf Gott hin.

4. Anregungen für die Liturgie

Aus der exegetischen Vergewisserung über den Status der neutestamentlich gewordenen Episteln lassen sich keine liturgischen Handlungsanweisungen deduzieren, aber Maßstäbe und Anregungen für die gottesdienstliche Praxis gewinnen.

4.1 Die liturgischen Bezeichnungen der Lesungen

Dass die Lesungen aus dem Alten und dem Neuen Testament durch die Ankündigung, die Abschlussformel und die Antwort der Gemeinde einen liturgischen Interpretationsrahmen erhalten, ist nicht nur aus pastoralen, sondern auch aus theologischen Gründen geboten[83]. Die liturgische Markierung sichert, dass die Worte der Heiligen Schrift Alten und Neuen Testaments in ihrem einzigartigen Rang auch noch einmal gegenüber den zahlreichen Gebetsworten der Kirche herausgestellt werden. Gleichzeitig fordert die Proklamation, was mindestens ebenso wichtig scheint, eine Antwort der Gemeinde[84]. Die Zustimmung der Ekklesia zum Schriftwort aber

---

[82] Sehr gute Beobachtungen zu Paulus bei *D.-A. Koch*, Die Schrift als Zeuge des Evangeliums. Untersuchungen zur Verwendung und zum Verständnis der Schrift bei Paulus. Tübingen 1986 (BHTh 69); *Ch. D. Stanley*, Paul and the Language of Scripture. Citation technique in the Pauline Scriptures and contemporary literature. Cambridge 1992 (MSSNTS 69).
[83] Gravitätisch formuliert *J. A. Jungmann*, Messe im Gottesvolk. Ein nachkonziliarer Durchblick durch Missarum Sollemnia. Freiburg/Br. 1970, 49: „In der Liturgie kann die Lesung der Schrift nicht ohne den geziemenden Rahmen stehen; die Lesung erhält Einleitungs- und Schlußformeln".
[84] Die ursprüngliche Form der Zustimmung ist *Amen*, während das geläufig geworde-

macht einen wesentlichen Aspekt seiner Kanonizität aus.[85] Konsequent definiert das Zweite Vatikanische Konzil den *sensus fidelium* im Kern als Bejahung der Heiligen Schrift durch die ganze Ekklesia (LG 12.35 [DH 4130. 4161] mit Verweis auf 1 Thess 2,13).[86] Indem die Liturgiereform beides fördert, die liturgische Markierung der *lectio* und die aktive Zustimmung der Gemeinde, hat sie einen großen theologischen Fortschritt gemacht – *back to the roots* und hin zur Mitte. Etwas anderes ist die Frage, *wie* die *lectiones* angemessen zu bezeichnen wären. Während die Evangelien eine stimmige Rahmung gefunden haben, scheint dies bei den anderen Lesungen nicht so klar.

4.1.1 Die lateinische Bezeichnung: *verbum domini*

Im Lateinischen lautet die liturgische Bezeichnung der alt- wie der neutestamentlichen Lesung *verbum domini*. Das ist kurz und knapp formuliert. Aber ist es auch präzis? Wer ist der *dominus?* Die Antwort der Gemeinde lautet *deo gratias*. Aber ist der *dominus,* dessen *verbum* verkündet wird, tatsächlich klar genug als der *deus unus* zu verstehen, den Jesus selbst als seinen Vater geglaubt und verkündet hat? Das ist wahrscheinlich, aber die Sprache der Liturgie könnte ebenso auf den Kyrios Jesus Christus verweisen. Die Vieldeutigkeit ist ein Mangel. Denn eine christozentrische Identifizierung wäre nicht unproblematisch, sowohl für die alt- wie für die neutestamentliche Lesung.

Zwar gibt es im Neuen Testament, besonders im Ersten Petrusbrief (1,10 ff.), Zeugnisse für eine Theologie der Inspiration des Alten Testaments, die präexistenzchristologisch angelegt sind; und auch Paulus kann bestimmte Psalmverse als Gebetsworte des Mes-

---

ne *Deo gratias* von Nordafrika in die mozarabische und schließlich die römische Liturgie eingedrungen ist; vgl. *F. Cabrol,* Art. Deo gratias, in: DACL 4. 1920, 649–652. Die Formel darf nicht theologisch überfrachtet werden; sie ist im Grunde nur eine vornehme Bezeugung verstehenden Einverständnisses; vgl. *Jungmann,* Missarum Sollemnia (wie Anm. 9) I 537 f. Die koptische Tradition kennt *Gratia enim tecum et pax in super. Amen, ita sit.* Noch weit ausführlicher ist die äthiopische Liturgie, die einerseits das *Anathema* von 1 Kor 16, andererseits den apostolischen Segenswunsch aufnimmt, verbunden mit der Fürbitte für die Gemeinde.
[85] Vgl. *J. Kardinal Ratzinger,* Der Geist der Liturgie. Eine Einführung. Freiburg/Br. 2000, 178: „Der antwortende Zuruf bestätigt das Ankommen des Wortes und macht den Prozeß der Offenbarung, der Selbstgabe Gottes im Wort erst vollständig [...] Es ist ein wichtiges Ergebnis der liturgischen Erneuerung, daß das Volk wirklich wieder in der Akklamation antwortet und dies nicht einem Stellvertreter, dem Ministranten, überlassen muß."
[86] Vgl. *H. Fries,* Sensus fidelium. Die Theologie zwischen dem Lehramt der Hierarchie und dem Lehramt der Gläubigen, in: ThBer 17. 1988, 55–77.

sias Jesus zitieren[87]. Damit sind tragfähige Säulen des Neuen Testaments für die vielstimmige Einheit der Schrift errichtet, die man nicht ohne Gefahr umstürzen kann. Aber erstens sind diese neutestamentlichen Belege ihrerseits theozentrisch ausgerichtet, und zweitens dominieren sie nicht die zahlreichen und gewichtigen anderen Stellen, nach denen Gott selbst und sein Geist sein Wort sagt, so dass es „in heiligen Schriften" (Röm 1,2) aufgezeichnet werden konnte. Das stimmt mit dem alttestamentlichen und frühjüdischen Zeugnis zusammen: Von einer Inspiration der „Schrift" durch einen präexistenten Messias ist in den Quellen nie die Rede, wohl aber gibt es gewichtige Zeugen einer Inspiration durch Gott, besonders im Strahlungsfeld der Prophetie. Hierauf sollte die Liturgie sich zurückbesinnen, nicht nur um des *dialogus cum Judaeis* willen, sondern aus der genuin christlichen Einsicht in die grundlegende Bedeutung des Alten Testament als Glaubenszeugnis des Gottesvolkes Israel für die Kirche, wie dies besonders klar und mit kanonischer Autorität im Neuen Testament bezeugt wird.

Selbst im Blick auf die neutestamentlichen Lesungen wäre ein christologisches Verständnis des *verbum Domini* nicht selbstverständlich und auch nicht ganz treffend. Zwar schreibt Paulus als „Apostel Jesu Christi" seine Briefe; und er weiß, dass er „an Christi Statt" mahnt (2 Kor 5,20), wie die Glaubensbotschaft des Evangeliums insgesamt „durch das Wort Christi" zur Sprache kommt (Röm 10,17). Aber auch diese christologische Apostolatstheologie ist theozentrisch. „Für Christus sind wir gesandt", heißt das vollständige Pauluszitat aus dem Zweiten Korintherbrief, „wie es Gott ist, der durch uns mahnt". Diese theozentrische Spitze sollte liturgisch nicht abgeschliffen werden[88] – so wie freilich im Licht des Neuen Testaments die Theozentrik in keiner Weise die Christologie relativieren könnte, vielmehr der „eine Gott" von allem Anfang an für alle Zeit und Ewigkeit der Vater Jesu Christi ist und als solcher der Schöpfer der Welt, der Herr der Geschichte, der Richter und vor allem der Retter.

4.1.2 Die deutsche Bezeichnung: „Wort des lebendigen Gottes"

Im Ganzen liegt die deutsche Übersetzung sehr gut auf der Linie Biblischer Theologie, wenn sie die Theozentrik akzentuiert. Freilich – warum heißt es gerade „Wort des lebendigen Gottes"?

---

[87] Röm 15,3: Ps 70,10LXX; Röm 15,9: Ps 17,50LXX.
[88] Ältere Formulierungen waren durch Zusätze klarer. Wenn es nach alttestamentlichen Prophetenlesungen hieß *dicit Dominus omnipotens,* ist eindeutig Gott, der Vater, gemeint.

„Lebendiger Gott" ist ein theologischer Topos, der beide Testamente von innen heraus verbindet. Im Alten Testament[89] steht er, mit Schwüren (vgl. Dtn 32,40; ferner Mt 26,63) und Gebeten (vgl. Ps 42,3) verbunden, für das Wissen um Gottes überwältigende Kraft und schöpferische Macht (vgl. Sir 18,1; Tob 13,2), der, als Krieger gut (vgl. 1 Sam 17,26.36; Jos 3,10), als Helfer heilig (vgl. 1 Sam 14,39), sich selbst sein Volk erschaffen hat (vgl. Jer 16,14f.; 23,7f.), um von ihm nie mehr zu lassen (vgl. Jer 10,10; Dan 6,27f.), und sich in seinem Volk Geltung verschafft, indem er seine Stimme erhebt, die Israel am Sinai bei der Offenbarung der Zehn Gebote „mitten aus dem Feuer" gehört hat, nicht um zu sterben, sondern um zu leben (Dtn 5,26).[90] Von dieser kraftvollen Theologie profitiert das Neue Testament[91], wenn es im „lebendigen Gott" den majestätischen Herrscher wiedererkennt (Offb 7,2; 15,7; vgl. 4,9f.; 10,6), den Schöpfer des Himmels und der Erde (Apg 14,15; vgl. Ex 20,11; Ps 146,6), den Richter, der seiner Gerechtigkeit umfassende Geltung verschaffen wird (Röm 14,11 [Jes 45,23]; vgl. 1 Tim 4,10; Hebr 4,13), und wenn es diesen einzig wahren, den gefährlich nahen und ins Weite rettenden Gott als den Vater Jesu bekennt (Mt 16,16; vgl. 26,63), der zum Heil von Juden und Heiden seinen Sohn von den Toten auferweckt hat (1 Thess 1,9f.), damit das Evangelium kraftvoll und kritisch verkündet wird (Hebr 4,12f.).

Die akzentuierte Wendung in der deutschsprachigen Liturgie, die das etwas blass wirkende *verbum Domini* mit kräftigen Farben aufzubessern versucht, trifft also etwas Richtiges, wenn sie nicht nur die Theozentrik hochhält, sondern auch das Wort mit der unbändigen Lebendigkeit, dem heiligen Recht, dem radikalen Anspruch, der absoluten Souveränität und der kraftvollen Liebe des „lebendigen Gottes" zusammenbringt. Aber sie wirkt überdramatisiert und trägt deshalb dazu bei, eine starke Aussage Biblischer Theologie

---

[89] Vgl. *S. Kreuzer*, Der lebendige Gott. Bedeutung, Herkunft und Entwicklung einer alttestamentlichen Gottesbezeichnung. Stuttgart u. a. 1983 (BWANT 116).
[90] Schlüsseltexte sind Ps 18 (vgl. *F.-L. Hossfeld – E. Zenger*, Psalmen I. Würzburg 1993 [NEB.AT] 118–128) und Hos 2 (vgl. *E. Haag*, „Söhne des lebendigen Gottes" [Hos 2,1], in: Der lebendige Gott. Studien zur Theologie des Neuen Testaments. FS W. Thüsing. Hg. v. Th. Söding. Münster 1996 [NTA 31] 3–24). Aus neutestamentlicher, besonders paulinischer Sicht betrachtet, handelt der erste Text vom messianischen (vgl. Röm 15,9), der zweite vom ekklesiologischen Drama (vgl. Röm 9,26f. im Kontext von Röm 9–11), das der „lebendige Gott" inszeniert, um aus eigener Machtvollkommenheit heraus die Sünden- und Leidensgeschichte der Menschheit zum guten Ende für Israel und die Völker zu führen.
[91] Vgl. *W. Stenger*, Die Gottesbezeichnung „lebendiger Gott" im Neuen Testament, in: TThZ 87. 1978, 61–69; speziell zum Hebräerbrief *K. Backhaus*, Per Christum in Deum. Zur theozentrischen Funktion der Christologie im Hebräerbrief, in: Der lebendige Gott (wie Anm. 90) 258–284.

durch Formalisierung abzuschwächen. Einerseits verkennt sie, dass sich die alt- und neutestamentlichen Texte nie auf das geschriebene Wort, sondern immer auf das Offenbarungshandeln Gottes selbst beziehen, und andererseits bringt sie die kennzeichnende Dialektik zwischen Gotteswort und Menschenwort nicht heraus, geschweige die Kraft in der Schwachheit, die den paulinischen Gedanken vorbildlich formt. Altes und Neues Testament bekennen den „lebendigen Gott", machen aber diese Bezeichnung nicht zu einer gängigen Formel. Diese Zurückhaltung ist es gerade, die ihm seine Prägnanz sichert. Das sollte bei einer Revision, wann immer sie einmal anstehen wird, beachtet werden. „Wort des lebendigen Gottes" klingt sehr gut, aber die meisten Lesungstexte sind schlichtweg überfordert, wenn sie das Niveau, die Leidenschaft und Dichte jener Gotteserfahrung widerspiegeln sollen, die sich mit dem Motiv des „lebendigen Gottes" verbindet.

Weniger ist mehr, und immer nur das eine ist zu wenig. Jede Generation hat ihre Vorlieben. Früher wäre den meisten Christenmenschen der „allmächtige" Gott leichter von der Zunge gekommen. Doch wurde das Attribut so häufig gebracht, dass es nichtssagend wurde. Mehr noch: In den menschlichen Katastrophen des 20. Jahrhunderts entstand der Verdacht, es sei hohl und falsch, eine reine Beschwörungsformel. Dieses Schicksal sollte dem „lebendigen" Gott erspart bleiben. Gewiss fängt es eine gegenwärtig weit verbreitete Stimmung ein: die Sehnsucht, Gott möge sich als der Lebendige erweisen. Daraus erklärt sich die Wahl gerade dieser Formel. Aber genau aus diesem Grund muss sie auch wieder überprüft werden.

Ein einfaches „Wort Gottes" klingt wohl zu hart und blendet die menschliche Seite der Bibel aus. Gibt es Alternativen?

4.1.3 Auf der Suche nach Erneuerung

Der Blick in die Geschichte der Liturgie hilft, über den Tellerrand der Gegenwart hinauszuschauen. Ältere Rahmungen waren differenzierter.[92] So war am Schluss der Prophetenlesung die Ausleitungswendung *dicit Dominus omnipotens* üblich oder mehrfach am Ende von Pauluslesungen ein *in Christo Jesu Domino nostro* vorgesehen[93]. Darüber, ob dies, biblisch, dogmatisch und liturgisch ge-

---

[92] Vgl. *J. M. Hanssens*, Institutiones liturgicae de ritibus orientalibus III/2: De Missa rituum orientalium. Rom 1932, 178 ff.; *Jungmann*, Missarum Sollemnia (wie Anm. 9) I 501–633, bes. 517 ff.; ferner *P. H. Droosten*, Proems of Liturgical Lections and Gospels, in: JThS 6. 1905, 99–106.

[93] Oder *Gloria sit Domino Pauli* oder *Benedictio Pauli apostoli Jesu Christi: sint sanctae eius benedictiones super nos.*

sehen, bessere Formulierungen wären, lässt sich trefflich streiten. Entscheidend ist, dass die Tradition einen reicheren Wortschatz als das jüngste Messbuch hat. Sie enthält differenzierte Wendungen, welche die Verschiedenheit der Gattungen der biblischen Lesetexte, vor allem aber den historisch-theologischen Unterschied zwischen der alt- und der neutestamentlichen Lesung würdigen (so wie sie den zum Evangelium scharf markieren), ohne die Einheit der Schrift hintanzustellen. Diese Möglichkeiten sollten künftig stärker genutzt werden. Ob es klug wäre, die Attribute Gottes zu variieren („Wort des barmherzigen Gottes", „Wort des eifersüchtigen", des „treuen", „gerechten", des „richtenden", des „ewigen", des „allmächtigen", des „gütigen", „geheimnisvollen", „starken", „heiligen", „gnädigen", „wahrhaftigen", „strafenden", „langmütigen", „rettenden" Gottes[94]), bleibe dahingestellt. Die Gefahr, peinlich gut gemeinte Attribute zu häufen, ist nicht von der Hand zu weisen. „Wort des Lebendigen Gottes" scheint im Ganzen gut gewählt. Noch besser schiene es, die Spannung vom Gotteswort im Menschenwort einzufangen. Im Anschluss an ältere Formeln könnte es auch heißen „Gottes Wort im Alten Testament" – „Gottes Wort im Neuen Testament" oder, wo es passt: „So spricht Gott durch den Propheten …" resp. „… durch den Apostel …" oder „So spricht Gott im Buch des …", „… im Brief an …" oder „Gottes Wort im Buch des …, „im Brief des …".[95] Es gibt sicher noch bessere Möglichkeiten; eine Diskussion wäre angezeigt, die im Ergebnis vor allem die Dialektik von Gotteswort und Menschenwort würdigt, möglichst aber auch die Spannung zwischen der Einheit der Schrift und der Zweiheit der Testamente wie der Vielfalt der Schriften und Texte.

4.2 Stellenwert und Zusammenhang der Lesungen

Der Blick in die Geschichte[96] zeigt eine Fülle von Möglichkeiten, wie die verschiedenen Schriftlesungen im Gottesdienst, namentlich

---

[94] Einen alttestamentlichen Bezugspunkt markiert die „Gnadenformel" Ex 34,6f.; vgl. *H. Spieckermann*, „Barmherzig und gnädig ist der Herr …", in: ZAW 102. 1990, 1–18.
[95] Die Ein- und Ausleitungswendungen reflektieren nicht den jeweiligen Stand der Einleitungswissenschaft hinsichtlich der Autorenfrage, sondern knüpfen an den feststehenden Kanon und die dort fixierten Zuordnungen an.
[96] Vgl. *G. Godu*, Art. Épîtres, in: DACL 5. 1922, 245–344; *Jungmann*, Missarum Sollemnia (wie Anm. 9) I 504–583; *G. Kunze*, Die gottesdienstliche Schriftlesung I: Stand und Aufgabe der Perikopenforschung. Göttingen 1947; *ders.*, Die Lesung, in: Leiturgia. Handbuch des evangelischen Gottesdienstes. 2: Gestalt und Formen des evangelischen Gottesdienstes. I. Der Hauptgottesdienst. Hg. v. K. F. Müller – W. Blankenburg.

in der Eucharistiefeier, ausgewählt und angeordnet worden sind.[97] Diese Vielfalt muss im Blick haben, wer eine kritische Beurteilung der gegenwärtigen Agenda anstrebt. Die heutige Ordnung des Zweiten Vatikanischen Konzils, dass einer alttestamentlichen eine neutestamentliche Lesung und dann das Evangelium folgt, greift auf ältere Traditionen zurück, die vor allem im Westen verbreitet gewesen sind, aber ausgerechnet in Rom nicht gepflegt worden waren.[98] Die entscheidende Neuerung gegenüber der tridentinischen Messe besteht darin, dass an den Sonntagen wieder – wie im neutestamentlichen Anfang, weitgehend in der Väterzeit und in vielen nichtrömischen Traditionen – aus dem Alten Testament gelesen wird.[99] Die Entscheidung für diese Reform folgt aus dem hochgemuten Vorsatz des Konzils, den „Tisch des Wortes" reicher zu decken und „die wichtigsten Teile der Heiligen Schrift dem Volk" vorzutragen (SC 51), wirft aber in der Architektur des Wortgottesdienstes neue Probleme auf, die zu Konzilszeiten kaum schon im Blick gestanden haben und gegenwärtig erfreulich kontrovers diskutiert werden.

Kassel 1955, 87–180; *E. J. Lengeling*, Art. Pericopes, in: NCE 11. 1967, 129–138; *D. Monshouwer*, The Reading of the Scriptures in the Early Church, in: Bijdragen 53. 1993, 51–71; *A. Gerhards*, Der Schriftgebrauch in den altkirchlichen Liturgien, in: Stimuli. Exegese und ihre Hermeneutik in Antike und Christentum. FS E. Dassmann. Hg. v. G. Schöllgen – C. Scholten. Münster 1996 (JAC.E 23) 177–190; speziell zum Alten Testament *H. Brakmann*, Der christlichen Bibel erster Teil in den gottesdienstlichen Traditionen des Ostens und Westens. Liturgiehistorische Anmerkungen zum sog. Stellenwert des Alten/Ersten Testaments im Christentum, in: Streit am Tisch des Wortes? (wie Anm. 1) 565–604.

[97] Das schwierige Problem der Auswahl, Kombination, Zerstückelung und Paraphrasen untersucht *A. Gerhards*, Schriftgebrauch im Gottesdienst. Zur Bewertung der Rolle des Gottesdienstes in den Überlegungen des Ökumenischen Arbeitskreises evangelischer und katholischer Theologen unter besonderer Berücksichtigung des Alten Testaments, in: Streit am Tisch des Wortes (wie Anm. 1) 491–503.

[98] Die Dreizahl der Lesungen, für die es keine starren Regeln gab, wird u. a. für Nordafrika (durch Augustinus, serm. 45,1) und für Mailand (durch Ambrosius, in Ps 118,17), aber auch für Byzanz (vgl. *R. Kaczynski*, Das Wort Gottes in Liturgie und Alltag der Gemeinden des Johannes Chrysostomus. Freiburg/Br. 1974 [FThSt 94]) bezeugt, nur in Ausnahmen auch für Jerusalem (vgl. *R. Zerfaß*, Die Schriftlesung im Kathedraloffizium Jerusalems. Münster 1968 [LQF 48]). Im Lauf der Zeit tritt die alttestamentliche Lesung vielerorts zurück.

[99] Offensichtlich ist nur in Ägypten früh und für längere Zeit, in der byzantinischen Liturgie seit dem 7. Jahrhundert auf eine alttestamentliche Lesung verzichtet worden. Auch die römische Liturgie ist in den Sonntagslesungen über eine sehr lange Strecke diesen Weg der Reduktion gegangen. Umstritten ist, ob zuerst – wie in der gallikanischen, mozarabischen und ambrosianischen Liturgie – gleichfalls drei Lesungen (aus dem Alten Testament, den neutestamentlichen Episteln und den Evangelien) vorgesehen waren und seit dem 6. Jahrhundert die alttestamentliche am Sonntag wegfiel (so *Jungmann*, Missarum Sollemnia [wie Anm. 9] I 504 ff.), oder ob von vornherein nur zwei Lesungen (ggf. ohne Altes Testament) üblich waren (so *Lengeling*, Pericopes [wie Anm. 96]).

Alttestamentler kämpfen vor allem um die angemessene Würdigung „ihres" Bibelteiles, während viele Neutestamentler die Diskussion mit distanziertem Interesse verfolgt zu haben scheinen. Pastoraltheologen wollen aus praktischen Erwägungen die Zahl der Lesungen möglichst gering und den Grad inhaltlich-theologischer Gemeinsamkeiten möglichst hoch halten. Bibliker blicken mit leuchtenden Augen nach Antiochien und ganz Syrien, wo, wie Quellen aus dem 4. Jahrhundert sagen, wahrscheinlich zwei alttestamentliche Lesungen aus „Gesetz und Propheten" einer neutestamentlichen Epistel und dem Evangelium vorangehen[100], und wagen nicht zu hoffen, dass die Perikopenordnung der westsyrischen Jakobiten, die sechs Lesungen notiert, je der liturgischen Praxis entsprach. Mit diesem Lektüreprogramm – drei alttestamentliche Lesungen aus „Gesetz", „Propheten" und „Schriften" und drei neutestamentliche aus der Apostelgeschichte, den Apostelbriefen und den Evangelien – wäre zwar die Struktur des zweiteiligen Bibelkanons am besten abgebildet, aber die Fassungskraft der Hörergemeinde hoffnungslos überfordert. Eine klare Struktur im Interesse der Gottesdienst-Gemeinde tut Not.

Prinzipiell scheint richtig, dass zuerst aus dem Alten, dann aus dem Neuen Testament vorgelesen wird. Das entspricht nicht nur der Chronologie der Entstehung beider Testamente, sondern berücksichtigt beides: sowohl die schlechthin fundamentale, in diesem Sinn erst-rangige Bedeutung des Alten Testaments für die gottesdienstliche Schriftlesung der Ekklesia als auch die Entwicklung vom Alten zum Neuen Testament, die, wie gezeigt, weder evolutiv noch pädagogisch, nicht moralisch und spirituell, sondern nur heilsdramatisch verstanden werden kann, darin aber für die Ekklesia und ihre Eucharistie konstitutiv ist.[101]

---

[100] Vgl. *A. Baumstark*, Nichtevangelische syrische Perikopenordnungen des ersten Jahrtausends. Münster 1921 (LF 3). Der Bezugstext (Const. Apost. VIII 5,11), der von einer Bischofsweihe (einer liturgischen Sonderform?) handelt, ist allerdings nicht ganz eindeutig; dass es eher doch nur drei waren (nämlich eine aus Gesetz oder Propheten), erwägt *Salzmann*, Lehren und Ermahnen (wie Anm. 13) 446 mit Anm. 97. Die tiefsinnige Deutung des Maximus Confessor (cent. 1, 91 ff.), die sehr zeitgemäß gewesen sein dürfte, die Abfolge Gesetz – Propheten – Evangelium entspreche dem Aufstieg vom Fleisch über die Sinnlichkeit zur Vernunftseele resp. der Entwicklung vom Schatten über das Bild zur Wirklichkeit, wirft einige Fragen auf, darf aber nicht verkennen lassen, dass Maximus – wie vor ihm Origenes (In Lev. hom. 6,2; comm. in Rom 1,10.15) – geschichtlich und philosophisch genug denkt, um andererseits hervorzuheben, dass das Evangelium im Gesetz und in den Propheten wie in seinem Leib wohnt; vgl. *H. U. v. Balthasar*, Die „Gnostischen" Centurien des Maximus Confessor. Freiburg/Br. 1941 (FThSt 61) 64.
[101] Vgl. *Ratzinger*, Der Geist der Liturgie (wie Anm. 85) 30–43 – mit der zentralen These, dass in der christlichen Eucharistiefeier sowohl der in der Wortverkündigung

Fraglicher scheint die Bestimmung des Gewichtes und der Beziehungen zwischen den drei Lesungen.

4.2.1 Der Primat des Evangeliums

Ein Strukturelement, das in großer Konstanz die unterschiedlichsten Liturgietraditionen prägt, ist die Schlussstellung des Evangeliums.[102] In einer liturgischen Feier der *memoria passionis et resurrectionis Jesu Christi* ist dies sachlich begründet[103] (während andere Gottesdienstformen eher die Leseordnung in anderer Weise strukturieren und gewichten können). Der Wortgottesdienst der Messe muss in seinem inneren Zusammenhang mit dem Eucharistiegottesdienst gesehen werden. Außerhalb der Osterzeit werden Tod und Auferweckung Jesu durch die *lectio* aus einem der Evangelien in den Kontext des Wirkens Jesu gerückt, aus dem heraus das christologische Paschageschehen überhaupt nur zu begreifen ist; innerhalb der Osterzeit wird, beginnend am Palmsonntag, dieses Grundgeschehen selbst in den Evangelien narrativ entfaltet. An die verkündigende Verlesung des Evangeliums ist eine spezifische Form der Gegenwart Jesu Christi im Gottesdienst gebunden; es geschieht die pneumatisch vergegenwärtigende *memoria Jesu Christi* in einem sehr konkreten Sinn des Wortes und einem unmittelbaren Erfahrungsbezug für die ganze Gemeinde. Die Orientierung der drei Lesejahre an den drei Synoptikern mit den gezielten Ergänzungen durch Johannes ist ein so großer Gewinn für die Sonntagsgottesdienste auf einer so guten theologischen und philologischen Basis, dass künftige Reformüberlegungen kaum mit guten Gründen davon Abstand nehmen können.[104]

---

konzentrierte (und letztlich auf den Tempel ausgerichtete) Synagogengottesdienst als auch der (in einer großen Gebets- und Lesegemeinde stehende) Tempelgottesdienst christologisch transformiert wird.

[102] Als Ausnahme von der Regel wird Justin zitiert, wo er schreibt, es werde bei der gottesdienstlichen Zusammenkunft der Christen aus den „Denkwürdigkeiten der Apostel oder den Schriften der Propheten" gelesen, „solange es die Zeit erlaubt" (apol. I 67,3). Aber ob daraus auf eine Reihenfolge geschlossen werden darf, ist zweifelhaft. Die ältesten Quellen für das Evangelium als letzte Lesung zitiert *Th. Zahn*, Geschichte des neutestamentlichen Kanons II. Erlangen – Leipzig 1890, 380 Anm. 2.

[103] Schief ist die nach Amalar (De eccl. Off. 3,11 [PL 105, 1189]) typische Allegorisierung, dass die Vorordnung der Epistel vor dem Evangelium auf das Wirken des Vorläufers (Johannes des Täufers) verweise. Besser begründet ist der Einfall des Remigius von Auxerre (Expositio [PL 101, 1250a]), dass die Epistel dem Evangelium so vorausgehe, wie der Herr die Apostel vorausgeschickt habe (Lk 10,1). Gerade bei Paulus klingt diese Allegorie aber merkwürdig.

[104] Ein dreijähriger Lesezyklus ist – in Anlehnung an die Dauer des Katechumenats – schon bei Origenes bezeugt: vgl. *P. Nautin*, Origene. Sa vie et son œuvre. Paris 1977 (CAnt 1) 395 ff.

Die besonderen liturgischen Auszeichnungen, die dem Evangelium – vielleicht allzu reichlich – bis hin zu Lichterprozession, Weihrauch und Buchkuss zukommen, lassen sich nicht ohne weiteres mit der Diskussion um die angemessene Würdigung des Alten Testaments im (eucharistischen) Gottesdienst verrechnen. Auch gegenüber der neutestamentlichen Lesung wird das Evangelium hervorgehoben. Es ist gewiss einerseits die dritte *lectio,* aber andererseits die einzige, die im strengen Wortsinn das „Evangelium unseres Herrn Jesus Christus" zu Wort bringt. Das ist entscheidend. Nicht dass die Evangelisten gute Theologen sind, wird liturgisch gefeiert, sondern dass sie als Evangelisten Jesus, den Christus, zu Wort kommen lassen, indem sie die Geschichte seines Wirkens und Leidens im Licht des Ostertages erzählen. Nicht: „Respekt, lieber Markus", sondern „Ehre sei dir, o Herr", und „Lob sei dir, Christus"[105] ist die Antwort der Ekklesia. Das Evangelium steht im Abendmahlsgottesdienst außer Konkurrenz. Die liturgische Ehrenbezeugung gilt nicht einem weiteren biblischen Buch, sondern Jesus Christus selbst, von dessen Worten und Taten, aber auch von dessen Menschwerdung, Leiden, Sterben und Auferstehung die Evangelien handeln. Die anderen Lesungen bleiben auf das Evangelium bezogen – nicht unbedingt in dem Sinn, dass sie den Wortlaut und Hintergrund der jeweils ausgewählten Perikope beleuchten, aber in dem Sinn, dass sie durch ihre Auswahl und Abfolge die Grundlinie *Ex Deo per Christum et in Christo et cum Christo in Deum* nachzeichnen, die sich in der Grundstruktur der Eucharistie und des christlichen Kanons abbilden.

Freilich: Auch die Evangelien sind Teil der Heiligen Schrift; auch sie setzen die Bibel Israels voraus; und sie sind im Traditionsraum der Urkirche entstanden, der entscheidend durch das mitgeprägt ist, wovon die Apostelgeschichte, die Briefe und die Johannesoffenbarung handeln. Deshalb sollte die Vorlesung des Evangeliums zwar – über Einzelheiten lässt sich streiten – durchaus liturgisch eigens hervorgehoben, gleichzeitig aber der Zusammenhang mit der Gesamt-Bibel sinnfällig werden. Ein wichtiges und verständliches Zeichen könnte die Einführung einer Lesungsbibel sein.[106] Wird nicht ein isoliertes Evangeliar, sondern auch bei der Lesung des

---

[105] Diese Zurufe sind – nach dem karolingischen *ordo* – eine Zugabe des germanischen und gallikanischen Nordens an die römische Liturgie; vgl. *Jungmann,* Missarum Sollemnia (wie Anm. 9) I 572f. Die Spur der Tradition führt freilich in den christlichen Orient.
[106] Ein guter Vorschlag von *B. Kranemann,* Anmerkungen zur Dramaturgie des Wortgottesdienstes in der Meßfeier, in: Streit am Tisch des Wortes? (wie Anm. 1) 759–768, hier 767f.

Evangeliums die „ganze Heilige Schrift" benutzt, kann durch liturgische Riten die Einheit der Schrift dargestellt, dem Alten wie dem Neuen Testament gleiche Ehre bezeugt[107] und der theologisch-historische Kontext des Evangeliums veranschaulicht werden, ohne dass die Christologie eingeebnet würde.

4.2.2 Die alttestamentliche Lesung

Die alttestamentlichen Lesungen werden in der *interpretatio Christiana* meist als *praeparatio evangelica* direkt auf das „Evangelium unseres Herrn Jesus Christus" bezogen. Diese hermeneutische Perspektive bleibt speziell für die Feier der Sakramente wichtig, wirft aber die Frage auf, wie sich Christen auch in ihrem Gottesdienst dazu verhalten wollen, dass für die Juden bis heute die „alttestamentliche" Schrift die ganze heilige Bibel ist – so wie sie das damals für Jesus war, durch den und mit dem und in dem Christen Eucharistie feiern.

Die vatikanische Liturgiereform[108] setzt gerade an dieser Stelle wichtige Zeichen. Die Auswahl der alttestamentlichen Perikopen, deren regelmäßige Berücksichtigung am Sonntag zweifellos ein riesiger Fortschritt, nämlich eine Rückkehr zum Ursprung war, geschah beim Konzil unter den Auspizien heilsgeschichtlicher Hermeneutik, wie sie von der Exegese und der Patristik jener Jahre gerne entziffert worden sind. Da der typologischen Exegese im Neuen Testament[109] bei zahlreichen Autoren, besonders bei Paulus, Johannes, Matthäus, Lukas, Petrus und im Hebräerbrief, auf durchaus unterschiedliche Weise, aber auch im Horizont frühjüdischer Hermeneutik große Bedeutung zukommt, wird man jenes Modell kaum

---

[107] Es wäre angemessen, gäbe es im Haus der Kirche neben dem Tabernakel einen „Schrein" für die Heilige Schrift, nicht als Kopie, aber als christliche Transformation des Thoraschreines in einer Synagoge, am besten verbunden mit dem Ambo und dem Priestersitz. Ein interessantes Beispiel aus dem Münchner Priesterseminar, das freilich nur den Lektionar, nicht der ganzen Bibel einen Ehrenplatz gibt, beschreibt *R. Kaczynski*, Wertschätzung der Bücher, die Gottes Wort enthalten, in: Streit am Tisch des Wortes? (wie Anm. 1) 769–772. Eine ähnliche Lösung findet sich – auf Initiative des verstorbenen Weihbischofs *Alois Stöger* – im Priesterseminar zu St. Pölten. Die theologische Leitidee bringt, typologischem Denken verpflichtet, *Ratzinger* (Der Geist der Liturgie [wie Anm. 85] 63) zur Sprache: „Der Schrein des Wortes, die ‚Bundeslade', wird nun zum Thron des Evangeliums, das freilich die ‚Schriften' nicht aufhebt, nicht beiseiteschiebt, sondern sie deutet, so daß sie immerfort auch die ‚Schriften' der Christen bilden und ohne sie das Evangelium ohne Fundament wäre."

[108] Vgl. *E. Nübold*, Entstehung und Bewertung der neuen Perikopenordnung des Römischen Ritus für die Meßfeier an Sonn- und Festtagen. Paderborn 1986.

[109] Nach wie vor wichtig ist *L. Goppelt*, Typos. Die typologische Deutung des Alten Testaments im Neuen (1939). Darmstadt 1973 [Reprint]. Eine neue Untersuchung steht aus.

radikal in Frage stellen können, zumal es in der Patristik[110] und in späteren Zeiten[111] ein Garant dafür war, dass die Schrift-Theologie geschichtlich ausgerichtet bleiben konnte, und auch heute aufzuweisen vermag, wie die in der Einheit Gottes begründete Identität der Geschichte mit der gleichfalls theozentrisch begründeten Hoffnung auf die Stiftung futurisch- und präsentisch-eschatologischen Heiles zusammenzudenken ist. Das Leitmotiv von Verheißung und Erfüllung, das im Alten wie im Neuen Testament variationsreich aufklingt, wird durch Missbrauch nicht obsolet, sondern bleibt, weil biblisch-theologisch wichtig, auch liturgisch relevant, ist aber auch aus neutestamentlicher Sicht dadurch geprägt, dass „in Christus", der die epochale Zäsur setzt, schon das Gottesvolk Israel Erfüllungen bestimmter Verheißungen kennt und dass Jesu Wirken, Tod und Auferweckung, gerade weil sie Heilsgegenwart schafft, eine einzige neue Verheißung eschatologischer Vollendung des Reiches Gottes sind.[112]

Zu Recht werden allerdings Einseitigkeiten in der Auswahl und Anwendung dieses Prinzips kritisiert, *sofern* es dazu führt, das Gewicht des Alten Testaments sowohl in der Breite und Tiefe seiner Texte als auch im theologischen Gewicht seines geschichtlichen Ursprungssinns nicht zu ermessen.[113] Ein Hauptproblem ist, dass die christologische Dynamik der Leseordnung allzu eng auf den jeweiligen Perikopentext des Sonntagsevangeliums und nicht umfassender, grundsätzlicher, auch tiefer und reicher verstanden, auf das ganze Kirchenjahr oder einen längeren Lesezyklus bezogen wird. Prinzipiell muss nicht jeden Sonntag ein didaktischer Effekt heilsgeschichtlicher Provenienz erzielt werden. Gerade wenn das Alte Testament breiter und tiefer, auch von seinem geschichtlichen Ursprungssinn her im Gottesdienst zu Wort kommen kann, wird eine *interpretatio Christiana*, von falschen Plausibilitäten befreit, konzentrierter zur Sache kommen können. In der altkirchlichen Her-

---

[110] *H. de Lubac*, Geist aus der Geschichte. Das Schriftverständnis des Origenes. Einsiedeln 1968 (frz. 1950); *ders.*, Der geistige Sinn der Schrift. Einsiedeln 1967; *ders.*, Exégèse médiévale. Les quatres sens de l'Écriture. 4 Bde. Paris 1959–1961 (Théologie 41); *J. Daniélou*, Sacramentum futuri. Etudes sur les origines de la typologie biblique. Paris 1950.
[111] Paradigmatisch: *F. Ohly*, Synagoge und Ecclesia. Typologisches in mittelalterlicher Dichtung, in: *ders.*, Schriften zur mittelalterlichen Bedeutungsforschung. Darmstadt 1977, 312–337.
[112] Vgl. (mit charakteristischen Unterschieden der Akzentuierung) *G. Steins – Th. Söding*, Art. Verheißung. I. Biblisch-theologisch, in: LThK 10. ³2001, 670–672.
[113] Keiner näheren Begründung bedarf, dass die z. T. grausamen Perikopenverstümmelungen, die in geringerem Umfang die Episteln, in weit größerem aber die alttestamentlichen Lesungen betreffen, schnellstens korrigiert werden müssen.

meneutik hat der Literalsinn hermeneutische Leitfunktion für die – allerdings als notwendig erachtete – Allegorie. Das gibt eine Perspektive für die Liturgie bis in die Gegenwart.

Die spannungsvollen Beziehungen zwischen beiden Testamenten in der einen Heiligen Schrift der Christen[114] erlauben vielfältigere, auch kontroversere und offenere Beziehungen, die in einer künftigen Leseordnung der Liturgie besser ausgenutzt werden sollten: Neben Typologien treten Strukturanalogien, neben heilsgeschichtliche Entwicklungsprozesse dramatische Abbrüche und neue Anfänge, neben christologische Spitzentexte basale Gottesaussagen des Alten Testaments, die im Neuen Testament nicht überholt, sondern vorausgesetzt und neu interpretiert oder einfach stehen gelassen werden; neben alttestamentliche Texte, in denen das Neue Testament wurzelt, treten neutestamentliche Texte, die stärker vom Frühjudentum inspiriert sind oder sich nur aus der kritischen Auseinandersetzung mit dem Geist des Hellenismus erklären; neben allegorische Erklärungen des Alten Testaments im Neuen treten alttestamentliche Texte, die im Neuen Testament nie zitiert werden und doch selbstverständlich in Geltung stehen; neben direkte Zeugnisse der tiefen *concordantia veteri et novi testamenti* treten Dokumente theologischer und historischer Spannungen, die um der Einheit und eschatologischen Fülle des Heilshandelns Gottes willen gerade nicht aufgelöst werden dürfen. Gerade eine starke Christologie in theozentrischer Ausrichtung kann diese Spannungen aufbauen, aushalten und im Gottesdienst energetisch nutzbar machen.

Das aber hieße, die alttestamentlichen Lesungen nicht mehr ausnahmslos „heilsgeschichtlich" am Evangelium des Sonntags auszurichten. Zwar scheint dies im weihnachtlichen und österlichen Festkreis besonders nahe zu liegen, weil sich die Feste des Neuen Bundes nicht ohne ihre alttestamentlichen Wurzeln erklären und weil die christologische Interpretation messianischer Texte als Kehrseite der theologischen Interpretation des Christusgeschehens „gemäß der Schrift" (1 Kor 15,3ff.), die seit urchristlicher Zeit das ekklesiale Schriftverständnis prägt, zum christlichen Glauben an die Verheißungstreue des Gottes und Vaters Jesu gehört. Aber auch dies schlösse weder eine Revision besonders problematisch wirkender Zuordnungen aus, die den fatalen Eindruck einer moralischen

---

[114] Die Diskussion wird in der alt- und neutestamentlichen Exegese derzeit intensiv geführt; vgl. den Überblick in: Eine Bibel – zwei Testamente. Positionen Biblischer Theologie. Hg. v. Ch. Dohmen – Th. Söding. Paderborn 1995 (UTB 1893).

oder religiösen Höherrangigkeit des Neuen Testaments gegenüber dem Alten Testament erwecken könnten, noch eine flexible Handhabung des Prinzips. Zum einen ist die – durchaus alte – Tradition keineswegs selbstverständlich, dass in der Osterzeit die alttestamentliche Lesung fortfällt, um durch eine aus der Apostelgeschichte ersetzt zu werden; vielmehr könnten die *Acta* prinzipiell dem Kreis der Zweiten Lesung zugeordnet werden. Zum anderen ist *der* Bezugspunkt das christologische Festgeheimnis, das in theozentrischer Perspektive und offenbarungsgeschichtlicher Dynamik tiefer entdecken zu lassen, die Lektüre alttestamentlicher Leittexte voraussetzt.

Überdies ist auch aus neutestamentlicher Sicht nicht einzusehen, dass an jedem „grünen" Sonntag dasselbe Prinzip thematischer Kongruenz und heilsgeschichtlicher Dynamik walten muss. Wenigstens hier öffnet sich ein großer Zeitraum für eine repräsentative Auswahl aus allen Teilen des Alten Testaments.[115] Die Einführung einer Bahnlesung aus dem Alten Testament neben jener aus den neutestamentlichen Apostelschreiben kann genutzt werden. Eine Bahnlesung aus „Tora", „Propheten" und „Schriften"[116] würde diesem Anliegen Rechnung tragen[117] und zugleich das Reservoir an

---

[115] Es kann Christen nicht gleichgültig sein, wenn ein Jude, der die vatikanische Leseordnung gut kennt, urteilt, „daß ein normaler Kirchgänger in Wesen und Geist der hebräischen Bibel kaum eindringen kann angesichts der fragmentarischen Lesungen": E. L. *Ehrlich*, Das Kreuz mit dem Alten Testament. Jüdische Desiderate zur Verwendung der hebräischen Bibel im christlichen Gottesdienst, in: Streit am Tisch des Wortes? (wie Anm. 1) 561–563, hier 563.

[116] Dagegen wird eingewandt, dass drei Bahnlesungen zur Konfusion der Gemeinde führen. Das überzeugt nicht. Aufmerksame Hörer können für drei gute Bibeltexte dankbar sein (während sie im Gottesdienst auf nichtbiblische Geschichten, die seit einiger Zeit überhand nehmen, getrost verzichten können), unaufmerksamen Hörern geht auch eine thematische Geschlossenheit nicht auf. Nicht alle Bibeltexte müssen erst mühsam in der Predigt für die Gegenwart aufgeschlossen werden. Im Gegenteil: Ein Großteil der Erzählungen aus dem Alten Testament und der Apostelgeschichte, aber auch der Gleichnisse, Wunder und Streitgespräche Jesu, selbst der johanneischen Offenbarungsreden, erschließt sich, gut vorgetragen, in den Grundzügen von selbst. Die Homilie ist ja auch keine kurzgefasste Exegese, sondern auf (hoffentlich guter exegetischer Basis) eine *applicatio*, die keineswegs in jedem Gottesdienst bei jedem Schrift-Text vorgesehen sein kann und darf. Ob die Kunst des Predigers darin gipfelt, Sonntag für Sonntag die homiletische Brücke zwischen den drei (oder zwei) Schrifttexten der Perikopenordnung zu schlagen, steht dahin. Konzentration auf das Gotteswort im Bibelwort tut Not. Von besonderer Bedeutung für eine qualitätvolle Predigt im katholischen Gottesdienst sind dezidiert protestantische Positionen, die aufgelassen, was das Wort Gottes im Zeugnis der Schrift und im Gottesdienst der Kirche bedeutet; vgl. K. *Barth*, Homiletik. Wesen und Vorbereitung der Predigt. Zürich 1966; R. *Bohren*, Predigtlehre. München 1971.

[117] Über einen Vorschlag aus Nordamerika (Common Lectionary) informiert E. *Nübold*, Die Ordnung der Meßperikopen an den Sonn- und Wochentagen, in: Bewahren

Predigttexten gezielt verbreitern.[118] Was an den Werktagen bei nur einer Lesung vor dem Evangelium bereits eingeführt ist, kann für den Sonntag bei zwei Lesungen nicht falsch sein.[119]

4.2.3 Die neutestamentliche Epistel

Die neutestamentlichen Episteln beziehen sich unmittelbar auf das Christusgeschehen, das in den Evangelien grundlegend bezeugt wird, näherhin auf Tod, Auferweckung, Erhöhung und Parusie Jesu. Sie sind in der Liturgie ebenso wenig wie im Kanon als Kommentar zum „Evangelium Jesu Christi" (oder gar zum Alten Testament) angelegt[120], sondern sind ihrerseits Evangelium Gottes. Sie beschreiben den ekklesialen Kontext, in dem das Evangelium Jesu Christi vor dem Hintergrund der „Schrift" geformt, grundlegend überliefert, theologisch reflektiert und exemplarisch angewendet worden ist. Deswegen ist es sachgerecht, wenn die vatikanische Le-

---

und Erneuern. Studien zur Meßliturgie. FS H. B. Meyer. Hg. v. R. Meßner – E. Nagel – R. Pacik. Innsbruck 1995 (IThS 42) 29–49, hier 33.

[118] Die Kirchen der Reformation, denen man keine Unterbetonung des Wortes nachsagen wird, fahren seit langem gut mit der Tradition eines eigenen Predigttextes zusätzlich zu den (zwei) Gottesdienstlesungen. Auch über eine solche Reformalternative sollte offen diskutiert werden – nicht mit dem Ziel, durch die Hintertür eine vierte Schriftlesung einzuführen, sondern in der Perspektive, je nach der Wahl der Predigtperikope die Lesung aus dem entsprechenden Teil der Schrift auszusetzen. Fixpunkt bliebe das Sonntagsevangelium.

[119] Über Einzelheiten und sekundäre Strukturfragen lässt sich immer reden. Der Primat des Evangeliums kann in der Eucharistiefeier kaum mit guten Gründen relativiert werden. Das spricht gegen den in vielerlei Rücksicht bedenkenswerten Vorschlag von H. Becker (Wortgottesdienst als Dialog der beiden Testamente. Der Stellenwert des Alten Testamentes bei einer Weiterführung der Reform des Ordo Lectionum Missae, in: Streit am Tisch des Wortes? [wie Anm. 1] 659–689), dass in den Festzeiten die alttestamentliche Lesung auf das Evangelium, in der übrigen Zeit des Jahres aber das Evangelium auf die alttestamentliche Lesung ausgerichtet sein soll. Unklar bleibt zudem in diesem Konzept der Stellenwert der Lesung aus den Apostelschriften.

[120] Die Kategorie des „Kommentars" wird in der gegenwärtigen Kanon- und Liturgiedebatte zuweilen inflationär gebraucht. In welchem Sinn und von wem und mit welchen Interessen (auch angesichts der Entstehungsgeschichte der Bibel) die Propheten in der *Biblia Hebraica* und der *Septuaginta* als „Kommentar" zur Tora verstanden sind, muss in der alttestamentlichen Exegese weiter diskutiert werden. Das Neue Testament kann jedenfalls nicht zureichend als „Kommentar" zum Alten verstanden werden, es ist (wenn man bei einer präzisen Sprache bleiben will) auch kein „Kommentar" zu Jesus Christus, sondern ein Zeugnis von ihm, oder besser: von Gottes Heilshandeln in, durch und mit Jesus Christus (vgl. Joh 19,35; 20,30f.; 21,24f.), das im Licht der „Schrift" abgegeben wird (vgl. 1 Kor 15,3–5) und deshalb eine tiefgreifende, christologisch-eschatologische Neuinterpretation des „Alten Testaments" mit hohem Verbindlichkeitsanspruch für die Ekklesia umfasst (vgl. 2 Kor 3,6–18). Am ehesten noch lässt sich der Erste Johannesbrief als Kommentar zum Evangelium verstehen; doch auch dieses Prädikat wäre als Gattungsbezeichnung ungeeignet; vgl. H.-J. Klauck, Der Erste Johannesbrief. Zürich – Neukirchen-Vluyn 1991 (EKK XXIII/1) 30f.

seordnung eine – nach dem Vorbild der Evangelien – dreijährige Bahnlesung vorschlägt.

Gerade im weihnachtlichen und österlichen Festkreis (einschließlich der Advents- und Fastenzeit) ist aber durchaus auch eine thematische Ausrichtung nach der Maßgabe des Sonntagsevangeliums in Erwägung zu ziehen, da die Stärke der neutestamentlichen Briefliteratur (einschließlich der Johannesoffenbarung) nicht zuletzt darin liegt, das Geheimnis der Inkarnation, der Passion und der Auferweckung, das die Evangelien auf schlechthin fundamentale Weise narrativ beschreiben, homologetisch, kerygmatisch und reflexiv zu entfalten.

Die neutestamentliche Epistel-Lesung ist für die Gottesdienst feiernde Gemeinde von größter Bedeutung. Sie werden nicht nachträglich für die Ausgestaltung der Liturgie „benutzt", gar zweckentfremdet, sondern sind von Anfang an immer auch für die gottesdienstliche *lectio* qualifiziert. Sie sind im Gottesdienst unverzichtbar, nicht nur als Dokumente frühester Christentumsgeschichte, die im kollektiven Gedächtnis kirchlicher Kultur bleiben müssen, auch nicht nur wegen ihrer theologischen Substanz, ohne die sich der christliche Glaube keinen Begriff machen könnte, was er glaubt. Letztlich ist es ihre parakletische Kraft, die sie im Einflussbereich des Geistes zu ihrer Zeit und an ihrem Ort das Evangelium so zu Wort kommen ließ, dass in der Orientierung an ihnen zu jeder Zeit und an jedem Ort die befreiende Wahrheit des Evangeliums erkannt und die Spuren des Geistes entdeckt werden können.

Die Lesung aus den Apostelschriften darf nicht zur Dispositionsmasse einer künftigen Liturgiereform werden.[121] Eine Ekklesia, die sich „apostolisch" nennt, kann in ihrem Hauptgottesdienst schwerlich darauf verzichten, das Wort der Apostel Paulus, Petrus und Johannes zu hören.[122] Ihre Schriften stehen aus eigenem Recht im Ka-

---

[121] *G. Braulik* (Die Tora als Bahnlesung. Zur Hermeneutik einer zukünftigen Auswahl der Sonntagsperikopen, in: Bewahren und Erneuern [wie Anm. 117] 50–76; *ders.*, Kanon und liturgische Schriftlesung. Bibelhermeneutische Überlegungen zu einer Neuordnung der Sonntagsperikopen, in: Leseordnung [wie Anm. 1] 114–121) will die „erste Lesung" prinzipiell aus der Tora nehmen (was im Rahmen christlicher Schrifthermeneutik gewiss ernsthaft diskutiert werden kann, aber vom Neuen Testament und der Väterzeit her nicht unbedingt einleuchtet) und – m. W. ohne Anhalt in der Tradition – die „zweite Lesung" abwechselnd oder alternativ aus den Propheten- und den Apostelschriften. Ein ähnliches Konzept verfolgt *N. Lohfink*, Eine Bibel – zwei Testamente, in: Eine Bibel – zwei Testamente (wie Anm. 114) 71–81. Dem Rang der Apostelbriefe für die Ekklesia werden diese Vorschläge nicht gerecht.

[122] Das Wesen der Apostolizität ist nicht nur in der Integrität des Amtes, sondern primär in der – personal vermittelten – Kontinuität mit dem Ursprung zu suchen; vgl. *Y. Congar*, Die Wesenseigenschaften der Kirche, in: MySal 4/1. 1972, 357–599, hier 535–569.

non; das hat die Kirche zu akzeptieren und stark zu machen, nicht zuletzt in der Liturgie.

5. Schluss

Die kontroversen Diskussionen, die im Interesse einer vertieften Biblischen Theologie geführt werden, sind fruchtbar, wenn sie die Vielfalt der Schriften und die Zweiheit der Testamente in ein inneres Verhältnis zur Einheit der Schrift bringen, die der Einzigkeit Gottes, seines Sohnes und seines Geistes geschuldet ist. Weder im Abschleifen der Unterschiede zwischen den Schriften noch in der Auflösung der Widersprüche zwischen den Testamenten ist die theologische Substanz der Schrift zu finden, die ihre Kanonizität trägt, und weder in der Auflösung des Kanons noch in der Trennung beider Testamente ist der theologische Reichtum zu finden, der die Einheit der Schrift gerade in der Vielfalt der Schriften und in den Spannungen zwischen den Testamenten konstituiert. Entscheidend ist, dass die Bibel ihrem Wesen nach als menschliches Zeugnis eines Handelns Gottes verstanden wird, das jeder menschlichen Erfahrung und jedem menschlichen Wort vorausliegt, nie eingeholt werden kann, im Letzten immer Geheimnis bleibt und dennoch authentisch bezeugt werden kann, weil es zum Handeln Gottes gehört, Menschen so zu inspirieren, dass in ihrem Glaubenszeugnis das Wort Gottes gehört werden kann.

Die Schrift wird nicht nur im Gottesdienst gelesen – Gott sei Dank und hoffentlich; sie kommt auch nicht nur im Gottesdienst als Wort Gottes zur Geltung; auch in der Schule und im Pfarrsaal, im Haus und in der Akademie, im stillen Kämmerlein und auf dem Marktplatz der Medien kann sie ihre orientierende, normierende, inspirierende Kraft entfalten, hoffentlich auch an den Hecken und Zäunen, wo jene Menschen stehen, die gar nicht erwarten, dass ihnen die Einladung in das Reich Gottes und in das Gastmahl Jesu Christi gilt. Doch ist die Liturgie der Ernstfall der Schriftlesung: ihre Verkündigung als „Wort Gottes" in der Gemeinde, die es hört und bejaht und nur dadurch Kirche ist.

Im Hebräerbrief heißt es (4,12): „Lebendig ist Gottes Wort und energisch und schärfer als jedes Schwert. Es dringt bis zur Scheidung von Seele und Geist, es geht durch Mark und Bein, es richtet über die Gedanken und Gesinnungen des Herzens." Das Wort, von dem so Großes und Erschreckendes gesagt wird, ist jenes Wort, das Gott „einst gesprochen hat zu den Vätern durch die Propheten, jetzt aber, am Ende dieser Tage, zu uns durch den Sohn" (Hebr

1,1 f.). Die Heilige Schrift Alten und Neuen Testaments, wenn sie im Gottesdienst gelesen wird, lässt ein schwaches Echo *dieses* lebendigen Gotteswortes hören – aber es ist doch das beste, das wir haben, und deshalb wäre ohne seine Verkündigung der Gottesdienst nicht jene *logike latreia,* von der Paulus im Römerbrief spricht (12,1 f.).

Das „Wort vom Kult" und der „Kult des Wortes"[1]

Der Hebräerbrief und die rechte Feier des Gottesdienstes

Von Claus-Peter März, Erfurt

Das Neue Testament überliefert uns zwar keine Agenden frühchristlicher Gottesdienste, wohl aber klingt in den einzelnen Schriften die gottesdienstliche Praxis der frühen Gemeinden so deutlich nach, dass wir zumindest ihre Konturen erheben können.[2] Es zeigen sich unterschiedliche Ausprägungen und Entwicklungsstufen, aber auch übergreifende und die Zeiten überspannende Grundlinien.[3] Neben der Feier des Herrenmahles und der Taufe kommt dabei der Wortverkündigung in all ihren Formen entscheidende Bedeutung zu.[4] Frühchristliche Gottesdienste verstehen sich immer auch als „Räume des Wortes", die von der Schriftauslegung, dem Bekenntnis, der prophetischen Eröffnung, der ergriffenen Rede, dem Zuspruch, der Lehre, der Mahnung, der Bitte, der Klage und dem freudig ausgesprochenen Gotteslob bestimmt sind.[5]

Die Stimme des Hebräerbriefs (Hebr) verdient, auch wenn sie

---

[1] Wegen eines längeren Krankenhausaufenthaltes konnte der Beitrag beim Symposion nicht vorgetragen werden. Gern aber füge ich ihn diesem Band mit einem Gruß an Klemens Richter bei – in Erinnerung an unsere gemeinsame Herkunft aus der Leipziger Liebfrauengemeinde und mit Dank für sein engagiertes und hilfreiches Interesse an den theologischen und kirchlichen Entwicklungen in der damaligen DDR über viele Jahre hin.

[2] Vgl. etwa *H. Lietzmann*, Der altchristliche Gottesdienst, in: *ders.*, Kleine Schriften III. Berlin 1962 (TU 74); *W. Bauer*, Der Wortgottesdienst der ältesten Christen. Tübingen 1930; *J. Leipoldt*, Der Gottesdienst der ältesten Kirche – jüdisch? griechisch? christlich? Leipzig 1937; *G. Delling*, Der Gottesdienst im Neuen Testament. Göttingen 1952; *O. Cullmann*, Urchristentum und Gottesdienst. Zürich ³1965; *F. Hahn*, Der urchristliche Gottesdienst, in: JLH 12. 1967, 1–44.

[3] Vgl. etwa *Hahn*, Gottesdienst (wie Anm. 2) 1: „In urchristlicher Zeit sind zwar mehrere allgemein verbreitete Einzelelemente nachzuweisen, aber insgesamt muß mit großer Vielfalt und Freiheit in der Gestaltung des Gottesdienstes gerechnet werden. Um so wichtiger sind daher die Fragen nach der gemeinsamen Intention, nach dem Wesen und der Eigenart der urchristlichen Gottesdienste."

[4] Vgl. etwa *R. Asting*, Die Verkündigung des Wortes Gottes im Urchristentum: dargestellt an den Begriffen „Wort Gottes", „Evangelium" und „Zeugnis". Stuttgart 1939; *H. Schlier*, Die Verkündigung im Gottesdienst der Kirche, in: *ders.*, Die Zeit der Kirche. Exegetische Aufsätze und Vorträge. Freiburg/Br. 1956, 244–264; *E. Lerle*, Die Predigt im Neuen Testament. Berlin ²1957.

[5] Dazu etwa *Bauer*, Wortgottesdienst (wie Anm. 2) passim; *Hahn*, Gottesdienst (wie Anm. 2) passim.

durchaus eine besondere ist und nicht in jeder Hinsicht verallgemeinert werden kann, in diesem Zusammenhang schon deshalb besondere Bedeutung, weil der Auctor ad Hebraeos (Vf.) seiner Schrift eine homiletische Form gibt und sie mit der Bezeichnung als λόγος τῆς παρακλήσεως (Hebr 13,22) bewusst in die Nähe des Lehrvortrags der hellenistischen Synagoge rückt (vgl. Apg 13,15).[6] Gattungskritisch wird der Hebr deshalb heute zumeist als „gottesdienstliche Rede", als „aufgeschriebene" bzw. „zugesandte Homilie" oder als „Lesepredigt" qualifiziert.[7] In diesem Sinn ordnet sich das Schreiben mit seiner unmittelbaren Anrede an eine Gemeinschaft der Gemeindeversammlung zu, um dort als Mahn- und Trostwort verlesen und bedacht zu werden (vgl. bes. Hebr 5,11–6,3; 13,18–25).[8] Hinzu kommt, dass sich Hebr gerade im Zentrum der Argumentation (Hebr 7–10) wesentlich von kultischen Vorgaben her artikuliert, mit liturgischen Bezügen argumentiert und sich in der Erschließung und Repräsentation des in Christus geschehenen wahren Kultes selbst als „liturgische Homilie" und damit in gewisser Weise als gottesdienstliches Geschehen versteht. Vf. will die Adressaten tiefer in die Wirklichkeit des wahren, Himmel und Erde umgreifenden Kultes einbeziehen und so auch den Horizont markieren, von dem her sich das Gotteslob der Gemeinde zu begründen und auf den hin es sich immer wieder auszurichten hat. Hebr stellt sich somit in den Raum des frühchristlichen Gottesdienstes, nimmt dessen Denkmuster auf, artikuliert sich in seinen Plausibili-

---

[6] Vgl. grundsätzlich *H. Thyen*, Der Stil der Jüdisch-Hellenistischen Homilie. Göttingen 1955 (FRLANT 65) bes. 16–18; *O. Michel*, Der Brief an die Hebräer. Göttingen [14]1966 (KEK 13); *A. Swetnam*, On the Literary Genre of the ‚Epistle' to the Hebrews, in: NT 11. 1969, 261–269; speziell zu Hebr 13,22 etwa *H.-F. Weiß*, Der Brief an die Hebräer. Göttingen [15]1991 (KEK 13) 40: „Für die Frage nach dem literarischen Charakter des Hebr bedeutet dies, daß hier eine ‚Mahnrede' nach Art der ‚jüdisch-hellenistischen Homilie' vorliegt, wie sie im Gottesdienst der Diasporasynagoge ihren festen Ort hat. Der den Hebr abschließende Segenswunsch bzw. die Doxologie Hebr 13,20f. sind – von daher gesehen – stilgemäßer Abschluß der ‚Mahnrede'." Zum Begriff „Mahnrede" vgl. bes. *W. G. Übelacker*, Der Hebräerbrief als Appell. Lund 1989 (CB.NT 21) 197–214.
[7] Vgl. die Übersichten bei *Übelacker*, Appell (wie Anm. 6) 1–48; *Weiß*, Hebräer (wie Anm. 6) 34–51. *E. Gräßer*, An die Hebräer. 1. Teilband (Hebr 1–6). Zürich – Neukirchen-Vluyn 1990 (EKK XVII/1) 15f., verweist auf folgende Versuche einer Gattungsbestimmung: „Buch", „Predigt-Brief", „zugesandte Predigt", „eine Mischung von Abhandlung und Predigt", „Mysterienrede", „theologische Meditation", „Schriftgnosis".
[8] Einige Autoren sehen deshalb in der – freilich unterschiedlich bemessenen – Schlusspassage ein Begleitschreiben, dass die eigentliche briefliche Kontaktnahme darstellt und die Aufnahme der vorangehenden „Homilie" empfiehlt. Vgl. etwa *Übelacker*, Appell (wie Anm. 6) 198f.: Das „Amen" in 13,21 „markiert ... das Ende der *offiziellen* Ansprache und grenzt diese von den mehr *persönlichen* Mitteilungen und Grüßen, die der VF. als *Postscriptum* hinzugefügt hat, ab."

täten und spiegelt seine Grundvollzüge wider.⁹ Angesichts einer akuten Glaubenskrise bei den Adressaten, die sich gerade im Rückzug aus der gottesdienstlichen Versammlung manifestiert, geht es Vf. freilich nicht allein um die Mahnung zum „Durchhalten" oder um formal-rubrizistische Anweisungen für die rechte Feier des gemeinsamen Gotteslobs, sondern um den Erweis des Heilsgeschehens, von dem her Bekenntnis, Schriftauslegung, Glaube, Gemeinde und Gottesdienst überhaupt erst sinnvoll und notwendig werden.¹⁰ Er sucht die Bedeutung der gottesdienstlichen Versammlung dadurch neu zu erschließen, dass er ihren „Hintergrund" theologisch „ausleuchtet" und so die den Gottesdienst tragenden „Lebenslinien" in einem großen kulttypologischen Entwurf sichtbar macht. Insofern aber Vf. mit seinem „Wort vom Kult" nicht auf einen Gottesdienst nach der Manie antiker Kulte, sondern eher auf einen „Kult des Wortes" bzw. auf einen vom Wortgeschehen her verstandenen Gottesdienst hinaus will, dürfte seine Argumentation für die Frage nach dem „Wortgottesdienst" nicht uninteressant sein.

Im Folgenden sollen einige in der Hebr-Forschung bewegten Ansätze aufgenommen und auf die Frage des Wortgottesdienstes hin zugespitzt werden.¹¹ Wir setzen ein mit den sich gerade am *Gottes-*

---

⁹ Vgl. *H.-D. Galley*, Der Hebräerbrief und der christliche Gottesdienst, in: JLH 31. 1987/88, 72–83: „Hebr hat als Predigt seinen Sitz im Leben in der gottesdienstlichen Zusammenkunft der Hörer. Allein schon daraus ist auf eine besondere Nähe des Briefes zum Gottesdienst zu schließen." (73) Er hebt auf Grund des Hebr folgende Elemente des Gottesdienstes der Hebräerbriefgemeinde hervor: „die Verkündigung des Wortes Gottes" (80), „das geistliche Gespräch" (80), „die in 13,15f. genannten Opfer der Gemeinde" (80), „die Fürbitte" (81), das „Abendmahl" (81). Er hält allerdings ebd. 82 fest: „Bezüglich einer Ordnung des Gottesdienstes ist Hebr nichts zu entnehmen. Es ist nicht einmal deutlich, ob das Herrenmahl vor oder nach der Verlesung der Predigt begangen wurde".
¹⁰ Zum Gottesdienst der Hebräerbriefgemeinde vgl. etwa *H. Windisch*, Der Hebräerbrief. Tübingen ²1931 (HNT 14) 94f.; *E. Käsemann*, Das wandernde Gottesvolk. Eine Untersuchung zum Hebräerbrief. Göttingen ⁴1961 (FRLANT 55) 105–110; *M. Dibelius*, Der himmlische Kultus nach dem Hebräerbrief, in: *ders.*, Botschaft und Geschichte II. Tübingen 1956, 160–176, bes. 174–176; *F. Hahn*, Gottesdienst und Opfer Christi. Göttingen 1951 (VEGL 5); *ders.*, Gottesdienst (wie Anm. 2); *F. Schröger*, Der Gottesdienst der Hebräerbriefgemeinde, in: MThZ 19. 1968, 161–181; *Galley*, Hebräerbrief (wie Anm. 9); *O. Knoch*, Hält der Verfasser des Hebräerbriefes die Feier eucharistischer Gottesdienste für theologisch unangemessen? Überlegungen zu einer umstrittenen Frage, in: LJ 42. 1992, 166–187.
¹¹ Vgl. zur näheren Begründung der im Folgenden vorgetragenen Sicht des Hebräerbriefes *C.-P. März*, Der Hebräerbrief. Würzburg ²1990 (NEB 16); *ders.*, Zur Aktualität des Hebräerbriefes, in: ThPQ 140. 1992, 166–168; *ders.*, Vom Trost der Theologie. Zur Pragmatik der christologisch-soteriologischen Reflexion im Hebräerbrief, in: Denkender Glaube in Geschichte und Gegenwart. Festschrift aus Anlaß der Gründung der Universität Erfurt vor 600 Jahren und aus Anlaß des 40jährigen Bestehens des Philosophisch-Theologischen Studiums Erfurt. Hg. v. W. Ernst – K. Feiereis. Leipzig 1992 (EThSt 63) 260–279; *ders.*, Geschenkte und ergriffene Zuversicht. Der Hebräerbrief

dienst entzündenden Problemen bei den Adressaten (1.), gehen dann den Versuchen des Vf., mittels einer hohen *Worttheologie* (2.) und einer soteriologisch ausgelegten *Kulttypologie* (3.) den Gottesdienst von seinen Hintergründen her in ein neues Licht zu stellen, nach und kommen dann wieder zur *Frage des Gottesdienstes* (4.) zurück.

1. Gottesdienstkrise als Glaubenskrise

Dem Auctor ad Hebraeos geht es mit seinem Schreiben im Kern um einen brieflichen Zuspruch, der trösten, mahnen, warnen, stärken und ermuntern will. Die durchdachte Disposition des Textes und seine ausgewogene „Architektur" lassen ebenso wie die eindringliche Argumentationsweise und die rhetorisch gehobene Stilisierung erkennen, welche Bedeutung der Vf. dem Schreiben zugemessen hat und wie nachdrücklich er um eine angemessene Akzeptanz bei den Adressaten besorgt war (vgl. Hebr 13,22ff.).[12] Dabei fällt neben der Breite der christologisch-soteriologischen Darlegungen, die der Paraklese das nötige Gewicht verleihen sollen, besonders der Zug zur Generalisierung ins Auge: Obwohl das Schreiben ganz offensichtlich eine konkrete Gemeinde anspricht und Vf. auch spezielle Situationen im Blick hat[13], ergeht er sich nicht in Einzelanweisungen. Er betreibt vielmehr Fundamentalparänese, die generell auf die Stärkung des Glaubens und die aus ihm erwachsende „Zuversicht"[14] ausgerichtet ist. Dort nämlich vermutet er die eigentlichen Defizite bei den Adressaten; den Rückzug aus der Gemeindeversammlung wertet er eher als Symptom, das nicht isoliert

---

im Bemühen um Gewißheit des Glaubens, in: Die Einheit des Menschen. Hg. v. L. Honnefelder. Paderborn 1994, 141–155; *ders.*, „... nur für kurze Zeit unter die Engel gestellt" (Hebr 2,7). Anthropologie und Christologie in Hebr 2,5–9, in: Von Gott reden in säkularer Gesellschaft. FS K. Feiereis. Hg. v. E. Coreth – W. Ernst – E. Tiefensee. Leipzig 1996 (EThSt 71) 29–42; *ders.*, „Der neue lebendige Weg durch den Vorhang hindurch ...". Zur Soteriologie des Hebräerbriefes, in: Christlicher Glaube in der Begegnung mit dem Hinduismus. Hg. v. A. Bsteh. Mödling 1998 (Studien zur Religionstheologie 4) 141–160.
[12] Vgl. etwa die Hinweise zu Hebr 13,22ff. bei *Übelacker*, Appell (wie Anm. 6) 214–229.
[13] Vgl. etwa *März*, Hebräerbrief (wie Anm. 11) 18ff.
[14] Die „Zuversicht" ist ein Schlüsselmotiv im Hebr. Es hat „nicht nur eine ‚subjektive' Haltung des Menschen im Blick", ihm ist vielmehr „stets zugleich ein gleichsam ‚objektiver' Charakter eigen und zwar im Sinne der Ermächtigung zur Zuversicht" (*Weiß*, Hebräer [wie Anm. 6] 252). Solche „Zuversicht" leitet sich aus dem Heilswerk Jesu Christi ab und ist insofern „Aneignung eines Vorgegebenen" (*Käsemann*, Gottesvolk [wie Anm. 10] 23).

betrachtet und „kuriert" werden darf. Seiner Beobachtung nach hat der Glauben der Adressaten an Stabilität und „Zuversicht" verloren und ist von Erschöpfung, Auszehrung, Auflösung und einem stillschweigenden inneren Rückzug gezeichnet. Bemerkenswert ist, dass nach Meinung des Vf. nicht äußerer Druck oder gar Verfolgungen diesen Verfall des Glaubens bewirkt haben, sondern eine von innen her kommende Verunsicherung, die letztlich aus der „Unanschaulichkeit des Heils" erwachsen ist. Die Adressaten sind offenbar schon vor geraumer Zeit durch Annahme der christlichen Botschaft zum Glauben gekommen (Hebr 2,1–4). Sie haben zu einem neuen Lebensentwurf, einer neuen „Zuversicht" und einer neuen Sozialisation in der christlichen Gemeinde (Hebr 5,11–6,20) gefunden. Wegen dieser Neuorientierung sind sie freilich auch in Konflikt mit ihrem sozialen Umfeld gekommen. Sie haben Zurückweisung und gesellschaftliche Marginalisierung erfahren, bis dahin innegehabte Reputation verloren und in Einzelfällen massive Minderungen ihres Sozialstatus erfahren (Hebr 10,32–34). Lange Zeit haben sie diesem Druck – auch in schweren Prüfungen – widerstanden, nun aber zeigt die soziale Stigmatisierung bei nicht wenigen Gemeindegliedern eine nicht zu unterschätzende paralysierende Wirkung.[15] Es scheint, als würde die im Bekenntnis ausgesprochene Wirklichkeit der Herrschaft Jesu Christi durch die Macht der sichtbaren Welt mit ihren gegenläufigen Gewichtungen geradezu erdrückt und die neue christliche Existenz von dem mit der Bekehrung aufgegebenen Sozialstatus letztlich doch in den Schatten gestellt. Erfahrbarkeit des Heils oder wenigstens seine fassbare rituelle Repräsentanz scheint gefragt zu sein, das unanschauliche Bekenntnis und die im Verhältnis zu den antiken Gottesdiensten eher als karg empfundene Feier des Heils in der christlichen Gemeinde wird nicht mehr als heilspendend erfahren (Hebr 13,7–17).

Sichtbar wird dieses Phänomen besonders in der Distanzierung von der Gemeinde bzw. im Rückzug einiger aus der Gemeindeversammlung. Dies jedenfalls hat Vf. vor Augen, wenn er an zentraler Stelle seines Schreibens mahnt: „... *lasst uns aufeinander Acht geben zur Anspornung der Liebe und guter Werke und nicht verlassen unsere (Gemeinde-) Versammlung, wie es bei einigen üblich geworden ist, uns vielmehr dazu ermahnen – und dies umso mehr, als ihr*

---

[15] Vgl. zum soziologischen Hintergrund *D. A. de Silva*, Perseverance in Gratitude. A Socio-Rhetorical Commentary on the Epistle „to the Hebrews". Grand Rapids 2000; *ders.*, Despising Shame: Honor Discourse and Community Maintenance in the Epistle to the Hebrews (SBL.DS 152). Atlanta 1995.

den Tag sich nahen seht." (Hebr 10,24f.)[16] Hier ist nicht nur gelegentliche Verhinderung oder verzeihliche Nachlässigkeit angesprochen, sondern die schmerzliche Gewissheit, „daß nicht mehr alle der Adressaten des Hebr sich zur (Gemeinde-)Versammlung halten."[17] Was diese, bei den Empfängern des Schreibens wohl offenbar weithin tolerierte Praxis in der Sicht des Vf. bedeutet, zeigt schon die Sprachgebung an: Er spricht vom „Verlassen" (ἐγκαταλείπειν) der Gemeindeversammlung im Sinne einer „Desertion von der gottesdienstlichen Gemeinschaft"[18], die faktisch auch eine Entscheidung gegen das Bekenntnis darstellt. „Nicht nur von einem Verlassen der Gemeinschaft ist hier die Rede, sondern zugleich vom Abfall vom Glauben."[19] Da mag für manchen Beobachter zunächst nur die allgemeine Stimmung einer kirchlichen Epoche, in der die erste Begeisterung dem Alltagsgesicht des Glaubens gewichen ist, zu Buche schlagen – für den Vf. werden Symptome einer generellen Haltung sichtbar, und er warnt davor, die Bedeutung dieser Symptome zu unterschätzen. Er wertet das Geschehen als Anzeichen dafür, dass sich bei einzelnen Gemeindegliedern bereits eine geistige Umorientierung zu vollziehen beginnt, die den Glauben aushöhlt (vgl. Hebr 3,12f.; 4,1; 6,6; 12,15–17; 13,7–17)[20] und wie eine „bittere Wurzel" Gefahren für die gesamte Gemeinde in sich birgt (Hebr 12,15). Bemerkenswert ist weiter, dass Vf. von der Gemeindeversammlung mit dem für das Neue Testament singulären ἐπισυναγωγή (10,25) spricht.[21] Der Terminus betont zunächst den Versammlungscharakter bzw. das versammelte Miteinander der Gemeinde, das aus dem konkreten Zusammenkommen bzw. dem Sich-Versammeln *(ἐπισυνάγειν)* ihrer Glieder entsteht. Entsprechend scheint der Terminus darüber hinaus 2 Makk 2,7 aufzunehmen[22] und die Gemeindeversammlung in das Licht der eschatologischen Festversammlung

---

[16] Beide Verse – VV 24 und 25 – sind im Rahmen der aus einer einzigen Satzperiode bestehenden VV 19–25 syntaktisch eng miteinander verzahnt.
[17] *Weiß*, Hebräer (wie Anm. 6) 533.
[18] E. *Gräßer*, An die Hebräer. 2. Teilband (Hebr 7,1–10,18). Zürich – Neukirchen-Vluyn 1993 (EKK XVII/2) 28.
[19] *Weiß*, Hebräer (wie Anm. 6) 533, vgl. die philologischen Hinweise ebd. Anm. 5.
[20] Vgl. etwa *de Silva*, Perseverance in Gratitude (wie Anm. 15) 342: „The author acknowledges that some Christians have pulled back from open association with the community – some are in the habit of forsaking the gathering of the church. Some have considered, in effect, that the cost of holding onto God's promises is greater than those promises are worth ... They can no longer withstand their neighbors' shaming technique and are now beginning to feel ashamed of that which once gave them confidence ...".
[21] Vgl. grundsätzlich W. *Schrage*, Art. συναγωγή, in: ThWNT VII. 1964, 798–850, bes. 840f.
[22] *Weiß*, Hebräer (wie Anm. 6) 534.

zu stellen (vgl. auch 2 Thess 2,1).²³ Angesichts der Tatsache, dass „einige" der Adressaten den Gemeindegottesdienst für ihren Lebensentwurf nicht mehr als nötig erachten und sich aus ihm zurückziehen, hebt Vf. schon mit dieser Redeweise nachdrücklich die Bedeutung des Gemeindegottesdienstes und sein eschatologisches Gewicht hervor: „Mit *diesem* Gottesdienst ... partizipiert die irdische Gemeinde im eschatologischen Vorgriff auf die μέλλοντα ἀγαθά (Hebr 10,1; vgl. 9,11) am himmlischen Kult der *Festversammlung* der vollendeten Gerechten und weiß sich in Einigkeit mit dem himmlischen Jerusalem und den Engelscharen (12,22f.)."²⁴ Damit ist zunächst einmal die Bedeutung des von „einigen" betriebenen „Rückzugs" charakterisiert und zugleich die „Strategie" des Hebr angedeutet: Er will das Bekenntnis neu auslegen und so seinen Vollzug vertiefen; er sucht den unter den Erfahrungen der Desintegration leidenden Gemeindegliedern die Integration in das Heilswerk Jesu Christi neu zu erschließen und so wieder Zugänge zum Gemeindegottesdienst zu öffnen.

2. Der redende Gott

Hebr beginnt nicht mit der sowohl im Brief wie in der Rede üblichen Eröffnung der Kommunikation zwischen dem Vf. und den Adressaten, sondern mit einem Verweis auf eine andere, einzig gültige, den Autor wie die Leser gleichermaßen betreffende Kommunikation: *„Viele Male und auf vielerlei Weise hat Gott einst zu den Vätern gesprochen durch die Propheten, am Ende der Tage aber hat er zu uns gesprochen im Sohn."* (Hebr 1,1.2a) Das heißt: An der Stelle, an der sich der Briefschreiber vorstellt, die Adressaten anredet und die Kommunikation mit ihnen eröffnet, tritt der Vf. des Hebr als redender Autor zurück, um seinen Lesern das Reden Gottes als eigentliche Kommunikation in Erinnerung zu bringen, die sie zu Hörern des Wortes Gottes gemacht und mit einer neuen Existenz beschenkt hat. Nicht zufällig ist dieser einleitende Thema-Satz als Parallelismus formuliert, der sowohl synthetisch als auch klimaktisch aufzulösen ist: Einerseits akzentuiert er die Bedeutung des Redens Gottes durch den Hinweis, dass es in die Tiefe der Geschichte hinabreicht, schon die „Väter" „vielfältig und vielgestaltig"

---

[23] Vgl. grundsätzlich die Darstellung bei *Weiß*, Hebräer (wie Anm. 6) 533ff.
[24] *E. Gräßer*, An die Hebräer. 3. Teilband (Hebr 10,19–13,25). Zürich – Neukirchen-Vluyn 1997 (EKK XVII/3) 29. Gräßer betont freilich mit Dibelius den „profanen Charakter" der Gemeindeversammlung bzw. des urchristlichen Gottesdienstes, der „nur im abgeleiteten Sinn ... ‚Kultus'" genannt werden kann.

gerufen und geleitet hat und so der Welt in der Geschichte Israels von Anfang an zugewandt war. Andererseits hebt er darauf ab, dass dieses Reden Gottes in dem, der Sohn ist, „am Ende der Tage" eschatologisch-bleibend zusammengefasst und erschlossen worden ist.

Schon mit dem ersten Satz des Schreibens sucht Vf. somit die Dimensionen klarzustellen, in die das „Hören" des Wortes den Menschen führt. Hat also der Hebr in der Tat die unausgesprochene Frage einzelner Gemeindeglieder vor Augen, ob sich die Orientierung an der Botschaft von Jesus lohne und die rückhaltlose Eingliederung in die Versammlung der Gemeinde für den eigenen Lebensentwurf vonnöten sei, dann formuliert das „Incipit" des Schreibens auch sogleich jene Antwort, über die Vf. mit all seinen theologischen Entfaltungen nicht hinauskommen wird und will: Der Christ ist „Angesprochener" und so mit einer neuen Existenz beschenkt; jede Form des Rückzugs würde dieses Geschenk zerstören.[25] Diesen Gedanken zieht Vf. als thematische Linie durch das gesamte Schreiben hindurch und akzentuiert mit Nachdruck die Dignität des göttlichen Wortes, von dem man sich – wenn man nicht das Leben verlieren will – nicht zurückziehen darf (Hebr 2,1–4; 3,5.7ff.; 4,12f.; 5,11–6,3; 6,4ff.13–20; 10,29; 12,24; 13,7–17).

Der Auctor ad Hebraeos ist dabei auch von einem für die Spätantike kennzeichnenden pessimistischen Weltbild bestimmt und „schreibt irdische Existenz grundsätzlich als Fremdlingsschaft und Beisassenschaft auf Erden fest, die ihre *Heimat* noch sucht (Hebr 11,13f.)."[26] In der Gestalt des Esau sieht er das Bild dessen, der sich der Anrede durch das Wort Gottes verschließt und deshalb in die Orientierungslosigkeit zurückfällt (Hebr 12,14–17). Nur als „Angesprochener" wird der Mensch aus der Knechtschaft der Todesfurcht befreit (Hebr 2,15), nur im „Hören" des Wortes werden aus ziellos Fahrenden Glieder des auf die Vollendung hin wandernden Gottesvolkes (Hebr 12,25–29). „Hält man nicht mehr zum Worte, so wird

---

[25] Vgl. insgesamt zur Worttheologie im Hebr H. *Clavier*, ὁ λόγος τοῦ θεοῦ dans l'Épître aux Hébreux, in: New Testament Essays. Studies in memory of Thomas Walter Manson, 1893–1958. Ed. by A. J. B. Higgins. Manchester 1959, 79–93; *E. Gräßer*, Das Heil als Wort. Exegetische Überlegungen zu Hebr 2,1–4, in: Neues Testament und Geschichte. Historisches Geschehen und Deutung im Neuen Testament. FS O. Cullmann. Hg. v. H. Baltensweiler. Zürich-Tübingen 1972, 261–271; *H. Hegermann*, Das Wort Gottes als aufdeckende Macht. Zur Theologie des Wortes Gottes im Hebräerbrief, in: Das lebendige Wort. Beiträge zur kirchlichen Verkündigung. FS G. Voigt. Hg. v. H. Seidel – K.-H. Bieritz. Berlin 1982, 83–98; *März*, Zuversicht (wie Anm. 11) passim; *D. Wider*, Theozentrik und Bekenntnis. Untersuchungen zur Theologie des Redens Gottes im Hebräerbrief. Berlin – New York 1997 (BZNW 87).

[26] *Gräßer*, Hebräer I (wie Anm. 7) 215.

man zugleich zum ... auch vom Gottesvolk ‚Weggespülten' (Hebr 2,1) oder man gerät in die Irre und erleidet damit das Schicksal des von der Verheißung gewichenen Israel. Das bedeutet, daß dem Ungehorsam und nur ihm die Existenzform der Isolation eigentümlich ist, und daß solche Existenzform den Ungehorsamen als unter göttlichem Fluch befindlich erweist. Abseits vom Gottesvolk gibt es weder Offenbarung noch Offenbarungsträger noch zielvolle Wanderschaft, sondern nur die Einsamkeit des sich selbst überlassenen Menschen und die hoffnungs- und ziellose Irrnis einer zur Wüste werdenden Welt."[27] In Entsprechung zu 1,1.2a setzt Hebr deshalb in 4,12 f. – am Ende des ersten Teils – „eine Reflexion über die Wirkmacht des Wortes Gottes"[28], die an dieser exponierten Stelle nicht zufällig einen durchaus kritischen Ton anschlägt: „Nicht der heilstiftende Charakter des Wortes Gottes wird hier betont, sondern sein kritisch-bloßstellender Charakter – und dem entsprechend auch die Verantwortung, die dem Hörer des Wortes auferlegt ist ... Am Ende des ersten Hauptteils des Hebr tritt diese Mahnung (und Warnung!) in Entsprechung zum Grundanliegen des Hebr nun ausdrücklich hervor, und zwar im Sinne der Einschärfung der Verantwortung der christlichen Gemeinde dem ‚heute' an sie ergehenden Wort Gottes gegenüber."[29] Vf. verleiht diesem Anliegen auch durch die prägnante Textanordnung einen besonderen Akzent: Der kleine Abschnitt wird durch den Terminus λόγος sowohl eröffnet (hier λόγος in der Bedeutung „Wort Gottes") als auch beschlossen (hier λόγος in der Bedeutung „Rechenschaft des Menschen"): Dem *Wort Gottes* muss die Ant-*Wort* des Menschen entsprechen.

Bei all den weit ausholenden und generell argumentierenden Überlegungen verliert Vf. nie den konkreten Ansatz seines Mahnwortes aus den Augen. So fügt er schon nach der ersten christologischen Argumentationskette (Hebr 1,1–14) mit 2,1–4 ein paränetisches „Zwischenstück" ein, das wieder konkret die Gemeinde als „Hörerin" des Wortes und die Gemeindeversammlung als den entscheidenden „Resonanzraum" der Gottesrede ins Spiel bringt. Denn dieses Wort, das Gott von alters her durch die Propheten und nun eschatologisch endgültig in seinem Sohn gesprochen hat, ist durch den Kyrios verkündet und durch „Hörer" weitergegeben und unter „uns" befestigt, d. h. rechtsgültig bezeugt worden; es wurde und wird, wann immer es in der Gemeinde zugesprochen wird, auch durch Gott selbst mit Machtzeichen und Geisterweisen bestä-

---

[27] *Käsemann*, Gottesvolk (wie Anm. 10) 8.
[28] *Weiß*, Hebräer (wie Anm. 6) 284.
[29] Ebd. 289.

tigt (Hebr 2,1–4). Muss sich auch die Antwort des Menschen auf die Anrede Gottes in allen seinen Lebensbezügen vollziehen, so ist doch der Gottesdienst jener Raum, in dem dieses Wort konkret aus- und zugesprochen, im gemeinsamen Bekenntnis ergriffen, in der Lehre eröffnet, im Lobpreis Gottes gefeiert und in der Mahnung auf Taten der Liebe hin geöffnet wird. Der konkrete Vollzug lässt sich an Hebr 5,11–6,12 – „eine Art Propädeutikum", das Vf. „als ein retardierendes Moment" in den „dogmatischen Gedankengang" einschaltet[30] – ablesen. Um die Aufmerksamkeit der Hörer zu wecken, bringt er ihre „Harthörigkeit" gegenüber dem Worte Gottes zum Ausdruck, die sie zu einem vertieften Hören unfähig und in der Durchdringung des Wortes Gottes unmündig gemacht hat. Er wirft ihnen geistlich-theologischen „Infantilismus" vor und versteht seine Mahnrede als einen ersten Schritt, den bei ihnen herrschenden „Lehrnotstand" zu überwinden. Mit Recht hat man darauf verwiesen, dass sich hier das Modell der antiken „Paideia" geltend mache: „Nicht nur ist im folgenden von den Stufen der Erkenntnis die Rede, sondern es wird das Christsein überhaupt als Entwicklungsprozeß beschrieben, der eine Frucht theologischer Gnosis ... sowie hermeneutischen und pädagogischen Bemühens ist."[31] Insofern Vf. in seiner „liturgischen Homilie" sich dergestalt zur Sprache bringt, charakterisiert er die gottesdienstliche Versammlung eben auch als Raum der Wortverkündigung, des Bekenntnisses, der vertiefenden Lehre und des Gotteslobs, der sich freilich immer antwortend der allem gemeindlichen Tun vorgängigen Rede Gottes zuordnet.

3. Jesus Christus als wahrer Hoherpriester

Erscheint die eben skizzierte Worttheologie vor allem in den beiden Rahmenblöcken des Schreibens (Hebr 1,1–4,13; 10,19–13,21), so ist der zentrale Mittelteil (Hebr 4,14–10,18) der kulttheologisch entworfenen Hohepriester-Christologie vorbehalten,[32] die als Herzstück und theologisches Proprium des Hebr gelten kann. Sie stellt den Versuch dar, in einem hermeneutischen Brückenschlag Jesu Tod und Erhöhung von Lev 16 her als eschatologische Sühneliturgie auszusagen. Wie der Hohepriester am Versöhnungstag mit dem

---

[30] *Gräßer*, Hebräer I (wie Anm. 7) 317.
[31] Ebd. 322.
[32] Man hat den Eindruck, als sei das Thema des Wortes Gottes in 5,1–10; 7,1–10,18 geradezu „suspendiert" *(Erich Gräßer)*.

Blut des Opfertieres – Jahr für Jahr – das Allerheiligste betrat, um vor dem „Angesicht Gottes" Entsühnung für sich und das Volk zu erlangen, so ist Christus nun – einmal! – mit seinem eigenen Blut in den Himmel als das wahre Heiligtum eingetreten und hat so – ein für alle Mal! – Entsühnung bewirkt. Kurz und prägnant ist dieser theologische Ansatz von Martin Dibelius beschrieben worden: „Es ist die Darstellung des christlichen Heils in Form eines großartigen, Erde und Himmel umfassenden *Kultmysteriums.* Christus, der wahre Hohepriester, bahnt sich durch seinen Tod den Weg in das ewige Heiligtum im Himmel. Er empfängt selbst die Initiation für diesen Kult und macht die Christen fähig, ihm, dem Vorläufer zu folgen und selbst zu Geweihten dieses Kultes zu werden. Die Segenskraft des Ganges Jesu vom Kreuz bis zum himmlischen Heiligtum ist ein für allemal ausreichend … und alle Gläubigen können Christi Weg betreten und dadurch ihrerseits die Initiation für das Heiligtum empfangen, d. h. sie können ‚herzutreten' (im kultischen Sinn), können sich Gott nahen."[33]

Entscheidend ist dabei, dass die Christen dem Weg Jesu nicht nur gegenüberstehen, sondern faktisch auch in ihn einbezogen werden (vgl. schon Hebr 2,5–18[34]). In kultischen Kategorien ausgesagt bedeutet das: Sie erlangen durch das Heilswerk Christi die „Kultfähigkeit"[35] und werden in jene Himmel und Erde umgreifende Liturgie einbezogen, die ihr Ziel im Zugang zu Gott hat. Diesen Weg hat Jesus bereits vollzogen; ihn repräsentiert er als Realsymbol einer neuen Heilswirklichkeit, die durch eine neue „Zugänglichkeit" Gottes bestimmt ist. „Was durch das ‚Blut des Christus' bewirkt worden ist, und zwar im Gegensatz zur alten Kult- und Heilsordnung ‚ein für allemal', ist ein neues Gottesverhältnis, in kultischen Kategorien ausgedrückt: das freie und ungehinderte ‚Hinzutreten' zu Gott (10,22)."[36]

Die Menschen, die sich Jesus, der die Himmel durchschritten hat, anvertrauen, können in der „Zuversicht" leben, ebenfalls eintreten zu dürfen und als in dieses Geschehen Einbezogene „hinzutreten". Deshalb wird der Erhöhte als das „Haben" der Christen bekannt: In Hebr 4,14 steht gewissermaßen als „Eingangsportal" zum christo-

---

[33] *Dibelius,* Kultus (wie Anm. 10) 163 f.
[34] Vgl. dazu *März,* Zuversicht (wie Anm. 11) 151.
[35] *F. J. Schierse,* Verheißung und Heilsvollendung. Zur theologischen Grundfrage des Hebräerbriefes. München 1955 (MThS.H 9) 167: „Uns ist völlig aus dem Bewußtsein geschwunden, daß der Zugang zu Gott nicht allein vom guten Willen und der frommen Neigung abhängt, sondern in einem real-eschatologischen Sinne ermöglicht werden muß. Nicht umsonst ist als vornehmste Wirkung des Sündopfers Christi die Kultfähigkeit der Gemeinde genannt worden (9,14; 10,14)."
[36] *Weiß,* Hebräer (wie Anm. 6) 471.

logischen Mittelteil der Bekenntnis-Satz: „*Wir haben einen Hohenpriester, der die Himmel durchschritten hat ...*". Hebr 6,19f. verweist bei der Überleitung von der Paränese zu weiteren theologischen Entfaltungen darauf, dass wir „*einen Anker der Seele haben, sicher und fest und hineinreichend in das Innere des Vorhangs, wohin als Vorläufer für uns hineinging Jesus, nach der Ordnung Melchisedeks Hoherpriester geworden in Ewigkeit.*" Hebr 8,1 f. vermerkt gewissermaßen auf der „Mittellinie" des gesamten Schreibens: „*Die Hauptsache (der Kernpunkt) des Gesagten aber ist: Wir haben einen Hohenpriester, der sich setzte zur Rechten des Thrones der Erhabenheit in den Himmeln als Liturge des Heiligtums und des wahren Zeltes, das der Herr und nicht ein Mensch erstellte ...*". Umfassend und besonders eindringlich bringt Vf. das theologische Anliegen der Hohepriestertypologie in Hebr 10,19–25 zur Sprache: „*Wir haben also die Zuversicht, Brüder, durch das Blut Jesu in das Heiligtum einzutreten. Er hat uns den neuen und lebendigen Weg erschlossen durch den Vorhang hindurch, das heißt: durch sein Fleisch. Da wir einen Hohenpriester haben, der über das Haus Gottes gestellt ist, lasst uns mit aufrichtigem Herzen und in voller Gewissheit des Glaubens hinzutreten, das Herz durch Besprengung gereinigt vom schlechten Gewissen und den Leib gewaschen mit reinem Wasser. Lasst uns an dem unwandelbaren Bekenntnis der Hoffnung festhalten, denn der, der die Verheißung gegeben hat, ist treu. Lasst uns aufeinander achten und uns zu Liebe und zu guten Taten anspornen. Lasst uns nicht unseren Zusammenkünften fernbleiben, wie es einigen zur Gewohnheit geworden ist, sondern ermuntert einander, und das umso mehr, als ihr seht, dass der Tag naht.*"

Der Text stellt zunächst einmal grundsätzlich heraus: Jetzt schon ist die Gemeinde zu einer eschatologischen „Kultgemeinschaft" geworden[37] und im Heilswerk Jesu Christi „hinzugetreten" zu Gott; jetzt schon dürfen Menschen, die unter der „Unansichtigkeit" des Heils leiden, im Gegenüber zum Heil leben und können ihren Weg als Christen in der Welt, in besonderer Weise auch die damit verbundenen Niedrigkeitserfahrungen als einen „Part" in diesem eschatologischen Kultmysterium erfassen. Das wandernde Gottesvolk, das sich in diesem Bild begreift, schaut so nicht nur auf das kommende Heil aus, es partizipiert bereits an diesem im Erhöhten bereits realisierten Heil. Das aber bedeutet: „Unser ‚Haben' ist kein ruhiger Besitz, sondern drängendes Verheißungsgut ...". Denn in der Teilhabe an dieser eschatologischen „Liturgie" bekennt „die Gemeinde ihre unerschütterliche Zuversicht, so wie sie jetzt durch

---

[37] Vgl. *Käsemann*, Gottesvolk (wie Anm. 10) 27–32.

Jesu Fleisch und Blut den Zutritt erhalten habe, in Bälde für immer das himmlische Heiligtum betreten zu können."[38]

Hebr 10,19–25 ist dabei für unsere Frage insofern besonders aufschlussreich, als Vf. gerade in diesem Zusammenhang auf die Gemeindeversammlung bzw. den Gemeindegottesdienst verweist. In ihm wird das im Alltag von jedem einzelnen Christen vollzogene „Hinzutreten" in der gemeinsamen Homologie gesammelt zur Sprache gebracht, ist doch der Gottesdienst die „einzige Stätte, wo wirklich die Gemeinde als solche bekennt und ‚zusammenspricht' ..."[39]. Dies bedeutet, dass der Gottesdienst der Gemeinde derart auf die eschatologische Liturgie bezogen wird, dass die sich versammelnde Gemeinde in ihm bereits zur himmlischen Festversammlung „hinzutritt". Darauf scheint auch Hebr 12,22–24 zu verweisen: *„Ihr seid doch hinzugetreten zum Berg Zion, (und) zur Stadt des lebendigen Gottes, dem himmlischen Jerusalem, und zu Myriaden von Engeln, zur Festversammlung und Gemeinde der Erstgeborenen, die aufgeschrieben sind im Himmel, und zu Gott, dem Richter aller, und zu den Geistern der vollendeten Gerechten und zum Mittler des neuen Bundes und zum Blut der Besprengung, das kräftiger redet als Abel."* Vf. führt den Rückzug „einiger" aus der Gemeindeversammlung darauf zurück, dass sie sich dieser im Hintergrund des Gottesdienstes stehenden Heilswirklichkeit nicht mehr stellen.

4. Der wahre Gottesdienst der Gemeinde Jesu Christi

Die Argumentation des Hebr mündet in einer großen Abschlussparänese (Hebr 13,1–21), die mit allgemeinen Weisungen einsetzt (VV 1–6), sich dann zu einer speziellen Mahnung verdichtet (VV 7–17) und schließlich in der Gebetsbitte und dem liturgischen Segenswunsch (VV 18–21) ihren Abschluss findet. Für unsere Frage ist dabei besonders die Mahnung in Hebr 13,7–17 von Bedeutung, die im Kern „ganz der Gestalt des christlichen Gottesdienstes gilt (V 15f.) und noch einmal die für den Hebr zentrale Sühnetodtheologie zusammenfaßt (V 10–14)."[40]

Der Abschnitt ist sorgfältig strukturiert.[41] Besonders ins Auge fällt die Rahmung durch VV 7 und 17, die die Passage aus dem Kontext heraushebt und direkt auf die Adressaten bzw. auf die Gemein-

---

[38] *Schierse*, Verheißung (wie Anm. 35) 171.
[39] *Käsemann*, Gottesvolk (wie Anm. 10) 107.
[40] *Gräßer*, Hebräer III (wie Anm. 24) 345. Gräßer überschreibt den Abschnitt entsprechend mit „Der Gottesdienst des Neuen Bundes" (ebd. 363).
[41] Vgl. etwa *Schierse*, Verheißung (wie Anm. 35) 184–195.

deversammlung ausrichtet. Die konzentrisch geformte und hintergründig formulierte Texteinheit sucht faktisch den christlichen Gottesdienst von anderen, nicht näher bestimmten Kultmahlzeiten abzuheben, in denen offenbar einzelne Glieder der Gemeinde ihr Heil suchen. Vf. lässt keinen Zweifel daran, dass diese Praxis – mag sie auch dem Verlangen nach einer intensiveren liturgischen Heilsvergewisserung entspringen[42] – auf falsche und fremde Lehren gründet (V 9a). Er stellt ebenso unmissverständlich heraus, dass solches Tun nicht mit dem Wort vereinbar ist, unter das die Gründungsväter am Anfang die Gemeinde gestellt haben (V 7), weshalb sich ihm auch die „aktuellen" Gemeindeleiter – dieses Wortes wegen! – entgegenstellen müssen (V 17).[43] Auch wenn sich der Hintergrund der in Hebr 13,9 angesprochenen Probleme nicht mehr zweifelsfrei aufhellen lässt,[44] wird man davon auszugehen haben, dass es „betreffs der ‚vieldeutigen und fremdartigen Lehren' ... zu Differenzen zwischen Gemeinde und Gemeindeleitung gekommen ist, angesichts deren den ἡγούμενοι die *definitive* Entscheidungsbefugnis zufällt."[45] Wieder kommen die das christliche Miteinander der Adressatengemeinde belastenden Auflösungserscheinungen in den Blick, und erneut steht die gottesdienstliche Versammlung im Zentrum des Interesses.

VV 10–16 arbeiten mit Blick auf jene, die in „Kultmählern" das Heil zu sichern suchen, das Wesen des wahren Gottesdienstes der Gemeinde Jesu Christi heraus. Zunächst nennt V 10 hintergründig, aber „im Ton des gemeinsamen Bekennens, der Gewißheit und der

---

[42] Mit Recht *Gräßer*, Hebräer III (wie Anm. 24) 373: „Sicher ist nur, *daß* die βρώματα hier eine gottesdienstliche Praxis umschreiben, die unser Verf. hinsichtlich der *Mittel*, nicht hinsichtlich des *Zieles* (Festigung des Herzens = Glaube) als falsch verwirft."
[43] Die vom Vf. gebrauchte Bezeichnung der Gemeindeleiter – ‚ἡγούμενοι' – lässt keine Näherbestimmung zu. Der lexiographische Befund lässt vielmehr vermuten: Hebr wählt mit ἡγούμενοι – offenbar sehr bewusst! – „ein Wort, das ihn inhaltlich nicht festlegt." (*Gräßer*, Hebräer III [wie Anm. 24] 368); vgl. ausführlicher *ders.*, Die Gemeindevorsteher im Hebräerbrief, in: *ders.*, Aufbruch und Verheißung. Gesammelte Aufsätze zum Hebräerbrief. Berlin 1992 (BZNW 65) 213–228.
[44] Vgl. die Problemanzeige bei *H.-J. Klauck*, Thysiasterion in Hebr 13,10 und bei Ignatius von Antiochien, in: *ders.*, Gemeinde-Amt-Sakrament. Neutestamentliche Perspektiven. Würzburg 1989, 259–372, hier 362: „Man hat an die jüdischen Speisegebote und Speisetabus gedacht ... Von θυσιαστήριον in V. 10 und von den Opfervorstellungen in V. 11 her legt sich aber eher der Gedanke an alttestamentliche Opfermähler nahe." Weiter „muß man unbedingt die Kultmähler in der jüdischen Diaspora (Sabbatmahl, *cena pura*, Paschamahl, evtl. Proselytenaufnahmemahl, Vereinsmähler, Trauermähler etc.) hinzuziehen ... Im Randbereich ergeben sich Kontaktstellen zu den Mysterienmählern und zu synkretistisch-gnostischen Kultmählern und Mahlkonzeptionen." Nicht auszuschließen ist auch, dass es Kreise in der Gemeinde gab, die die Eucharistie wie ein hellenistisches Mysterienmahl feierten (*Schierse*, Verheißung [wie Anm. 35] 184–195).
[45] *Gräßer*, Hebräer III (wie Anm. 24) 394.

Freude"[46] die entscheidende Differenz: *„Wir haben einen Altar, von dem die nicht essen dürfen, die dem Zelte dienen."* Das besagt zunächst: Wir „besitzen etwas Besonderes, das jeder anderen Gruppe, wie auch immer sie sich definiert, abgeht, und durch dieses unverwechselbare Neue sind alle anderen Institutionen derart überholt, dass man jetzt die alten Namen mit neuem Inhalt füllen muß."[47] Faktisch wird damit nicht nur dem Bemühen, durch „Speise" anstatt durch „Gnade" das „Herz stärken zu lassen", eine Absage erteilt, sondern jeder Versuch, das christliche Bekenntnis in einer Linie mit antikem Opferkult, Kultmahlzeiten und Heilsritualen zu sehen, abgewiesen: *„Wir"* Christen *„haben"* zwar einen *„Altar"* (hier wohl übergreifend für Kult), aber *kein Opfermahl* für die, die den Kult ausüben.[48] Der einzige „Kult", dem die christliche Gemeinde anhängt, ist das ein für alle Mal vollzogene Opfer Jesu, das Himmel und Erde verbindet und neue Zugänglichkeit zu Gott geschaffen hat. Christlicher Gottesdienst bedeutet niemals etwas anderes, als zu diesem Opfer hinzuzutreten, sich in diesen Kult einbeziehen und sich so in der Gewissheit des Zutritts zu Gott stärken zu lassen.

VV 11 f. begründen die Aussagen von V 10: Der Tod Jesu geschah „vor der Stadt" und bedeutete die letzte Erniedrigung des Sohnes im Gehorsam. Dieser Tod war ein ganz und gar unkultisches Geschehen und kann deshalb auch nicht durch ein „Kultmahl", sondern durch Nachfolge gefeiert werden. Vf. findet auch dafür Haftpunkte im Ritual des Versöhnungstages (das Fehlen des Opfermahles, das Verbrennen der Tierkörper außerhalb des Lagers), die er typologisch als Hinweis auf das Opfer Jesu Christi auswertet. Mit Kreuzesnachfolge und nicht mit Kultmählern hat der Gottesdienst der Christen zu tun.[49] In der Hinwendung zum Kreuz Jesu Christi, im Bekenntnis zum Hohenpriester Jesus Christus, der in Tod und Auferstehung die Himmel durchschritten und Entsühnung geschaf-

---

[46] *Michel*, Hebräer (wie Anm. 6) 499. Zum „Haben" im Sinne des Heilsbesitzes vgl. bes. Hebr 4,14; 8,1; 10,19.
[47] *Klauck*, Thysiasterion (wie Anm. 44) 259–372.
[48] Vgl. etwa *März*, Hebräerbrief (wie Anm. 11) 82f.; *Gräßer*, Hebräer III (wie Anm. 24) 377: „… die Christen von V 10a [sind] auch in V 10b ‚mitgemeint': Sie haben – wie die kulttypologisch als ‚Modell' aufgebotenen alttestamentlichen Priester des großen Versöhnungstages (V 11) – nicht das *Recht* …, von ihrem eigenen ‚Altar' zu essen."
[49] Vgl. etwa pointiert *Schierse*, Verheißung (wie Anm. 35) 193: Die im Hebr „bekämpfte Richtung glaubt, dem Ernst der Christus-Nachfolge entgehen zu können durch eine mißverstandene sakramentale Frömmigkeit. Der Hebr verweist demgegenüber auf das Kreuz: ‚Außerhalb des Lagers', ‚vor den Toren', dort ist unser Altar, dort ist Christus zu finden."

fen hat, tritt die Gemeinde jetzt schon zur ewigen Stadt und den Myriaden von Engeln hinzu (Hebr 12,22-24). Dabei mag das „Hinausgehen vor das Lager" durchaus auch den Lebenshintergrund der Adressaten ansprechen, die im Bekenntnis zum gekreuzigten Jesus Christus aus ihren sozialen Sicherheiten herausgetreten, aber gerade so zur himmlischen Liturgie des Hohenpriesters Jesus Christus hinzugetreten sind und den Weg zur künftigen Stadt beschritten haben.

VV 15-16 nehmen nun direkten Bezug auf die gottesdienstliche Versammlung der Gemeinde, die als „christologisch bestimmte und ermöglichte Gestalt des Gottesdienstes"[50] verdeutlicht wird. Auf dieser Basis scheut sich der Autor dann doch nicht, im Hinblick auf den christlichen Gottesdienst kultische Terminologie aufzunehmen und von „Opfern" zu reden. Die entscheidende Differenz ist mit dem einleitenden „*durch ihn*" angezeigt: „Daß das Darbringen des Opfers seitens der Christen δι' αὐτοῦ geschieht, kennzeichnet diesen Gottesdienst als ein Antwortgeschehen, und dem entspricht es, daß dieses von Gott dargebrachte Opfer keine andere Gestalt hat als die des ‚Lobopfers' ..."[51]. Dieser Begriff steht schon in alttestamentlicher Tradition für die Möglichkeit, den Opferkult durch Lobpreis und Dankgebet zu ersetzen. Hebr hebt sich von dieser Praxis freilich darin ab, dass er das Lobopfer nicht als Ersatz für weiterhin vollzogene kultische Opfer versteht, sondern als „Antwortgeschehen" begreift, das sich dem einzig wahren, ein für alle Mal im Tod Jesu Christi geschehenen Opfer zuwendet. Dem ordnen sich – ebenfalls als „Opfer" dieses neuen „Kultes" bezeichnet – das Miteinander der Gemeinde und die Liebestätigkeit zu.[52]

Damit schließt sich der Bogen, den der Hebr zu zeichnen versucht: Am Anfang steht die Erfahrung, dass sich eine Reihe von Gliedern der Gemeinde aus der gottesdienstlichen Versammlung zurückziehen (Hebr 10,25) und sich stattdessen an von gemeindefremden Lehren getragene „Kultmahlzeiten" halten (Hebr 13,10). Vf. greift mit seinem Schreiben, das er als Mahnwort homiletisch der verunsicherten Gemeindeversammlung zuordnet, die durch diese Absetzbewegung entstandene Verunsicherung auf. Er warnt davor, das Geschehen als Äußerlichkeit abzutun. Seiner Meinung ist es als Symptom einer tief greifenden und alle Belange des Gemeindelebens, besonders aber den Gottesdienst berührenden

---
[50] *Weiß*, Hebräer (wie Anm. 6) 739.
[51] Ebd.
[52] Vgl. dazu ingesamt *J. Thurén*, Das Lobopfer der Hebräer. Studien zum Aufbau und zum Anliegen von Hebräerbrief 13. Abo 1973 (AAAbo.H 47/1).

Auszehrung des Glaubens zu verstehen. Deshalb entfaltet er den großen soteriologischen Rahmen, von dem her der Gemeindegottesdienst verstanden werden muss. Mittels einer christologisch zugespitzten Worttheologie bestimmt er den Menschen als Angesprochenen, der sich antwortend dem redenden Gott zuwenden muss. Weil das Reden Gottes seine Zuspitzung im Sohn erfahren hat, entfaltet Vf. dieses göttliche Reden „im Sohn" soteriologisch in kulttheologischen Kategorien, die das Antworten des Menschen nun als Hinzutreten und Einbezogen-Werden verdeutlichen. So ist ihm jeder christliche Gottesdienst letztlich „Wortgottesdienst" oder besser „Ant-wort-Gottesdienst", der auf die Rede Gottes im Sohn, das wahre Opfer des Hohenpriesters Jesus Christus, mit dem „Opfer des Lobes" und der „Frucht der Lippen" antwortet.[53]

---

[53] An den hintergründigen Formulierungen von Hebr 13,7–17 entzündet sich seit langem eine Diskussion, die danach fragt, ob die Hebräerbriefgemeinde Eucharistie feierte oder nicht bzw. ob der Vf. möglicherweise die Eucharistiefeier ablehnte oder durch seine Zurückhaltung eher betonen wollte. Vgl. die Problemanzeige bei *Knoch*, Verfasser (wie Anm. 10) passim, und im Exkurs bei *Weiß*, Hebräer (wie Anm. 6) 726–729. Betont wird die Bedeutung des Herrenmahls für das Verständnis des Hebr in neuerer Zeit v. a. bei *J. Swetnam*, Christology and the Eucharist in the Epistle to the Hebrews, in: Bib. 70. 1989, 74–95; *K. Backhaus*, Per Christum in Deum. Zur theozentrischen Funktion der Christologie im Hebräerbrief, in: Der lebendige Gott. Studien zur Theologie des Neuen Testaments. FS W. Thüsing. Hg. v. Th. Söding. Münster 1996 (NTA 31) 258–284. Wie immer man hier urteilt, soviel scheint deutlich zu sein: Das Fehlen jeglicher direkter Hinweise auf das Abendmahl wird weder durch eine fehlende Abendmahlspraxis noch durch die besondere Hochschätzung des Herrenmahls angemessen erklärt, sondern lässt sich zwanglos dadurch verdeutlichen, dass das Thema des Herrenmahls durch die Argumentation des Hebr nicht berührt ist. Dies wiederum bedeutet zunächst nur, dass Vf. das Herrenmahl nicht als Kultmahlzeit versteht, sondern ganz selbstverständlich der Vorstellung des „Lobopfers" zuordnen kann. Die Vorstellung, wir hätten eine Gemeinde vor uns, die kein Abendmahl feierte, dürfte demgegenüber weit schwieriger zu begründen sein.

„Gegenwart Gottes"
– Systematisch-theologische Sondierungen –

Zur vielfältigen Rede von der Gegenwart Gottes und Jesu Christi
Versuch einer systematischen Erschließung

Von Thomas Pröpper, Münster

1. Aufgabenstellung

1.1. *Ziel* der folgenden Überlegungen ist ein gedanklich geklärtes und zusammenhängendes Verständnis der verschiedenen Weisen der Präsenz Gottes wie auch der Gegenwart Jesu Christi für uns Menschen, die von theologischer Rede gemeint sein können und zu vertreten sind[1]. Ich will versuchen, einen gedanklichen Bogen zu spannen, der bei den für den christlichen Glauben grundlegenden Ereignissen der Gegenwart Gottes für die Menschen beginnt, von ihnen aus weitere Weisen seiner Präsenz und ihrer menschlichen Wahrnehmung erschließt und bis zu „Spezialfragen" vordringt: zum Problem namentlich der Realpräsenz Jesu Christi in den eucharistischen Gestalten, deren mögliches Verständnis besonders dringlich angemahnt wird und tatsächlich den „Probierstein" für den im Folgenden gewählten Ansatz bilden kann.

1.2. Zumindest folgenden *Anforderungen* muss das angezielte Verständnis genügen:

1.2.1. Es muss systematisch sein, d. h. eine Zuordnung der verschiedenen Gegenwartsweisen erlauben, indem es die Einzelfragen auf der Basis der grundlegenden Bestimmungen im umfassenden Kontext zu klären versucht und dabei ein in sich konsistentes Denken (dieselbe „Denkform") benutzt. Es geht nicht an, sich ad hoc beliebiger Denkmittel zu bedienen: so et-

---

[1] Der vorliegende Text wurde für ein Seminar erstellt, das mein Kollege Klemens Richter und ich zusammen mit unseren Mitarbeitern Dr. Dietmar Thönnes und Dr. Michael Bongardt im Sommersemester 1997 in Münster veranstaltet haben. Ich widme ihn Klemens Richter zu seinem 60. Geburtstag in herzlicher Verbundenheit. In der Hoffnung, dass meine Überlegungen auch schon in ihrer Thesenform als Diskussionsbeitrag dienen können, aber auch um der systematischen Konzentration willen habe ich auf nachträgliche Erweiterungen, Absicherungen, Einzeldiskussionen usw. verzichtet. Im 8. Abschnitt beziehe ich mich gelegentlich auf einen Text, der ebenfalls im Seminar zirkulierte: K. *Koch*, Eucharistie als Quelle und Höhepunkt des kirchlichen Lebens, in: AnzSS 106. 1997, 239–248. 287–292.

wa die Feier der Glaubensmysterien mit platonischen, die eucharistische Präsenz Jesu Christi aber mit aristotelischen Kategorien zu konzipieren, die Einheit von Gottheit und Menschheit in ihm selbst wiederum neuchalkedonisch oder auch hegelianisch-spekulativ zu begreifen und zugleich für das Offenbarungs-, Überlieferungs- oder Gnadengeschehen einige freiheitstheoretisch erstellte Denkmittel zu verwenden. Denn damit würde, da mit dem Wechsel einer Denkform auch das in ihr Gedachte sich ändert, entweder die sachliche Interferenz der behandelten Themen oder die Inkompatibilität der benutzten Denkformen übersehen und in beiden Fällen die Kohärenzforderung vernünftigen Verstehens verletzt.
1.2.2. Das zum Verstehen beanspruchte Denken muss vernünftig ausweisbar, also dem historisch erreichten Problem- und Reflexionsstand gemäß und den zum Mitvollzug Bereiten (grundsätzlich) zugänglich sein. Gerade dafür aber bietet die von Grund auf aristotelisch geprägte Transsubstantiationslehre das prominenteste Negativbeispiel: So gültig ihre theologischen Intentionen auch bleiben, ist sie doch selbst, spätestens seit Kants Neufassung des Substanzbegriffs, nicht mehr vermittelbar und zudem das durch ihre Weitertradierung ausgelöste Verständnis – entsprechend den heute im Allgemeinbewusstsein mit „Substanz" verbundenen Konnotationen – vor einem „eucharistischen Materialismus" kaum noch geschützt.
1.2.3. Das angezielte Verständnis muss zur gedanklichen Klärung und kategorialen Erschließung nicht nur der einschlägigen verbindlichen Glaubensaussagen, sondern möglichst auch der theologisch geläufigen, aber durchaus noch bestimmungsbedürftigen Redeweisen (z. B. der Rede von Teilhabe, Selbstmitteilung, Vergegenwärtigung u. a.) sowie zahlreicher wirkmächtiger Metaphern beitragen. So etwa ist bei „Leib Christi" sowohl das organologische als auch jedes Verständnis auszuschließen, das Kirche als Quasisubjekt supponiert und ihre Konstitution durch Interaktion übergeht. Nur durch begriffliche Selbstdisziplin wehrt theologisches Reden den Gefahren, in die es sich durch die Adaption wohlfeiler Plausibilitäten begibt.
1.2.4. Die folgenden Überlegungen sind genuin theologisch, weil primär auf das Verständnis der maßgeblichen Glaubenszeugnisse verpflichtet. Das dafür herangezogene Denken muss deshalb nicht nur philosophisch vertretbar, sondern ebenso unabdingbar den glaubensbegründenden Ereignissen der Gegenwart Gottes gemäß und somit geeignet sein, ihre Struktur und innere Logik in einer Weise zu erhellen, in der das Glaubens-

bewusstsein das von ihm wesentlich Gemeinte gewahrt sieht und „wiedererkennt". Zugleich müssen sich dabei Kriterien abzeichnen, die eine Würdigung, Erhellung und Prüfung jeder weiteren Rede von der Gegenwart Gottes sowie der Versuche, sie jeweils zu denken, eröffnen. Dass sich namentlich das Freiheitsdenken für diese Aufgaben eignet, ist schon angesichts seiner Affinität zu den biblisch bezeugten Erfahrungen, die ja selbst zu seinen geschichtlichen Wurzeln gehören, zu erwarten und jedenfalls im Weiteren meine leitende, allerdings auch noch zu bewährende Option.

2. Alttestamentliche und jüdische Voraussetzungen des christlichen Glaubens an Gottes Selbstoffenbarung in Jesus Christus

Als Grundereignis und zugleich ursprünglicher Gegenstand des christlichen Glaubens gilt ihm nach eigenem Zeugnis die als Selbstoffenbarung Gottes verstandene Geschichte Jesu Christi. In diesem Geschehen sind für ihn verbindliche Kriterien für jede Rede von Gott und seiner Gegenwart beschlossen. Allerdings ist es selbst nicht zugänglich und angemessen erfassbar ohne das genuine Verständnis von Gott, Mensch, Welt, Geschichte usw., das in der Glaubensgeschichte Israels hervortrat, sich konsequent durchhielt und seine spezifische Ausprägung fand. Zwar wird dieses Verständnis durch Gottes Handeln in Jesus Christus nochmals näher und sogar endgültig *bestimmt*, aber dabei doch auch schon vorausgesetzt und somit *bekräftigt*. Vor allem folgende Aspekte scheinen mir (ohne Anspruch auf Vollständigkeit) von grundlegender Bedeutung:

2.1. Wie immer es mit numinosen Erfahrungen in der Frühzeit Israels bestellt gewesen sein mag – von Grund auf prägend für sein gesamtes Denken über Gott, Mensch, Welt usw. ist doch seine den Bann des mythischen Denkens durchbrechende Erfahrung des geschichtsmächtig handelnden Gottes (prototypisch im Geschehen des Exodus) geworden. Natürlich waren solche Erfahrungen – erkenntnistheoretisch betrachtet – Deutungen, die mit der Erfahrung späterer Ereignisse auf dem Spiel und zur Bewährung standen, durch sie weiter bestimmt wurden und so zur Konzeption von Ereignisfolgen als göttlicher Handlungszusammenhänge wie zu einer sie erinnernden, fortgesetzt deutenden und für die Zukunft öffnenden Überlieferungsgeschichte führten – das wäre ein eigenes Thema. Wichtiger ist zunächst die grundlegende Bestimmung, die sich für das Verständnis jeder Gegenwart Gottes ergibt: dass sie nämlich aus Gottes freier, durch Selbstbestimmung verfügter Zuwendung stammt und ebenso in ihr, wenn sie dauert, ihren aktuellen Ursprung *behält*. Gott wird erfahrbar, wenn er sich zu erfahren *gibt*; er ist und bleibt gegenwärtig, wenn und solange er gegenwärtig sein *will*. Hier liegt die fundamentale, weil ursprüngliche Differenz auch zur griechischen Metaphysik: Sofern sie das Göttliche nur in seiner notwendigen Begründungsfunktion für die bestehende Wirklichkeit, von der sie ausging, erfasste, musste die Möglichkeit eines freien geschichtlichen Handelns dieses Prinzips ihrem Denken verschlossen und außerhalb ihres Erwartungshorizonts bleiben.

2.2. Auch für Israels Verständnis von Gottes Wirken und Gegenwart in der Welt qua Natur erweist sich sein geschichtliches Handeln als das leitende Paradigma: ist der Schöpfungsglaube ja selbst erst Konsequenz aus Israels geschichtlicher Erfahrung des Herrseins Gottes über alles Geschehen. Dabei schließt das Bewusstsein seiner souveränen Schöpfermacht wie seiner Transzendenz gegenüber allem Geschaffenen jede naturhaftnotwendige Verklammerung der Wirklichkeit Gottes mit der Welt und dem Geschehen in ihr aus; desgleichen jeden ontologisch konzipierten Partizipationsgedanken und somit auch jegliches Analogiedenken, das einen solchen voraussetzt. Im biblisch vorbereiteten und in der frühen Patristik sich durchsetzenden Gedanken der *creatio ex nihilo*, der die Differenz von Gottes allmächtigem Erschaffen zum gegensatzabhängigen Wirken der geschaffenen Mächte auf den Begriff bringt, wird wie der Monismus auch jeder Dualismus endgültig überwunden und doch der Abgrund der Schöpfungsdifferenz zum Schöpfer nicht nivelliert. Wird also Gottes Gegenwart im Geschehen der Weltwirklichkeit erfahren, dann nicht in der Weise, dass der notwendige Konnex von Prinzip und Begründetem, die Immanenz des einen im anderen aufscheint oder im Abbild das Urbild erschaut wird, sondern so, dass Gott das welthaft Wirkliche zur *Gestalt seiner Zuwendung* macht. Subjektive Basis für die Möglichkeit solcher Erfahrung ist Israels Wissen um die primäre *Kontingenz* jeglichen Geschehens: sie indiziert die Freiheit Gottes in seinem auf alles Wirkliche sich erstreckenden Handeln. So wird einerseits in der auffallenden Fügung kontingenter Ereignisse zugunsten des Menschen oder doch in Richtung auf ihn die besondere (erwählende, rettende usw.) Zuwendung Gottes erkennbar. Doch konnte Israel – andererseits – mit ebenso dankbarem Erstaunen wie für die Taten der heilsgeschichtlichen Führung seinen Gott auch für sein ordnendes, Bestand gebendes Wirken und seine allgegenwärtige Fürsorge rühmen. Denn dass es in der Natur glücklicherweise – wie auch sonst sollten freie Menschen in ihr leben und Bestand finden können – ja auch und sogar überwiegend Gleichförmiges und verlässlich Regelmäßiges gibt, ist für Israels Glauben weniger Ausdruck einer ihr immanenten, ihren Verlauf notwendig festlegenden Gesetzlichkeit als vielmehr aktueller Erweis von Gottes *Treue*. Und auch noch in ihrer Treue sind Gottes Güte und Zuwendung *frei*.

2.3. Israels Achtung der unverfügbaren Freiheit Gottes in seinem (geschichtlichen) Handeln hat ihren klassischen und verbindlichen Ausdruck in der Namensoffenbarung Ex 3,14 gefunden: wird durch sie doch Gottes Zusage seines Beistands als freie Erwählung und seine künftige Präsenz als Zuwendung dessen qualifiziert, der Gnade gewährt und Erbarmen schenkt, wem er will (Ex 33,19). Und eben diese Unantastbarkeit seiner Freiheit – und nicht, jedenfalls nicht primär, so etwas wie ein metaphysisch gefasstes, aus der Unendlichkeit oder Einfachheit des göttlichen Prinzips resultierendes Axiom von Gottes Unfassbarkeit, Unbegreifbarkeit, Unsagbarkeit usw. – ist die genuin biblische Wurzel des *Bilderverbots* (Ex 20,4 u.ö.). Die Möglichkeit, dass Gott sich, eben durch sein Handeln, von sich selbst her zu erkennen gibt, ist dadurch nicht ausgeschlossen, sondern gerade offen gehalten: „Das hast du sehen dürfen, damit du erkennst: Jahwe ist der Gott, kein anderer außer ihm" (Dtn 4,35).

2.4. Religionsgeschichtlich ebenso singulär wie das Bilderverbot in Israel ist die priesterschriftliche Auszeichnung des Menschen, jedes Menschen, als *Gottes Ebenbild* (Gen 1,26f. u.ö.). Im Blick auf die lange Auslegungsgeschichte dieses Motivs (einschließlich seiner neueren Deutungen in Exegese und systematischer Theologie) glaube ich den Kern der Gottebenbildlichkeitsaussagen darin erkennen zu dürfen, dass der Mensch als Gottes freies, ansprechbares und antwortfähiges Gegenüber auf Erden, als sein möglicher Partner erschaffen ist. Er ist das einzige der Geschöpfe, das Gott von allem anderen zu unterscheiden, sich bewusst zu ihm zu verhalten, ihn also *als* Gott anzuerkennen und seiner Zuwendung, wenn sie tatsächlich geschieht, zu entsprechen vermag. Erst dadurch wird Gottes Handeln und Gegenwart in der Schöpfung, die sonst ohne Adressaten und gleichsam ein monologisches Spiel Gottes mit seinen Werken sein würde, auch innerhalb der Schöpfung bewusst: als solche aktualisiert von seiten des Menschen. *Dass* der

Mensch, als der „erste Freigelassene der Schöpfung" (Herder), eben dazu bestimmt ist und somit – Gottes zuvorkommende und faktisch zugleich die Verschlossenheit der Sünde öffnende Zuwendung freilich vorausgesetzt – aus eigener Wesensmöglichkeit Gott zu entsprechen vermag, macht seine unverlierbar-geschöpfliche Würde als Gottes Ebenbild aus. *Wenn* er es tut, geschieht die *Verherrlichung* Gottes, die in eins Sinnerfüllung des Menschen, Erfüllung seiner Bestimmung ist. „Gloria Dei vivens homo", formulierte Irenäus: Gottes Ehre – der lebendige, frei ihm entsprechende Mensch. Und gerade diese durch die responsorische Existenz des Menschen aktualisierte Präsenz Gottes ist nun – so meine These – die Erfüllung der Intention des Bilderverbots. Sie ist es eben deshalb, weil sich der Mensch dann nicht mehr außerhalb des Verhältnisses zwischen Gott und seinem Bilde befindet und vermittels seiner über Gott zu verfügen versucht, sondern umgekehrt – im Vollzug seiner selbst und der eigenen Freiheit – von Gottes Zuwendung sich beanspruchen lässt und diese in einer Weise zur menschlich vollzogenen Gegenwart, zur Gegenwart Gottes *für* den Menschen wird, die der Gottheit Gottes gemäß ist.

2.5. Im Zuge der Verschärfung des Bewusstseins von der Transzendenz Gottes kommt es in Israels Denken zur Konzeption von Vermittlungsgestalten (Wort, Geist, Weisheit u. a.), die als Medien für Gottes Handeln in Welt und Geschichte fungieren und denen mit zunehmender Deutlichkeit Präexistenz und hypostatische Eigenständigkeit zuerkannt werden. Gleichwohl bleiben sie Geschöpfe, wenn auch Geschöpfe vor aller übrigen Schöpfung: subordinierte Vermittlungsgestalten, die das Verständnis Gottes selbst nicht tangieren. Die christliche Theologie hat (namentlich in der Christologie und der Pneumatologie) an diese Denkvorgaben anknüpfen können – mit einer entscheidenden Modifikation allerdings. Denn es lag in der Konsequenz des Glaubens an Gottes *Selbst*offenbarung, dass die Medien seiner Anwesenheit bei den Menschen (eben Jesus Christus als der Sohn und nicht anders der Geist) von Gottes eigener Wirklichkeit nicht mehr getrennt werden konnten, sondern Sein und Wesen des einzigen Gottes als in sich differenziert zu denken verlangten. Insofern ist die Trinitätslehre nichts anderes als der durchgeführte Versuch, die Selbstoffenbarung Gottes durch den Sohn und im Geist im strengen Sinn der *Selbstgegenwart* zu verstehen. Dabei ist die ökonomische Trinität insofern mit der immanenten identisch, als sie das geschichtliche Dasein Gottes *selbst* für uns ist; gleichwohl bleibt sie ein kontingentes

Geschehen, zu dem der trinitarische Gott, wenn auch sich selber entsprechend, sich in Freiheit entschließt: unterschieden also von der immanenten Trinität, in der sie den Grund ihrer Möglichkeit und die Gewähr ihrer Freiheit hat.

3. Die Geschichte Jesu als Gottes Selbstoffenbarung

Christlicher Glaube erkennt die wesentliche Bedeutung der Geschichte Jesu darin, der Erweis der unbedingt für die Menschen entschiedenen Liebe Gottes und als solcher Gottes Selbstoffenbarung zu sein. Und dieses so verstandene Grundereignis ist zugleich die Grundwahrheit des christlichen Glaubens, durch die alle theologischen Einzelaussagen ebenso zu bestimmen sind, wie durch diese jenes Ereignis in seiner Bedeutung entfaltet wird. Was nun diese Entfaltung und zuvor schon die Begründung der Fundamentalaussage betrifft, muss und darf ich mich hier auf die für das Verständnis der Gegenwart Gottes relevanten Aspekte beschränken.

3.1. Gottes Liebe wird offenbar, indem sie unter den Menschen *geschieht* – und hätte anders nicht offenbar werden *können*: kann doch jede Liebe und darum auch Gottes Liebe zu den Menschen, da sie wesentlich frei ist und sein unverfügbares Verhältnis zu ihnen betrifft, für sie, denen sie gilt, zur eigenen und bestimmten Wahrheit nur werden, indem sie in der Wirklichkeit, die ihnen zugänglich ist, sich äußert und die Entschiedenheit seiner Freiheit einen Ausdruck gewinnt, der ihr gemäß ist und für sie spricht. Also sind Gottes Offenbarungs- und Heilshandeln dasselbe Geschehen: realisierendes Geschehen des Geoffenbarten. Und als Liebe *Gottes* wird dieses Geschehen offenbar, indem Jesus, der diese Liebe auf menschliche Weise verwirklicht, sein Handeln mit Gottes eigenem Tun identifiziert, und Gott seinerseits dadurch, dass er den getöteten Zeugen seiner Liebe vom Tode erweckt, sich mit Jesus und also auch dem Gott identifiziert, den Jesus verkündet und für sein Tun in Anspruch genommen hatte.

3.2. Bestritten wird nicht (das wäre religionstheologischer Exklusivismus), dass Gott auch außerhalb des Christusgeschehens sich kundmacht und handelt, und erst recht nicht Jesu Geschichte (theologisch oder hermeneutisch) aus ihrem Zusammenhang mit Israels Glaubens- und Bundesgeschichte gelöst. Behauptet wird nur, dass die besondere Geschichtsoffenbarung Gottes, die mit der Berufung seines erwählten Volkes Israel begann, in Leben und Geschick Jesu eine *Gestalt* fand, die es erlaubt und sogar fordert, sie als *endgültig* zu bezeichnen sowie im strengen Sinn von Gottes *Selbst*offenbarung zu sprechen.

3.3. *Endgültig* muss sie heißen, sofern die Entschiedenheit der Liebe Gottes, die sich in Jesu Geschichte erwies, als *unbedingt* gelten darf und jede unbedingte Liebe schon als solche die Zusage ihrer Treue, also Endgültigkeit impliziert. Und obwohl nun ebenso, wie der unbedingte Entschluss einer Freiheit sich in keiner seiner „symbolischen", also stets endlichen und zeitlich begrenzten Äußerungen erschöpft, auch seine Intention, die unbedingte Bejahung des anderen, nur auf bedingte Weise realisierbar ist und einen objektiven Beweis seiner unbedingten Gesinnung auch Gott nicht (jedenfalls solange die Geschichte noch dauert) erbringen kann, darf doch als angemessener Indikator für die Unbedingtheit seiner Liebe die geschichtliche *Unüberbietbarkeit* ihres Ausdrucks, eben die als ihr geschichtlich nicht mehr widerlegbarer Erweis anzuerkennende Gestalt zählen, die sie in Leben und Geschick Jesu für uns findet: Denn wie in Jesu Verkündigung und Wirken ihre bedingungslose Zuvorkommenheit sichtbar wird und in Jesu erwiesener Bereitschaft zum Tod der Ernst ihrer Unwiderruflichkeit, so in Jesu (offenbarter) Auferweckung ihre verheißungsvolle, todüberlegene göttliche Macht. In dieser Einheit ihrer wesentlichen Momente ist Jesu Geschichte also der Erweis der unbedingt für die Menschen entschiedenen Liebe Gottes und als solcher Versprechen ihrer Treue: Gewähr ihrer Endgültigkeit. Allerdings bleibt zu beachten:

3.3.1. Endgültigkeit heißt nicht schon Vollendung. *Vollendet* wird Gottes Zuwendung seiner Liebe erst in einer Gestalt ihrer Gegenwart sein, in der alles Wirkliche ihr Ausdruck oder Zeugnis geworden, alles Widersprechende von ihr überwunden und für sie gewonnen, die Bestimmung alles Geschaffenen erreicht, das Gelungene bewahrt und auch noch das Verlorene und Zerstörte wiederhergestellt und gerettet ist. Solange Israels äußerste Hoffnungen noch nicht eingelöst und wahr gemacht sind, steht die Vollendung der Liebe Gottes noch aus. So ist, was an Jesus sich schon erfüllte, für uns noch Verheißung – allerdings, eben weil sie in Jesu Auferweckung schon anbrach, als solche offenbar wurde und seitdem erinnert werden kann, eine an ihm schon bewährte, für uns verbürgte Verheißung, die uns tragen und orientieren kann.

3.3.2. Zu erinnern (und hermeneutisch zur Geltung zu bringen) ist außerdem, dass Jesu Geschichte nur in der Einheit ihrer wesentlichen Momente (Verkündigung, Tod und Auferweckung) das angegebene Verständnis erlaubt. Und dies heißt zugleich, dass jedes Einzelereignis seine bestimmte Bedeutung auch nur im Zusammenhang mit den anderen hat. So etwa ist Jesu Tod keineswegs (wie es Anselm von Canterbury tat) als Bedingung für Gottes Vergebung zu begreifen und auch nicht (wie es namentlich in der Frühromantik, aber auch gegenwärtig begegnet) philosophisch als Manifestation des Absoluten, das *als* Absolutes eben nur im Zerbrechen seiner irdischen Gestalt aufscheinen könne, zu interpretieren, sondern – auf der Linie von Jesu Verkündigung und im Licht seiner Auferweckung – als äußerste Gestalt der Menschen*zuwendung* Gottes, die gerade so – als Feindesliebe bis zuletzt – ihre rückhaltlose Vergebungsbereitschaft erweist.

3.4. Im strengen Sinn von *Selbst*offenbarung Gottes aber ist im Blick auf Jesu Geschichte zu sprechen, weil sich in ihr – dieser Basisgedanke kommt hier erneut zum Zuge – die Unbedingtheit der Liebe Gottes für uns erwies *und* weil – dies ist nun der entscheidende Zwischengedanke – in jedem Geschehen unbedingter Liebe der Liebende selbst, ja als er selbst anwesend ist und in seinem unbedingt-vorbehaltlosen Entschluss für den anderen nicht irgendetwas, auch nicht nur etwas von sich (*über sich*) mitteilt, sondern eben sich selbst – Selbstmitteilung hier nicht primär als Information über bisher noch Verborgenes, aber auch nicht als ontologische Teilgabe oder gar seinshafte Verschmelzung, sondern streng freiheitstheoretisch gedacht: als Entschlossenheit des Liebenden und rückhaltlose Identifizierung des Wählenden mit dem realisierten Entschluss seiner Freiheit, nicht mehr er selbst ohne den anderen sein zu wollen. Derart teilt also ein freies Wesen sich selbst einem anderen mit, dass es sein Selbst nicht für sich bewahrt und auch in der Mitteilung sich noch vorenthält und verschließt, sondern gerade *in* ihrem Vollzug es *selbst* und mit ihrem Inhalt, der sich äußernden Bejahung des anderen, identisch ist. Und so gilt nun: Ist Jesus (wie es sein Anspruch war und seine Auferweckung es bestätigt) die aktuelle Gegenwart der unbedingten Liebe *Gottes* zu den Menschen (er hatte sie ja nicht nur verheißen, sondern als jetzt schon gültige gesetzt), dann ist er Offenbarung auch im strengen Sinn der Selbstoffenbarung, Selbstmitteilung und Selbstgegenwart Gottes: das geschichtliche Dasein des unbedingt für die Menschen entschiedenen Gottes selbst.

3.5. Achten wir darauf, dass diese Selbstgegenwart Gottes durch die Existenz eines *Menschen* vermittelt wird, ergeben sich weitere folgenreiche Einsichten und Bestimmungen:

3.5.1. Auch durch Jesus wurde Gottes Liebe nur in partieller Weise verwirklicht, obwohl er doch als ihre geschichtlich unüberbietbare, ihrer Unbedingtheit gemäße Offenbarungsgestalt gelten darf. In dieser unvermeidbaren Symbolizität ihrer für ihr Offenbarwerden doch unentbehrlichen Realisierung liegt der Grund der schon betonten Differenz von Endgültigkeit und Vollendung. Zugleich aber lässt sich – wenigstens *post factum* – begreifen, dass ihre Unbedingtheit auch anders als durch die Vermittlung eines Menschen nicht offenbar werden *konnte*: eines Menschen, der Gottes freies Verhältnis zu den Menschen bestimmt zu identifizieren und namentlich der Bedingungslosigkeit seiner Liebe ihren eindeutig sprechenden Ausdruck zu geben vermochte – einschließlich der ihre Unwiderruflichkeit besiegelnden Bereitschaft dieses Menschen für das Äußerste, das ihm in der Schutzlosigkeit der eigenen Liebe angetan werden konnte. Um Gottes unbedingte Entschiedenheit für uns zu indizieren, hätten Naturwunder, rettende Ereignisse usw. niemals genügt. Doch eben diese unbedingte Intention ist es auch, die Gott selbst dem begrenzenden, zumindest innergeschichtlich nicht aufhebbaren Gesetz symbolischer Selbstmitteilung unterwirft.

3.5.2. Denn Jesu Existenz ist im striktesten Sinn *Realsymbol Gottes*: nicht nur Hinweis auf eine ihr äußere Wahrheit oder von ihr verschiedene Begebenheit, nicht nur Manifestation einer (möglicherweise noch vorübergehenden) Wohlgesonnenheit Gottes oder ein ihm äußerlich bleibendes (wenn auch beauftragtes und freies) Instrument seiner Pläne, sondern die ursprünglich offenbarende Realgestalt des in seiner unbedingt entschiedenen Liebe präsenten Gottes selbst. Ist aber dieses Medium seiner Selbstgegenwart von ihm selbst nicht zu trennen – denn wie sollte es dann noch sein eigenes, ihn selbst offenbarendes geschichtliches Dasein sein können –, dann ist (nun in umgekehrter Perspektive betrachtet) durch Jesu Verhältnis zu Gott, durch das dieser sich selbst offenbart, auch Gottes eigenes Sein und Wesen bestimmt, also die Beziehung von Vater und Sohn als interne Bestimmung des (nur im Singular existierenden) göttlichen Wesens zu denken und damit der Einstieg in die *Trinitätslehre* vollzogen.

3.5.3. Die Vermittlung der unbedingten Liebe und in ihr der Selbstgegenwart Gottes geschieht dadurch, dass Jesus, der dieser Liebe (die ja nicht nur ihm, sondern allen Menschen gilt) ursprünglich gewiss ist, in ihre Menschenzuwendung einstimmt und diese Einstimmung durch sein Dasein für die anderen bis

ins Äußerste realisiert. Durch sein Verhalten zu den Menschen, das in Jesu exklusivem Gottesverhältnis gründet, wird Gottes eigenes Menschenverhältnis vollzogen und durch diese Verwirklichung offenbar. Für die Struktur dieser Vermittlung ist die *doppelte Stellung* bezeichnend, die Jesus in ihr einnimmt: In der Ursprünglichkeit seiner Vollmacht, die seine unmittelbare Einheit mit Gott indiziert, gehört er auf die Seite Gottes (ist er Gottes eigene, endgültige Menschenzuwendung); durch sein gehorsames, dem Kommen Gottes dienendes menschliches Verhalten gehört er auf die Seite der Menschen (ist er Urbild und Vorbild des „wahren", d.h. Gott entsprechenden Menschen). So ist er die Erfüllung und zugleich Überbietung der geschöpflichen Gottebenbildlichkeit des Menschen: ihre Erfüllung, weil er der Gott vollkommen entsprechende Mensch ist, und doch auch ihre Überbietung, sofern sein Menschsein die ursprüngliche Sichtbarkeit des für uns entschiedenen Gottes ist und darin von allen übrigen Menschen unterschieden bleibt. Entsprechend wird er vom Neuen Testament *das* Ebenbild Gottes genannt (Kol 1,15), während die übrigen Menschen dazu berufen sind, diesem Bild gleichgestaltet, d.h. dadurch, dass sie wie er (und durch ihn ermöglicht) der unbedingten Liebe Gottes entsprechen, in sein Sohnesverhältnis zum Vater als adoptierte Töchter und Söhne einbezogen zu werden. Die christologisch-soteriologischen Gottebenbildlichkeitsaussagen widersprechen also der geschöpflichen Gottebenbildlichkeit so wenig, als sie vielmehr ihre reale, von Gott frei gewährte Zielbestimmung bezeichnen, die in eins unverdienbare Vorgabe, beanspruchende Aufgabe und verbürgte Verheißung ist.
3.5.4. In Jesu Geschichte, in der Gott selbst uns menschlich begegnet, hat seine Liebe durch ihre konkrete Realisierung für uns ihre endgültige Bestimmtheit gewonnen. Die Kehrseite der so erreichten Selbstbestimmung Gottes für uns besteht freilich darin, dass seine in ihr beschlossene Selbstgegenwart auch auf dieses Geschehen begrenzt blieb. Für die, die mit Jesus gleichzeitig waren und zu unmittelbaren Zeugen der Offenbarung des auferweckten Gekreuzigten wurden, mochte dies vielleicht – es mag hier dahingestellt bleiben – noch kein Problem bedeuten. Eindeutig anders jedoch für die Späteren: Für sie, die „Schüler zweiter Hand" (wie Kierkegaard sie nannte), wäre Gottes Selbstgegenwart in seiner Liebe, wenn sie in deren Verwirklichung in Jesu Geschichte sich erschöpfte, zu einem Ereignis der Vergangenheit geworden: ein für das Menschsein zwar durchaus relevantes und hoffnungsstiftendes Ereignis, zumal

Gottes unwiderrufliche Vergebungsbereitschaft und seine in Jesus schon angebrochene Verheißung ja weiter erinnert werden könnten – von aktueller Selbstpräsenz Gottes indessen könnte nicht mehr die Rede sein.

4. Die Selbstpräsenz Gottes und Jesu Christi im Geschenk des Geistes

4.1. Nach Röm 5,5 (der pneumatologischen Spitzenaussage des Paulus) ist durch den Geist, der uns gegeben ist, die Liebe Gottes ausgegossen in unsere Herzen. Da diese Liebe keine andere sein kann als die, die in Jesu Geschichte ihre Unbedingtheit erwies, halte ich es für begründet, von Gottes Selbstpräsenz auch im Geschenk seines Geistes zu sprechen. Auf weitere Belege für diese These wie auch eine Reflexion zur Göttlichkeit des Geistes und seiner hypostatischen Eigenständigkeit im Wesen des einzigen Gottes will ich jetzt verzichten und stattdessen nur unterstreichen, dass sein Wirken, so weit es für die subjektive Glaubensmöglichkeit der in ihrer Schwäche gefährdeten und faktisch sündigen Menschen auch reicht, doch keinesfalls so gedacht werden kann, als ob er als göttliches Subjekt gleichsam an unsere Stelle treten, unsere Freiheit übergehen, wenn nicht ausschalten und sogar den unvertretbar-eigenen Zustimmungsakt noch ersetzen würde, sondern präzise so, wie es nur die Selbstgegenwart von Liebenden und also auch Gottes in seiner Liebe, deren Medium der Geist ist, vermag und anders nicht will: dass sie nämlich unsere Verschlossenheit öffnet, uns für seine in Jesus begegnete Wahrheit empfänglich macht, ihre Wahrnehmung leitet, uns ihrer gewiss werden lässt und ihre Annahme trägt. Sie ist gleichsam die Vorgabe für das Vertrauen an der Wurzel unserer Glaubensentscheidung, die Ermutigung zum Wagnis der Bejahung, die Kräftigung auch der entschiedenen Treue, die Helle, in der wir unsere Bestimmung erblicken und ihr folgen: Gottes in unser Herz geschriebener Wille – eben seine unmittelbar-wirksame, uns zu sich bewegende, für sich gewinnende, unsere Befangenheit in uns lösende und unser Sinnen verwandelnde, auch für andere und Fremdes uns öffnende und bei allem – über den Abgrund menschlicher Möglichkeit hinweg – uns stärkende, erfreuende, tröstende Selbstgegenwart für uns, durch die er uns näher und innerlicher ist zwar nicht als wir selbst, aber doch als alles andere, was uns innerlich und nahe sein kann.

4.2. Bei der Rede von Gottes Selbstgegenwart war bis hier und naheliegenderweise – entsprechend den trinitarischen Bezügen, wie sie heilsökonomisch hervortreten – an Gott den Vater gedacht. Er ist der eigentliche Terminus des christlichen Glaubensvollzugs. Nun lässt das Neue Testament aber ebenfalls keinen Zweifel daran, dass durch den Geist auch Jesus Christus, sofern er als Erhöhter beim Vater lebt und (wie die weitere Glaubensreflexion erkennt) als der Sohn in Gottes Wesen gehört, selbst in uns gegenwärtig ist, „bei uns Wohnung nimmt" usw. Deshalb kann auch er (wie der Vater) die Stellung des „Gegenüber" für den Glauben einnehmen, doch kommt die Stellung des „Neben uns" hinzu (Entsprechendes wäre sogar vom Geist zu sagen, sofern er „in uns" doch „uns gegenüber" bleibt). Mit anderen Worten: Was der Geist in uns präsentiert, ist die lebendige, für uns nun geöffnete Beziehung der Liebe von Vater und Sohn; und entsprechend besteht sein Wirken im Blick auf Jesus Christus darin, dass dieser selbst (kraft auch *seines* Geistes) uns „an seine Seite" zieht, also in sein Sohnesverhältnis uns einbezieht – und das heißt praktisch: in seine irdische Nachfolge führt und uns, die wir den Tod noch vor uns haben, durch sein in uns schon gegenwärtiges, die Herrschaft der Todesangst über uns brechendes Auferstehungsleben in dieser Nachfolge stärkt und wirklich selbst uns begleitet.

5. Der vollständige Begriff der Selbstoffenbarung als Zusammenkunft der Selbstbestimmung Gottes für uns in Jesus Christus und der Selbstgegenwart Gottes und Jesu Christi in uns durch den Geist

5.1. Ohne Gottes aktuelle Selbstgegenwart in uns durch den Geist, so ist nochmals zu betonen, könnte von Selbstgegenwart Gottes, nachdem die in seiner geschichtlichen Selbstbestimmung für uns beschlossene Präsenz zu einem Ereignis der Vergangenheit wurde, nicht mehr ernsthaft die Rede sein. Und doch wird durch seine pneumatische Selbstgegenwart nun keineswegs etwa das real-geschichtliche Ereignis, in dem er sich für uns bestimmte, überholt und entbehrlich. Zwar ist mit der Wirksamkeit des Geistes natürlich auch außerhalb des explizit auf die biblischen Zeugnisse bezogenen Glaubens zu rechnen – für seine universale Präsenz sprechen zwingende theologische Gründe. Gleichwohl bliebe, käme die Erinnerung an die geschichtliche Selbstbestimmung Gottes für uns nicht hinzu, seine Selbstgegenwart im Geist – wo immer sie auch geschieht – noch anonym, die Nähe seiner Liebe vieldeutig, ihre Intention dunkel, das von ihr gewirkte Vertrauen ohne reale, endgültige Verheißung und ihre Gewissheit, angesichts der widersprechenden Realität, vorübergehend, anhaltlos und zerbrechlich. Als uns nur innerliche Selbstpräsenz Gottes würde sie eben der Bestimmtheit entbehren, an der sich – jedenfalls für uns – Gottes definitives Verhältnis zum Menschen entscheidet, und ebenso dem Bewusstsein von ihr die äußere Bewahrheitung fehlen, ohne die es dem Projektionsverdacht ausgesetzt bliebe und alles Bemühen der Reflexion sich selbst überlassen ...

5.2. Aus der gegenseitigen Angewiesenheit beider Weisen der Selbstpräsenz Gottes resultiert der vollständige Begriff seiner Selbstoffenbarung. Diese ereignet sich eben als Zusammenkunft der erinnerten geschichtlichen Selbstbestimmung Gottes für uns in Jesus Christus mit der Selbstpräsenz Gottes und Jesu Christi in uns durch den Geist. Nur in dieser doppelten Weise, als Geschehen äußerer und innerer Gnade zugleich, konnte Gottes unbedingt entschiedene Liebe ihre Erwählten, die geschichtlich existierenden Menschen, erkennbar und wirksam erreichen. Denn in Jesu Geschichte gewinnt sie ihre reale, endgültige Bestimmtheit, durch den Geist bleibende, universale Gegenwart. In Jesus Christus, der sie ein für allemal vollbrachte, begegnet Gott selbst uns Menschen als Mitmensch, durch den Geist, der sie zueignet, kommt er selbst (in der Gemeinschaft des Sohnes) in steter Aktualität bei uns an. Gottes Gegenwart in seiner Liebe geschieht somit im Modus vermittelter Unmittelbarkeit – jedenfalls hat und behält sie nur so ihre eschatologische Dignität (die anders uns nicht bewusst, also von uns auch nicht aktualisierbar sein würde). So hat sie eine wesentlich trinitarische Struktur, ja als Gottes freie Mitteilung seiner selbst an die ebenbildlichen Geschöpfe *ist* sie die ökonomische Trinität.

5.3. Der entwickelte Offenbarungsbegriff impliziert Perspektiven für eine pneumatologisch fundierte Theologie der Religionen, die diese nicht nur als Werk der von sich aus nach Gott ausgreifenden Menschen, sondern als auch schon menschliche Antwort auf Gottes unmittelbare Selbstbekundung würdigt und zudem reale Offenbarungen in ihnen nicht ausschließt. Auch weiß sie, wenn sie das Verhältnis der durch Gottes Selbstbestimmung in Jesus Christus eröffneten Wahrheit zur Wahrheit der Religionen als *Bestimmungs*verhältnis begreift, dass anders als in ihrer Begegnung auch die eigene Wahrheit zur Fülle ihrer Bedeutung nicht findet. Allerdings bliebe ihr Ansatz inklusivistisch – aber kann, wer sich von der menschlichen Bedeutung des christlichen Offenbarungsglaubens im Ernst überzeugt hat, davon lassen? Entscheidend für die Dialogfähigkeit der Christen ist doch, dass sie allein auf diese Überzeugungskraft ihrer Wahrheit setzen und sich konsequent daran halten, dass diese als Erstes die unbedingte Achtung, ja Förderung der anderen Freiheit verlangt und selbst das Gericht über jede ihren Inhalt diskreditierende Gestalt ihrer Bezeugung ist.

6. Der Begriff des Glaubens als der die Selbstgegenwart Gottes aktualisierenden und ihr entsprechenden menschlichen Antwort

6.1. Entsprechend der unverfügbaren Freiheit des in seiner Liebe selbst begegnenden und sich mitteilenden Gottes hat und behält seine Selbstgegenwart zu jeder Zeit ihren Geschenk- und Ereignischarakter. Ebenso wesentlich bleibt sie ein relationales Geschehen, das differente Ursprünge voraussetzt und sinngerecht nicht einseitig konstituierbar ist.

6.2. Demgemäß ist der Begriff des Glaubens zu fassen, in dem die freie Menschenzuwendung Gottes durch die ihr entsprechende Antwort des Menschen zum Ziel kommt. Solcher Glaube vollzieht sich, indem der Mensch vermöge der eigenen Freiheit, aber schon vorgängig durch die (disponierende) eschatologisch bestimmte Selbstpräsenz Gottes bestimmt, in diese seinerseits unbedingt einstimmt, d.h. aus ihr grundlegend sich selbst bestimmt und so – auf dem Weg der Auszeitigung seiner unbedingten Entschiedenheit – auch sein konkretes Dasein bestimmt. Er gewinnt sein Selbstsein (seine wirkliche Identität), indem er in der zuvorkommenden Gegenwart Gottes und seiner unbedingt bejahenden Liebe sich gründet – und auch noch fortan sich gründet und gründen kann, weil sie zugleich Zusage ihrer Treue, Vergebung der Schuld und Lösung aus der Sündenmacht ist. Und da es Gottes *uneingeschränkte* Menschenzuwendung ist, in die er einstimmt, entspricht er ihr realiter dadurch, dass er diese Intention sich zu Eigen macht und sie als Liebe zum Nächsten verwirklicht.

6.3. Primär ist der Glaube als praktischer Vollzug zu bestimmen. Denn es ist ja der Entschluss seiner Freiheit, durch den der Mensch Gottes Gegenwart gleichsam an sich heranlässt, seine Liebe in das eigene Leben hereinlässt und in der Tat auf sie setzt. Doch geschieht dies nicht etwa bewusstlos: gehört die

Unterscheidung von Gott und Mensch doch unabdingbar zum Leben des Glaubens. Namentlich in den Vollzügen des Lobes, des Dankes und auch der Bitte wendet sich der beschenkte Mensch an das göttliche Subjekt der empfangenen Liebe zurück und gibt ihm die Ehre. So kommt die Selbstgegenwart Gottes in der Verherrlichung Gottes, die in eins Sinnerfüllung des Menschen, Freude an der Gnade und Feier ihres Gelingens ist, zu ihrem Ziel.

7. Der Begriff des „darstellenden Handelns" und die Bedeutung einer „Theorie gläubiger Praxis" als Basistheorie für das Verständnis der Glaubensüberlieferung und aller gläubigen und kirchlichen Vollzüge

7.1. Aus dem zum Glauben Gesagten ergibt sich der Begriff des „darstellenden Handelns", d. h. eben des Handelns, in dem die Glaubenden auf symbolische, niemals erschöpfende Weise praktisch bezeugen und dadurch anderen vermitteln, was sie selber empfangen haben und ständig empfangen: Gottes unbedingt und für alle entschiedene Liebe.

7.1.1. Das Verständnis des „darstellenden Handelns" setzt einen angemessenen Begriff des intersubjektiv-kommunikativen Handelns voraus, wie es dem Menschen durch das (formal unbedingte) Wesen der eigenen Freiheit schon aufgegeben ist. Wesentlich für solches Handeln ist, dass es – ethisch betrachtet – seine oberste Norm und ebenso – in anthropologisch-existentieller Sicht – seinen genuinen Sinn in der unbedingten Anerkennung anderer Freiheit (d. h. der freien bzw. zur Freiheit bestimmten Anderen) hat und diese Anerkennung nicht nur durch identifizierende Worte, sondern auch – es wäre sonst nicht ernsthaft – durch konkrete Gehalte verwirklicht, die das intendierte Seinsollen der anderen Freiheit auszudrücken vermögen und es realiter fördern. Entscheidend für den hier zum Zuge kommenden Symbolbegriff ist, dass in ihm die Präsenz des frei sich Mitteilenden und die Unbedingtheit der Anerkennung mit der Endlichkeit ihrer Realisierung zusammengedacht sind: die symbolische Wirklichkeit ist die reale Gestalt der unbedingt für den anderen entschiedenen Freiheit selbst. Und „darstellendes Handeln" darf solches symbolisches Handeln (auch schon als *nur* menschliches) heißen, weil der Entschluss zur Liebe bereits vor ihrer Äußerung gilt und seine Unbedingtheit sich in keiner Gestaltung erschöpft. Zugleich freilich zeigt sich eben hier auch die Aporie, dass Menschen das unbedingte

Seinsollen des anderen zwar intendieren, aber – da sie es stets nur symbolisch, bedingt und vorläufig realisieren – niemals vollenden und das heißt: die Intention unbedingter Bejahung nicht einlösen können.

7.1.2. Durch die Gründung in Gottes zuvorkommender Liebe wird das beschriebene Handeln neu qualifiziert: es ist jetzt nicht mehr nur (ethisch) gefordertes, sondern von Gott her ermöglichtes und getragenes Handeln. Der Begriff „darstellendes Handeln" gewinnt hier seinen näher bestimmten, spezifisch theologischen Sinn. Zwar bleibt es die eigene Liebe, die Menschen aus freiem Entschluss einander mitteilen, doch lebt sie dabei und weiß sich bestimmt von der Präsenz des unbedingt liebenden Gottes, für den sie darum zum Zeugnis werden und dessen Liebe sie dann durch ihr menschliches Tun auch durchaus für andere vermitteln, allerdings nicht eigentlich realisieren und erst recht nicht erschöpfen, sondern – streng genommen – nur indizieren kann: wird dieses Tun doch nicht zu Gottes eigener, sondern zur ihm menschlich entsprechenden Liebe. Es bleibt also die *menschliche* Freiheit, deren Entschluss zu lieben im symbolisch-darstellenden Handeln sich äußert – eine Freiheit nun aber, die ihren Entschluss als Nach- und Mitvollzug der Entschiedenheit Gottes verstehen darf, dies ebenfalls „darstellen" und erst dadurch vollständiges Zeugnis wird (7.2.) und die – vor allem – ihr praktisches Tun in den Horizont der Möglichkeiten Gottes versetzt weiß, durch die ihm auch selbst und schon jetzt neue Möglichkeiten zuwachsen. Befreit wird es namentlich – angesichts der realen Zukunft, die Gottes Liebe verheißt und zu verbürgen vermag – von der Aporetik des nur moralischen Handelns: es ist nun wahrhaft indikativisches, sein Ziel nicht nur intendierendes, sondern auch schon versprechendes und somit tatsächlich antizipierendes Handeln.

7.2. Im Sinne des „darstellenden Handelns" wird eine „Theorie gläubiger Praxis" konzipierbar, die sich zugleich als Basistheorie für das Verständnis der Glaubensüberlieferung wie aller gläubigen und kirchlichen Vollzüge empfiehlt.

7.2.1. Der primär praktische Charakter des Glaubens verlangt es, auch das Verständnis der Glaubens*überlieferung* in Gestalt einer „Theorie gläubiger Praxis" zu entwickeln. Denn diese Überlieferung müsste ja zur bloßen, distanzierten und dadurch zwar noch nicht unwahren, aber doch unglaubwürdigen Erinnerung an Vergangenes werden, wenn sie nicht mit einer Praxis einherginge, in der auf die Wahrheit des Glaubens, den in Christus begegnenden und im Geist aktuell gegenwärtigen Gott, im

Entschluss der Freiheit gesetzt, seine Liebe in die realen Verhältnisse des Lebens eingelassen und für andere so wirksam dargestellt würde, dass diese ihrerseits für den auch ihnen selbst nahen Gott bereit und aufmerksam werden können. Auf der anderen Seite wäre die gläubige Praxis nicht Praxis des *Glaubens*, wenn sie ihren ermöglichenden, orientierenden und tragenden Grund nicht von sich selbst unterschiede – so wie es in den performativen Akten von Lob, Dank, Bitte und Klage und den zeitlich gespannten Vollzügen der Erinnerung und Erwartung ausdrücklich geschieht. Erst durch sie wird die Praxis zu dem vollständigen Zeugnis, das sie ebenfalls schuldet. Denn gerade weil Gottes Liebe nur durch die sie realisierende, aber auch identifizierende Gestalt eines Menschen als endgültige offenbar werden konnte, bedarf sie auch im Weiteren der treuen Zeugnisbereitschaft von Menschen, um in dieser Bestimmtheit nicht vergessen zu werden, sondern die Menschen jeder Gegenwart, denen sie „zugedacht" ist, als Angebot zu erreichen und zur realen Möglichkeit eigenen Glaubens zu werden: eben als die auch ihnen bedingungslos eröffnete, unwiderruflich dargebotene und noch im Tod verlässliche Liebe, von der nichts mehr sie trennen kann.

7.2.2. Die genannten Vollzüge sind für die Praxis des Glaubens so wesentlich, dass sie zumindest virtuell in ihr enthalten sein müssen, ohne doch alle – so entspricht es nun einmal der Disparatheit unseres zeitlichen Lebens – simultan aktualisiert werden zu können. Möglich zuweilen auch, dass sie sämtlich nur implizit bleiben: kann doch etwa der Gedanke an Gott, wie Simone Weil einmal bemerkte, unserer Aufmerksamkeit für einen anderen sogar hinderlich sein, zumal dieser – und so will es ja auch Gott selbst – von unserer Zuwendung selber gemeint sein muss. Auf der anderen Seite eröffnet gerade die Selbstunterscheidung der gläubigen Praxis von ihrem Grund eine solche Vielfalt differenzierter (und doch miteinander verbundener) Vollzüge, dass es naheliegt, die Theorie gläubiger Praxis als Basistheorie des gläubigen und kirchlichen Lebens überhaupt anzusetzen. Selbst die Theologie, obwohl sie als abstandnehmende Reflexion das praktische Tun unterbricht, kommt ihm doch ebenso, wie sie von ihm herkommt, in geradezu unverzichtbarer Weise auch wieder zugute: eben indem sie die von der Glaubenspraxis selbst vorausgesetzte, stets schon beanspruchte und faktisch behauptete Wahrheit als solche thematisiert, sie also von ihr und der Überlieferung überhaupt als ihnen durch das Offenbarungsgeschehen vorgegebene unterscheidet und gerade so – im dialektischen Rückbezug auf sie – *in* ihnen zur Geltung bringt: als unüberholbaren Grund und normativen Maßstab, als Ermutigung, Gericht und Verheißung. Und indem sie zugleich die Bedeutung dieser Wahrheit erschließt und sie argumentierend vertritt, weist sie überdies den so leicht kirchlich sich einspinnenden Glauben in die Gegenwart ein. Anders ausgerichtet die Vollzüge, die nicht primär in einem theoretischen, kritischen oder vermittelnden Interesse, sondern – wie Lob, Dank und Bitte, die aneignende Erinnerung und antizipierende Hoffnung – in existentieller Öffnung und Hinwendung zum Grund des Glaubens geschehen: zum einen, um Gott die eigene, unvertretbare Antwort und die ihm zukommende Ehre zu geben, zum anderen, um das persönliche und gemeinschaftliche Leben erneut in seiner aktuellen Gegenwart zu gründen. Die damit skizzierte Struktur, denke ich, lässt sich konkret wohl an jedem liturgischen und sakramentalen Geschehen durchdeklinieren. Ich will mich – abschließend – auf das angekündete „Spezialproblem" beschränken.

8. Konsequenzen für das Verständnis der Selbstpräsenz Gottes und Jesu Christi in der Eucharistie

8.1. Angezielt ist keine Theologie der Eucharistie, sondern eine Konzentration auf das angezeigte und als „Probierstein" für das Bisherige fungierende Thema. Die theologischen Grundbestimmungen sind entwickelt, die erforderlichen Denkmittel erarbeitet – weitere tunlichst zu vermeiden. Ich begnüge mich mit einer knappen Thesenreihe, die jedoch aus dem erstellten Gesamtrahmen verständlich (und leicht auffüllbar) sein dürfte, und untergliedere sie durch Zwischenüberschriften.

8.2. Zur „Verortung" der Eucharistie im Gesamt gläubiger Praxis:

8.2.1. Nach der Liturgiekonstitution des II. Vatikanums ist die Eucharistie „culmen et fons vitae ecclesiasticae": „Höhepunkt, dem das Tun der Kirche zustrebt, und zugleich die Quelle, aus der all ihre Kraft strömt" (SC 10). Nach dem bisher Gesagten heißt das: Die Eucharistie ist der wichtigste der ausdrücklichen Vollzüge, in denen die Gläubigen den in seiner Liebe gegenwärtigen Gott verherrlichen und zugleich stets neu ihr gesamtes Leben in ihm gründen.

8.2.2. Solche Gründung ist freilich als reale nur möglich aufgrund der Selbstpräsenz Gottes und Jesu Christi im Geist. Dass diese in ihrer freien Aktualität unverfügbar bleibt und nur erbeten werden kann, bringt am deutlichsten die Epiklese zum Ausdruck: die Herabrufung des Geistes auf die Gemeinde wie auf die Gaben.

8.2.3. Die Konzentration der Eucharistie impliziert allerdings auch eine unvermeidliche Begrenzung: eben weil die Gläubigen in der Regel „unter sich" sind und ihre alltägliche Glaubenspraxis unterbrochen wird, obwohl die Kirche gemäß ihrer wesentlichen Bestimmung doch dem Reich Gottes, dem Kommen seiner Liebe zu den Menschen, zu dienen hat. Gleichwohl bleibt jene Konzentration (als ausdrückliche Gründung des gemeinschaftlichen Glaubens) unentbehrlich und hat sogar (als Feier der gegenwärtigen Gnade und als Verherrlichung Gottes) einen nicht mehr problematisierbaren Sinn in sich selbst, solange nur die Rückbindung an den Glaubensalltag nicht verloren geht, sondern hergestellt bleibt (Vergebungsbitte, Predigt, Fürbitten, Gabenbereitung, Entlassung usw.).

8.3. Die Selbstpräsenz Gottes des Vaters:
Dass wie Jesus Christus auch Gott der Vater in der Eucharistie durch den Geist gegenwärtig ist, versteht sich schon deshalb, weil in der Liebe, die der Geist uns zueignet, Vater und Sohn miteinander verbunden und beide, weil sie unbedingt ist, auch selber für uns präsent sind. Er – Gott der Vater – bleibt auch in der Eucharistie der primäre Terminus des Glaubensvollzugs, so wie es die Doxologie ausdrücklich realisiert.

8.4. Die doppelte Stellung des durch den Geist selbst gegenwärtigen Erhöhten:
8.4.1. Auch der als Erhöhter gegenwärtige Christus hat die Stellung des „Gegenüber" zu uns, sofern er die wesentliche Signatur des verkündenden und gekreuzigten Jesus bewahrt und für immer das Entgegenkommen der durch ihn eschatologisch bestimmten Liebe Gottes ist, in der wir uns gründen.
8.4.2. Zugleich eignet ihm die Stellung des „Neben uns", sofern durch ihn, den ursprünglich wahrhaft Gott entsprechenden Menschen und nun Erhöhten, der Vater verherrlicht wird und sein Wirken (auch in der Eucharistie) darauf geht, uns in sein Sohnesverhältnis einzubeziehen und sich selbst gleichzugestalten.
8.4.3. In dieser doppelten Stellung ist er der (ursprünglich-unüberholbare) Erste von vielen Schwestern und Brüdern und das „Haupt" der Kirche, die er (vermittels des Geistes und namentlich in der Eucharistie: 8.6.3.) als seinen „sichtbaren Leib" konstituiert.

8.5. Zur Frage nach dem Subjekt der Eucharistie:
8.5.1. Sofern die Eucharistie das je neue Gründungsgeschehen des Glaubens in der durch Christus aktuell uns entgegenkommenden Liebe Gottes ist, kann die Würde des einladenden Gastgebers und primären Subjekts der Eucharistie allein Jesus Christus zukommen.
8.5.2. Die gleichwohl unvertretbare Beteiligung der Gläubigen als Subjekte der Eucharistie liegt darin, dass sie um dieses Entgegenkommen der Liebe Gottes bitten, im Entschluss des Glaubens in ihre Gegenwart einstimmen, durch solche Aneignung sich grundlegend selbst bestimmen und in eins ihre Bereitschaft für den konkreten Weg ihrer Gleichgestaltung mit Jesus Christus vollziehen. Gleichzeitig (und eben darin) sind sie als Subjekte beteiligt an der Verherrlichung Gottes, sofern diese ja die affirmierende Aktualisierung seiner Selbstgegenwart seitens der Menschen ist und diese (entsprechend ihrer beiderseitigen Konstitution) in jener ihre sinngerechte Erfüllung findet.
8.5.3. Dass ein Mitglied der Gemeinde bei der Eucharistie die Rolle des (im Namen Jesu Christi handelnden und bei einigen Vollzügen der Gemeinde auch gegenübertretenden) Vorstehers ausübt, ist sinngerechter Ausdruck für die bedingungslose Vorgegebenheit der (in Jesu Geschichte vollbrachten und durch ihn als Erhöhten aktuell begegnenden) Liebe Gottes und ihrer unwiderruflichen, von unserer Würdigkeit ganz unabhängigen Gültigkeit. Dass mit diesem Argument, zumal jene Funktion eine Beauftragung verlangt, die Frage des Amtes berührt, aber über die diesbezüglichen Einzelprobleme noch keineswegs entschieden ist, ist hier nicht auszuführen.
8.6. Eucharistie als „Opfer" und Mahl:
8.6.1. Im Blick auf Jesus Christus lässt sich die Eucharistie als „Opfer" in dem abgeleiteten Sinne bezeichnen, dass er als Erhöhter die geschichtlich von ihm durch die Hingabe bis zum Tod vollbrachte Liebe uns (vermittels des Geistes) zueignet und durch solches Wirken an und für uns seine irdische Proexistenz fortsetzt.
8.6.2. Von einem Opfer der Gläubigen kann nur im Sinne ihrer Bereitschaft die Rede sein, sich von Gottes gegenwärtiger und allen Menschen geltender Liebe real in Anspruch nehmen und sich dafür schon jetzt von allem festgehaltenen Eigenen, das dieser Beanspruchung widerstrebt oder sie vorab begrenzen will, befreien zu lassen. Lob und Dank (als Verherrlichung Got-

tes und Feier seiner Liebe) lassen sich ebenso wie die Bitte nicht als Opfer bezeichnen.

8.6.3. Im eucharistischen Mahl geschieht der „Empfang" der durch Jesus endgültig vollbrachten und in seiner fortdauernden und zudem hier real-symbolisch vollzogenen Proexistenz aktuell begegnenden Liebe Gottes; so ist es die symbolisch verdichtete Gründung der *communio* mit Gott und der Gläubigen untereinander durch Einbeziehung in Jesu für uns Menschen geöffnetes und im Geist gegenwärtiges Sohnesverhältnis zum Vater.

8.7. Zur Näherbestimmung der Präsenz Jesu Christi und seines Wirkens:
Die durch den Geist vermittelte Selbstgegenwart des jetzt beim Vater lebenden Erhöhten ist die einzig „wirkliche" und deshalb alle anderen Gegenwartsweisen fundierende eucharistische Präsenz Jesu Christi. Was Menschen in seinem Namen tun und symbolisch vollziehen, kann darum wirksame Gestalt seiner Anwesenheit nur sein, weil er selbst in seiner aktuell-personalen Präsenz es dazu qualifiziert. Allerdings entspricht es *unserer* geschichtlichen Situation und leibhaft-geistigen Verfassung, dass er auch als Erhöhter (wie schon als irdischer Jesus) uns Gottes Liebe in sinnlich-symbolisierter Weise zuwendet. Es scheint mir sinnlos, ja unmöglich, weitere eigenständige Präsenzweisen von der fundamentalen zu unterscheiden. Was in dieser Hinsicht genannt wird, ist vielmehr als ihr zugeordnete Näherbestimmung zu denken:

8.7.1. Durch die sog. „kommemorative Aktualpräsenz" wird das geschichtliche Heilswerk Jesu Christi (nur) so vergegenwärtigt, wie eben die Erinnerung es vermag: es wird dadurch nicht wiederholt. Wohl aber wird es wirksam, weil der Erhöhte (in der aktuellen Zuwendung seiner durch den Tod hindurchgegangenen Liebe) es an uns wirksam werden lässt. Dabei hat die Erinnerung den unverzichtbaren Sinn, dass wir (als noch geschichtlich existierende Menschen) die Identität des Erhöhten mit dem irdischen und gekreuzigten Jesus festhalten und uns lernend auf den Weg seiner Nachfolge (der konkreten Gleichgestaltung mit ihm) einweisen lassen, auf dem er uns kraft seines Auferstehungslebens stärkt und begleitet.

8.7.2. Auch von einer eigenen „proleptischen Finalpräsenz" lässt sich insofern kaum sprechen, als Christus noch nicht *als* der Wiederkommende, sondern als der Erhöhte bei uns gegenwärtig ist, von dem wir – ebenfalls aufgrund der Erinnerung, nämlich der Erinnerung an die im auferweckten Gekreuzigten schon angebrochene Verheißung – allerdings „wissen", dass er wiederkommt und dann alles neu gemacht wird: so dass wir (in der uns wirksam begleitenden Präsenz des Erhöhten) schon jetzt hoffend auf dieses Ziel zugehen können. Sofern die Gegenwart von Gottes unbedingter Liebe in der Eucharistie ihre Endgültigkeit, also das (verbürgte) Versprechen ihrer Vollendung impliziert, kann man das eucharistische Mahl zutreffend als Antizipation des Mahles in der Vollendung bezeichnen, nicht aber als „eschatologisches Intermezzo" oder gar „Aperitif" (Kurt Koch). Denn immer ist in der Präsenz seiner unbedingten Liebe für uns, die noch unterwegs sind, der Liebende schon selbst und als er selbst da, aber immer verspricht er auch noch seine Treue.

8.7.3. Die durch die Erinnerung an den irdischen Jesus legitimierten eucharistischen Gestalten (Brot und Wein) werden durch den im Geist personal-präsenten Erhöhten zu wirksamen Zeichen seiner aktuell-dauernden Hingabe für uns (Proexistenz) qualifiziert und damit im strengen Sinn als Realsymbol verstehbar: als uns auf menschliche Weise erreichendes Dasein seiner für uns entschiedenen Freiheit. Der Unterschied zu dem Realsymbol, das die Existenz Jesu als geschichtliches Dasein des für uns entschiedenen Gottes ist, liegt darin, dass Jesus in seinem aktuellen Tun der unbedingten Liebe Gottes sich selbst in ursprünglich-unmittelbarer Vollmacht mit Gott selbst (dem Ursprung der vergegenwärtigten Liebe) identifizierte und deshalb als „der Sohn", als zu Gottes eigenem Sein und Wesen gehörig, gedacht werden muss, während die in ihrem Gebrauch durch die Erinnerung an Jesus legitimierten (und an sich vom Sein und Wesen Jesu Christi trennbaren) eucharistischen Gestalten ihre realsymbolische Dignität der aktuell-unbedingten Identifikation des Erhöhten mit ihrem eucharistischen Gebrauch verdanken. Aber diese einschränkende Präzisierung mindert doch nicht, sondern ermöglicht vielmehr, sie als konkrete Gegenwartsgestalt seiner unbedingten Liebe und in ihr seiner selbst zu verstehen und in diesem Sinn als das Da-sein seiner für uns entschiedenen Freiheit zu bezeichnen. Mit diesem – wie ich hoffe – unverkürzten Verständnis seiner „Realpräsenz" ist der Lehre von der Transsubstantiation allerdings der Abschied gegeben. Ob ihre gültige Intention auch auf vollziehbare Weise reformuliert ist, sei der Diskussion überlassen.

Gegenwart Gottes im Wort

Systematisch-theologische Aspekte

Von Dorothea Sattler, Münster

Die systematisch-theologische Reflexion an die Pfade der Liturgiewissenschaft zu gewöhnen, ist eine Herausforderung für das innertheologische Gespräch.[1] Es ist nahe liegend, im Bereich der Sakramententheologie die größte Nähe der Disziplinen zueinander zu erkennen. Die Frage nach einer angemessenen Bestimmung des Verhältnisses von „Wort und Sakrament" gehört zu den viel besprochenen in den ökumenischen Dialogen.[2] Ich bin dankbar dafür, bei dieser Gelegenheit diese Thematik in der hier erforderlichen Kürze wieder aufnehmen zu können.[3]

Im Fortgang möchte ich zunächst einen Zugang zur Erkenntnis der Wirkweise des menschlichen Wortes erschließen, der sich im Rückgriff auf sprachphilosophische und kommunikationswissenschaftliche Überlegungen gewinnen lässt (1.). Im Mittelpunkt steht das Bemühen, das Wesen Gottes trinitarisch-theologisch als Bereitschaft zur verwandelnden Kunde zu beschreiben (2.); schließlich werde

---

[1] Dieses war und ist ein Anliegen von Klemens Richter, dem dieser Sammelband gewidmet ist. Vgl. die entsprechenden Hinweise bei: *H. Vorgrimler*, Liturgie als Thema der Dogmatik, in: Liturgie – ein vergessenes Thema der Theologie? Hg. v. K. Richter. Freiburg/Br. 1986 (QD 107) 113–127; *M. Stuflesser*, Memoria Passionis. Das Verhältnis von lex orandi und lex credendi am Beispiel des Opferbegriffs in den Eucharistischen Hochgebeten nach dem II. Vatikanischen Konzil. Altenberge 1998 (MThA 51) bes. 17–142; zuletzt: *A. Grillo*, „Intellectus fidei" und „Intellectus ritus". Die überraschende Konvergenz von Liturgietheologie, Sakramententheologie und Fundamentaltheologie, in: LJ 50. 2000, 143–165.

[2] Vgl. *A. Moos*, Das Verhältnis von Wort und Sakrament in der deutschsprachigen katholischen Theologie des 20. Jahrhunderts. Paderborn 1993 (KKTS 59); *B. Neumann*, Sakrament und Ökumene. Studien zur deutschsprachigen evangelischen Sakramententheologie der Gegenwart. Paderborn 1997 (KKTS 64).

[3] Ich belasse den Text im Wesentlichen in der Gestalt des mündlich Vorgetragenen. Vgl. zu manchen Details der Argumentation auch frühere Sprechversuche zu naheliegenden Themenbereichen: *D. Sattler*, Wandeln Worte Wirklichkeit? Nachdenkliches über die Rezeption der Sprechakttheorie in der (Sakramenten-)Theologie, in: Cath(M) 51. 1997, 125–138; *dies.*, Die Kirchen unter Gottes Wort. Schriftverständnis und Schriftauslegung als Thema ökumenischer Dokumente, in: Verbindliches Zeugnis III: Schriftverständnis und Schriftauslegung. Hg. v. Th. Schneider – W. Pannenberg. Freiburg/Br. 1998 (DiKi 10) 13–42.

ich die beiden Gedankenreihen verbinden und über die einzelnen Weisen der Gegenwart Gottes im Wort sprechen (3.). Was bedeutet es, wenn wir sagen, Gott sei, Gott werde und Gott bleibe gegenwärtig im menschlichen Wort zu seiner Verkündigung? Welche Gestalt hat diese Gegenwart? Wie lässt sie sich erkennen, von Täuschung unterscheiden und identifizieren wahrhaft als Gottes Gegenwart? Wer ist Gott, und wie macht er sich kund in der Feier seines Wortes?

1. Das Phänomen des wirkenden Wortes

Zur Umschreibung des Phänomens des wirkenden Wortes greife ich sprachphilosophische Gedanken auf. Ich lehne mich an die Diskussion um die Sprechakttheorie nach John L. Austin und John Searle an.

1.1 Sprachphilosophische Einsichten

1.1.1 Sprechen als Handeln

„What I shall have to say here is neither difficult nor contentious".[4] Weder schwierig noch anspruchsvoll sei das, was er zu sagen habe, so beruhigte John L. Austin 1955 an der Harvard University seine Hörerinnen und Hörer zu Beginn einer Vorlesungsreihe, in der er die Ergebnisse seiner Forschungen zur Thematik „Words and Deeds" zusammenfasste. 1960 starb Austin 49-jährig. Das Manuskript dieser Vorlesungen – 1962 posthum unter dem Titel „How to do Things with Words"[5] herausgegeben – gilt als der wichtigste Anstoß zur Entwicklung der so genannten „Sprechakttheorie" oder „Sprachhandlungstheorie".

In seinem methodischen Ansatz und in seiner Zielsetzung ist John L. Austin ein früher Vertreter der linguistischen Pragmatik. Die Pragmatik fragt nach dem Gebrauch der Sprache innerhalb eines situativ bestimmten Handlungskontextes. Ausgangspunkt der Überlegungen von Austin ist sein Widerspruch zu der These, Aussagesätze konstatierten immer bereits Bestehendes. Austin wird aufmerksam auf sprachliche Äußerungen, durch die nicht etwas festgestellt, sondern etwas hergestellt wird. Durch die Äußerung z. B. des Satzes „Ich vermache dir meine Uhr" geschieht etwas,

---
[4] *J. L. Austin*, How to do Things with Words. Oxford – New York ²1975, 1.
[5] Eine deutsche Bearbeitung, der die englischen Ausgaben von 1962 und 1975 zugrunde liegen, besorgte Eike von Savigny: vgl. *J. L. Austin*, Zur Theorie der Sprechakte (How to do Things with Words). Stuttgart ²1979.

es ereignet sich Neues: Die Besitzverhältnisse ändern sich. Austin bezeichnet jene Sätze, durch deren Äußerung eine Handlung vollzogen wird, als performative Äußerungen, die, so Austin, sich von den beschreibenden, feststellenden, konstatierenden Äußerungen dadurch unterscheiden, dass sie nicht wahr oder falsch sind, vielmehr gelingen oder missglücken können.

1.1.2 Bedingungen des Gelingens

Austins Schüler John Searle hat die Überlegungen des Lehrers in eigenen Beiträgen präzisiert und korrigiert.[6] Searle hat unter anderem auch eine genauere Bestimmung der Voraussetzungen vorgenommen, die erfüllt sein müssen, soll eine Sprachhandlung glücken. Searle war besonders daran interessiert, die institutionellen „Gelingensbedingungen" von Sprechakten zu beschreiben. Er fragt sich, wer autorisiert sei, diese oder jene Sprachhandlung wirksam zu vollziehen. Die neuere Linguistik achtet zudem in hohem Maße auf die subjektiven Anteile, die zum Gelingen oder Misslingen eines Rede-Ereignisses beitragen: Rollenerwartungen, Stimmungen, psychische Vorprägungen von Sprechenden und Hörenden wirken sich bei der Entscheidung über das Gelingen eines Wortwechsels aus.

1.1.3 Bezüge zwischen Wort und Wirklichkeit und die Klassifikation der Sprechakte

John R. Searle findet zu einer Klassifikation von Sprachhandlungen, indem er das für ihn entscheidende Kriterium zur Differenzierung der Sprechakte heranzieht, nämlich den jeweiligen Bezug zwischen dem gesprochenen Wort und der bestehenden oder angezielten außersprachlichen Welt. Searle unterscheidet fünf Klassen von Sprachhandlungen, in die sich nach seiner Meinung die meisten der Wortereignisse einordnen lassen. Diese fünf Illokutionsklassen sind die Repräsentativa, Direktiva, Kommissiva, Expressiva und Deklarativa. Das Kriterium zur Unterscheidung dieser Sprechakte ist die „Entsprechungsrichtung von Welt und Worten":

---

[6] Vgl. *J. R. Searle*, Speech Acts. Cambridge 1969 [= Sprechakte. Ein sprachphilosophischer Essay. Frankfurt/M. 1971]; *ders.*, Austin on locutionary and illocutionary acts, in: PhRev 87. 1969, 405–424; *ders.*, Was ist ein Sprechakt?, in: Sprechhandlung – Existenz – Wahrheit. Hauptthemen der sprachanalytischen Philosophie. Hg. v. M. Schirn. Stuttgart 1974, 33–53; *ders.*, Eine Klassifikation von Illokutionsakten, in: Sprechakttheorie. Ein Reader. Hg. v. P. Kussmaul. Wiesbaden 1980, 82–108.

Bezeichnung	Beispiele	Kriterium
Repräsentativa	Behauptung	Worte → Welt
Direktiva	Bitte, Befehl	Worte ← Welt (Hörer)
Kommissiva	Versprechen, Drohung	Worte ← Welt (Sprecher)
Expressiva	Dank, Glückwunsch	Worte – Welt
Deklarativa	Urteil, Kündigung	Worte ⇌ Welt

Diese tabellarische Übersicht will folgende Unterscheidungen festhalten: Repräsentativa – wie etwa eine Behauptung – wollen mit den Worten der Welt entsprechen. Einfach gesagt: Die Welt ist bereits gegeben, die Worte wollen sie in Erscheinung bringen, öffentlich machen. Dagegen intendieren Direktiva und Kommissiva eine zukünftige Angleichung der Welt an die bereits gesprochenen Worte: Direktiva appellieren – in Gestalt einer Bitte oder eines Befehls – an den Hörer, diese Entsprechung herzustellen. Kommissiva sind als eine Selbstverpflichtung des Sprechers zu verstehen, diese Angleichung vorzunehmen. Diese Selbstbindung des Sprechers kann wie ein Versprechen oder wie eine Drohung wirken. Bei Expressiva wird vorausgesetzt, dass es einen bekannten Anlass gibt, die bereits bestehende Entsprechung von Worten und Welt zum Ausdruck zu bringen, dass der Dank begründet ist und ein Glückwunsch gelegen kommt. Die Eigenart der Deklarativa schließlich ist es, in ihrem aktuellen Vollzug die Entsprechung von Worten und Welt bzw. von Welt und Worten herzustellen: Durch das Wort „ich kündige" erfolgt die Kündigung; wird vor Gericht ein Urteil gesprochen, dann ist der Beschuldigte freigesprochen oder für schuldig befunden.

Lassen sich die menschlichen Worte, die in der kirchlichen Feier der Liturgie gesprochen werden, den aufgeführten Klassen zuordnen? Welche Wirksamkeit hat das menschliche Wort über Gott? Was bedeutet es in diesem Zusammenhang, dass es Gottes Wort ist, das im Menschenwort laut wird? Wie ist der Bezug zwischen Wort und Welt in der liturgischen Feier zu beschreiben? Auf diese Fragen möchte ich später eine Antwort versuchen.

1.2 Kommunikationswissenschaftliche Erkenntnisse

1.2.1 Biographische Prägungen im Sprechen und Hören von Worten

Kommunikation geschieht nicht immer in dem Sinne, den der oder die Sprechende intendiert. Die Worthandlung ist ein Geschehen, an dem die Sprechenden und die Hörenden auf ihre Weise beteiligt sind. Diese erfahrungsnahe und daher unmittelbar einsichtige Aussage bedeutet in unserem thematischen Zusammenhang, dass der Hörer des Wortes Gottes als Person mit seiner gesamten Lebensgeschichte am Geschehen der sprachlichen Kommunikation beteiligt ist. Verletzungen etwa, die Hörende durch die Sprechenden oder durch solche Menschen, an die sie erinnern, erfahren haben, wirken als biographische Bedingungen auf das Kommunikationsgeschehen ein. Die in einem Dialoggeschehen Sprechenden und Hörenden sind mit ihren Biographien an der von ihnen gestalteten Deutung der Wirklichkeit beteiligt. Es besteht derzeit eine disziplinenübergreifend hohe Aufmerksamkeit auf biographische Einflüsse im Geschehen der menschlichen Kommunikation.

Biographisches und Religiöses waren immer schon eng miteinander verbunden. Viele Sozialwissenschaftler und Sozialwissenschaftlerinnen, die über die Geschichte der biographischen Forschung in ihrer Disziplin schreiben, weisen darauf hin, dass die Wurzeln ihres Tuns tief im Nährboden der reichen christlichen Tradition des autobiographischen und biographischen Erzählens liegen: Die literarische Gattung der Confessiones, die Hagiographien und auch die Ketzerpolemiken sind nicht nur eine wichtige Quelle der historisch arbeitenden Biographieforschung, der jüdisch-christliche Glaube gilt darüber hinaus als ein entscheidend wichtiger Förderer der Überzeugung von der unverwechselbaren Eigenart und der unverlierbaren Würde der einzelnen menschlichen Person.

Drei Anliegen sind der Biographieforschung[7] eigen: (1) Sie richtet ihren Blick auf das gesamte Leben eines Menschen; (2) sie beschreibt die Eigenperspektive der Handlungsträger; (3) sie berücksichtigt individuelle Prozesse und Entwicklungen. Knapp zusammengefasst, wendet sich die Biographieforschung somit gegen reduktionistische, objektivistische und rein systemisch arbeitende Zweige in den Human- und Sozialwissenschaften. Die biographische Methode will das Konkret-Besondere in den Blick nehmen. Sie ist aufmerksam auf die Tiefendimensionen und die Feinstrukturen der alltäglichen Lebenswirklichkeit. Wandlungen im Lebenslauf einzelner Menschen werden wahrgenommen. Von den zahlreichen Erkenntnissen der Biographieforschung gelten insbesondere vier als von großer Bedeutung: (1) Elemente biographischen Erzählens sind in der Alltagskommunikation sehr verbreitet. Zu den primären Funktionen, die biographische Bemerkungen im Alltag haben, zählen

---

[7] Vgl. einführend: W. *Fuchs*, Biographische Forschung. Eine Einführung in Praxis und Methoden. Opladen 1984; Wer schreibt meine Lebensgeschichte? Biographie, Autobiographie, Hagiographie und ihre Entstehungszusammenhänge. Hg. v. W. Sparn. Gütersloh 1990.

zum einen die rechtfertigende Begründung (ein apologetisches Moment), die Selbstvergewisserung (ein anamnetisches Geschehen) und schließlich die Handlungsorientierung (ein prognostischer Zug). Auffällig ist bei dieser Zusammenstellung das Vorkommen der dreifachen Zeitstruktur menschlicher Wirklichkeitswahrnehmung: Wir erinnern, gegenwärtigen und planen unser Leben, und all dies geschieht mehr oder weniger bewusst. (2) Die Wahrnehmung der eigenen Zeitlichkeit wirkt sich auf die Gestalt der Thematisierung des widerfahrenen Lebens aus. Das Wissen um die Endlichkeit des Lebens und das Erspüren der Besonderheit bestimmter Zeiten gelten als wichtige Motivationen für die Bereitschaft von Menschen, von sich zu erzählen. In Krisenzeiten kommen größere Zeiträume in den Blick der von sich Erzählenden. Wenn Diskontinuitäten im Lebenslauf eintreten, wenn Entscheidungen anstehen oder ein Abschied zu bestehen ist, dann erhöht sich die Bereitschaft, autobiographisch zu erzählen. (3) Bei der erzählerischen Selbstthematisierung entwerfen die Subjekte ein Konzept ihres Lebens. Der Lieferant des Materials ist das Gedächtnis, das wichtig Erscheinendes erinnert, eine Verkettung von Ereignissen herstellt und Deutungen vornimmt. (4) Beim biographischen Erzählen wird die unverwechselbare Eigenart des einzelnen menschlichen Lebens offenkundig. Zugleich tritt aber auch die unaufhebbare Verbundenheit der Einzelnen mit den Anderen in Erscheinung. Die Beschreibung des eigenen Lebens kommt ohne die Beschreibung des Lebens der Anderen nicht aus. Gelebtes und Erlittenes verbinden sich zu einer unverwechselbaren Geschichte mit den Anderen und durch die Anderen. Die Mit-Lebenden sind beim Erzählgeschehen gegenwärtig. Beim Nachdenken über die Strukturen des biographischen Erzählens treten die Temporalität, die Subjektivität und die Sozialität menschlicher Lebenswahrnehmung vor Augen. Die hohe Bereitschaft zur Selbstthematisierung auch im Alltag lässt sich als ein Hinweis auf das Streben der Menschen deuten, das Leben zu verstehen, um handeln zu lernen.

1.2.2 Ebenen der Wahrnehmung im Sprachgeschehen

Wir hören nicht immer das heraus, was ein Gegenüber meint, gesagt zu haben. Bei der Reflexion des sprachlichen Kommunikationsgeschehens hat die Rede von der menschlichen „Vierohrigkeit" Bedeutung gewonnen.[8] Der „vierohrige Empfänger" ist aufmerksam

---

[8] Vgl. *F. Schulz von Thun*, Miteinander reden, Bd. 1: Störungen und Klärungen. Allgemeine Psychologie der Kommunikation. Reinbek 1981, bes. 44–68.

auf den vermittelten Sachverhalt; er fragt sich zugleich, was der Dialogpartner durch seine Worte über sich selbst sagen möchte, welche Selbstäußerung des Sprechenden geschieht; drittens wird die sprachlich gefasste Aussage als eine über die Beziehung zwischen den sprachlich Kommunizierenden wahrgenommen; schließlich nimmt der Hörende auch eine appellierende Botschaft wahr. Sachinhalt, Selbstoffenbarung, Beziehungsbestimmung und Appell werden gleichzeitig gehört, wenn ein Anderer spricht. Im Hören des Wortes ist daher eine große Quelle des Missverstehens lebendig. Wirkliches Verstehen gelingt nur, wenn die Redepartner einander vertrauen und sich wohlwollend begegnen. Die möglicherweise schon lange miteinander geteilte Lebensgeschichte wirkt auf das Geschehen der Kommunikation ein. Aktuelle, situative Gegebenheiten können ein Wortgeschehen in seiner Wirksamkeit sehr verändern. Alte Verletzungen wirken sich aus, die in früheren Kontexten entstanden sind, oft zunächst unbewusst bleiben und nicht mit dem gegenwärtig daseienden Gegenüber ursächlich zusammenhängen müssen. Übernommene Rollenzuweisungen und selbstverantwortete Einstellungen, Haltungen und Werte können zu Ungleichgewichten in der Wahrnehmung führen: Es gibt Menschen, die in der Versuchung stehen, vor allem mit dem „Appell-Ohr" zu hören und jede Aussage primär als Anfrage zu verstehen. Andere reagieren stärker auf der Beziehungsebene, wieder Andere – oft scheinbar – „rein sachlich".

Alltägliche Begebenheiten können anschaulich werden lassen, wie unterschiedlich die Intention der Sprechenden und die Rezeption der Hörenden hinsichtlich der vier zu unterscheidenden Wahrnehmungsebenen sein können. Friedemann Schulz von Thun vermittelt am Beispiel einer kurzen Redesequenz bei einem Mittagessen, bei dem der Ehemann fragt: „Was ist das Grüne in der Soße?", und die Ehefrau antwortet: „Wenn es dir hier nicht schmeckt, kannst du ja woanders essen gehen", dass allein der Sachinhalt der Aussage („Da ist etwas Grünes in der Soße") in der gesendeten und der empfangenen Nachricht übereinstimmen. Auf der Ebene der „Selbstoffenbarung" geschieht aus Sicht des Sprechenden die Aussage: „Ich weiß nicht, was es ist", während die Hörende als Aussageintention wahrnimmt: „Mir schmeckt das nicht." Auf der Beziehungsebene kann dieselbe Aussage die Anerkenntnis der Kompetenz der Köchin oder deren Infragestellung bedeuten. Entsprechend unterschiedlich ist der von den Hörenden aufgenommene Appell, entweder eine kundige Antwort auf die Frage zu geben oder in Zukunft den Anlass für die gestellte Frage zu vermeiden. Meines Erachtens zeigt eine solche beispielhafte Dialogsituation deutlich, dass das Gelingen oder Misslingen des Verstehens entscheidend von der Vertrautheit der Kommunizierenden miteinander abhängt. Die Tiefe der in sprachlicher und nicht-sprachlicher Weise gestalteten Beziehung, die Kenntnis der lebensgeschichtlichen Zusammenhänge einer Äußerung und die Bereitschaft zu einer wohlwollenden Interpretation des Gesagten nehmen auf die Wirkweise einer Aussage Einfluss. Das gesprochene Wort ist nicht ein-deutig, sondern vieldeutig wirksam.

1.2.3 Wirkung des Nonverbalen

Kurz möchte ich noch an das Zusammenwirken des gesprochenen Wortes mit den nonverbalen Äußerungen in einer Begegnung erinnern. Wir nehmen ein menschliches Gegenüber in seiner Gesamtgestalt wahr: mit den Gesten zu den Worten; mit der Kleidung, die ihn umgibt; mit dem Lebensraum, in dem wir uns befinden; mit der erinnerten und erwarteten Geschichte, die uns miteinander verbindet. Die gesamte leibhaftige Existenz wird als ein Wort, eine Aussage, eine Zusage, eine Anfrage, eine Bitte, ein Versprechen erfahren. Die wenigen vernehmbaren Laute, die wir sprechen, sind nur ein kleiner Teil der Äußerung, die wir selbst mit unserer Lebensgestalt sind. Alles, was im Gegenüber begegnet, ist Rede, Kunde, Verweis, Symbol: Zusammenfall eines äußeren Zeichens und einer inneren Wirklichkeit.

Zeichenhandlungen können mehr sagen, als in Worten gesagt werden kann. Es gibt Gesten in der leibhaftigen Existenz des Menschen, deren Klarheit, Dichte und Tiefe von keiner gesprochenen Silbe erreicht werden könnte. In den sakramentalen Zeichenhandlungen sind solche selbstsprechenden Gesten enthalten: Die Zeichenhandlungen des Untertauchens in sprudelndes Wasser, des Teilens der Gaben, der Salbung mit Öl und des Auflegens der Hände sprechen von reinigender Erneuerung, Stärkung, Wertschätzung und Sendung. Eine umfassende Erkenntnis der wahren Bedeutung der sakramentalen Zeichenhandlungen kann jedoch nur im deutenden Wort, das einen eindeutigen Zusammenhang zur Gründung dieser Feiern in der Geschichte der Glaubensgemeinschaft herstellt, geschehen.

2. Gottes Wesen

Mit wenigen Worten zu sagen, zu welcher bewährten Deutung des Wesens Gottes die christliche Glaubensgemeinschaft durch das

Wirken des Geistes Gottes hat finden können, ist nicht leicht. Das in menschliche Worte gefasste biblische Gotteszeugnis ist mit der gläubigen Antwort der Gottesfürchtigen auf die erfahrene geschichtliche Wirksamkeit dieses Gottes unlöslich verbunden. Diese Wirksamkeit fordert in unterschiedlichen Zeiten immer wieder dazu heraus, auf der Suche nach der Gegenwart dieses bestimmten Gottes zu bleiben, der oft so fern scheint, so unnahbar, so fremd und auch so gefährlich. Israel und die christliche Glaubensgemeinschaft haben das Vertrauen nicht preisgegeben, dass Gott dieser eine und bestimmte ist, auch wenn er sich in je anderer Weise kundtut.

2.1 Ursprung

Dieser eine, in aller Verworrenheit der geschichtlichen Gottesoffenbarung doch auch erkennbare Gott ist Ursprung von allem, was ist. Er ist der Grund (principium) alles Geschöpflichen, nicht bloß sein Beginn (initium). Die schöpfungstheologische Frage nach dem Anfang von allem, was ist, sucht nicht nur nach einem Verständnis des zeitlichen Beginns von etwas, sie verlangt vielmehr nach einem tieferen Verstehen des Grundes von allem, was ist. Der Sinn des Gegebenen soll sich erschließen. Ohne den Einbezug der Frage, ob dem Vorhandenen eine Zukunft verheißen ist, lässt sich dieser Sinn nicht beschreiben. Die Fragen nach Anfang und Ende, Ursprung und Ziel, Woher und Wohin haben einen inneren Zusammenhang: Gott, der alles ins Dasein gesetzt hat, ist der Grund der Hoffnung auf den Bestand des Gewordenen. Die Schöpfungstheologie möchte eine Antwort geben auf die Frage, warum überhaupt etwas ist und nicht nichts. Sie spricht Gottes Wort nach, das in Christus Jesus Menschengestalt annahm. Es lautet: Ich bin der Erste und der Letzte, Alpha und Omega (vgl. Jes 41,4; 44,6; 48,12; Offb 1,8; 21,6); ich werde vollenden, was ich begonnen habe.

Die Rede von der Einheit Gottes spricht nicht von Zahlenverhältnissen, wie sie innerhalb des Geschöpflichen bestehen. Die Eins steht nicht wie die nachfolgenden Zahlen in einer Zählreihe, bei der die Glieder sich nicht anders unterscheiden als graduell, dem Maß nach. Gott ist seinem Wesen nach der Andere, der Eine. „Einer" ist Gott im Sinne der Unterschiedenheit von allem Wandelbaren, Vergänglichen, Trügerischen. Gott ist der bleibende Ursprung von allem, was ist. „Einer" ist Gott in seiner Selbstentschiedenheit zur Liebe, zur Teilgabe an seinem Leben, das er auch denen nicht entzieht, die seiner Gemeinschaft entkommen möchten und gemeinschaftsbrüchig leben. Der eine Ursprung, der lebendige Gott, gibt all denen Anteil an seinem Leben, die sich dieser Gestalt der Liebe nicht entziehen, einer Liebe, die auch in der Widerwärtigkeit der Sünde noch treu bleibt. Allen, die sich dieser göttlichen Gemeinschaftswilligkeit nicht auf immer verschließen, schenkt Gott Leben in Fülle in Zeit und Ewigkeit.

Als „vierohrig" hörender Mensch steht der Hörer des Wortes Gottes in einer anderen Gestalt des Dialogs, als er zwischen Geschöpfen geschieht. Der biblisch bezeugte Gott sagt sich selbst aus, er appelliert an die Geschöpfe und gestaltet die Beziehung zu ihnen; eine von ihm besprochene Wirklichkeit jedoch, die eigenständig wäre und ohne Gott Dasein hätte, besteht nach den Grundüberzeugungen der Schöpfungslehre nicht. Gottes Geist belebt alles, was da ist. Insofern „bespricht" Gott nie eine ihm fremde Wirklichkeit. Alles, was geschieht, hat nicht nur Bezug zu ihm, es ist vielmehr in ihm gegründet, da Gott bejaht, dass geschehen kann, was geschieht. Selbst das von Geschöpfen in ihrer Freiheit getane Böse kann nur geschehen, weil Gott es in der Gewissheit, alle Not wenden zu können, zulassend erträgt.

2.2 Weg

Die christliche Glaubensgemeinschaft bekennt ihr Vertrauen darauf, dass dieser eine Gott nicht im Verborgenen leben will, vielmehr die Entscheide seiner Liebe und darin den Sinn des Daseins des Nichtgöttlichen kundmachen wollte. Gott möchte die Nacht der Fragen im Leben der Geschöpfe erhellen; er möchte Licht bringen in das Dunkel der existentiellen Fragen, die die alten menschenverbindenden Fragen sind: Woher kommen wir und wohin gehen wir? Wie sind wir geworden, die wir sind? Wer nimmt uns an und bejaht uns in der begegnenden Gestalt? Was bleibt von all dem, was wir in der Zeit wirken? Wandelt sich das Dasein der Anderen durch unsere Existenz?

Das Wort, das „im Anfang" schon war, ist jenes Wort, das Gott immer schon sagen möchte. Dieses Wort Gottes, das von seinem Wesen nicht loszulösen ist, ist ein das Dasein erhellendes Wort. Es ist ein Wort der Bejahung, der Gutheißung, der Annahme, der Lossprechung von der Möglichkeit des Todes im Angesicht der Sünde. Christen bekennen gemeinsam ihr gläubiges Vertrauen, dass in der Gestalt des Menschen Jesus von Nazaret Gottes eigenes Wort ertönt. Dieses Wort ist eine Zusage Gottes, die lautet: „Du Mensch sollst sein. Auch die anderen Geschöpfe sollen sein. Ich habe sie erschaffen. Achte auf sie und schädige niemanden. Und wisse, dass ich dich auch dann nicht fallen lasse, wenn du es tust. Vertraue darauf!" In eindrücklicher Weise formuliert der Titusbrief die christliche Grundüberzeugung von der Erlösung der Schöpfung durch Gottes Handeln in Christus Jesus: „Als (…) die Güte und Menschenliebe Gottes, unseres Retters, erschien, hat er uns gerettet – nicht weil wir Werke vollbracht hätten, die uns gerecht machen können, sondern aufgrund seines Erbarmens – durch das Bad der Wiedergeburt und der Erneuerung im Heiligen Geist" (Tit 3,4f.)[9]. Der Titusbrief bindet unsere Rettung, unsere Erlösung, an das Erscheinen der Güte und Menschenliebe Gottes in Christus Jesus. In dieser Menschengestalt macht Gott selbst in Zeit und Geschichte eschatologisch endgültig, verlässlich, untrüglich und unverbrüchlich offenbar, dass seine Zuwendung nicht die Belohnung für eine menschliche Guttat ist, sondern in Gottes eigenem Wesen begründet ist. Gott bleibt seiner Schöpfung auch dann noch liebevoll zugewandt, wenn diese sich von ihm abkehrt. Das in den biblischen Texten mehrfach überlieferte innere Ringen Gottes um seine Treue in der Liebe auch zu den Sünderinnen und Sündern (vgl. bes. Hos 11,1–9; Jes 54,1–10; Jer 31,20) ist in seinem Ausgang nicht mehr ungewiss: Gott spricht sein entschiedenes Ja auch zu denen, die in der Tötung des Gottessohnes das Nein zu Gottes Liebe in tiefster Tiefe erfahren lassen. Die theologische Tradition denkt seit langem den Gedanken, dass Gott nur dann recht getan hat mit seiner Erschaffung der immer auch zur Sünde versuchten Menschheit, wenn er einen Weg weiß, diese sündige Schöpfung auch zu erlösen, sie zu vollenden. Der Weg der Erlösung ist Gottes unverbrüchliche Bundeswilligkeit, die er in der Fülle der Zeit in Christus Jesus hat erscheinen lassen, damit alle Geschöpfe Vertrauen fassen können.

Auch in dem für die christliche Glaubensgemeinschaft bleibend gültigen Wort der Weisung, in Gottes Tora, die fordert, das Lebens- und Daseinsrecht der Mitlebenden unbedingt zu achten, geht der Indikativ der Gemeinschaftszusage Gottes, seine Selbstverpflichtung zur Bundestreue, dem Imperativ der Gebote voraus (vgl. Dtn 5,6; Ex 20,2). Gott sagt sich als der mitgehende und mitseiende Gott zu. An allen Orten und in allen Zeiten will er als Freund des Lebens erkannt sein. Alle Geschöpfe sollen leben können. Gottes Ja gilt auch den Fremden, den Unfreien, den Armen und den Schwachen. Seine Gebote schützen ihr Leben. Mit Israel hält die christliche Glaubensgemeinschaft daran fest, dass Gottes Weisungswort unbedingte Gültigkeit hat, das Gesetz also nicht aufgehoben ist. Gottes Tora ist die Weisung, das Leben der Mitlebenden unbe-

---

[9] Vgl. dazu aus jüngerer Zeit: *Th. Söding*, Gottes Menschenfreundlichkeit. Eine exegetische Meditation von Titus 3, in: GuL 71. 1998, 410–422.

dingt zu schützen: die Alten vor dem Vergessen und vor der sozialen Not; niemand soll gemordet werden; das Versprechen der liebevollen Sorge der Vertrauten füreinander soll Bestand haben; niemand soll durch eine Falschaussage vor Gericht um sein Leben bangen müssen. Mitmenschliche Gerechtigkeit soll unter den Geschöpfen im dankbaren Wissen um Gottes Ja zu allen Gestalten des geschöpflichen Lebens sein.

2.3 Sinn

Gott ist Ursprung, Weg und Sinn des Lebens. Die menschliche Suche nach dem befreienden Wort Gottes und das Angebot der Verheißung einer sich bewährenden Antwort geschieht in Gottes Geist. Gottes Geist bewegt die Herzen der Menschen, wenn sie sich auf die Suche nach einer Antwort auf die Fragen des Daseins machen. Immer dann, wenn eine wirkliche Wende der Not geschieht, wenn Rache der Versöhnung weicht, Gegner sich die Hände reichen, Feinde wieder miteinander sprechen, Fremde einander achten und Völker Frieden schließen, ist Gottes Geist wirksam.

Das Bekenntnis zum Heiligen Geist, der lebendig macht, ist ein Bekenntnis zur Göttlichkeit des Geistes. Allein der lebendige Gott kann Erstarrtes wieder beleben und Totes zu neuem Leben erwecken. Der biblische Sinn der Rede vom „Leben" lässt sich durch Hinweise auf jene Faktoren beschreiben, die das Leben behindern. Zu diesen zählt gewiss auch der physische Tod, dieser ist aber nicht die einzige Bedrohung des Lebens. Als „tot" erfahren sich vielmehr auch jene, die keine Hoffnung mehr haben, die Kinderlosen, die Einsamen und die, die ungewollt in der Fremde leben müssen. Leben meint mehr und anderes als bloßes Existieren. Das wahre Leben ist nur dort, wo Freude herrscht, wo Tatkraft spürbar ist, wo Zuversicht erkennbar wird, wo Menschen in Sicherheit wohnen und wo Kinderlachen das Haus erfüllt. Der Sinn des Lebens bestimmt sich nicht allein von der Dauer des Lebens her. Erst die Qualifizierung der Existenz als ein friedvolles und frohes Dasein berechtigt dazu, im eigentlichen Sinn von „Leben" zu sprechen.

Das hebräische Wort für Geist ist *ruach*, dessen Grundbedeutung „bewegte Luft" ist. Diese Sinnbestimmung ließ das Wort geeignet erscheinen, das lebenschaffende und lebenerhaltende Wirken Gottes zu beschreiben. Lebendig machende „bewegte Luft" wird zum einen im Atem (im Lebensodem) erfahren, zum anderen in den Wirkungen des „Windes". Ausgehend von beiden Bildworten (Atem und Wind), lassen sich spezifische Erkenntnisse darüber gewinnen, in welcher Weise Gottes Geist lebendig macht: Alles, was atmet, lebt. In der theologischen Frauenforschung[10] wird der exegetischen Erkenntnis besondere Beachtung geschenkt, dass *ruach* (anders als *nefesch* und *neschamah*) weniger den ruhigen, den normalen Atem meint, sondern vielmehr ein heftiges, erregtes „Schnauben", wie es in unserer Erfahrungswelt vor allem in zwei Situationen vorkommt: bei sexueller Erregung und im Vorgang des Gebärens. Gemeinsam ist diesen beiden Situationen, dass Menschen in ihnen Freude am Leben erfahren – auch noch im Schmerz der Geburtswehen, die in der freudigen Erwartung eines lebendigen Wesens angenommen werden. Menschen ringen im heftigen Atmen darum, erfülltes Leben als Geschenk zu erhalten und zugleich anderen ein solches Leben zu ermöglichen.

Bei der Verwendung des Wortes *ruach* zur Bezeichnung des Windes gilt es eine Besonderheit zu beachten. Als ein weibliches Nomen wird *ruach* vor allem dann verwendet, wenn es die feuchten Westwinde bezeichnet, die vom Mittelmeer kommen und im Land Israel für jenen ersehnten Regen sorgen, der das Korn und die Früchte wachsen lässt und dadurch Leben ermöglicht. Mit *ruach* – dann zumeist männlich – kann aber auch der trockene Ostwind aus der Wüste Araba gemeint sein, der die Ernte vernichtet; *ruach* ist dann ein Bildwort für Gottes Gericht. Diese Beobachtung der Ambivalenz der Rede vom Wind macht zum einen (formal) darauf aufmerksam, dass Bildworte erst in ihren jeweiligen Kontexten im gemeinten Sinn verstanden werden können. Die Bedeutung der in der Bibel verwendeten Metaphern erschließt sich erst im interaktiven Kommunikationsgeschehen zwischen den Menschen, die ihre Gotteserfahrungen damals ins (Bild-)Wort brachten, und denen, die in ihrer jeweiligen Vorstellungswelt dem Gesagten heute Bedeutung geben.[11] Zum anderen wird (inhaltlich) deutlich, dass die biblischen Schriften einen Gott verkündigen, der all jene vor sein Gericht lädt, die anderen ihre Lebensmöglichkeiten beschneiden. Gottes Ostwinde kommen zum Gericht über die Reichen und Satten, die die Armen und Hungrigen nicht an den Gütern des Lebens teilhaben lassen.

Die neutestamentlichen Schriften greifen diese Sinnbestimmung der Rede von der Leben stiftenden Wirkung des Geistes auf. Gottes Geist, der Jesus erfüllt, ist jener Geist, der ihn zu den Armen, den Entrechteten, den Gefangenen, den Kranken und den Hungernden

---

[10] Vgl. Die Weiblichkeit des Heiligen Geistes. Studien zur Feministischen Theologie. Hg. v. E. Moltmann-Wendel. Gütersloh 1995.
[11] Vgl. *E. Zenger*, Am Fuß des Sinai. Gottesbilder des Ersten Testaments. Düsseldorf 1993, bes. 85–132.

treibt, um ihnen neu das Leben zu schenken (vgl. Lk 4,16–30). Daneben finden sich frühe neutestamentliche Texte, in denen die Auferweckung und Erhöhung Jesu Christi als Tat des Geistes Gottes gepriesen ist (vgl. Röm 1,3f.). Der „letzte Adam", der auferweckte neue Mensch, ist lebendig machender Geist (vgl. 1 Kor 15,45). Nach dem Zeugnis des Johannes-Evangeliums kommt der Auferstandene in den Kreis seiner Jünger, haucht sie an und sagt: „Empfangt den Heiligen Geist" (Joh 20,22). Den Geistbegabten wird aufgetragen, Sünden zu vergeben, für Versöhnung und Gerechtigkeit unter den Menschen zu sorgen, den Gemeinschaftsbruch unter den Menschen anzuklagen und neue Verbundenheit zu stiften.

Kraft der Wirksamkeit des Geistes bleibt das geschichtlich erfahrene Handeln Gottes, Gottes Bejahung der sündigen Schöpfung, wirksam im Gedächtnis. Im Sinne des Johannes-Evangeliums ist es, den Heiligen Geist als den „Erinnerer" zu bekennen: Der von Christus Jesus vor seinem Abschied herbeigerufene „Anwalt" seiner Sendung „erinnert" bis heute an all das, was Jesus gesagt und getan hat. „Erinnerung" meint zum einen „vergegenwärtigendes Gedächtnis" und zum anderen „erschließende Deutung". Die Entstehung der biblischen Schriften ist einzubinden in den geistgewirkten Gesamtprozess der Konstitution, des Erhaltes und der Erneuerung der gottesgläubigen Gemeinde. Die Deutung geschichtlicher Ereignisse als Wirken Gottes gelingt in der Kraft des Geistes. Die Traditionsbildung vor der Formung der schriftlichen Überlieferung geschieht in einer Gemeinschaft geistbegabter Menschen. Die Schrifttexte sind die immer auch zeitbedingte Weise der Versprachlichung einer Erfahrung, die angesichts ihrer gottgewirkten Ursprünglichkeit Normativität für den Glauben der Gemeinschaft beanspruchen kann. Die in jeder Zeit erforderliche, erinnernde Vergegenwärtigung des normativen Anfangs ist Gabe des Geistes, der in der Glaubensgemeinschaft bleibend wirksam ist.

Gottes Wesen ist es, Kunde der Bejahung des Lebens zu sein – darin ist er der eine und derselbe in Treue zu sich; Gott ist Kunde, Gott ist Wort von sich und seiner versöhnungsbereiten Liebe; Gott ist das Ja noch zu allen, die sich im Nein zur Liebe ihm und einander verweigern. Und dieses Wort, das Gott selbst ist, will gehört sein. In welcher Weise geschieht die Gegenwart des Wortes Gottes, die Selbstkunde Gottes? Wie lassen sich die sprach- und kommunikationswissenschaftlichen Erkenntnisse in diese theologischen Überlegungen einbringen?

3. Gottes Gegenwart im wirkenden Wort

3.1 Repräsentation des Wortes Gottes in den Worten der Menschen

Alle Formen der wirksamen Gegenwärtigung Gottes, die im Raum der Glaubensgemeinschaft geschehen, sind – mit Austin und Searle gesprochen – als „Repräsentativa" zu verstehen: Die Welt, die Wirklichkeit, von der sie handeln, sie besteht bereits – auch ohne ihre Darstellung, ihre Äußerung, ihre Verkündigung. Auch das sakramentale Wortgeschehen ist bloßer Widerschein einer extra nos – außerhalb der geschöpflichen Verfügung – gegründeten Wirklichkeit, die Gott selbst ist.

Am Beispiel der Wirksamkeit der Feier der Taufe lässt sich zunächst zeigen, dass alle fünf Formen von Sprachhandlungen, die Searle unterscheidet, darin Bedeutung gewinnen: Die im Glauben gewisse, bereits eröffnete Welt erlösten Lebens wird in Zeichenhandlungen und mit Worten repräsentiert. Die Tauffeier hat wie jede liturgische Versammlung Memoria-Charakter. Der Katechumene (und mit ihm die versammelte Gemeinde) wird aufgefordert, die Welt so zu gestalten, wie es der Worthandlung entspricht: durch eine neue Weise, gemeinschaftstreu zu leben. Die Tauffeier hat daher direktiven Charakter. Im lobpreisenden Dank bringt die Gemeinde ihren Glauben zum Ausdruck, dass die von den Worten besprochene Welt, Gottes Leben stiftendes Dasein, sie umfängt. Die Tauffeier ist somit ein Expressivum. Auch deklarativ wirkt die Feier der Taufe: Die Kirche erklärt in der Öffentlichkeit die Aufnahme eines Menschen in ihre Gemeinschaft, der sich zum christlichen Glauben bekennt. Das Hören vom Glauben der Gemeinschaft stärkt den Glauben der noch Zweifelnden. Die Taufe ist zudem ein Versprechen, ein Kommissivum. Alle Sakramente haben eschatologische Dimension; sie sind Anbruch der Ewigkeit in der Zeit. Die Sprechenden (die Gemeinschaft der Glaubenden und stellvertretend für sie der Taufende) versprechen, dass die Welt einmal ihren Worten entsprechen wird: „Tod wird nicht mehr sein, keine Trauer, keine Klage, keine Mühsal. Denn was früher war, ist vergangen" (Offb 21, 4).

Doch diese erste Antwort, der Aufweis vom Vorkommen aller Sprachhandlungstypen, genügt noch nicht, um die Wirksamkeit des liturgischen Geschehens angemessen zu beschreiben. Beim zweiten Hinsehen wird nämlich erkennbar, dass ein gemeinsamer Grundzug die Weise kennzeichnet, wie in der Taufe Repräsentation, Expression, Direktion, Kommission und Deklaration geschehen. Die erinnernd-repräsentierte und im Lobpreis besungene Welt kann nicht vorgezeigt werden. Die Aufforderung, das eigene

Leben für andere hinzugeben, es zu verlieren, um es zu gewinnen, erscheint vielen als Torheit. Die Gemeinde gibt ein Versprechen (Leben ohne Sünde und ohne Tod), das sie selbst nicht einlösen kann. Die deklarierte Aufnahme in die Gemeinschaft der Erlösten steht in einer Spannung zur konkret begegnenden Gemeindewirklichkeit.

Wie lassen sich solche Beobachtungen in die Überlegungen einbeziehen? Sie führen meines Erachtens dazu, als verbindende Dimension der Illokutionen der Gemeinde eine spezifische Form der Repräsentation anzunehmen: das Zeugnis.[12] Die Gemeinde legt ein Bekenntnis ab. Sie bezeugt, dass sie Gottes Verheißung (promissio), Gottes Versprechen vertraut, das Gott in seinem Logos, in Christus Jesus, der Schöpfung gegeben hat und das Gott allein einlösen kann und einlösen wird. Die Zeichenhandlungen und die Worthandlungen in der liturgischen Feier haben den Charakter eines Zeugnisses: Sie sind ein Martyrium im eigentlichen Sinn.

Vier Kennzeichen gehören zum Wesen des Zeugnisses[13]: (1) Das Zeugnis eröffnet ansonsten Verborgenes; es bezieht sich auf eine Wirklichkeit, die nicht jedem und jeder zugänglich ist. Einzelne Menschen begegnen für sie Wahrem und wollen an diesem Geschehen teilhaben lassen. Das Zeugnis setzt Gedächtnis voraus. Das Zeugnis ist primär auf geschichtlich Vorgekommenes bezogen, das erinnernd vergegenwärtigt werden kann. Wie das Gedächtnis, so ist das Zeugnis ein lebendiger Widerspruch gegen den folgenlos bleibenden Strom der Zeit. (2) Das Zeugnis erinnert Vergangenes um der Zukunft willen; sein Sinn ist es, dem Erlebten und Gelebten bleibende Bedeutsamkeit zu sichern. Das Zeugnis ist das in der Gegenwart für die Zukunft Sorge tragende Gedächtnis. Ein Gotteszeugnis ist Gedächtnis Gottes, das aus Sorge um die Zukunft der Gemeinschaft geschieht. (3) Die bezeugte Einsicht drängt sich auf; die Erfahrung der Zeugen ist es, die Gültigkeit des Bezeugten nicht allein mit der eigenen Einsicht begründen zu können. Zeugen erfahren sich eingefordert von dem, was sich ihnen zeigt. (4) Das Zeugnis ist angewiesen auf die Bereitschaft von Menschen, sich vor Anderen vermittelnd zu äußern. Das Zeugnis hat immer Wortcharakter: Es ist die Aussage einer Person, die einen Dialog beginnt und Antwort erwartet; in seinem Wort-Charakter leuchtet die unvertretbare Subjektivität des Zeugnisses auf. Das zeugnisgebende

---

[12] Die lutherischen Bekenntnisschriften bezeichnen die Sakramente als „testimonia voluntatis Dei erga nos" (CA 13,1), die Gott mit einer „promissio gratiae" (ApolCA 13,3) versehen hat.
[13] Vgl. *K. Hemmerle*, Wahrheit und Zeugnis, in: Theologie als Wissenschaft. Methodische Zugänge. Hg. v. B. Casper u. a. Freiburg/Br. 1970, 54–72.

Wort des Menschen muss nicht aus gesprochenen Silben bestehen, entscheidend ist der Aspekt der unvertretbaren, personalen Aussage über die Gegebenheit einer Wahrnehmung; eine solche Aussage ist möglich auch „in der Gebärde, im Schrei, im Lied, im Tun, im Werk, im Schweigen, in der Liebe, im Tod"[14].

Die kirchlichen Grundvollzüge der Martyria, Leiturgia und Diakonia gehören engstens zusammen und sind ineinander verwoben: Das Zeugnis geschieht in der Feier der Verkündigung von Gottes Wort in Menschenworten und in der selbstsprechenden Tat der Liebe; das gottesdienstliche Gedächtnis Jesu macht Mut zur tätigen Nachfolge in seinem menschennahen Gottesdienst; das lebenaufreibende Tatzeugnis findet immer wieder Trost in der Gewissheit der alle Not wendenden Zusage des befreienden Erbarmens Gottes. Die gesamte kirchliche Sendung ist Zeugnis für das Leben Gottes, Feier der Gegenwart Gottes und Handeln in Gottes Sinn.

3.2 In der liturgischen Feier

Eigentlich sollte die gottesgläubige Menschengemeinschaft immer nur eines sein: Zeugnis. Die Leiturgia ist gefeierte Antwort auf Gottes gesprochenes Wort, auf seine Gabe des Lebens, auf seine Bereitschaft zur Versöhnung mit den Sünderinnen und Sündern, auf seine Verheißung von Grund und Ziel des Daseins. Die Antwort der Glaubensgemeinschaft, in der Gottes Wort im Widerschein des Vertrauens seiner Geschöpfe als vertrauenswürdig gegenwärtig wird, geschieht im gesamten Leben in seiner konkreten Gestalt. Diese Antwort wird eindeutig und ausdrücklich, sinnlich erfahrbar, vernehmbar und einklagbar in der liturgischen Feier, in der bewussten Versammlung zu einer Gemeinschaft an einem Ort in der ausgesonderten Zeit. Die Deuteworte, die Menschen zu den sakramentalen Zeichenhandlungen sprechen, gewinnen ihre Bedeutung im Gesamtzusammenhang der liturgischen Feier.

Was ist die Eigenart der Wortverkündigung? Was unterscheidet sie von einer sakramentalen Zeichenhandlung? Im ökumenischen Gespräch zeichnen sich bei der Frage nach der Gemeinsamkeit und Unterschiedenheit von „Wort und Sakrament" seit längerem Annäherungen ab, die nicht zuletzt durch die Besinnung auf den Wort-Charakter auch der sakramentalen Zeichenhandlungen erreicht wurden. Karl Rahner[15] hat diesen Gedanken argumentativ

---

[14] Ebd. 66.
[15] Vgl. bes. *K. Rahner*, Wort und Eucharistie, in: *ders.*, Schriften zur Theologie Bd. 4: Neuere Schriften. Zürich u. a. ²1961, 313–355.

erschlossen: Auch die Sakramente sind Wort Gottes; ihre spezifische Wirksamkeit lässt sich durch ihre situative, lebensgeschichtliche, biographische Verortung bestimmen; das sakramentale Wort ist eng bezogen auf eine bestimmte Fragesituation der Menschen; es gibt eindeutige Antwort, verdichtete Kunde, die weniger stark durch die Offenheit der Hörsituation der Glaubensgemeinschaft mitbestimmt ist als manche Gestalt der Schriftauslegung, bei der die persönliche Deutung des Wortes Gottes bei den Sprechenden und den Hörenden eher individuell unterschiedlich ist als in den vertrauten und in ihrer Gottes-Kunde eindeutig erkennbaren sakramentalen Zeichenhandlungen.

Die sakramentale Zeichenhandlung wirkt anders als die Wortverkündigung – anders und nicht einfach weniger. Viel stärker spürbar ist die Zeugniskraft der nicht immer gleichen Worte. Die persönlichen Zugänge, die die Verkündiger und Verkündigerinnen des Wortes suchen, um Gottes Kunde den Menschen zu vergegenwärtigen, die personal-existentielle Dimension der Wortverkündigung und ihre Lebendigkeit durch ihre Bezüglichkeit zur Glaubensgeschichte der Sprechenden macht die Wortverkündigung zu einem unvergleichlich wertvollen Ort der Gegenwart Gottes im antwortenden Zeugnis der verkündigenden Glaubensgemeinschaft. Zum Verständnis der sakramentalen Deuteworte ist es unabdingbar, bereits anfanghaft mit der Beziehung vertraut zu sein, die der in den sakramentalen Zeichenhandlungen verkündigte Gott mit der Glaubensgemeinschaft lebt. Ohne die Verkündigung des Wortes Gottes, ohne die stets erneuerte Vergegenwärtigung der Geschichte der Glaubensgemeinschaft mit Gott, ohne das Erzählen von ihm, bliebe das Deutewort über die sakramentalen Zeichenhandlungen ohne jenen Zusammenhang, der Verstehen erschließt.

3.3 Gottes-Kunde angesichts der Lebensgeschichten der Sprechenden und Hörenden

Jürgen Werbick[16] brachte Überlegungen in die systematische Gotteslehre ein, die in der religionspädagogischen Diskussion[17] verwurzelt sind: Werbick weist darauf hin, dass die persönliche Gläubigkeit eine Geschichte hat. Der Glaube hat biographische Struktur

---

[16] Vgl. *J. Werbick*, Lebensgeschichte als Glaubensgeschichte. Zur biographischen Struktur des konkreten Glaubens, in: Lernorte des Glaubens. Glaubensvermittlung unter den Bedingungen der Gegenwart. Hg. v. W. Simon – M. Delgado. Berlin – Hildesheim 1991, 23–43.

[17] Vgl. *R. Englert*, Glaubensgeschichte und Bildungsprozeß. Versuch einer religionspädagogischen Kairologie. München 1985.

und ist Antwort auf die Lebensgeschichte. Diese Antwort setzt ein Hören des Wortes, in dem Gott von sich selbst Kunde gibt, voraus. Höre ich als Gottes Wort sein Sich-selbst-Versprechen, seine Zu-Sage, bedingungslos da zu sein, dann brauche ich vor ihm mein Leben nicht als eine Siegesgeschichte zu erzählen. Werbick fasst den Gehalt des göttlichen Sich-selbst-Versprechens in folgende Worte: Es ist „ein Versprechen, das gegen die Verneinung des Menschen durch das unabwendbare Unglück, gegen sein Gleichgültigwerden im alles einebnenden und vergessen machenden Ablauf der Dinge ‚anspricht'; ein Versprechen gegen das ‚Nichts', die Leere, in die wir ‚hineingehalten' sind."[18]

Kann Gott das Versprechen, das er uns gibt, halten? Ist er immer bedingungslos da? Wir leben in einer Zeit, in der Bücher, die vorgeben, über Gottes Biographie Aufschluss geben zu können, gerne gelesen werden. Das biographische Erzählen hat den ureigensten Raum der Theo-logie erobert: die Rede von Gott, von Gottes Leben. Es scheint so, dass für Menschen von heute ein Gott, in dessen Leben auch nicht alles so lief, wie er sich das vorstellte, sympathisch wirkt. Von Gottes Schwächen, von seinen Gefühlen, von seinem Ringen mit dem ihm unverhofft Widerfahrenen zu hören, das lässt Vertrauen fassen in ihn. „Starke", „unwandelbare", „allmächtige", „ewige" Götter sind gegenwärtig – auch in theologischen Kreisen – weniger gefragt. In dieser Verkündigungssituation, in der die tiefe Betroffenheit gottesgläubiger Menschen über die unbegreiflichen leidvollen Widerfahrnisse im eigenen Leben Geltung beansprucht, ist es meines Erachtens wichtig, das Bekenntnis zum „ewigen" Gott als ein Bekenntnis zur Mächtigkeit Gottes, Zeit zu gewähren, Zeit zu wandeln und Zeit zu vollenden, nahe zu bringen.

Die theologische Rede von der Erschaffung „im Anfang" der Zeiten bespricht Gottes Gottsein als Gewähr von Zeit. Gott ist Geber und Quelle von allem, was ist. Gottes bejahende Gutheißung erwartet das Werdende. Die Zeit ist den Geschöpfen mitgegeben mit ihrem Dasein in Gestalt der Lebenszeit. Gott möchte sich nicht selbst erschöpfen in seinem seligen Leben. Er gewährt Zeit in seiner tätigen Willigkeit, überhaupt etwas an seinem Leben teilhaben zu lassen.

Der ewige Gott weiß immer schon um die Möglichkeit und um die Wirklichkeit der Macht der Sünde, die von den Zeitlichen in der ihnen geschenkten Freiheit getan wird. Gott ist immer schon

---

[18] Werbick, Lebensgeschichte als Glaubensgeschichte (wie Anm. 16) 33. Werbick formuliert seine Gedanken im Anschluss an P. Sloterdijk, Eurotaoismus. Zur Kritik der politischen Kinetik. Frankfurt/M. 1989.

entschieden für das Leben der Erlösungsbedürftigen. Sein Vorauswissen und seine Vorsehung machen die Geschöpfe nicht unfrei. Gott wird gewahr, was in Freiheit geschieht. Die in der Fülle der Zeit geschehende Erlösung von der Möglichkeit der Nichtigkeit der Zeitlichen geschieht in dem ewig-einen Augenblick, da Gott sich entschließt, die Gemeinschaftsbrüchigen, die zur Beziehung Unwilligen, die Selbstbezogenen, die In-sich-Verkrümmten, die Sünderinnen und Sünder mit der Gabe des Lebens zu beschenken.

Der ewig-eine Augenblick, da Gott sich selbst erkennt als einen unverbrüchlich Gemeinschaftstreuen, als einen unbeirrbar Bejahenden ist die Fülle der Zeit, in der Erlösung von der Möglichkeit des Ausschlusses des sündigen Lebens aus Gottes Gemeinschaft geschieht. „Als die Zeit erfüllt war, sandte Gott seinen Sohn" (Gal 4,4). Jesus hat in seiner Lebenszeit Gottes Entschiedenheit für das Daseinsrecht auch der Sünderinnen und Sünder sinnlich – sichtbar und hörbar – zur Erscheinung gebracht.

Gott ist als der Grund des Zeitlichen auch das Ziel des Zeitlichen. „Am Ende" geschieht Ankunft, Heimkehr, Versöhnung, Vollendung, Erfüllung. Die Lebenszeit ist die von Gott gewährte Zeitspanne, in der werden soll, was dann immer ist: Zutrauen zur Liebe, Erweis der Tragfähigkeit der Rede von der Möglichkeit, sich selbst zu finden, wenn wir uns aneinander verlieren; Erweis der Gültigkeit der Rede von der erlösenden Preisgabe des Lebens aus Liebe zueinander.

Ich schließe mit einem Gedicht von Ingeborg Bachmann[19]:

Ihr Worte, auf, mir nach!,
und sind wir auch schon weiter,
zu weit gegangen, geht's noch einmal
weiter, zu keinem Ende geht's.

Es hellt nicht auf.

Das Wort
wird doch nur
andre Worte nach sich ziehn,
Satz den Satz.
So möchte Welt,
endgültig,

---

[19] Vgl. *I. Bachmann*, Werke, Bd. 1. München 1978, 162 f.

sich aufdrängen,
schon gesagt sein.
Sagt sie nicht.

Worte, mir nach,
daß nicht endgültig wird
– nicht diese Wortbegier
und Spruch auf Widerspruch!

Laßt eine Weile jetzt
keins der Gefühle sprechen,
den Muskel Herz
sich anders üben.

Laßt, sag ich, laßt.

Ins höchste Ohr nicht,
nichts sag ich, geflüstert,
zum Tod fall dir nichts ein,
laß, und mir nach, nicht mild
noch bitterlich,
nicht trostreich,
ohne Trost
bezeichnend nicht,
so auch nicht zeichenlos –

Und nur nicht dies: das Bild
im Staubgespinnst, leeres Geroll
von Silben, Sterbenswörter.
Kein Sterbenswort,
Ihr Worte!

Vielleicht spricht die Dichterin Klemens Richter aus dem Herzen. Seine Lebensgeschichte lässt den Ruf der Dichterin laut werden: Zum Tod falle uns nichts ein, kein Sterbenswort, kein falscher Trost. Wenn Menschen, die den Tod mitten im Leben erleiden, dennoch künden von Gottes Wort – in der Klage, im Wehruf, im Zweifel noch –, dann ist dies eine wahre, eine verwandelnde Gestalt des Zeugnisses für die Gegenwart des lebendigen Gottes, der den Toten das Leben bewahren wird.

Feierformen, gottesdienstliche Elemente, Handlungsvollzüge
– Liturgiewissenschaftliche Perspektiven –

Dem Wort Gottes Gestalt geben
Heutige Anfragen an tradierte Formen des Wortgottesdienstes

Von Albert Gerhards, Bonn

Rose Ausländer: Das Wort

„Am Anfang
war das Wort
und das Wort
war bei Gott"

Und Gott gab uns
das Wort
und wir wohnen
im Wort

Und das Wort ist
unser Traum
und der Traum ist
unser Leben

Das Gedicht der aus der Bukowina stammenden deutsch-jüdischen Dichterin Rosalie Beatrice Scherzer (1901–1988), die nach ihrer Scheidung den ihr Lebensschicksal kennzeichnenden Namen Rose Ausländer beibehielt, stammt aus ihren letzten, im Düsseldorfer Nelly-Sachs-Haus der jüdischen Gemeinde verbrachten, von Krankheit gezeichneten Lebensjahren.[1] Mit dem Zitat aus Joh 1,1 leitet das Gedicht den Blick auf die Existenzform vieler jüdischer Menschen des 20. Jahrhunderts. Anders als im Evangelium steht hier nicht „das Wort hat unter uns gewohnt", sondern: „wir wohnen im Wort". Gottes Weisung, die Tora, ist dem jüdischen Menschen nicht nur aufs Herz geschrieben, wie es im Sch^{e}ma Israel, dem jüdischen Glaubensbekenntnis, heißt (Dtn 6,6). Vielmehr wird sie ihm nach den Worten des Gedichts gleichsam zur Arche, zur sicheren Zuflucht in Zeiten des Unheils und der Not. Der Traum im dritten

---

[1] *R. Ausländer*, Sieben neue Tage. Gedichte und Prosa. Mit einem Nachwort hg. v. I. Sänger. Berlin 1990, 222.

Abschnitt des Gedichts könnte das Verheißungswort vom friedvollen Wohnen im Gelobten Land sein – ein ambivalenter Traum, wie wir aus den fünfzig Jahren der Existenz des Staates Israel wissen. Aber es geht um mehr als um Topographie: Jüdische Identität ist wesentlich „Wohnen im Wort". Dies war vielleicht die entscheidende Voraussetzung für das Überleben des Judentums überhaupt. Und die Christen? Zwar heißt es weiter unten im vierten Evangelium „und das Wort ist Fleisch geworden und hat unter uns gewohnt" (Joh 1,14), aber die Vergegenwärtigung des auferstandenen und erhöhten Herrn in seiner Gemeinde – gerade auch die eucharistische – ist vermittelt durch das Wort: das Wort des erzählenden Gedenkens (Anamnese) und das Wort des bittenden Herbeirufens (Epiklese).[2]

1. Der Fragehorizont

Die folgenden Ausführungen reflektieren heutige Praxis des Wortgottesdienstes[3] vor dem Hintergrund der Geschichte. Als kritisches Moment gilt dabei das Kriterium der „anthropologischen Wende": „Die anthropologische Wende der Theologie rückt die Lebenserfahrung des Menschen in den Blick. Erfahrung als interpretiertes Erlebnis kann zu einem möglichen Ort der Erfahrung Gottes werden"[4]. Damit ist ein dialogisches Kommunikationsmodell vorausgesetzt, das sich jedoch von den gängigen Modellen zwischenmenschlicher Kommunikation unterscheidet.[5] Gottesdienst „insze-

---

[2] Die Gewissheit der Wirkung, das Prinzip *ex opere operato*, ist ja gebunden an die Verheißung der bleibenden Gegenwart (vgl. Mt 28,20 und Joh 14,26) und damit an das Wort. Zur Differenzerfahrung bei der Vermittlung vgl. auch: *A. Schilson*, Negative Theologie? Über die liturgische Erfahrung der Verborgenheit des nahen Gottes, in: LJ 50. 2000, 235–250, bes. 238–242: „Vermittelte und gebrochene Gegenwart Gottes als Grundstruktur der Liturgie".

[3] Zur Terminologie: Wortgottesdienst wird hier im umfassenden Sinn verwendet sowohl für die *liturgia verbi* in Unterscheidung zur *liturgia eucharistica* der Messe als auch für die unterschiedlichen Gestalten selbständiger Wortgottesdienste, heute in der Regel als Wort-Gottes-Feiern bezeichnet; vgl. *B. Kirchgessner*, Gottes Wort: gefeiert, verkündet und in Zeichen gedeutet. Die sonntägliche Wort-Gottes-Feier im Kontext der theologischen Disziplinen, in: HlD 54. 2000, 181–192.

[4] *A. Gerhards – A. Odenthal*, Auf dem Weg zu einer Liturgiewissenschaft im Dialog. Thesen zur wissenschaftstheoretischen Standortbestimmung, in: LJ 50. 2000, 41–53, hier 45.

[5] „In der Liturgie aktualisiert sich je neu der Bund zwischen Gott und Mensch, der ja nach der Schrift (berit, diatheke, foedus, testamentum) keine Partnerschaft unter Gleichen ist, freilich auch nicht einseitig nur Testament, nur Gabe, sondern dialogisches Geschehen zwischen Gott und Mensch, reale – nicht nur mentale – Repräsentation und Aktualisierung des Heilsmysteriums ...", so: *E. J. Lengeling*, Liturgie – ein Grundvollzug christlichen Lebens, in: *ders.*, Liturgie – Dialog zwischen Gott und Mensch. Hg. v. K. Richter. Altenberge 1988, 23–45, hier 28.

niert" einen gott-menschlichen Dialog, der aber als solcher unserem Zugriff entzogen bleibt. Es handelt sich um eine „symbolische Inszenierung".

In der neueren Theologie der römisch-katholischen Kirche ist die sakramentale Struktur des Wortes wieder in den Blick gekommen.[6] Die „Sakramentalität des Wortes" ist jedoch kein magisch funktionierender Automatismus, sondern beruht auf der personalen Freiheit des Sprechenden wie des Hörenden. Auch das göttliche Wort ist durch Menschen vermittelt (Lektor/in, Kantor/in, Prediger/in), deren Verkündigungsdienst im Sinne des persönlich verbürgten Zeugnisses für das Gelingen des gott-menschlichen Dialogs unumgänglich ist. Dabei erhält die Verkündigung ihre Wirklichkeitsdimension im Raum des Glaubens, wie er von der Kirche definiert ist. Die traditionellen Liturgien haben die Wortverkündigung durch Rezitationstöne objektiviert und damit weitgehend entpersonalisiert, um so auf den eigentlichen Sprecher zu verweisen. Die persönliche Glaubwürdigkeit der handelnden Personen und die rhetorische Angemessenheit des Verkündigungsaktes erhalten jedoch unter heutigen Bedingungen einen neuen Stellenwert, so dass der menschlichen Vermittlung im Akt der gläubigen Annahme durch den Rezipienten eine ungleich größere Bedeutung zuzumessen ist als in früheren Zeiten. Hier ist ein Spannungsmoment angesprochen, dessen Auflösung zur einen oder anderen Seite hin eine Versuchung ist, die aber der Sache nicht dient. Das banalisierende Missverständnis dessen, was mit „anthropologischer Wende" gemeint ist, führt in der volkssprachigen Liturgie allzu schnell zum „kirchlichen Wort-Durchfall".[7] Dagegen wurde kirchliche Liturgie auch in ihrer Wortgestalt stets rituell inszeniert. Reinhard Meßner hat zu Recht darauf hingewiesen: „Die anamnetische Verkündigung, die im Wortgottesdienst geschieht, ist symbolisches Geschehen, nicht thematisches Sprechen über ein mehr oder minder interessantes oder lebensrelevantes Thema. In ihm geschieht über die Information hinaus eine Transformation, eine Wandlung der Hörenden in das proklamierte Geschehen."[8] Allerdings scheint auch

---

[6] Vgl. M. Figura, Zur Sakramentalität des Wortes Gottes, in: IKaZ 30. 2001, 27–43.
[7] Vgl. P. M. Zulehner, Wie Musik zur Trauer ist eine Rede zur falschen Zeit (Sir 22,6). Wider den kirchlichen Wort-Durchfall. Ostfildern ²1998.
[8] R. Meßner, Die Kirche an der Wende zum neuen Äon. Vorüberlegungen zu einer Theologie der eucharistischen Anamnese, in: Die Glaubwürdigkeit christlicher Kirchen. Auf dem Weg ins 3. Jahrtausend. FS L. Lies. Hg. v. S. Hell. Innsbruck-Wien 2000, 209–238, hier 233f. Die Entgegensetzung von symbolischer Handlung und Sprachhandlung (ebd. 233) ist allerdings wenig hilfreich, da jede Sprachhandlung auch sym-

die Rückkehr in einen ritualistischen Vollzug wenig geeignet zu sein, die Liturgie zu re-formieren, da er den „Wort-Durchfall" allzu leicht in sein Gegenteil verkehrte – was in der römisch-katholischen Tradition ja nichts Unbekanntes ist.

Es muss also ein dritter Weg[9] gefunden werden. Teresa Berger fragt in einem Beitrag, „welche Sprachhandlungen der lebenspendenden Begegnung zwischen Gott und Menschen im Gottesdienst am ehesten entsprechen. Diese Frage lässt sich nicht mit ein oder zwei einfachen Rezepten beantworten. Vielmehr müssen tragfähige Antworten innerhalb bestimmter spannungsvoller Gegensätze in jedem Kontext neu gefunden und gelebt werden."[10] Der hier gewählte Ansatz weist die „fundamentalistische Versuchung" in ihre Schranken, ohne einer subjektivistischen Beliebigkeit das Wort zu reden.[11] Im Folgenden soll versucht werden, den Wortgottesdienst als Kommunikationsgeschehen *sui generis* in den Blick zu nehmen. Dazu wird auf einen klassischen Topos deutschsprachiger Liturgiewissenschaft Bezug genommen, auf das „liturgische Schema", das Josef Andreas Jungmann in die Diskussion gebracht hatte:[12] Der Dreischritt Lesung-Gesang-Gebet kann als Muster einer dreidimensionalen Kommunikationsstruktur gelten, die der katabatischen, diabatischen und anabatischen Bewegung entspricht. Gegenüber einer vorschnellen Anwendung dieses Modells ist jedoch festzuhalten, dass es kein konkretes Element im Gottesdienst gibt, das nur einer dieser Richtungen entspräche; vielmehr handelt es sich um Mischformen, die unterschiedlich akzentuiert sind. Trotz der auch aus historischer Sicht vorgebrachten Einwände gegen das

---

bolischen Charakter hat. Es handelt sich faktisch um eine Reduktion und Monopolisierung eines bestimmten Spektrums von Sprachhandlungen.

[9] Vgl. *A. Müller*, Der dritte Weg zu glauben. Christsein zwischen Rückzug und Auszug. Mainz 1990.

[10] *T. Berger*, „Wer mich findet, findet Leben" (Spr 8,35). Gottesdienst und Gottsuche, in: IKZ 90. 2000, 231–243, hier 239f.; im Folgenden führt die Autorin sieben Spannungsmomente an.

[11] Vgl. dazu auch: *A. Gerhards*, Emotionalität in der Kirche. Das „Objektive" und das „Subjektive" in der Liturgie – ein unauflösbarer Gegensatz?, in: Emotionalität erlaubt? Kitsch in der Kirche. Hg. v. A. Würbel. Bensberg 1998 (Bensberger Protokolle 91) 41–56.

[12] Vgl. *J. A. Jungmann*, Die liturgische Feier. Grundsätzliches und Geschichtliches über Formgesetze der Liturgie. Regensburg 1939; *ders.*, Wortgottesdienst im Lichte von Theologie und Geschichte, 4. umgearb. Auflage der „Liturgischen Feier". Regensburg 1965; dazu: *A. Gerhards*, Die Rolle des Gottesdienstes für die Weitergabe des Glaubens, in: Verbindliches Zeugnis II. Schriftauslegung – Lehramt – Rezeption. Hg. v. W. Pannenberg – Th. Schneider. Freiburg/Br. 1995 (DiKi 9) 259–283, hier 270–275.

"liturgische Schema" Jungmanns[13] erscheint es als strukturierendes Modell sinnvoll. Es wird den folgenden Überlegungen zugrunde gelegt.[14]

2. Proclamatio Verbi – die „Objektivität" der Vorgabe

These: In der traditionellen Liturgie lagen Inhalt und Gestalt der Verkündigung bis ins Detail fest. Dabei kam es in erster Linie auf die Integrität des Vollzugs an. Kategorien wie Repräsentation und Offizium klammerten solche wie Information und Affektivität aus. Diese suchten sich außerliturgische Orte (Volksfrömmigkeit, „Paraliturgie").

Jede gottesdienstliche Feier besteht aber aus der spannungsvollen Dreiecksbeziehung von gleich bleibender Struktur („Ordinarium"), temporärem Wechsel („Proprium") und situativen Elementen (die „Kür", die freilich auch bestimmten Gesetzmäßigkeiten unterliegt). Verkündigung lebt aus der Gewissheit der Vorgabe (verlässliche Bibelübersetzung, geordnete Schriftlesung) und aus der Zeugnisqualität des Vortrags, zu der Sprechtechnik, Übung und persönliche Glaubwürdigkeit gehören.

Das Erscheinungsbild der Wortverkündigung ändert sich mit der Zeit, da es eng mit dem Verständnis und der jeweiligen „Funktion" des Gottesdienstes zusammenhängt. Die Wortverkündigung in einem mittelalterlichen Prädikantengottesdienst hatte zwangsläufig einen anderen Charakter als die im Rahmen einer päpstlichen Zeremonie in der Capella Sistina. War dem Wortgottesdienst in der Alten Kirche durchaus noch ein katechetischer Charakter eigen[15], trat dieser mehr und mehr in den Hintergrund.[16] Dies hängt mit der Fixierung der abendländischen Liturgiesprache auf das Latein zusam-

---

[13] Dies gilt insbesondere für die Anwendung des Schemas auf die römische Ostervigil, deren fortlaufende Dreierstruktur (Lesung-Gesang-Gebet) sekundär ist.
[14] Vgl. auch: *W. Bretschneider – A. Gerhards – E. Jaschinski*, Wortgottesdienst, in: Die Messe. Ein kirchenmusikalisches Handbuch. Hg. v. H. Schützeichel. Düsseldorf 1991, 49–89: hier wird mit den Begriffen „Tatwort-Wirkwort-Antwort" operiert; das „liturgische Schema" findet auch Verwendung bei: *Ph. Harnoncourt*, Gesang und Musik im Gottesdienst, in: ebd. 9–25, hier 15f.; *A. Gerhards*, Das Wort, das zum Ereignis wird. Überlegungen zur Wirkweise des Wortes im Gottesdienst, in: BiLi 64. 1991, 135–140.
[15] Vgl. z. B. das Kapitel 41 der „Traditio Apostolica" über den Zeitpunkt des Gebetes, wo den katechetischen Morgenversammlungen der Vorrang eingeräumt wird: „Deshalb bemühe sich jeder, zur Kirche zu gehen, dem Ort, wo der Geist blüht. Ist an einem Tag keine Unterweisung und bleibt jeder zu Hause, so nehme er die Heilige Schrift (librum sanctum) und lese darin, soviel er vermag und wie es ihm nützlich erscheint" (zit. nach: Fontes Christiani 1, 301 W. Geerlings).
[16] Eine ähnliche Entwicklung lässt sich in Bezug auf das Bild feststellen: Die Funktion

men und hat in den Ostkirchen durchaus Parallelen. Zwar wurde das Evangelium in der Muttersprache verlesen und in der Predigt ausgelegt, verbanden sich damit auch weitere muttersprachliche Elemente (Gesänge, Bittgebete), aber diese Vollzüge wurden entweder als Unterbrechung der Liturgie angesehen (Ablegen von Stola und Manipel; Wechsel zur Kanzel als paraliturgischem Ort) oder fanden ganz neben der Liturgie statt (Prädikantengottesdienste).

Die Reformation hat zwar der Verkündigungsdimension durch die Aufwertung der Predigt einen höheren Stellenwert einräumen wollen, konnte aber durch die Zweigleisigkeit von Perikopen- und Predigttextordnung keine Integration bewirken. Bis heute stehen Ordinarium, Proprium und Predigt oft unverbunden nebeneinander.[17] Wichtig erscheint auch hier die Anerkennung der Objektivität der Schrift, so in der Beibehaltung fester Kantillationstöne (Evangeliumston).

Die „Objektivität" kirchlicher Vorgaben bleibt eine Notwendigkeit, sie ist nicht zuletzt Ausdruck kirchlicher Gemeinschaft. Die Weise der Umsetzung erfordert freilich Fachwissen und Fingerspitzengefühl. Die erneuerte Liturgie sieht zu Recht Anpassungen an bestimmte Situationen (etwa für Messfeiern mit Kindern) vor. Die rechte Anwendung der gegensätzlichen Kriterien (etwa bei der Kollision von allgemeinen kirchlichen und ortskirchlichen Belangen) ist ein vorrangiges Anliegen liturgischer Bildung.

Die Frage einer Reform der Perikopenordnung bewegt die Diskussion schon seit geraumer Zeit. Die Probleme sind bekannt: die Frage eines allen Evangelien gerecht werdenden vierjährigen Zyklus der Sonntagslesungen; die angemessene Auswahl der „wichtigsten" Teile des Alten Testaments und der Briefliteratur des Neuen Testaments; die Zuordnung der alttestamentlichen Lesung zum Evangelium und damit verbunden die Frage nach dem Eigenwert des Alten Testaments; das Problem der isolierten Stellung der zweiten Lesung; die herausgehobene Stellung des Evangeliums. Ein zentrales Problem ist die Beziehung des Alten und Neuen Testaments in der Perikopenordnung der jetzigen Messliturgie.[18]

---

der Repräsentation überlagert zunehmend die katechetische der ältesten christlichen Kunst. Vgl. *M. Raspe*, Art. Bild VI. Kunstgeschichtlich: LThK 2. ³1994, 447f.

[17] Vgl. die praktischen Hinweise bei: *K.-P. Hertzsch*, Die Predigt im Gottesdienst, in: Handbuch der Liturgik. Liturgiewissenschaft in Theologie und Praxis der Kirche. Hg. v. H.-C. Schmidt-Lauber – K.-H. Bieritz. Leipzig-Göttingen 1995, 728–739, hier 728.

[18] Vgl. *E. Nübold*, Der Stellenwert des Alten Testamentes in der nachvatikanischen Liturgiereform, unter besonderer Berücksichtigung der Messperikopen der Sonn-

Es wurden schon zahlreiche Verbesserungsvorschläge vorgelegt. Jedes Modell hat seine Stärken und Schwächen, da es sich immer um das Austarieren von gegensätzlichen Positionen handelt, wie sie vielschichtigen Gebilden nun einmal eignen. Ob man das eher assoziative Modell des Revised Common Lectionary von 1992,[19] das heilsgeschichtliche Modell des Liturgiewissenschaftlers Hansjakob Becker[20] oder das bipolare Modell der Alttestamentler Norbert Lohfink[21] und Georg Braulik[22] favorisiert – immer wird man Nachteile hinnehmen müssen. Problematisch erscheint der Vorschlag von Eckhard Jaschinski, die Evangelienlesung mit den anderen neutestamentlichen Lesungen gleichzustellen.[23] Das vorgebrachte historisch-kritische Argument kann angesichts der Wiederentdeckung kanonischer Schriftexegese nicht überzeugen. Für die Kirche als „Erzählgemeinschaft" spielen die Evangelien schon deshalb eine herausragende Rolle, weil (mit Ausnahme der Geheimen Offenbarung) nur hier Jesus in direkter Rede spricht.[24] Die „Liturgiekrise" der Alten Kirche[25] wirkt sich bis heute aus: Die Modifizierung des in Schrift und Gebet zum Ausdruck kommenden Gottesbildes durch die Einbeziehung des erhöhten Kyrios in den gott-menschlichen Dialog muss im Einzelnen sicherlich kritisch reflektiert und teilweise revidiert werden, ist im Ganzen ohne Identitätsverlust aber nicht rückgängig zu machen.[26]

---

und Festtage, in: Streit am Tisch des Wortes? Zur Deutung und Bedeutung des Alten Testaments und seiner Verwendung in der Liturgie. Hg. v. A. Franz. St. Ottilien 1997 (PiLi 8) 605–617.
[19] Vgl. dazu: *E. Jaschinski*, Gottes Wort und menschliche Antwort. Zur dramaturgischen Entfaltung des Wortgottesdienstes: HlD 53. 1999, 191–201, hier 197.
[20] *H. Becker*, Wortgottesdienst als Dialog der beiden Testamente. Der Stellenwert des Alten Testamentes bei einer Weiterführung der Reform des Ordo Lectionum Missae, in: Streit am Tisch des Wortes? (wie Anm. 18) 659–689.
[21] *N. Lohfink*, Moses Tod, die Tora und die alttestamentliche Sonntagslesung, in: ThPh 71. 1996, 481–494.
[22] *G. Braulik*, Die Tora als Bahnlesung. Zur Hermeneutik einer zukünftigen Auswahl der Sonntagsperikopen: Bewahren und Erneuern. Studien zur Meßliturgie. Festschrift für Hans Bernhard Meyer SJ zum 70. Geburtstag. Hg. v. R. Meßner – E. Nagel – R. Pacik. Innsbruck – Wien 1995 (IThS 42) 50–76.
[23] Vgl. *Jaschinski*, Gottes Wort (wie Anm. 19) 198–200.
[24] Vgl. dazu auch: *Meßner*, Die Kirche (wie Anm. 8) 231–233: „Narrative Vergegenwärtigung des Ursprungs ist Kennzeichen von menschlichem Ritual und Fest generell. Es ist gegenüber eher reflektierenden Formen der Sprache, wie sie etwa die neutestamentliche Briefliteratur enthält, der primäre und als solcher unersetzbare Modus sprachlicher Geschichtsdarbietung" (ebd. 232).
[25] Vgl. dazu: *A. A. Häußling*, Liturgiereform. Materialien zu einem neuen Thema der Liturgiewissenschaft, in: ALw 31. 1989, 1–32, hier 21–23 (wieder abgedruckt in: *ders.*, Christliche Identität aus der Liturgie. Theologische und historische Studien zum Gottesdienst der Kirche. Hg. v. M. Klöckener – B. Kranemann – M. B. Merz. Münster 1997 [LQF 79] 11–57, hier 33–35).
[26] Vgl. *A. Gerhards*, Kraft aus der Wurzel. Zum Verhältnis christlicher Liturgie gegen-

Generell gilt: Nicht nur die Schriftlesung als solche, sondern auch eine Leseordnung gehört wesentlich zum Wortgottesdienst der Kirche, speziell in der Sonn- und Festtagsmesse.[27]

3. Meditatio Verbi – die „Subjektivität" der Aneignung und Vertiefung

These: Kommt es beim Lesungsvortrag vor allem auf die angemessene Vermittlung des Schriftwortes an, so tritt im „Zwischenbereich" das subjektive Element stärker in Erscheinung. Die klassische Liturgie bedient sich für die Gesänge zwischen den Lesungen ebenfalls fast ausschließlich der Texte der Hl. Schrift, doch werden diese durch die musikalische Vortragsform gedeutet. Zunehmend dringen auch andere, mehr subjektiv geprägte Genera (Sequenzen, Kirchenlieder) ein.

Zum Bereich der Meditatio gehört auch die Auslegung in Homilie oder mystagogischer Predigt der dafür Beauftragten. Sie kann ergänzt werden durch Glaubenszeugnisse Einzelner.

Auch die Emotionalität eines Gradualgesanges oder des Alleluja-Jubilus ist „sobria ebrietas" – der Versuch einer Objektivierung des Affekts im Dienst der Verkündigung (so jedenfalls gemäß der Deutung der Neumen durch die Semiologie). Dennoch bietet der Bereich der „Zwischengesänge" im Prinzip jenen Raum, in dem Aneignung und Vertiefung geschehen kann, wobei gerade hier das subjektive Moment seinen Platz haben muss – nicht zuletzt durch das Element der Stille. Dieses „Dazwischen" erscheint als ein wesentliches Moment des liturgischen Geschehens, das weitgehend vernachlässigt ist. Forderungen nach mehr Meditation und Stille bei der Liturgie sind eindeutige Symptome.[28]

über dem Jüdischen: Fortschreibung oder struktureller Neubeginn?, in: KuI 16. 2001, 25–44.

[27] Problematisch erscheint jedoch die in der revidierten Ausgabe der „Institutio Generalis Missalis Romani" (Città del Vaticano 2000) verschärfte Maßgabe, ausschließlich die approbierten Lektionare und damit die dort vorgelegte Auswahl verwenden zu dürfen, da damit auch die mitunter fragwürdige Reduktion vor allem der alttestamentlichen Texte festgeschrieben ist. Vgl. ebd. Nr. 357–362 (Ebenfalls veröffentlicht in: EL 114. 2000, 405–480). Zur Kritik an der Fragmentarisierung alttestamentlicher Texte aus jüdischer Sicht vgl. E. L. Ehrlich, Das Kreuz mit dem Alten Testament. Jüdische Desiderate zur Verwendung der hebräischen Bibel im christlichen Gottesdienst, in: Streit am Tisch des Wortes? (wie Anm. 18) 561–563, bes. 562.

[28] Auch die neue Einführung in das Messbuch legt verstärkten Wert auf die Stille nach der Wortverkündigung; vgl. Institutio Generalis Missalis Romani (wie Anm. 27) Nr. 45, 55, 56, 128, 130.

Es kann nicht verwundern, dass hier neben den klassischen biblischen Texten des Graduale mit den Sequenzen ein Kosmos dichterischer Umsetzung der biblischen Verkündigung (mit allen Licht- und Schattenseiten) entstand. In späterer Zeit kamen Evangelienmotetten und -lieder hinzu. Im lutherischen Kontext erfüllten die Kantaten vor allem in ihren Arien-Teilen (zwischen Evangelistenpart und Gemeindechoral) diese Funktion. Der Dreischritt Rezitativ – Arie – Choral entspricht dem „liturgischen Schema" zumindest auf psychologischer Ebene.[29]

In Bezug auf die gegenwärtige Liturgie der katholischen Kirche stellt sich die Frage, ob dem hier skizzierten Anliegen mit der gängigen Weise der Gestaltung des „Dazwischen" Rechnung getragen wird. Dies betrifft z. B. die beliebige Auswahl von Liedern „zum Zwischengesang"[30]. Der Antwortpsalm hat im deutschen Sprachraum nach wie vor einen schweren Stand. Historisch ist der Antwortpsalm eine Lesung aus dem Psalmenbuch, also nicht dem Bereich des „Dazwischen" zuzuordnen.[31] Hier ist freilich oft eine fragwürdige Auswahl von Psalmversen vorgegeben, die sowohl das Verständnis des integralen Psalms als auch eine existentielle Aneignung der Aussage erschwert oder gar unmöglich macht. Die minimalisierten Gotteslob-Antiphonen eröffnen zudem kaum einen Meditationsraum.

Gefragt ist eine „Dramaturgie" der „Zwischenräume", die der jeweiligen Situation gerecht wird. Dazu gehören auch Frage und Klage. So stellt sich z. B. an die heutige Totenliturgie die Frage, ob das Halleluja nicht so schnell kommt, dass es vielen im Halse stecken bleibt. Die subjektive Verfassung konnte im abgeschafften „Dies Irae" mitunter möglicherweise ihren adäquateren Ausdruck finden.[32] Wesentliches Moment der Verinnerlichung der Verkündi-

---

[29] Vgl. den Versuch einer theologischen Bestimmung des Singens im Gottesdienst: *Ph. Harnoncourt*, „So sie's nicht singen, so gleuben sie's nicht". Singen im Gottesdienst – Ausdruck des Glaubens oder liturgische Zumutung?, in: Liturgie und Dichtung. Ein interdisziplinäres Kompendium II. Interdisziplinäre Reflexion. Hg. v. H. Becker – R. Kaczynski, St. Ottilien 1985 (PiLi 2) 139–172; *A. Gerhards*, Mehr als Worte sagt ein Lied. Theologische Dimensionen des liturgischen Singens, in: MS(D) 113. 1993, 509–513.

[30] Dieser immer noch verbreitete Sprachgebrauch resultiert aus der Zeit der Bet-Sing-Messe, als die Gemeindevollzüge noch parallel zur „eigentlichen" Liturgie des Priesters stattfanden, der alle Texte zu sprechen hatte.

[31] Die heutige Leseordnung sieht in ihm jedoch ein meditatives Element: vgl. *A. Gerhards*, Die Psalmen in der römischen Liturgie. Eine Bestandsaufnahme des Psalmengebrauchs in Stundengebet und Messfeier, in: Der Psalter in Judentum und Christentum. Hg. v. E. Zenger. Freiburg/Br. 1998 (Herders biblische Studien 18) 355–379 (Lit.).

[32] Vgl. *A. Gerhards*, Eschatologische Vorstellungen und Modelle in der Totenliturgie,

gungsworte ist die Predigt. Sie ist einerseits Teil des Verkündigungsgeschehens, erfüllt mit der stärkeren Präsenz des Subjektiven aber zugleich eine Scharnierfunktion.[33] Vor allem in ihrer mystagogischen Dimension wirkt die Homilie als „Paraklese" und „Paränese",[34] nicht auf der Ebene des Intellekts, sondern auch auf der emotionalen Ebene. Sie hat eine vermittelnde Funktion nicht nur hinsichtlich der Lebenspraxis, sondern auch in Bezug auf die affektive Aneignung der Botschaft. Damit kann auch die Musik „gesungene Predigt"[35] sein.

4. Redditio Verbi – die „Intersubjektivität" der Antwort

These: Die Antwort erfordert Formen gemeinschaftlicher Kommunikation. Die altkirchlichen Bekenntnisse („Symbola") sind Ausdruck übersubjektiver Verbindlichkeit. Die Fürbitten unterliegen zwei strukturellen und inhaltlichen Vorgaben, bieten aber die (oft ungenutzte) Möglichkeit der Aktualisierung.

Die Gestalten der Antwort sind vielfältig und durchziehen den ganzen Wortgottesdienst. Sie lassen sich fassen unter die Begriffe Zustimmung (v. a. in den Akklamationen), Bekenntnis und Gebet.

Als „Antwort" auf das gehörte und ausgelegte Wort fungiert das Credo, einziges Element des „Ordinarium Missae" im Wortgottesdienst, gleichwohl nicht zum Urbestand des Wortgottesdienstes der Messe gehörig, sondern aus der Taufvorbereitung stammend. Als Form des Taufgedächtnisses hat es jedoch gerade in heutiger Zeit ein besonderes Gewicht und stellt zugleich vor besondere Probleme. Dies betrifft vor allem das Nizäno-konstantinopolitanische Credo.[36] Viele kommen nur noch gelegentlich mit dem lateinischen

---

in: Die größere Hoffnung der Christen. Eschatologische Vorstellungen im Wandel. Hg. v. A. Gerhards. Freiburg/Br. 1990 (QD 127) 147–158, bes. 155.

[33] Vgl. *Gerhards*, Die Rolle des Gottesdienstes (wie Anm. 12) 272f.

[34] Vgl. *L. Mödl*, Art. Homilie II. Liturgisch: LThK 5. ³1996, 250.

[35] Hier ist auf die „Liedpredigt" der Herrnhuter Brüdergemeinden zu verweisen, die eine Predigt anhand assoziativ aneinandergereihter Liedstrophen darstellt. Davon zu unterscheiden ist die Liedpredigt über Kirchenlieder; vgl. *M. Rössler*, Die Liedpredigt. Geschichte einer Predigtgattung. Göttingen 1976 (VEGL 20).

[36] Es stellt sich die Frage, ob das konziliare „Wir" im deutschen Messbuch wirklich ein Gewinn war. Es geht doch weniger um das Herunterbeten von Glaubenswahrheiten als um den gemeinsamen Vollzug des Glaubensaktes. Faktisch wird das Nicaenum in der Regel durch das Apostolicum ersetzt, wenn nicht überhaupt ein „Glaubenslied" oder ein vermeintliches oder tatsächliches Äquivalent gesungen wird. Die Prävalenz kommt auch im „Gotteslob" zum Ausdruck, wo drei Vertonungen des Apostolicums, aber nur eine des Nicaenums (nach dem lateinischen Credo III) enthalten sind. Nach

Text des Nicaenum in Kontakt, als „gregorianisches" Credo III oder als Teil einer Messkomposition. Die Bedeutung dieses Textes liegt in seinem eindeutigen Bekenntnis zum Monotheismus („Credo in unum Deum"), seiner klaren trinitarischen Struktur, seinem Reichtum an biblischen Bildern und Bezügen und dem ökumenischen Bekenntnis der einen Taufe. Der Text gehört m. E. zu den Essentials unseres Glaubens wie der christlichen Ökumene und muss dementsprechend homiletisch und liturgisch gepflegt werden.[37]

Das „anabatische" Element verdichtet sich am Ende des Wortgottesdienstes. Ist das Credo noch stärker dem „Zwischen" zuzuordnen, stellen die Fürbitten den eindeutigen Gebetsakt dar. Dass er noch immer Schwierigkeiten bereitet, kann nicht verwundern. Wenn man eine Kultur des Gebetes nicht pflegt, kann sie nicht binnen einer Generation aus dem Boden gestampft werden. Gerade an diesem Punkt zeigt sich die Schnittstelle zwischen den drei erwähnten Ebenen zwischen vorgegebener Struktur, gegebenem Anlass und persönlicher Gebetskultur als besonders sensibel. Positiv gewendet stellen die Fürbitten eine große Chance der Bezeugung des verantworteten Glaubens dar.

Selbstverständlich bedarf es für die Akklamation der Gemeinde entsprechender Formeln. Diese müssen aber nicht so phrasenhaft sein wie die üblichen. Es bieten sich neben den Bittrufen auch andere an (Bekenntnisrufe, Preisungen), denen jedoch die Formulierung der Bitten entsprechen muss. Wie bereits angemerkt, finden sich Akklamationen auch an anderer Stelle, vor allem im Umfeld der Lesungen. Hier ist zu unterscheiden zwischen den Akklamationen der „Kenntnisnahme" nach den nicht-evangelischen Lesungen und den Akklamationen der „Huldigung" vor und nach dem Evangelium „an den im Evangelium selbst sprechenden Christus".[38] Auch das Credo kann nach der Tradition der mozarabischen Liturgie mit Amen-Akklamationen durchsetzt sein.[39]

Eine Anfrage struktureller Art ist die Diskussion um die Ver-

---

der Aussage der Institutio Generalis Missalis Romani (wie Anm. 27) Nr. 377 darf das Credo wie die übrigen Ordinariumsteile nicht mehr durch einen anderen Text ersetzt werden.

[37] Das „Thema" Credo als persönliches Glaubensbekenntnis ist gegenwärtig stark im Gespräch; vgl. Mein Credo. Persönliche Glaubensbekenntnisse, Kommentare und Informationen, Bd. 1. Hg. v. P. Rosien, Bd. 2. Hg. v. H. Pawlowski. Oberursel 1999/2000. Die Probleme mit dem „formelhaften" Charakter lassen sich mildern, wenn man den poetischen Duktus des Textes entdeckt und umsetzt sowie mit persönlich gehaltenen Texten in Dialog bringt. Diesem Ziel widmet sich ein „Credo-Projekt" des Arbeitskreises „Neue Musik und Kirche", angesiedelt an den bischöflichen Akademien in Würzburg und Rottenburg/Stuttgart.

[38] *Meßner*, Die Kirche (wie Anm. 8) 234.

[39] Vgl. das Apostolische Glaubensbekenntnis III: „Gotteslob" Nr. 448; ein weiteres

legung des Bußaktes und/oder des Friedensgrußes an das Ende des Wortgottesdienstes. Darüber wurde im Zusammenhang mit der Messbuchrevision diskutiert.[40] Diese in den Kirchen des Ostens stets eingehaltene Regelung ist bereits für das Messbuch der Diözesen in Zaire (Kongo) und für den Neokatechumenat eingeführt.[41] An dieser Stelle (wo er auch in der Wort-Gottes-Feier sinnvoll sein kann) wird er als erste Frucht des wirksamen Wortes an der Schwelle zur „Liturgie des Lebens" erfahrbar.

5. Celebratio Verbi –
der doxologische Charakter der Wort-Gottes-Feier

These: Der Feiercharakter des Wortgottesdienstes besteht in der Anerkennung Gottes für sein endgültiges Wort[42]. Er resultiert aus dem Anspruch, Ereignis des gott-menschlichen Dialogs zu sein. In der Messe muss er in Korrespondenz mit dem Feiercharakter des eucharistischen Teils treten.

Der Feiercharakter des Wortgottesdienstes ist ein Desiderat. Zwar wurde die ehemalige „Vormesse" zum ersten Hauptteil der Messfeier aufgewertet, doch stellen sich aus unterschiedlicher Perspektive an die Gestalt zahlreiche Fragen: Wie soll die „Inszenierung des Evangeliums" im „Kultdrama" der Liturgie geschehen?[43] Ist die „Dramaturgie" des gegenwärtigen Wortgottesdienstes nicht zu sehr auf das Evangelium und den Christus praesens ausgerichtet auf Kosten des Alten Testaments?[44] Spiegelt sich die Wertung nicht allein schon in den unterschiedlichen Akklamationen zu den Lesungen

---

Beispiel findet sich bei *Bretschneider – Gerhards – Jaschinski*, Wortgottesdienst (wie Anm. 14) 83 f.; wünschenswert wäre eine Version für das große Glaubensbekenntnis.

[40] Vgl. *A. Heinz*, Das Friedensgebet in der römischen Messe, in: Studien und Entwürfe zur Meßfeier. Texte der Studienkommission für die Meßliturgie und das Meßbuch der Internationalen Arbeitsgemeinschaft der liturgischen Kommissionen im deutschen Sprachgebiet. Hg. v. E. Nagel u.a. Freiburg/Br. 1995, 39–54; *H. Hollerweger*, „Ritus der Versöhnung mit Gott und den Brüdern". Schuldbekenntnis und Friedensgruß als Einheit, in: Bewahren und Erneuern (wie Anm. 22) 274–284.

[41] Vgl. die zustimmenden Bemerkungen von Kardinal Ratzinger zu dieser Regelung des Friedensgrußes in: *J. Kardinal Ratzinger*, Der Geist der Liturgie. Eine Einführung. Freiburg/Br. 2000, 146 und 183.

[42] Vgl. *W. Kasper*, Jesus Christus – Gottes endgültiges Wort, in: IKaZ 30. 2001, 18–26.

[43] Vgl. *K.-H. Bieritz*, Spielraum Gottesdienst. Von der „Inszenierung des Evangeliums" auf der liturgischen Bühne, in: Drama „Gottesdienst". Zwischen Inszenierung und Kult. Hg. v. A. Schilson – J. Hake. Stuttgart u.a. 1998, 69–101.

[44] Vgl. *Jaschinski*, Gottes Wort (wie Anm. 19) 198–200.

und zum Evangelium?⁴⁵ Wie sähe eine angemessene Inszenierung aus, wenn die Tora-Lesung einen dem Evangelium gleichwertigen Brennpunkt bildete bzw. das Evangelium den Kommentar zur alttestamentlichen Lesung abgäbe? Aus der ökumenischen Überlieferung der Kirchen scheint jedoch eines unverzichtbar: Für die christliche Liturgie ist das Paschamysterium die unaufgebbare Mitte. Den Evangelien kommt unter allen Schriften, auch denen des Neuen Testaments, ein Vorrang zu. „Denn sie sind das Hauptzeugnis für Leben und Lehre des fleischgewordenen Wortes, unseres Erlösers".⁴⁶ Für Christen erschließt sich vom Evangelium her auch die Geschichte Israels. Dabei ist festzuhalten, dass die Eigenständigkeit des ungekündigten Bundes und damit der Überschuss gegenüber der christologischen Deutung nicht tangiert sind. Diese Spannung gilt es auszuhalten und Formen doxologischen Ausdrucks zu finden, die die Geschichte Israels nicht zum bloßen „Schatten" degradieren. Mit der Verhältnisbestimmung von Judentum und Christentum hängt die konkrete Gestalt des Buches bzw. der Bücher für die Schriftverkündigung zusammen.⁴⁷ So bringt Benedikt Kranemann die „Lesungsbibel" in die Diskussion, mit der das falsche Gefälle zwischen evangelischen und nicht-evangelischen Lesungen behoben werden könnte.⁴⁸ Die Prozession mit dem Buch könnte dann analog zum „kleinen Einzug" der byzantinischen Liturgie zu Beginn des Wortgottesdienstes stattfinden. Freilich sollte die dramaturgische Kurve nicht nivelliert werden.⁴⁹

Der doxologische Charakter des Wortgottesdienstes kommt vor allem bei der Verkündigung des Evangeliums zum Ausdruck.⁵⁰ Rein phänomenologisch besteht eine gewisse Parallele zwischen Evangeliumsverkündigung und Eucharistischem Hochgebet, die ein

---

⁴⁵ Vgl. *Meßner*, Die Kirche (wie Anm. 8) 234.
⁴⁶ Dei Verbum 18,1; vgl. grundlegend dazu: *B. Kranemann*, Anmerkungen zur Dramaturgie des Wortgottesdienstes der Meßfeier, in: Streit am Tisch des Wortes? (wie Anm. 18) 759–768, hier 766.
⁴⁷ Vgl. Wort und Buch in der Liturgie. Interdisziplinäre Beiträge zur Wirkmächtigkeit des Wortes und zur Zeichenhaftigkeit des Buches. Hg. v. H. P. Neuheuser. St. Ottilien 1995; darin besonders: *O. Nußbaum,* Zur Gegenwart Gottes/Christi im Wort der Schriftlesung und zur Auswirkung dieser Gegenwart auf das Buch der Schriftlesungen, 65–92.
⁴⁸ Vgl. *Kranemann*, Anmerkungen (wie Anm. 46) 767f.
⁴⁹ Wie das Problem praktisch gelöst werden kann, zeigt das Beispiel aus dem Collegium Georgianum in München: *R. Kaczynski*, Wertschätzung der Bücher, die Gottes Wort enthalten, in: Streit am Tisch des Wortes? (wie Anm. 18) 769–772.
⁵⁰ Vgl. die ausführlichere Beschreibung in der Institutio Generalis Missalis Romani (wie Anm. 27) Nr. 131 ff.

Hinweis auf die Einheit von Wortgottesdienst und Eucharistiefeier[51] sein kann:
1. Das Vorbereitungsgebet bzw. der Segen des Diakons (Parallele: die Stillgebete vor und während der Händewaschung)
2. Die Körperhaltung, das Stehen (gleiche Körperhaltung wie beim Hochgebet)
3. Das Halleluja (eine gewisse Parallele: das Sanctus)
4. Die feierliche Einleitung (Parallele: der Präfationsdialog)
5. Das Kreuzzeichen[52] (Parallele: das Kreuzzeichen über den eucharistischen Gaben)
6. Die Ehrung des Evangelienbuchs durch Kerzen und Weihrauch (Parallele: Wandlungskerzen und Inzens bei der Elevation)
7. Die Möglichkeit der gesungenen Vortragsweise
8. Der abschließende Lobspruch (Parallele: die Doxologie)
9. Der Buchkuss (Parallele: der Altarkuss)

Zum „doxologischen Charakter" des Wortgottesdienstes gehört auch eine entsprechende monumentale Gestalt, wie sie in den einschlägigen Dokumenten gefordert wird, in vielen Fällen aber wenig angemessen realisiert wurde.

6. Positio Verbi – Orte der Wortverkündigung

These: Die Unterschiedlichkeit der Orte der Wortverkündigung spiegelt die Vielfalt der Vollzüge und die jeweilige Theologie des Wortes Gottes wider. Eine anstehende Aufgabe ist es, die Polarität der „Tische" des Wortes und des eucharistischen Mahles in ein ausgewogenes Verhältnis zu bringen.

6.1 Bipolarität in Synagoge und Kirchenraum – Gemeinsamkeiten und Unterschiede

Über die Beziehung von Synagoge und Kirchenraum in der Frühzeit ist in jüngerer Zeit aus unterschiedlicher Perspektive publiziert worden.[53] Hier geht es um die Frage, wie mit dem jeweiligen Span-

---

[51] Vgl. *O. Nußbaum,* Die Messe als Einheit von Wortgottesdienst und Eucharistiefeier, in: *ders.,* Geschichte und Reform des Gottesdienstes. Liturgiewissenschaftliche Untersuchungen. Hg. v. A. Gerhards – H. Brakmann. München u. a. 1996, 19–49 [zuerst 1977 erschienen].

[52] Es ist in der Institutio Generalis Missalis Romani (wie Anm. 27) wieder rubrizistisch erfasst: Nr. 134 und 175.

[53] Vgl. *P. Maser,* Synagoge und Ekklesia. Erwägungen zur Frühgeschichte des Kirchenbaus, in: Begegnungen zwischen Christentum und Judentum in Antike und Mittelalter. Festschrift für Heinz Schreckenberg. Hg. v. D.-A. Koch – H. Lichtenberger.

nungsverhältnis zwischen kommunikativen und kultischen Momenten umgegangen wird.[54] Salomon Korn charakterisiert die Raumidee der Synagoge, die im Folgenden ausführlich wiedergegeben werden soll: „Der Salomonische Tempel war nicht die architektonisch angemessene Antwort auf den Monotheismus, sondern Übergangs- und Kompromißform zwischen sinnlichem Götzendienst und Glauben an einen unsichtbaren Gott."[55] An seine Stelle tritt „die ‚unsinnliche' Synagoge ohne Priester, wo jeder Betende in unmittelbarer Beziehung zu Gott stand, wo anstelle des Altars die erhöhte Predigerestrade, anstelle des blutigen Opfers das unblutige Gebet und anstelle der Bundeslade mit den Gesetzestafeln der Toraschrank mit den biblischen Schriftrollen traten".[56] Anstelle der differenzierten Raumfolge gestaltet sich der konzentrische Versammlungsraum, um vom Schriftgelehrten Gottes Wort zu hören. „Daraus folgt für den Bau, daß man sich um einen Punkt, praktischerweise um einen erhöhten Punkt sammeln könne, damit der Vortragende allen sicht- und hörbar sei: Die erhöhte Kanzel, der Almemor, auf der der Vortragende seinen Platz hat, ist damit als geistiges und örtliches Zentrum gegeben."[57]

Neben der eher profan ausgerichteten Belehrung erwuchs jedoch die Notwendigkeit, in der Synagoge auch geregelte sakrale Handlungen mit und neben dem Gebet vorzunehmen. „Somit traten neben die rationalen Momente der geistigen Belehrung und des Gottesdienstes auch sakrale und damit andere, zusätzliche Forderungen an den Raum. Es handelt sich dabei um den Aron ha-Kodesch, kurz Aron genannt, den heiligen Schrein, der die Tora, die biblischen Schriftrollen, enthält"[58].

In ihrer wechselvollen Geschichte schwankt die Synagoge je nach äußeren und inneren Bedingungen „zwischen Provisorium und festem Haus, zwischen lebendiger Religiosität und ritualisiertem Zeremoniell, zwischen Abstraktion und Sinnlichkeit, zwischen rational-profanen und magisch-sakralen Elementen. Diese Gegen-

---

Göttingen 1993 (Schriften des Institutum Delitzschianum 1) 271–292; *Ratzinger*, Der Geist der Liturgie (wie Anm. 41) 47–96: „Zweiter Teil: Zeit und Raum in der Liturgie".

[54] Vgl. In der Mitte der Versammlung. Liturgische Feierräume. Hg. v. A. Gerhards. Trier 1999 (Liturgie & Gemeinde. Impulse & Perspektiven 5); *A. Gerhards*, Versammlung oder Aufbruch? Überlegungen zu Herkunft und Sinngestalt des liturgischen Feierraums, in: Gottesdienst 34. 2000, 65–68.

[55] *S. Korn*, Deutsche Synagogen: Eine Einführung, in: Synagogen in Deutschland. Eine virtuelle Rekonstruktion. Kunst- und Ausstellungshalle der Bundesrepublik Deutschland, 17. Mai bis 16. Juli 2000 in Bonn. Bonn 2000, 22–29, hier 23.

[56] Ebd.

[57] Ebd. 23f.

[58] Ebd. 24.

satzpaare finden ihre konkrete Umsetzung im Konflikt zwischen Almemor und Heiliger Lade, das heißt zwischen deren räumlicher Position, Größenverhältnis und Gestaltungsmerkmalen"[59].

Die Spannung führt zu Problemen hinsichtlich der Raumdisposition: „Von seiner exponierten Stellung her ‚fordert' der Almemor eher den Zentralraum, während die Ostwandposition des Aron ha-Kodesch durch ein Langhaus betont werden kann. Dem ideellen Konflikt zwischen Almemor und Aron ha-Kodesch entspricht auf architektonisch-räumlicher Ebene der Konflikt zwischen Zentralität und Longitudinalität ... Die (äußere) Architektur der Synagoge ist austauschbar – das (innere) bipolare räumliche Prinzip, die ‚synagogale Raumantinomie', ist es nicht!"[60]

Eine analoge Bipolarität ist in den beiden Hauptteilen der Messe gegeben. In syrischen und griechischen Kirchen finden sich Beispiele der Bipolarität des Bema im Kirchenraum und des „Allerheiligsten" mit dem Altar im Osten. In diesem Bild füllen die eucharistischen Gaben (im Kontext der Opferhandlung) die Leere des Heiligtums. Den beiden Gegenwartsweisen (auch das Schriftwort ist *Verbum incarnatum*!) entsprechen die beiden Einzüge der byzantinischen Liturgie.

Demgegenüber entspricht der zentral (im Langhaus oder Querhaus) aufgestellte Altar einer anderen Bildsymbolik, der der häuslichen Tischgemeinschaft. Hier ist das Mahl (auch in Kontinuität zu den antiken Totenmählern) die formgebende Symbolgestalt. Die Bipolarität des synagogalen Konzepts ist hier nicht mehr deutlich (vgl. die römische Choranlage mit zwei Ambonen). Der Grund: Die Versammlungsgestalten des Lehrhauses und der Mahlgemeinschaft sind nicht polar wie die der (gerichteten) Opferhandlung und der (konzentrierten) Lehrsituation. Es handelt sich nur um Modifikationen: das „Gegenüber" der Lehrsituation und das „Miteinander" der Mahlsituation. Die Polarität ergibt sich aus den beiden Handlungsorten inmitten der Gemeindeversammlung.[61] Die Frage ist, wie das Anliegen der gemeinsamen Ausrichtung (die eschatologische Komponente) angemessen berücksichtigt werden kann.[62]

---

[59] Ebd.
[60] Ebd. 25.
[61] Vgl. In der Mitte der Versammlung (wie Anm. 54) 25–27.
[62] Dieses Anliegen wird von Kardinal Ratzinger in seinem Buch „Der Geist der Liturgie" betont. Die Orientierung ist allerdings nicht erst eine christliche Erfindung in Absetzung von der jüdischen Gebetsrichtung nach Jerusalem, sondern kommt im Judentum ebenfalls vor. Vgl. *M. Wallraff*, Die Ursprünge der christlichen Gebetsostung, in: ZKG 111. 2000, 169–184, hier 183; *ders.*, Christus Verus Sol. Sonnenverehrung und

6.2. Orte der Wortverkündigung im Einzelnen

Im Folgenden sollen die Orte der Wortverkündigung in der Geschichte genannt werden, um die Vielfalt der Vollzüge und des ihnen zugrunde liegenden Liturgieverständnisses deutlich zu machen.

1. Ursprünge: das Bema in der Synagoge und im Kirchenraum. Der „erhöhte Ort" hatte zunächst praktische, nicht symbolische Funktion. Er diente der besseren Kommunikation und entsprach der Raumsituation. Sekundär entfaltete er eine Symbolik, was Auswirkungen auf Größe und Gestalt hatte.

2. Die Kathedra als Predigtort: der „Stuhl des Mose" und der Bischofsthron. Der „Lehrstuhl" hat per se eine symbolische Funktion, indem er der Person des Lehrenden Ort (z. B. im Scheitelpunkt der Apsis) und Stellung (Sitzen als Zeichen der besonderen Würde) zuweist.[63]

3. Ambonen in unterschiedlicher Gestalt und Funktion: Der Ambo in byzantinischen Kirchen befand sich analog zum syrischen Bema in der Mitte des Raumes. In römischen Kirchen befanden sich zwei Ambonen an den Chorschranken. In späterer Zeit entwickelten sich daraus Sängeremporen bzw. die Orgelempore.

4. Der Lettner als Ort der Verkündigung: Entgegen der landläufigen Ansicht, der Lettner sei ausschließlich Schranke zwischen Chor und Schiff, ist heute erwiesen, dass er vielerorts Kommunikationsort war, also verband statt trennte.

5. Die Kanzel: Die Kanzel ist zunächst ein außerliturgischer Predigt- und Lehrort. Sie hat ihren Platz im freien Kirchenschiff. In der Reformation konzentrierte sich vielerorts das Geschehen darauf unter Missachtung des Chors, der funktionslos wurde.

6. Lese- und Sängerpulte: Diese dienten vor allem der Feier der Tagzeitenliturgie und hatten unterschiedliche Gestalten (z. B. Adlerpulte, anthropomorphe Pulte).

7. Heutige Orte der Wortverkündigung: Ambo und Priestersitz.[64]

Christentum in der Spätantike. Münster 2001 (JAC.E 22); *A. Gerhards*, „Blickt nach Osten!" Die Ausrichtung von Priester und Gemeinde bei der Eucharistie – eine kritische Reflexion nachkonziliarer Liturgiereform vor dem Hintergrund der Geschichte des Kirchenbaus, in: Liturgia et Unitas. Liturgiewissenschaftliche und ökumenische Studien zur Eucharistie und zum gottesdienstlichen Leben in der Schweiz. Etudes liturgiques et œcuméniques sur l'Eucharistie et la vie liturgique en Suisse. In honorem Bruno Bürki. Hg. v. M. Klöckener – A. Join-Lambert. Fribourg – Genève 2001, 197–217.

[63] Bis in die Gegenwart hinein hat sich im Volksmund die Bezeichnung „Predigtstuhl" für die Kanzel erhalten.

[64] Vgl. die einschlägigen Dokumente: Leitlinien für den Bau und die Ausgestaltung von gottesdienstlichen Räumen. Handreichung der Liturgiekommission der Deut-

Die „Pastorale Einführung in das Messlektionar" (PEM)[65] sagt zum Ort der Wortverkündigung Folgendes: „Für die Verkündigung des Wortes Gottes muß es im Kirchenraum einen Ort geben, der der Bedeutung des Wortes Gottes angemessen ist und den Gläubigen bewußtmachen kann, daß ihnen der Tisch sowohl des Wortes wie des Leibes Christi bereitet wird." (PEM 32) Die Analogie von Ambo und Altar wird von der PEM noch weiter ausgeführt. So sollte in jeder Kirche „eine Lösung gesucht werden, bei der Ambo und Altar einander entsprechen und in richtiger Beziehung zueinander stehen" (PEM 32). Die Symbolhaftigkeit des Ambo wird in der folgenden Aussage unterstrichen: „Der Ambo soll je nach seiner Anlage ständig oder gelegentlich, vor allem an Hochfesten, auf einfache Weise geschmückt sein" (PEM 33). Die Homilie kann sowohl vom Ambo als auch vom Priestersitz aus erfolgen (PEM 26).

Für die konkrete Gestaltung ergeben sich zahlreiche Fragen, z. B.: Wie kommt die Analogie zum Altar angemessen zum Ausdruck? Ist sie so weit zu führen, dass der Ambo als ein zweiter Altar erscheint, oder soll der primäre Charakter des Buchpultes bzw. der Brüstung sichtbar bleiben?[66]

Beim Priestersitz stellt sich hinsichtlich Platzierung und Gestaltung die Frage, ob die repräsentative (Thron) oder die kommunikative Funktion im Vordergrund steht. Zwar wird der Leitungssitz deutlich vom Bischofsthron unterschieden, doch unterstreichen die Dokumente den priesterlichen Charakter dieses Ortes.[67]

8. Aufbewahrungsorte für die heiligen Schriften: Schließlich soll auf den Aufbewahrungsort für die heiligen Bücher außerhalb ihres liturgischen Gebrauchs hingewiesen werden. Der Toraschrein wurde bereits genannt. Analog dazu gab und gibt es den Evangelienschrein, dessen Verwandtschaft mit dem eucharistischen Taberna-

---

schen Bischofskonferenz. Hg. v. Sekretariat der Deutschen Bischofskonferenz. 5. überarb. Auflage. Bonn 2000 (Die deutschen Bischöfe 9); Liturgie und Bild. Eine Orientierungshilfe. Handreichung der Liturgiekommission der Deutschen Bischofskonferenz. Hg. v. Sekretariat der Deutschen Bischofskonferenz. Bonn 1996 (Arbeitshilfen 132).

[65] Pastorale Einführung in das Meßlektionar, in: Die Meßfeier – Dokumentensammlung. Auswahl für die Praxis. Hg. v. Sekretariat der Deutschen Bischofskonferenz. Bonn [7]1998 (Arbeitshilfen 77) 191–238, hier 201 f. [identisch mit: Ordo lectionum Missae. Leseordnung der Messe 21.1.1981, in: Dokumente zur Erneuerung der Liturgie. Dokumente des Apostolischen Stuhls 4.12.1973–3.12.1983. Übers., bearb. u. hg. v. M. Klöckener – H. Rennings . Kevelaer – Freiburg/Schw. 1997 (Dokumente zur Erneuerung der Liturgie 2) 520–573, hier: 537 f., Nr. 4088–4090].

[66] Vgl. *H. P. Neuheuser*, Das Bild vom Tisch des Wortes und des Brotes. Kernaussagen der Liturgiekonstitution zum Verhältnis von Wortliturgie und Eucharistiefeier, in: Wort und Buch in der Liturgie (wie Anm. 47) 133–169.

[67] Vgl. Institutio Generalis Missalis Romani (wie Anm. 27) Nr. 310.

kel aber nicht unumstritten ist.[68] In vielen Kirchen findet sich eine Buchablage, teilweise in Verbindung mit dem Ambo, die das aufgeschlagene Buch als Zeichen der Präsenz des Wortes über den Verkündigungsakt hinaus ermöglicht.

7. Incarnatio Verbi – die Frage nach dem missionarischen Charakter des Wortgottesdienstes

These: Die Zukunft des Wortgottesdienstes – und damit der Gegenwart des Wortes Gottes in der christlichen Gemeinde und in der Welt – hängt von der Fähigkeit der Kirche ab, dem Wort eine Gestalt zu geben, die es als unverwechselbares göttliches Wort und zugleich als Anruf an den heutigen Menschen erscheinen lässt. Nur dann können die „Hörer des Wortes" auch seine Zeuginnen und Zeugen sein und so dazu beitragen, dass sich die Kirche bis ans Ende der Zeiten versammelt, um das Wort zu hören und das Gedächtnis des Herrn zu feiern.

In seiner Einleitung zu dem nun in zweiter Auflage und neuer Aufmachung erschienenen Doppelband „Die missionarische Dimension der Liturgie" setzt sich Klemens Richter mit „Merkmalen der Liturgie in postmoderner Gesellschaft" auseinander. Das Problem besteht darin, die Mitte zwischen Offenheit und Verbindlichkeit zu wahren, zwischen Skylla postmoderner Beliebigkeit und Charybdis kultureller Verhaltensanomalie.[69] Es ist die Grundfrage Guardinis nach der Liturgiefähigkeit des heutigen Menschen, die sich mit der Zuspitzung auf die Frage nach Gott noch weiter radikalisiert hat.[70] Ein wesentlich neuer Faktor ist der Verlust des Kultmonopols der Kirche.[71]

Wie soll eine Liturgie aussehen, die einerseits die Menschen erreicht, andererseits die Ahnung des ganz anderen vermittelt, nach

---

[68] Vgl. *Nußbaum*, Zur Gegenwart Gottes/Christi im Wort (wie Anm. 47) 92.
[69] Vgl. *K. Richter*, Liturgie in nachchristlicher Gesellschaft?, in: Gott feiern in nachchristlicher Gesellschaft. Die missionarische Dimension der Liturgie. Hg. v. B. Kranemann – K. Richter – F.-P. Tebartz-van Elst. Stuttgart 2000, Teil 1, 9–19 [zuerst 1998 erschienen].
[70] Vgl. dazu den Kongressband: Heute Gott feiern. Liturgiefähigkeit des Menschen und Menschenfähigkeit der Liturgie. Hg. v. B. Kranemann – E. Nagel – E. Nübold. Freiburg/Br. 1999 (PLR-GD).
[71] Mit dieser Problematik befasste sich u. a. der Kongress der Arbeitsgemeinschaft katholischer Liturgikdozentinnen und -dozenten im deutschen Sprachgebiet 2000, der der Thematik der Liturgie im Umfeld des Todes im Kontext der modernen Gesellschaft gewidmet war.

dem sich auch heute viele Menschen sehnen, allen egoistischen und konsumistischen Attitüden zum Trotz? Teresa Berger plädiert im gerade genannten Band für eine liturgische Vielsprachigkeit, die subjektive Plattitüden wie objektive Allerweltsweisheiten meidet, die sich von der „Sprache der Welt" positiv abhebt und der Gebrochenheit heutiger Welt- und Lebenserfahrung Ausdruck verleiht.[72] Hier wird der Blick wieder auf die Gegensätze gelenkt, die die Autorin an anderer Stelle zur Sprache bringt[73] und die es auszuhalten gilt.

Ein Ansatz für die Befähigung zu polarem Denken scheint vordringlich in der Auseinandersetzung mit den modernen Künsten zu liegen. Ihre Bedeutung liegt wohl mehr im Bereich des produktiven Konflikts und weniger im doxologischen Bereich, wie die kirchlichen Dokumente suggerieren.[74] Die Sprache der Dichterinnen und Dichter unserer Zeit, die bildenden Künste, in gewissem Maße auch die darstellenden Künste sowie Film und neue Medien stellen eine Herausforderung und eine Chance dar, dem Wort Gottes neues Gehör zu verschaffen und eine Stellungnahme der Rezipienten zu provozieren. Die Kirche, d.h. konkret die Gemeinden, sollten sich dieser Herausforderung nicht verschließen. Die missionarische Bedeutung unserer Kirchenräume wird in jüngerer Zeit wiederentdeckt. Klemens Richter hat sich um dieses Thema bekanntlich besonders verdient gemacht.[75] Hier bieten sich noch ungeahnte Möglichkeiten, dem Wort Gottes Raum und Gestalt zu geben.

---

[72] *T. Berger*, Das Wort des Lebens. Zur missionarischen Dimension gottesdienstlicher Sprache, in: Gott feiern in nachchristlicher Gesellschaft (wie Anm. 69) Teil 1, 60–69.
[73] Vgl. oben Anm. 10.
[74] Vgl. Die Chance im Konflikt. Der Maler Herbert Falken und die Theologie. Hg. v. A. Gerhards. Regensburg 1999 (Kirche und Kunst im Gespräch 2, der., „Stimme der universalen Erlösungserwartung. Der theologische Ort der Kunst in Hinblick auf das Verhältnis von Liturgie und Bild, in: Architettura e arti per la liturgia. Atti del V congresso internazionale di Liturgia, Roma, Pontificio Istituto Liturgico, 12–15 ottobre 1999. Hg. v. E. Carr, Roma 2001 (Studia Anselmiana 131), 77–103.
[75] Vgl. z.B. *K. Richter*, Kirchenräume und Kirchenträume. Die Bedeutung des Kirchenraumes für eine lebendige Gemeinde. Freiburg/Br. 1998.

Die Predigt – Zentrum des Gottesdienstes?
Evangelische Einsichten zu einer fundamentalliturgischen Frage

Von Christian Grethlein, Münster

Liturgiewissenschaft in ökumenischer Perspektive[1] bzw. sogar ökumenische Liturgiewissenschaft, die sich dem Verhältnis katholischen und evangelischen Gottesdienstes widmet (und nicht mehr – wie lange Zeit – bei Ökumene primär das Verhältnis zwischen römisch-katholischer Kirche und orthodoxen Kirchen in den Blick nimmt),[2] ist in den letzten Jahren in verheißungsvoller Weise vorangetrieben worden. Dass dies nicht nur den publizistischen Bereich, sondern auch die gemeinsame akademische Lehre betrifft, ist zwar weniger spektakulär, aber wahrscheinlich nicht weniger wichtig. Auf beiden Gebieten, Forschung und Lehre, hat der Liturgiewissenschaftler Klemens Richter wichtige Impulse gegeben und wird sie hoffentlich weiter geben. Doch wären solche, gegenwärtig interessanterweise vor allem durch katholische Theologen und Theologinnen vorangetriebenen ökumenischen Bemühungen nicht hinreichend verstanden, wenn sie nur wissenschaftsimmanent begründet würden. Ein nicht unwesentlicher Impuls geht wohl von der pastoralen Verantwortung für liturgische Praxis aus. Die zunehmende Auflösung bzw. der Wegfall traditioneller konfessioneller Milieus sowie die gleichzeitige Ausbreitung allgemeiner gesellschaftlicher Entwicklungen, die mit Stichworten wie Pluralisierung, Ökonomisierung, Ästhetisierung benannt und in Programmbegriffen wie Risiko- und Erlebnisgesellschaft konzeptionell zusammengefasst werden, sind Rahmenbedingungen in Deutschland, die auch die Praxis der christlichen Kirchen betreffen und eine Herausforderung für die Gottesdienstgestaltung sind.

Es ist kein Geheimnis, dass mittlerweile nicht nur wenige evangelische Christen sonntags den Weg in die Kirche finden, sondern auch bei katholischen Christen der sonntägliche Messbesuch unregelmäßiger wird. Der Soziologe Michael N. Ebertz resümiert:

---

[1] Vgl. *T. Berger*, Prolegomena für eine ökumenische Liturgiewissenschaft, in: ALw 29. 1987, 1–18.
[2] Vgl. *F. Lurz*, Für eine ökumenische Liturgiewissenschaft, in: TThZ 108. 1999, 273–290.

„Mehr als 20 Mio. deutsche Katholiken verstoßen ... Sonntag für Sonntag gegen ein zentrales Kirchengebot, das sie subjektiv möglicherweise gar nicht mehr als ein solches interpretieren".[3] Besonders ausgeprägt ist diese Tendenz bei jüngeren Menschen. So gaben bei der jüngsten Shell-Umfrage 83 % der befragten 15- bis 24-jährigen Jugendlichen an, in den letzten vier Wochen an keinem Gottesdienst teilgenommen zu haben, 9 % waren einmal in der Kirche (bzw. Moschee), 4 % zweimal bzw. dreimal und öfter.[4] Berücksichtigt man noch, dass bei muslimischen Jugendlichen der Gottesdienstbesuch erheblich stärker ausgeprägt ist als bei christlichen, ist unübersehbar: Der sonntägliche Kirchgang ist zumindest bei jungen Christen zur Praxis einer kleinen Minderheit geworden.

Angesichts dieser Entwicklung ist es – vor dem Hintergrund der zwischen den Konfessionen grundsätzlich unstrittigen Einsicht in die Bedeutung des Gottesdienstes für christliches Leben – gut verständlich, dass konfessionsübergreifend Überlegungen angestellt werden, wie die Spannung zwischen empirischer Situation und theologischer Einsicht gemindert werden kann, um insgesamt die Kommunikation des Evangeliums zu fördern. Dabei ist neben konkreten Gestaltungsfragen die Frage nach dem Zentrum des Gottesdienstes unverzichtbar, soll es nicht zu theologisch problematischen Anpassungen oder Verkürzungen kommen. Hier hat – dies muss dankbar erwähnt werden – die evangelische Kirche im vergangenen 20. Jahrhundert von der Hochschätzung und Gestaltung der Eucharistie in der römisch-katholischen Kirche gelernt. Unübersehbar kommt dies z.B. in der Aufnahme sog. Eucharistiegebete in den gegenwärtigen evangelischen Agenden in Deutschland zum Ausdruck.[5] Umgekehrt hat es den Anschein, dass die katholische Liturgiewissenschaft, wesentlich getragen durch Impulse des II. Vatikanums, die Bedeutung des Wortes, und hier konkret der Predigt (bzw. der Homilie), entdeckt hat.

Gegenwärtig besteht die Arbeit Ökumenischer Liturgiewissenschaft – wie sie Friedrich Lurz methodisch und inhaltlich vorbildlich

---

[3] *M. N. Ebertz*, Einseitige und zweiseitige liturgische Handlungen. Gottes-Dienst in der entfalteten Moderne, in: Heute Gott feiern. Liturgiefähigkeit des Menschen und Menschenfähigkeit der Liturgie. Hg. v. B. Kranemann – E. Nagel – E. Nübold. Freiburg/Br. 1999 (PLR-GD) 14–38, hier 22.
[4] Vgl. *W. Fuchs-Heinritz*, Religion, in: *A. Fischer – Y. Fritzsche – W. Fuchs-Heinritz – R. Münchmeier,* Jugend 2000. Bd. 1. Opladen 2000 (Shell Jugendstudie 13) 157–180, hier 162.
[5] Vgl. *K. Richter*, Das eucharistische Hochgebet – ein Durchbruch zu ökumenischer Gemeinsamkeit, in: Vorgeschmack. Ökumenische Bemühungen um die Eucharistie. Festschrift für Theodor Schneider. Hg. v. B. J. Hilberath – D. Sattler. Mainz 1995, 308–325.

am Beispiel der Kurpfälzischen Kirchenordnung von 1563 demonstrierte[6] – darin, sich mit liturgischen Dokumenten bzw. Lebensäußerungen der anderen Konfession so zu beschäftigen, dass das Bemühen um Verstehen und die Bereitschaft zu lernen an erster Stelle steht – gegenüber früher üblicher Abgrenzung und Kritik. Ein, soweit ich sehen kann, noch kaum beschrittener Weg ist dagegen die Reflexion der eigenen Tradition gleichsam aus dem Blickwinkel wichtiger Fragen und Aufgaben der Schwesterkirche, wobei die ökumenische Perspektive im eigenen Haus zu einem gewissen Abstand von scheinbar Selbstverständlichem verhelfen kann und zugleich Lernmöglichkeiten für die Schwesterkirche und deren Liturgiewissenschaft anbietet. Ein solches Vorgehen erscheint mir besonders für eine Ökumenische Liturgiewissenschaft sinnvoll, die sich – als Konsequenz aus den bisherigen ökumenischen Bemühungen auf der ersten Ebene – der Tatsache gegenseitiger Lernprozesse stellt und deren Ergebnisse und Wirkungen reflektiert. Dies möchte ich im Folgenden am Beispiel der Stellung der Predigt im Gottesdienst skizzenhaft versuchen. Methodisch ist dies also ein Versuch zu einer Ökumenischen Liturgiewissenschaft auf einer gleichsam zweiten Ebene, die die sich anbahnenden oder bereits vollzogenen gegenseitigen Lernprozesse thematisiert und damit teilweise auch die Wirkungsgeschichte bisheriger ökumenischer Liturgiewissenschaft bearbeitet.[7]

1. „Wortgottesdienst"[8] in der römisch-katholischen Kirche in Deutschland

Versteht man unter „Wortgottesdienst" nicht einen zur Eucharistie hinführenden Teil der Messe,[9] sondern einen eigenständigen Got-

---

[6] *F. Lurz*, Die Feier des Abendmahls nach der Kurpfälzischen Kirchenordnung von 1563. Ein Beitrag zu einer ökumenischen Liturgiewissenschaft. Stuttgart 1998 (PTHe 39).
[7] Ich vermute auf Grund der z. T. schon sehr weitreichenden, z. T. jenseits der kanonistischen Bestimmungen liegenden ökumenischen Kooperation vor Ort, dass in einer empirisch arbeitenden Liturgik, die wesentlich die beobachtbaren liturgischen Vollzüge in den Gemeinden bearbeitet, diese zweite Ebene schon heute erhebliche Bedeutung hätte.
[8] Zur Problematik dieses Begriffs, insofern hier eine – erfahrungswissenschaftlich nicht durchhaltbare – Differenz zwischen „Wort" und „Sakrament" (bzw. „Wort" und „Zeichen") implizit vorausgesetzt wird, vgl. *K.-H. Bieritz*, Das Wort im Gottesdienst, in: *R. Berger* u. a., Gestalt des Gottesdienstes. Sprachliche und nichtsprachliche Ausdrucksformen. Regensburg ²1990 (GdK 3) 47–76, hier 51 f.
[9] Vgl. *H. B. Meyer*, Eucharistie. Geschichte, Theologie, Pastoral. Mit einem Beitrag v. I. Pahl. Regensburg 1989 (GdK 4) 339 f.

tesdienst, treten schnell Gesichtspunkte in den Blick, die auf dessen Attraktivität auch für katholische Gemeinden hinweisen:
– Aus der wichtigen Einsicht des Ökumenismusdekrets des II. Vatikanums: „Die Sorge um die Wiederherstellung der Einheit ist Sache der ganzen Kirche, sowohl der Gläubigen wie auch der Hirten, und geht einen jeden an" (UR 5) folgt unmittelbar die Bedeutung ökumenischer Gottesdienste.[10] Da – abgesehen von extremen Einzelfällen[11] – die Eucharistie aus kanonistischen Gründen nicht gemeinsam von katholischen und evangelischen Christen gefeiert werden darf, bleibt nur die Feier eines Wortgottesdienstes, um die eben zitierte Konzilsaussage auch im liturgischen Leben Gestalt gewinnen zu lassen.
– Pastoral unvermeidbar erscheint – bei der gegenwärtigen kirchenrechtlichen Lage – die Feier des selbständigen Wortgottesdienstes in den Gemeinden, deren sonn- und festtäglicher Gottesdienst nicht von einem Priester geleitet werden kann. Angesichts des nicht nur in Deutschland um sich greifenden Priestermangels ist dies keineswegs mehr eine Ausnahmesituation. Der dann an die Stelle der Messe mit dem Zentrum der Eucharistiefeier tretende Wortgottesdienst, ob mit oder ohne Kommunion gefeiert,[12] bedarf eines angemessenen theologischen Verständnisses, wobei hier der Predigt, und zwar der Reflexion über ihre Stellung im Gottesdienst, besondere Bedeutung zukommt.
– Noch nicht allgemein beachtet, aber ekklesiologisch nicht weniger dringlich wird das Anliegen von Wortgottesdiensten durch die Tatsache, dass die sozialisatorische Prägekraft auch im Bereich der katholischen Kirche deutlich nachlässt. Nicht nur in Ostdeutschland, sondern auch in westdeutschen Gemeinden dürften Kirchgänger zunehmend zu dem Personenkreis zu rechnen sein, den Paulus – durchaus wohlwollend, ja in gewissem Sinn zu einem liturgischen Kriterium erhebend – „idiotai" nennt (1 Kor 14,16.23), also Menschen, die zwar am christlichen Glauben Interesse haben, aber noch mehr wissen bzw. erfahren wollen, bevor sie sich nachhaltig für eine christliche Existenz entschei-

---

[10] Allerdings muss darauf hingewiesen werden, dass dieser ökumenische Impuls im gegenwärtigen (westlichen) Kirchenrecht nur unzureichend aufgenommen wird (vgl. *S. Demel*, Gestufte Gemeinschaft der christlichen Kirchen. Theologisch-rechtliche Aspekte für eine gelingende Ökumene auf gesamt- und teilkirchlicher Ebene, in: Universales und partikulares Recht in der Kirche. Konkurrierende oder integrierende Faktoren? Hg. v. P. Krämer – S. Demel – L. Gerosa – L. Müller. Paderborn 1999, 99–103).
[11] Vgl. ebd. 101.
[12] Vgl. hierzu und zu den daraus erwachsenden Problemen *Meyer*, Eucharistie (wie Anm. 9) 557–559.

den.¹³ Für solche Menschen ist die Eucharistiefeier mit einem hierauf zentrierten Wortgottesdienstteil in der Regel eine geistliche Überforderung. Die zunehmend weniger durch einen selbstverständlichen Zugang zum Christentum charakterisierbare religiöse Gesamtsituation in Deutschland erfordert demnach eine Zunahme von einladend gestalteten Gottesdiensten, die keine besonderen bzw. möglichst wenige spirituelle Anforderungen an die Mitfeiernden stellen, eben von Wortgottesdiensten.

Von daher erscheint mir aus unterschiedlichen, nämlich ökumenischen, pastoralen sowie katechetisch-missionarischen Perspektiven eine genauere praktisch-theologische Klärung des Wortgottesdienstes (im engeren Sinn) auch in der römisch-katholischen Liturgiewissenschaft unverzichtbar. Dazu will ich als einen Baustein im Sinne der genannten Ökumenischen Liturgiewissenschaft auf der zweiten Ebene die Erfahrungen evangelischer Liturgik mit der Dominanz der Predigt im Sonntagsgottesdienst anbieten.

2. Anliegen und Grenzen der Predigt im liturgischen Vollzug – Einsichten aus der evangelischen Liturgiegeschichte

2.1 Reformatorisches Anliegen

Martin Luther formulierte – mit großer Wirkung – in seiner Pfingsten 1523 erschienenen Schrift „Von Ordnung Gottesdiensts in der Gemeine" als „Meta-Regel für alles gottesdienstliche Handeln": „das es ia alles geschehe / das das wort ym schwang gehe / und nicht widderumb eyn loren und dohnen draus werde" (WA 12,37). Unter „Wort" versteht Luther dabei gewiss kein weitgefasstes, umständlich philosophisch formuliertes Abstraktum, sondern das konkrete mündliche Wort, vorzüglich in der christusbezogenen Predigt. Denn das Wort ist für ihn das Medium, durch das das Christusereignis „zu uns kommt und sich uns zu eigen gibt".¹⁴ Allein diese Betonung der Predigt scheint sicherzustellen, dass die Missbräuche damaligen Gottesdienstes, die Luther in der genannten kleinen Schrift konstatieren muss, vermieden werden: nämlich Verschweigen des Wortes Gottes, das Eindringen „unchristlicher Fabeln und Lügen" sowie das Missverständnis des Gottesdienstes als verdienstliches

---

[13] W. *Bauer*, Der Wortgottesdienst der ältesten Christen, in: *ders.*, Aufsätze und kleine Schriften. Hg. v. G. Strecker. Tübingen 1967, 155–209, hier 168.
[14] K.-H. *Bieritz*, Verbum facit fidem. Homiletische Anmerkungen zu einer Lutherpredigt, in: *ders.*, Zeichen setzen. Beiträge zu Gottesdienst und Predigt. Stuttgart 1995, 123–136, hier 127.

Werk (vgl. WA 12,35). Interessant ist dabei, dass für den Wittenberger Theologieprofessor die überlieferten biblischen Lesungen und Gesänge, vor allem in den Horen, aber auch im Messgottesdienst, nicht ausreichend erscheinen. Er tituliert sie despektierlich als „loren und dohnen" (heulen und lärmen); ja noch drastischer: in den Klöstern und Stiften wurden bisher mit den Lektionen nur „die wende angeblehet" (WA 12,36). Offensichtlich geht es ihm nicht nur um einen liturgisch korrekten Vollzug. Vielmehr ist er an inhaltlichen Fragen der Bedeutung interessiert. Auch die Schriftlesung kann aus rechtfertigungstheologischer Perspektive verkehrt werden. Allein die christusbezogene Predigt vermag dem zu wehren. Dies ist systematisch darin gegründet, dass der Mensch sich sein Heil nicht selbst schaffen kann, sondern allein durch das von außen ihm zugesagte Wort Gottes einen in Leben und Sterben tragenden Sinn finden kann.

2.2 Probleme in der Wirkungsgeschichte

Wirkungsgeschichtlich entstand aus diesem und ähnlich vehementen Plädoyers für christusbezogene Predigt – begünstigt noch durch weitere Faktoren – im Laufe der Zeit in den reformatorischen Kirchen ein deutlich durch die Predigt bestimmter Sonntagsgottesdienst, der bis heute in den meisten evangelischen Gemeinden Deutschlands zu finden ist.

Doch dies ist keine ungebrochene Tradition. Schon in der ersten Hälfte des 17. Jahrhunderts traten Probleme mit der Dominanz der Predigt auf. Indirekt scheinen sie in dem rhetorischen Grundsatz des Rostocker Theologieprofessors Paul Tarnow in seiner Rektoratsrede „De Novo Evangelio" (1624) durch, „daß der Prediger selbst von dem glühen muß, was er ansteckend vermitteln will".[15] Und wenig später – gleichsam im Vorgriff zu pietistischen Einsichten – eröffnet Johann Schmidt seiner Gemeinde: „Wie der Prediger kalt vnd erloschen; also wird er kalte und erloschene Zuhörer lassen: ja / wann er sie nur nicht kälter machet!"[16]

Doch es kommt nicht nur – in durchaus gefährlicher Spannung zum antidonatistischen Artikel 8 der Confessio Augustana – zur Forderung an die Prediger. Zunehmend treten über die offensichtlich nicht – wie gewünscht – erfüllte Vermittlungsaufgabe auch die Zuhörer ins Blickfeld pastoraler Reflexion. So unterscheidet Tar-

---

[15] Zit. nach U. Sträter, Meditation und Kirchenreform in der lutherischen Kirche des 17. Jahrhunderts. Tübingen 1995 (BHTh 91) 95.
[16] Zit. nach ebd. 96.

now „wahre Christen und scheinbare; unter den wahren Christen solche, die in ihrem Christentum eifrig voranschreiten, und andere, die nachlassen oder gar säumig werden; unter den scheinbaren Christen wiederum solche, die ihre Heuchelei kunstvoll zu tarnen wissen, und andere, die offen in Sünden leben." Es gilt nun für den Prediger, jede dieser Gruppen durch die Predigt zu spezifischen Affekten zu bewegen: „die Scheinchristen zu dolor und indignatio über ihre Sünden, zu metus vor der Strafe Gottes und der ewigen Verdammnis, zu spes auf das göttliche Erbarmen; die eifrigen Christen zu Vertiefung ihres Glaubenslebens in amor Dei, dilectio und misericordia zur Erfüllung des Amtes der Nächstenliebe; die Strauchelnden zu dolor und spes."[17] Dazu kommen dann noch Differenzierungen nach Bildungsgrad, Alter, Geschlecht, sozialer Stellung.

Kurzum: Schon etwa hundert Jahre nach der Forderung Luthers, „daß das Wort im Schwange gehe", und dem durch ihn initiierten homiletischen Aufbruch begegnen Probleme, die uns bis heute in der Homiletik beschäftigen; knapp formuliert: mangelnde Ausstrahlung von Predigern (und Predigerinnen) und mangelnde Differenzierbarkeit der Predigt hinsichtlich der verschiedenen Zuhörer. Beides führte – heute wohl nur noch Kirchenhistorikern bewusst – bis zum Ende des 17. Jahrhunderts zu einer tiefen Predigtkrise im deutschen Luthertum. Immer häufiger begegnet die Forderung nach Privatmeditation, vor allem der täglichen Meditation der Bibel. Interessant ist hier – vor dem Hintergrund der Betonung der Eucharistie bei den Katholiken –, dass sich für die Meditation bald Bilder fanden, die herkömmlich für die Verarbeitung von Speise gebraucht wurden, recht derb formuliert: „ruminatio", aber auch „süsse Erquickung des Geistes"[18] oder „Vorschmack des ewigen Lebens"[19] u. Ä. Finden sich hier unbewusst Hinweise der Angewiesenheit verbaler Äußerungen auf die Mahlgemeinschaft? „Versuche, den Sachverhalt für die lutherische Kirche allgemein und verbindlich zu klären, insbesondere auch eine sachgerechte Unterscheidung zwischen Meditation und Kontemplation zu finden, sind im entstehenden Streit zwischen Orthodoxie und Pietismus untergegangen."[20]

Auch die Bemühungen, durch vorgeschaltete Katechesen o. Ä. den Erfolg der Predigt zu verbessern, waren – blickt man etwa in Visitationsprotokolle der damaligen Zeit – weithin erfolglos. Zu-

---
[17] Ebd. 96 f.
[18] Ebd. 116.
[19] Ebd. 117.
[20] Ebd. 118.

nehmend wurde deutlich: „Nicht das pastorale Handeln am Zuhörer, sondern das eigene Handeln des als Subjekt wiederentdeckten Zuhörers kann den Kopf ins Herz bringen."[21] Entsprechend schloss etwa Spener in seine Bitte um göttlichen Segen neben der Arbeit der Pfarrer und Lehrer auch die der Zuhörer mit ein. Udo Sträter, der die hier kurz skizzierten Prozesse ausführlich untersucht hat, resümiert diese Entwicklung: „In den Handbüchern der christlichen Lebensführung entstand parallel zum ‚Predigtauftritt' des Pfarrers in der Kirche ein vielstufiges System der begleitenden Gebete, Memoriervorgänge und Betrachtungen des Zuhörers. ... Hinter diesen als notwendig verkündeten Übungen des cultus privatus rückte die Predigt, allen Beschwörungen ihrer unangefochtenen Stellung zum Trotz, zwangsläufig in den Hintergrund. In den Vordergrund traten die Formen und Medien individueller Verkündigung, die der meditierenden Applikation besser entsprachen als die dahinfließende Predigt."[22]

Allerdings war dies – wie die Pietismusforschung zeigt – nur der Weg einer frommen Minderheit. Die Mehrheit der Evangelischen entzog sich immer mehr dem sonntäglichen Gottesdienst bzw. der Predigt. Versuche in der Aufklärung, die Predigt zu aktualisieren, brachten teilweise – im Nachhinein gesehen – kuriose Blüten eines moralistisch und utilitaristisch verengten Religionsverständnisses hervor, ohne für die Verkündigung der Christusbotschaft grundlegend neues Terrain zu gewinnen. Dies lag auch am Aufkommen öffentlichkeitswirksamer Medien auf dem neuen literarischen Markt, der zunehmend säkular-moralische Produkte zur sittlichen Erbauung feilbot und so für die Gebildeteren einen Predigtersatz zur Verfügung stellte.

Dass offensichtlich die Form der Kanzelrede selbst in der Moderne erhebliche Probleme mit sich bringt, wird daraus deutlich, dass das 19. Jahrhundert zum einen als „eine Blütezeit der Predigt"[23] charakterisiert werden kann, zugleich aber die Zeit ist, in der – aus verschiedenen Gründen – der sonntägliche Kirchgang vor allem in den evangelischen Gemeinden der Großstädte erheblich zurückging. Zwar gelang es hervorragenden Predigern wie Schleiermacher, unter ihrer Kanzel große Zuhörerzahlen zu versammeln, doch blieben sie aufs Ganze gesehen Ausnahmen. Deshalb polemisierten auch am Übergang vom 19. zum 20. Jahrhundert Vertreter der neu

---

[21] Ebd. 126.
[22] Ebd. 144.
[23] F. *Wintzer*, Art. Predigt IX. Evangelische Predigt im 19. und 20. Jahrhundert, in: TRE 27. 1997, 311–330, hier 311.

aufkommenden Gemeindeaufbau-Bewegung – wie Emil Sulze – gegen das „Alleinpredigen"[24]. Und auch die theologisch massiv und vehement vorgetragene Dominanz der Predigt in der Dialektischen Theologie konnte nur mancherorts und kurzzeitig die sonntäglichen Gottesdienste füllen. Auffällig ist für die theologischen und pastoralen Reflexionen dieser Bewegung das weitgehende Fehlen einer Verbindung von Homiletik und Liturgik.

2.3 Heutige Probleme

Grundsätzlich ist heute eine allgemeine Aversion gegen die Predigt unübersehbar. Sie äußert sich unverblümt in der Umgangssprache. „Er hat gepredigt" oder gar „er hat mich angepredigt" gilt als vernichtendes Urteil über eine Äußerung. Die Umgangssprache entlarvt, dass Predigt als ein vom sonstigen Leben der Menschen isolierter, doktrinärer Sprechakt verstanden und weithin gemieden wird. Und ein Aufschlagen einschlägiger Witzblätter verstärkt diesen Eindruck.

Ohne diesen – für evangelische Theologen zugegebenermaßen bedrückenden – Befund abschwächen zu wollen, ist aber bei genauerer Analyse der heutigen Problemlage noch auf Spannungen der gegenwärtigen homiletisch-liturgischen Situation in den evangelischen Sonntagsgottesdiensten hinzuweisen:

– Im Bewusstsein der Gemeindeglieder, aber auch der Pfarrerinnen und Pfarrer steht die Predigt nach wie vor im Mittelpunkt. Die seit etwa einhundert Jahren in der evangelischen Liturgik vorgetragenen Bemühungen, das Abendmahl als festen Bestandteil des Sonntagsgottesdienstes in evangelischen Kirchen zu etablieren, sind – trotz agendarischer Unterstützung – insgesamt fehlgeschlagen, auch wenn heute in den meisten evangelischen Gemeinden etwa im Monatsrhythmus Abendmahl gefeiert wird. Tatsächlich geht offensichtlich ein recht kleiner Teil der Evangelischen deutlich häufiger zum Tisch des Herrn, während das Gros fernbleibt.

Dem entspricht, dass die Pfarrerinnen und Pfarrer der Predigt viel Zeit bei der Gottesdienstvorbereitung widmen, die liturgische Gestaltung aber immer noch als nebensächlich vernachlässigen.[25] Und auch die meisten Kirchgänger rekurrieren, zum Got-

---

[24] Ebd. 320.
[25] Es muss offen bleiben, ob das Evangelische Gottesdienstbuch mit seinem immanenten Zwang zu liturgischer Reflexion hier zu Veränderungen führt. Ich halte es für

tesdienst befragt, primär auf die Predigt. Auf der anderen Seite sind in den letzten dreißig Jahren die Predigten deutlich kürzer geworden und nehmen oft nur noch ein Viertel oder noch weniger der gesamten Gottesdienstzeit in Anspruch, ohne dass dies bisher in seinen homiletischen und zugleich liturgischen Konsequenzen bedacht worden wäre.

– Nicht wenige evangelische Kirchenmitglieder decodieren die Predigt – entgegen der homiletischen Theorie und dem Bemühen der Pfarrer und Pfarrerinnen – als Ritus, nicht als freie Rede. Deutlich wurde mir dies im Religionsunterricht einer 8. Gymnasialklasse: „Bei der Durchnahme des Gottesdienstes ... waren Schüler, die auf Grund des vorangegangenen Konfirmandenunterrichts in letzter Zeit häufig den (Sonntags-)Gottesdienst besucht hatten, erstaunt darüber, daß jeder Predigt ein anderer Text zu Grunde liegt und daß jede Predigt (im Normalfall) vom Pfarrer selbst vorbereitet wird. Sie hatten angenommen, der Pfarrer verlese jeden Sonntag (wie sonst auch im Gottesdienst) dasselbe."[26] Offensichtlich geht – jedenfalls für diese jungen Menschen – das Wort nicht „im Schwange", sondern jetzt ist die Predigt selbst ein „loren und dohnen".

– Umgekehrt ergaben Befragungen von Predigthörern, dass es z.T. zu erstaunlich kreativem Umgang mit dem Gehörten kommt. Fehlstellen in der Predigt werden eigenständig ergänzt, Anwendungen für das eigene Leben eingetragen usw.[27] Allerdings wird ebenso Anstößiges gelöscht bzw. uminterpretiert. Das im Konzept der Predigt als „offenem Kunstwerk"[28] Angeregte ist offensichtlich nicht selten Realität, ohne dass es jedoch wohl von den meisten Predigerinnen und Predigern hinreichend homiletisch bedacht und bei der Predigtvorbereitung fruchtbar gemacht würde. Auch bleibt in der Regel jedes Gemeindeglied mit seiner Predigt-Rezeption allein; es kommt also – in praktisch-theologischen Kategorien gesprochen – nicht zu einem Beitrag zum Gemeindeaufbau.

---

wahrscheinlicher, dass es unter der Hand zu einem Fortbestand der – mehr oder weniger modifizierten – bisherigen Gottesdienstordnungen kommt.

[26] *Chr. Grethlein*, Abriß der Liturgik. Ein Studienbuch zur Gottesdienstgestaltung. Gütersloh ²1991, 144.

[27] Vgl. die Ergebnisse von *K.-F. Daiber – H. W. Dannowski – W. Lukatis – L. Ulrich*, Gemeinden erleben ihre Gottesdienste. Erfahrungsberichte. Gütersloh 1978, 116f.

[28] Vgl. *G. M. Martin*, Predigt als ‚offenes Kunstwerk'? Zum Dialog zwischen Homiletik und Rezeptionsästhetik, in: EvTh 44. 1984, 46–58; *A. Beutel*, Offene Predigt. Homiletische Bemerkungen zu Sprache und Sache, in: PTh 77. 1988, 518–537.

3. Aufgaben der Predigt im christlichen Gottesdienst und daraus resultierende homiletische Anforderungen

Angesichts der anhand der Diskurse des 17. Jahrhunderts etwas näher erläuterten großen Probleme mit der Predigt in der Geschichte der Gottesdienste reformatorischer Kirchen und mancher empirischer Befunde könnte man versucht sein, sich auch evangelischerseits einseitig an einem auf die Eucharistiefeier zentrierten Gottesdienstverständnis zu orientieren und katholische Liturgiewissenschaftler vor einem zu starken Engagement für den Wortgottesdienst und damit auch die Predigt zu warnen. Doch sprechen dagegen katechetisch-missionarische, pastorale und theologisch-dogmatische Gründe. Zugleich kommen beim Nachdenken hierüber aber auch – gleichsam vice versa – Probleme der Predigt in den Blick, die dann in einem zweiten Schritt noch einmal eine grundsätzliche Reflexion zu Predigt und Wortgottesdienst erfordern.

3.1 Aufgaben der Predigt

– Katechetisch-missionarisch ist – in Aufnahme des eingangs Gesagten – daran zu erinnern, dass die Zahl der „idiotai", also der nicht oder nur noch rudimentär christlich-religiös Sozialisierten, in Deutschland weiter zunehmen dürfte. Gottesdienste mit Eucharistiefeier im Zentrum überfordern solche Menschen in der Regel, auch abgesehen von allen Problemen hinsichtlich des Zusammenhangs von Taufe und Eucharistie. Umgekehrt benötigen diese Menschen auch Grundinformationen zum christlichen Glauben, die nur verbal vermittelbar sind. Die Distanz vieler Menschen zum „Anpredigen" warnt aber davor, diese Notwendigkeit vorschnell durch Rekurs auf die traditionelle Kanzelrede erfüllt zu sehen. Allerdings erscheint im Gottesdienst – jedenfalls in der Regel – ein Ort unverzichtbar, an dem es in diskursiver Weise zu einer Auseinandersetzung mit gegenwärtig attraktiven Wirklichkeitsdeutungen und Handlungskonzepten aus der Perspektive des Evangeliums kommt; sonst droht ein Rückfall hinter die reformatorische Einsicht in die Unmittelbarkeit der Beziehung jedes einzelnen Menschen zu Gott und die u. a. hierin begründete aufklärerische Bestimmung der Mündigkeit und Verantwortlichkeit.

– Pastoral verdient die Frage nach den „Normen der Häufigkeit liturgischer Feiern"[29] neues Interesse. Als evangelischer Theologe

---

[29] Vgl. A. A. *Häußling*, Normen der Häufigkeit liturgischer Feiern, in: *ders.*, Christli-

vernimmt man mit Interesse kritische, von der Liturgiekonstitution des II. Vatikanums her bestimmte Anfragen katholischer Theologen gegenüber der eucharistischen Praxis ihrer Kirche, etwa dahingehend, „ob ein voller, bewußter und tätiger Mitvollzug der eucharistischen Anamnese wirklich so oft gelingen kann".[30] Auf evangelischer Seite ist allerdings – bedauerlicherweise – diese Frage hinsichtlich der Predigt noch nicht gestellt worden. Denn sie ergäbe auch hier Sinn, zum einen hinsichtlich der Rezeptionskapazität von Kirchgängern, zum anderen hinsichtlich der Produktivität von Pfarrern und Pfarrerinnen. Dazu müsste aber die für reformatorische Kirchen grundlegende Aufgabe, das Wort „im Schwange" zu halten, also die Kommunikation des Evangeliums zu fördern, von der traditionell üblichen, exklusiven (!) Bindung an die Predigt gelöst werden. Mut könnte dazu die Tatsache machen, dass – wie zitiert – Luther selbst sich kritisch gegenüber bestimmten Formen der Schriftlesung äußerte, weil er nicht auf die Erfüllung von angeblich Unverzichtbarem fixiert war, sondern die inhaltliche Rezeption des Evangeliums durch die Gottesdienstgemeinde fördern wollte.

– Hinsichtlich der Häufigkeit von Eucharistiefeiern hat Herbert Vorgrimler theologisch-dogmatisch überzeugend davor gewarnt, dass „die eucharistische Frömmigkeit nicht zur Abwertung der pneumatischen Realpräsenz Jesu führen" dürfe.[31] Und: Droht nicht eine einseitige Betonung des Pascha-Mysteriums „die Anamnese des Lebens Jesu vor seinem Leiden" zu beeinträchtigen?[32] Weiter fragt er, ob „wirklich bei allen Festen des Kirchenjahres die Verbindung mit dem Pascha-Mysterium nicht nur mit langwierigen theoretischen Überlegungen hergestellt, sondern auch bewußtseinsmäßig mitvollzogen werden kann".[33] Ebenso gilt es, umgekehrt zu fragen, ob wirklich jeder biblische Text der Predigt bedarf, oder ob manche gut gemeinte Homilie nicht eher die unmittelbar bis heute spürbare Kraft und Aktualität eines biblischen Textes mindert, wogegen etwa musikalische oder bildnerische Inszenierungen eher die Kommunikation des Evangeliums initiieren oder fördern könnten.

---

che Identität aus der Liturgie. Theologische und historische Studien zum Gottesdienst der Kirche. Hg. v. M. Klöckener – B. Kranemann – M. B. Merz. Münster 1997 (LQF 79) 164–177 [zuerst 1978/79 erschienen].
[30] *H. Vorgrimler*, Die Liturgie – ein Bild der Kirche. Anfragen der systematischen Theologie, in: Heute Gott feiern (wie Anm. 3) 39–56, hier 51.
[31] Ebd. 52.
[32] Ebd.
[33] Ebd.

Demnach verbieten also unterschiedliche, praktisch-theologisch relevante Gesichtspunkte zugleich, Gottesdienste ohne Eucharistiefeier (und auch ohne Kommunion) in ihrer Bedeutung zu unterschätzen, aber auch Wortgottesdienste mit der Predigt im Mittelpunkt zu überschätzen.

3.2 Neuere homiletische Ansätze

Allerdings bestehen noch die umgangssprachlich am deutlichsten begegnenden Probleme der Predigt. Für die Auseinandersetzung hiermit, die für die Gestaltung des Wortgottesdienstes konstitutive Bedeutung hat, erscheint mir eine Differenzierung im Predigtbegriff unverzichtbar. In der Tat muss – wie bereits angedeutet – gefragt werden, ob die herkömmliche Predigt als Auslegung eines Schriftwortes, etwa im strengsten Sinn in Form einer Homilie, zumindest in katechetisch-missionarischer Hinsicht weiterführt. Denn eine textbezogene Predigt setzt ja in der Regel schon eine Anerkenntnis der besonderen Dignität der Bibel als Buch voraus. Doch muss jede Predigt sich unmittelbar autoritativ auf einen Schrifttext beziehen, also eine Voraussetzung in Anspruch nehmen, die von vielen Menschen nicht geteilt wird?

– Hier weist die Neuentdeckung der Mündlichkeit („orality"[34]) in der sog. „Homiletical Revolution" der USA, aber auch in Frankreich,[35] einen Ausweg. Nicht zuletzt durch Einbeziehung von medientheoretischen Befunden in die homiletische Diskussion wurde man wieder auf die ursprüngliche Mündlichkeit des biblischen Wortes aufmerksam und verstand dementsprechend die Predigt im Sinne einer Kultur des Mündlichen. Die „Gutenberg-Homiletik", also die am geschriebenen Text orientierte und dann auch zur Produktion schriftlicher Predigtmanuskripte führende traditionelle Predigtkultur, wird hier von der Predigtvorbereitung bis hin zum Predigtvortrag in Frage gestellt. Dahinter steht eine tief greifende Veränderung in der homiletischen Hermeneutik. Es geht nicht mehr – wie im „deduktiven Predigtmodell" – darum, die Glaubenswahrheit zu erklären, sondern induktiv darum, „Erfahrungen des Glaubens zu teilen".[36] Dies gelingt nicht durch das mehr oder weniger geschickte Vorlesen eines vorformulierten

---

[34] W. J. Ong, Orality and Literacy. The Technologizing of the Word. London – New York 1982.
[35] Vgl. M. Nicol, In den Spuren von Alexandre Vinet. Neue Wege der französischsprachigen Homiletik, in: International Journal of Practical Theology 2. 1998, 196–207.
[36] M. Nicol, Homiletik. Positionsbestimmungen in den neunziger Jahren, in: ThLZ 123. 1998, 1049–1066, hier 1051.

Textes oder die möglichst textnahe Auslegung eines Bibeltextes, sondern gewinnt nur durch freie, die konkrete Situation unmittelbar aufnehmende Predigtweise Gestalt. Nicht zuletzt Anregungen aus der Predigtkultur afroamerikanischer Gemeinden führen zu einer „Ereignishomiletik", also einem Verständnis von Predigt als „performance",[37] die sich inhaltlich dem biblischen Zeugnis verdankt, aber die personale Vermittlung dieses Zeugnisses homiletisch ernst nimmt.

Bei einem solchen Predigtverständnis ist die traditionelle Trennung von Homiletik und Liturgik nicht mehr aufrechtzuerhalten. Es gilt, den gesamten Gottesdienst als Kommunikationsgeschehen zu gestalten, sowohl in seinen verbalen als auch nonverbalen Teilen. In der Abkehr von der Auffassung, die bloße Rezitation der verba testamenti sei die adäquateste (verbale) Form der Mahlfeier, und der Zuwendung zu einer personal durch die Gebetsstruktur vermittelten, am Modell der jüdischen Segenspraxis orientierten Eucharistiefeier ist evangelische Liturgik diesen Weg, wenigstens großenteils,[38] schon gegangen. Jetzt gilt es, diese Erkenntnis auch homiletisch einzuholen. Der Tatsache, dass im Gottesdienst eben traditionell die Menschen das Evangelium nicht in mitgebrachten Bibeln für sich lesen, sondern gemeinsam hören, ist auf dem Hintergrund der Unterscheidung von originalen, personalen und apersonalen Medien[39] gestaltungsmäßig Rechnung zu tragen.

– Diese Überlegungen können auch zu einer Präzision des Begriffs „Wortgottesdienst" führen. Wird Gottesdienst als Kommunikationsgeschehen verstanden, so impliziert das ein handlungstheoretisches Verständnis auch von verbal Geäußertem. Der Zusammenhang von Predigt, Predigtort – ob etwa in einer gotischen Kirche oder in einem Mehrzweckraum –, Lichtverhältnissen, got-

---

[37] Ebd. 1051 f.
[38] Vgl. dagegen *D. Wendebourg*, Den falschen Weg Roms zu Ende gegangen? Zur gegenwärtigen Diskussion über Martin Luthers Gottesdienstreform und ihr Verhältnis zu den Traditionen der Alten Kirche, in: ZThK 94. 1997, 437–467 (zu den Vorläufern hiervon vgl. die Zusammenstellung bei *F. Lurz*, Die Einführung des Evangelischen Gottesdienstbuches – ein Ereignis von ökumenischer Relevanz, in: ThLZ 125. 2000, 231–250, hier 245 f. Anm. 72); vgl. die Kritik an Wendebourgs Thesen bei *H.-Chr. Schmidt-Lauber – F. Schulz*, Kerygmatisches oder eucharistisches Abendmahlsverständnis? Antwort auf eine kritische Herausforderung der gegenwärtigen Liturgiewissenschaft, in: LJ 49. 1999, 93–114, die allerdings primär historisch argumentieren und die durch den Gegenstand eines Ritus gegebene kommunikationstheoretische Ebene nicht betreten.
[39] Vgl. *H. Wokittel*, Medienbegriff und Medienbewertungen in der pädagogischen Theoriegeschichte, in: Handbuch der Medienpädagogik. Hg. v. S. Hiegemann – W. H. Swoboda. Opladen 1994, 25–36, hier 26.

tesdienstlicher Musik – ob etwa Orgelspiel oder der Gesang einer Kindergartengruppe – u. Ä. tritt dann in den Blick. Aus dieser Perspektive ist die traditionelle Unterscheidung von Wort- und Sakramentsgottesdienst nur begrenzt hilfreich, insofern nichtverbale Zeichen auch den Wortgottesdienst nachhaltig prägen, wie umgekehrt gesprochene Worte wesentlich das Sakrament bestimmen. Vielleicht wird hier in der Zukunft eine stärkere Einbeziehung der unterschiedlichen Adressatengruppen zu liturgischen Differenzierungen führen, die weniger missverständlich und zugleich für die konkreten Erfordernisse der Pastoral offener sind. In diesem Zusammenhang könnte zum einen die frühere Unterscheidung zwischen Missions- und Gemeindegottesdienst[40] eine Richtung weisen, insofern sie auf die Relevanz unterschiedlicher Partizipationsformen am Christentum für die liturgische Gestaltungsaufgabe hinweist. Zum anderen können die sog. Kasualgottesdienste als liturgische Versuche verstanden werden, biographiebezogen verbale und nonverbale Kommunikation mit dem Evangelium zu inszenieren.

– Schließlich gilt es, im Überschritt von Liturgik zur Pastoral noch das bisher vorausgesetzte, rituelle Gottesdienstverständnis zumindest grundsätzlich zu öffnen und damit auch auf die Predigt als eine Möglichkeit der Kommunikation des Evangeliums neben anderen hinzuweisen. Das von Paulus in Röm 12,1f. formulierte Gottesdienstverständnis der „logike latreia", als des Gottesdienstes im Alltag der Welt, ist grundlegend für ein evangeliumgemäßes, den Bereich des Kultes übersteigendes Gottesdienstverständnis. Demnach ist der Zusammenhang von gottesdienstlichem Geschehen und alltäglichem Leben ein wichtiges liturgisches Kriterium. Angesichts der tiefen Wandlungen in den Kommunikationsprozessen durch technische Innovationen stehen katholische und evangelische Theologen und Pfarrer vor derselben gewaltigen Aufgabe: das Wort „im Schwange" zu halten unter den Bedingungen einer reflexiv modernen Gesellschaft mit zunehmend durch die elektronischen Medien geprägten Kommunikationsbedingungen. Das gegenseitige Lernen zwischen den Konfessionen ist dabei eine wichtige, m. E. unverzichtbare Hilfe.

---

[40] Vgl. den Beitrag von *V. Vajta*, in: Gottesdienst in einem säkularisierten Zeitalter. Eine Konsultation der Kommission für Glauben und Kirchenverfassung des Ökumenischen Rates der Kirchen. In deutscher Sprache mit einem Vorwort von L. Vischer und einem Konsultationsbericht. Hg. v. K. F. Müller. Kassel–Trier 1971, 156–173, hier 172.

Die Leitung von Wort-Gottes-Feiern durch beauftragte Laien

Von Manfred Probst SAC, Vallendar

Einleitung

Die hier zu behandelnde Frage hat ihre unmittelbare Ursache in der Entwicklung der Kirche nach dem Zweiten Vatikanischen Konzil. Bis dahin galt im katholischen Bereich mehr oder weniger die Auffassung, dass die Leitung liturgischer Feiern nur durch sakramental ordinierte Kleriker wahrgenommen werden könne und dürfe. Extremen Ausdruck fand diese Auffassung im CIC/1917. Dort hieß es in Can. 2256 1°: „Nomine divinorum officiorum intelliguntur functiones potestatis ordinis, quae de instituto Christi vel Ecclesiae ad divinum cultum ordinantur et a solis clericis fieri queunt"[1]. Hier wird allein Klerikern die Trägerschaft liturgischer Handlungen zugesprochen. Damit ist indirekt erst recht ausgesagt, dass Laien für den liturgischen Leitungsdienst nicht in Frage kommen.

Wie so oft in der Geschichte der Kirche haben konkrete gesellschaftlich-politische Entwicklungen Bewegung in die erstarrte vorkonziliare Landschaft der kirchlichen Ämter und Dienste gebracht. Das war für Deutschland die Vertreibung von Millionen Katholiken aus dem Osten Deutschlands, die z.T. in bis dahin fast ausschließlich protestantischen Gebieten in Mittel- und Norddeutschland eine neue Bleibe fanden. Für sie mussten neue Gemeinden gegründet, Kirchen gebaut und die Feier des Sonntagsgottesdienstes organisiert werden. Da es für die vielen kleinen Gruppen und Gemeinden der Diaspora besonders Mitteldeutschlands nicht genug Priester gab, wurden so genannte Laiendiakone mit der Feier von Wortgottesdiensten und der Austeilung der hl. Kommunion am Sonntag beauftragt. Die dabei gesammelten Erfahrungen konnten auch in die Beratungen des Zweiten Vatikanischen Konzils einfließen.

---

[1] Unter dem Begriff „Liturgie" werden Ausführungen der Weihegewalt verstanden, die gemäß der Einsetzung Christi oder der Kirche zum göttlichen Kult gehören und nur von Klerikern vollzogen werden können.

Ehe wir darauf detaillierter zu sprechen kommen, ist noch ein zweiter äußerer Faktor zu nennen, der Veränderungen im Leitungsgefüge der Kirche mit sich gebracht hat. Gemeint ist die spätestens mit der Aufklärung einsetzende Entchristlichung des Abendlandes, die in Deutschland mit der nationalsozialistischen Schreckensherrschaft schlagartig deutlich wurde, mit der 68er Revolution des 20. Jahrhunderts in eine neue Phase trat, die bis heute anhält und u. a. durch eine große Zahl von Kirchenaustritten und durch einen starken Rückgang der Priesterberufe gekennzeichnet ist.

Aus diesen Gründen sind neue Formen des Gottesdienstes in der katholischen Kirche entstanden, die von Diakonen oder Laien geleitet werden, weil nicht genügend Priester vorhanden sind. Dabei stand lange eher die Gestalt dieser Gottesdienste im Vordergrund des Bewusstseins der Bischöfe und der Deutschen Bischofskonferenz. Die theologische Frage nach der Legitimation dieser Entwicklung trat nur langsam ins Bewusstsein. Die Herbstvollversammlung der Deutschen Bischofskonferenz von 1993 befasste sich mit dieser Frage. Aktueller Hintergrund waren die Umstrukturierungen in den Pfarrgemeinden, die aufgrund des Priestermangels notwendig wurden und für die theologische Grundlagen zu erarbeiten waren.

Der theologischen Frage nach der Leitung von Gottesdiensten durch Laien soll im Folgenden speziell nachgegangen werden. Dabei werden wir zunächst die historische Entwicklung kurz skizzieren (1.), dann die wissenschaftliche Diskussion der letzten Jahre in den Blick nehmen (2.), die kirchenamtlichen Aussagen zur liturgischen Leitung von Laien seit dem II. Vatikanum untersuchen (3.) und die eigene Sicht darlegen (4.).

1. Die historische Entwicklung

Sonntägliche Wortgottesdienste mit oder ohne Kommunionfeier gibt es in Deutschland seit geraumer Zeit[2], wobei die kirchlichen Gebiete und Bistümer der ehemaligen DDR wegen ihrer extremen Diasporasituation zuerst Regelungen dafür treffen mussten.[3] Die Pastoralsynode der Katholischen Kirche in der DDR empfahl dem

---

[2] Vgl. dazu die grundlegende Untersuchung von *B. Kirchgessner*, Kein Herrenmahl am Herrentag? Eine pastoralliturgische Studie zur Problematik der sonntäglichen Wort-Gottes-Feier. Regensburg 1996 (StPaLi 11).

[3] Vgl. z. B. Konzil und Diaspora. Die Beschlüsse der Pastoralsynode der Katholischen Kirche in der DDR. Berlin ²1988, 25.

Pfarrer und dem Gemeinderat, „die Möglichkeit dafür [zu] schaffen, daß sich die Gläubigen auf den kleinen Außenstationen regelmäßig mit einem Beauftragten des Bischofs versammeln können, um das Wort Gottes zu hören, das Brot des Lebens zu empfangen, im Gebet für alle einzutreten und dann im Alltag den Weg der Liebe und des Zeugnisses zu gehen".[4]

Die heute umstrittene Frage der Kommunionfeier wie auch die Beauftragung des Laien durch den Bischof werden hier ganz selbstverständlich gemäß der Praxis in der früheren DDR ausgesagt.

In der ehemaligen Bundesrepublik entstand die Notwendigkeit solcher Gottesdienste ebenfalls zuerst in der Diaspora und dann in den großen Flächenbistümern mit vielen kleinen Landgemeinden. Die Gemeinsame Synode der Bistümer in der Bundesrepublik Deutschland von 1975 hat sich bereits mit dieser Frage beschäftigt und in ihrem „Beschluß: Gottesdienst" solche liturgischen Versammlungen am Sonntag empfohlen.[5] Im Abschnitt „2.4.3 Sonntäglicher Gemeindegottesdienst ohne Priester" wird die Problematik ausführlich diskutiert. Wenn eine Eucharistiefeier nicht möglich sei, solle mit allem Nachdruck die Feier von Gottesdiensten angestrebt werden, die von einem Diakon oder Laien geleitet werden. „Auch wenn eine solche Versammlung nur die Form eines Wort- und Kommuniongottesdienstes hat, so wird sich in dieser Feier die Gemeinde ihrer Verbundenheit und Einheit mit den anderen Gemeinden des Herrn bewußt".[6] Der Dienst der Gottesdienstleitung durch Laien werde von manchen Gemeinden wohl eher angenommen, wenn diese in einer eigenen Feier der Gemeinde vorgestellt würden und dabei das bischöfliche Beauftragungsschreiben vorgelesen werde. Mit der Teilnahme an einem Wort- und Kommuniongottesdienst werde „in dieser Situation der Sinn der Sonntagspflicht erfüllt".[7] Auch die westdeutsche Synode spricht also ganz selbstverständlich von einem Wort- und Kommuniongottesdienst und einer bischöflichen Beauftragung, ohne dass dies problematisiert würde. Ausdrücklich wird auch gesagt, dass nicht nur hauptamtliche Mitarbeiter für diesen Dienst in Frage kommen, sondern es wird auch von anderen Männern und Frauen gesprochen, die „für den Dienst der Gottesdienstleitung gewonnen und ausgebildet werden" sollen[8].

---

[4] Ebd.
[5] Vgl. Beschluß Gottesdienst, in: Gemeinsame Synode der Bistümer in der Bundesrepublik Deutschland. Beschlüsse der Vollversammlung. Offizielle Gesamtausgabe I. Freiburg/Br. 1976, 196–225, hier 202–205.
[6] Ebd. 204.
[7] Ebd. 205.
[8] Ebd.

Durch den fortschreitenden Priestermangel in vielen Diözesen Deutschlands hat sich die Zahl der von Laien geleiteten Gottesdienste in den 80er und 90er Jahren weiter vermehrt. Die konkreten Regelungen trafen allerdings die einzelnen Bistümer selber, ohne sich dabei untereinander besonders abzustimmen, wie die Praxis der Diözese Trier bezüglich der Beauftragung[9] und die verschiedenen Anweisungen zur Frage, ob ein Wortgottesdienst mit oder ohne Kommunionfeier gefeiert werden soll, zeigen[10].

Die heutige Praxis in den deutschen Diözesen bezüglich der bischöflichen Beauftragung der Frauen und Männer, die Wortgottesdienste leiten sollen, stellt sich unterschiedlich dar. In einer vom Deutschen Liturgischen Institut in Trier jüngst herausgegebenen Broschüre „Wort-Gottes-Feiern am Sonntag" wird das Ergebnis einer diesbezüglichen Umfrage resümiert: „In sämtlichen 16 Bistümern werden die Absolventen eines Ausbildungskurses formell zu ihrem Leitungsdienst beauftragt. Diese Beauftragung geschieht fast immer durch den Diözesanbischof oder einen Weihbischof, und zwar vornehmlich innerhalb einer liturgischen Feier. Während die meisten Bistümer innerhalb dieser liturgischen Feier dem Absolventen ein Beauftragungsschreiben überreichen lassen, wird nur in sehr wenigen Diözesen ein derartiges Beauftragungsschreiben außerhalb einer liturgischen Feier übergeben."[11] In einer Fußnote wird darauf verwiesen, dass lediglich im Bistum Trier auch ein beauftragter Priester diese Handlung vollziehen kann.[12]

---

[9] Im „Trierer Forum für Mitarbeiter/-innen im Bistum Trier" 3/1997, 24 findet sich unter Anfragen an den Bischof folgende Darstellung: Frau E. „berichtet, daß bei einer Schulung für Leiter priesterloser Gottesdienste in der Region Koblenz die Teilnehmer davon ausgingen, daß sie eine offizielle Beauftragung durch den Bischof erhielten. Sie sähen darin eine positive Bewertung, Anerkennung und Sicherheit für ihr Tun. Vom Bischofsbüro sei ihnen aber mitgeteilt worden, daß es so etwas nur für Kommunionhelfer/innen gäbe, nicht aber für Leiter/innen priesterloser Gottesdienste. Der Bischof bestätigt, daß für die Vorbereitung und Durchführung priesterloser Gottesdienste keine bischöfliche Beauftragung notwendig ist. Die Absprache vor Ort, eine intensive Vorbereitung dieser Aufgabe und die Mitteilung über die Übernahme dieses Dienstes in der Pfarrgemeinde reichen völlig aus. Die Beauftragung der Kommunionhelfer/innen habe damit zu tun, daß die ‚Verwaltung der Eucharistie' eindeutig dem Priester zugeordnet sei."

[10] Vgl. Richtlinie für den Sonntagsgottesdienst in den Gemeinden des Bistums Limburg, in: Amtsblatt des Bistums Limburg 4/1998, 169–171; „Die Eucharistie am Sonntag hat den Vorrang vor jedem anderen Gottesdienst". Das Hirtenwort des Bischofs von Hildesheim, Dr. Josef Homeyer, zur österlichen Bußzeit 2000, in: Gottesdienst 34. 2000, 73–78.

[11] Wort-Gottes-Feiern am Sonntag. Erfahrungen und Anregungen. Zusammengestellt von einer Arbeitsgruppe der Liturgiebeauftragten der Bistümer Deutschlands. Trier 1998 (Pastoralliturgische Hilfen 12) 13; das Bistum Trier gehört zu den Bistümern, die auf die Umfrage geantwortet haben; vgl. ebd. 9, 55, 57.

[12] Vgl. ebd. 68, Anm. 8. Zum Trierer Sonderweg vgl. *M. Probst*, Sonntägliche Ge-

Es stellt sich die Frage, wie dieser in den letzten zwei Jahrzehnten entstandene Dienst des Leiters bzw. der Leiterin eines Wortgottesdienstes bzw. einer Wort-Gottes-Feier im Vergleich zum Dienst des Lektors und des Kommunionhelfers zu werten ist. Nach meiner schon seit längerem vertretenen Auffassung handelt es sich dabei um einen Laiendienst neuer Qualität.[13]

2. Die wissenschaftliche Diskussion der Leitungsfrage

Die Diskussion der Leitung von Gemeindegottesdiensten durch Laien hat in den 90er Jahren einen Höhepunkt erreicht. Schließlich wurde diese Frage zum Thema eines wissenschaftlichen Kongresses der deutschsprachigen Liturgiewissenschaftler bestimmt, der 1996 in Quarten/Schweiz stattfand. Im Folgenden werden einige repräsentative Stellungnahmen dieses Diskussionsprozesses vorgestellt.

2.1 Positive Stimmen

Da die positiven Meinungsäußerungen überwiegen, seien diese zuerst vorgestellt.

2.1.1 Hans Bernhard Meyer

In Hans Bernhard Meyers 1993 erstmals erschienenen Beitrag „Liturgischer Leitungsdienst durch Laien"[14], den der inzwischen eme-

---

meindegottesdienste ohne Leitung?, in: Zeit-Geschichte und Begegnungen. Festschrift für Bernhard Neumann zur Vollendung des 70. Lebensjahres. Hg. v. G. Riße. Paderborn 1998, 335–346. Zwischen der Antwort des Bischofs und der in Anm. 9 gekennzeichneten Praxis scheint eine Diskrepanz zu bestehen, da der Bischof nicht von einer Beauftragung durch den Pfarrer spricht, sondern von einer „Mitteilung über die Übernahme dieses Dienstes in der Pfarrgemeinde".
[13] Vgl. *M. Probst*, Die Entwicklung liturgischer Laiendienste nach dem II. Vatikanischen Konzil. Aufgezeigt am Beispiel des Lektors und Akolythen, in: Mitverantwortung aller in der Kirche. Festschrift zum 150jährigen Bestehen der Gründung Vinzenz Pallottis. Hg. v. F. Courth – A. Weiser. Limburg 1985 (GWW IX) 295 -310; *ders.*, Laiendienste, liturgische, in: Lexikon des Apostolates. Stichworte verantworteten Glaubens. Hg. v. F. Courth. Limburg 1995 (GWW XVIII) 201–206; zum Thema allgemein vgl. *ders.*, Wie weit trägt das allgemeine Priestertum? Über Versuche, das gemeinsame und das besondere Priestertum in ihren Aufgaben zuzuordnen und abzugrenzen, in: LJ 45. 1995, 3–17.
[14] *H. B. Meyer*, Liturgischer Leitungsdienst durch Laien, in: HlD 47. 1993, 173–201 (in überarbeiteter Form auch in: Wie weit trägt das gemeinsame Priestertum? Liturgischer Leitungsdienst zwischen Ordination und Beauftragung. Hg. v. M. Klöckener – K. Richter. Freiburg/Br. 1998 [QD 171] 107–144; nachgedruckt in: *H. B. Meyer*, Zur Theologie und Spiritualität des christlichen Gottesdienstes. Ausgewählte Aufsätze.

ritierte Innsbrucker Liturgiewissenschaftler zunächst als Vortrag vor der „Internationalen Arbeitsgemeinschaft der Liturgiekommissionen im deutschen Sprachbereich" gehalten hatte, wird hervorgehoben, dass Laien nicht nur in der Praxis, sondern auch nach den amtlichen liturgischen Büchern der römischen Kirche viele liturgische Feiern „rechtens leiten können, wenn das im Interesse der Gemeinden liegt und von den zuständigen Obern gebilligt wird".[15] Er kritisiert jedoch die Vielfalt und Verworrenheit der getroffenen Regelungen im Bereich der Eucharistie und des Wortgottesdienstes.

Ein großes Dilemma der Situation, die sich inzwischen entwickelt habe, bestehe darin, dass es amtliche Dienste gebe, die keinen Wirklichkeitsbezug hätten, und dass es wichtige Dienste wie den Gottesdienstleiter gebe, die (noch) keinen amtlichen Charakter hätten. Von daher sei es die theologisch richtigere und praktisch überzeugendere Ordnung, dass jemandem zuerst eine bestimmte Hirtenaufgabe zugeordnet werde und (nicht notwendigerweise zeitlich, aber logisch) danach auch die ihr entsprechenden gottesdienstlichen Vollmachten erteilt würden. Art und Umfang dieser Vollmachten würden dann der Art und dem Umfang der Leitungsaufgabe entsprechen und könnten durch eine Beauftragungs- oder Ordinationsfeier übertragen werden.

Von diesem weit über die gegenwärtige Praxis hinausreichenden Vorschlag ist für unsere Fragestellung festzuhalten, dass Meyer liturgische Leitungsaufgaben für Laien längst als gegeben ansieht, den Begriff Leitung auch auf Laien ganz selbstverständlich anwendet und eine Beauftragung oder gar eine Ordination für diese Leitungsdienste fordert.

2.1.2 Bischof Walter Kasper

Bezüglich des Leitungsdienstes von Laien greift Walter Kasper Grundpositionen des Konzils auf. Im Dekret über das Laienapostolat werde gesagt, dass die Hierarchie den Laien durch eine eigene Sendung gewisse Aufgaben anvertraue, die enger mit den Aufgaben der Hirten verbunden seien. Allerdings seien sie dabei voll der höheren kirchlichen Leitung unterstellt. Das Konzil billige ihnen aber nur die Ausübung dieser Ämter zu und nicht die Teilnahme am

---

Hg. v. R. Meßner – W. G. Schöpf. Münster u. a. 2000 [Liturgica Oenipontana 1] 290–323).
[15] *Meyer*, Leitungsdienst, 1993 (wie Anm. 14) 180.

hierarchischen Amt selbst. Die betreffenden Laien blieben also Laien, erhielten aber eine spezielle Missio, die mit Taufe und Firmung allein nicht gegeben sei.[16]

2.1.3 Reiner Kaczynski

Ähnlich wie Hans Bernhard Meyer geht Reiner Kaczynski von der bereits gegebenen oder der von den liturgischen Büchern ermöglichten Praxis aus. Sein für die Liturgiekommission der Deutschen Bischofskonferenz verfasstes Positionspapier „Die Leitung von Gottesdiensten durch beauftragte Laien", an dem auch Rupert Berger und der Verfasser mitgewirkt hatten, fand in der Liturgiekommission keine Mehrheit. Es ist in dem Sammelband „Wie weit trägt das gemeinsame Priestertum?" veröffentlicht[17]. Die Ermöglichung von Leitung bestimmter Gottesdienste durch Laien wird hier zum einen im gemeinsamen Priestertum aller Getauften, zum anderen in der bischöflichen Beauftragung gesehen, die einen begrenzten Anteil gibt an der bischöflichen Leitungsvollmacht. Deshalb soll der Laie wie ein Leiter auftreten, d. h. er kann den Vorstehersitz benutzen, er kann ein liturgisches Gewand tragen, natürlich nicht Stola und Messgewand, er soll die Orantenhaltung beim Gebet einnehmen, er soll alle Gesten und Haltungen ausführen, die sich mit seinem bleibenden Status eines Laien vereinbaren lassen; es findet ein Einzug und ein Auszug der Dienste statt. Die Feiergestalt der Liturgie soll auch bei der Leitung eines Laien möglichst wenig beschränkt, bzw. positiv gesagt, möglichst weitgehend zum Tragen kommen.

2.2 Skeptische Stimmen

Im Zusammenhang der wissenschaftlichen Diskussion gibt es neben den befürwortenden und den noch darzustellenden ablehnenden Stimmen skeptische Beobachter, die die Beauftragung von Laien zwar für möglich halten, aber Gefahr sehen für die sakramentale Grundgestalt der Kirche. Beide Stimmen kommen aus der Schweiz und finden sich ebenfalls in dem bereits genannten Band „Wie weit trägt das gemeinsame Priestertum?".

---

[16] Vgl. *W. Kasper*, Der Leitungsdienst in der Gemeinde. Referat von Bischof Dr. Walter Kasper beim Studientag der Deutschen Bischofskonferenz in Reute. 23. Februar 1994. Hg. v. Sekretariat der Deutschen Bischofskonferenz. Bonn 1994 (Arbeitshilfen 118) 11 f.

[17] Vgl. *R. Kaczynski*, Die Leitung von Gottesdiensten durch beauftragte Laien, in: Wie weit trägt das gemeinsame Priestertum? (wie Anm. 14) 145–166.

2.2.1 Bischof Kurt Koch

Der Baseler Bischof Kurt Koch stellt seine Äußerungen in den größeren „Zusammenhang von Gemeindeleitung und liturgischem Leitungsdienst"[18]. Diesen Zusammenhang, den er für wesentlich und unaufkündbar hält, sieht er heute „arg bedroht". Das primäre Problem sei nicht die Leitung von Gottesdiensten, sondern die Leitung von Gemeinden durch Laien. Bischof Koch sieht die höchst reale Gefahr, dass sich in der Kirche ein Leitungsamt ohne Weihe etabliert, wenn nicht schon etabliert hat. Als „Folgelast" dieser Tatsache entwickle sich ein ökumenisches Problem, da in der Ökumene die Bedeutung der sakramentalen Ordination gerade wiederentdeckt worden sei, während in der katholischen Kirche der „Verlust der sakramentalen Dimension" drohe.

Bischof Koch stellt seine Abschlussüberlegungen unter die Frage „Verhängnisvolle Irrwege oder verheißungsvolle Auswege?" Dabei lässt er keinen Zweifel, dass die katholische Kirche auf Dauer an der grundsätzlichen Lösung, Leitungsdienste mit der sakramentalen Ordination zu verbinden, nicht vorbeikommt. Die derzeitigen Not-Lösungen müssten deshalb klug angewandt werden, bis „eine wirkliche kirchenrechtliche Lösung des Problems gefunden ist".

2.2.2 Adrian Loretan

Gründliche Information und gediegene Diskussion der pastoralen und kirchenrechtlichen Situation in der deutschsprachigen Schweiz steuert Adrian Loretan bei unter dem Titel „Pastoralassistentinnen und -assistenten als liturgische Vorsteherinnen und Vorsteher"[19]. Angesichts des Priestermangels in der Schweiz werde diese Berufsgruppe immer häufiger in liturgischen Leitungsfunktionen eingesetzt. Dadurch komme es wieder stärker zu einer Trennung von Leitungsvollmacht und dem Sakrament des Ordo, wodurch jetzt schon die sakramentale Dimension der Kirche unterwandert werde. Grenzüberschreitungen der Pastoralassistenten wie Bitten um die Erlaubnis zur Leitung von Eucharistiefeiern für diese durch ihre Gemeinden seien Alarmzeichen.

Loretan sieht die derzeitige Situation als einen Übergangszu-

---

[18] Vgl. *K. Koch*, Der Zusammenhang von Gemeindeleitung und liturgischem Leitungsdienst. Ein ekklesiologischer Beitrag, in: Wie weit trägt das gemeinsame Priestertum? (wie Anm. 14) 65–85.
[19] Vgl. *A. Loretan*, Pastoralassistentinnen und -assistenten als liturgische Vorsteherinnen und Vorsteher. Zur pastoralen und kirchenrechtlichen Situation in der Schweiz, in: Wie weit trägt das gemeinsame Priestertum? (wie Anm. 14) 228–248.

stand. Es gebe nach Bischof Kurt Koch nicht nur einen schmerzlichen Priestermangel, „sondern auch einen Ordinationsmangel, denn es stehen genügend Arbeiter für den Weinberg des Herrn zur Verfügung"[20]. Damit spricht er sich vorsichtig für einen erweiterten Zugang zum sakramentalen Ordo aus.

Nach diesen dem beauftragten Leitungsdienst von Laien grundsätzlich positiv gegenüberstehenden Positionen meldeten sich aber auch ablehnende Stimmen zu Wort.

2.3 Ablehnende Positionen der Leitung durch Laien

In der Fachdiskussion der letzten Jahre gibt es Positionen, die einer Beauftragung von Laien ablehnend gegenüberstehen oder sie auf der niedrigsten Ebene in der Pfarrgemeinde ansiedeln wollen. Die gegenwärtige Praxis des Bistums Trier scheint dieser Position zu entsprechen.[21]

2.3.1 Theodor Maas-Ewerd

Schon 1988 hat sich der Eichstätter Liturgiewissenschaftler eindeutig gegen die Übertragung von liturgischen Leitungsaufgaben an Laien ausgesprochen.[22] Er bezeichnet die nachkonziliare Entwicklung von ordinierten Ämtern und Laiendiensten als eine gestörte Reform. Die Einrichtung hauptamtlicher Laiendienste wie Pastoralreferenten und Gemeindereferenten ohne eine Weihe nennt er unter Berufung auf den Eichstätter Dogmatiker Michael Seybold eine „materiale Häresie der Gestalt". Er bedauert, dass praktisch nur Klerikerkandidaten zu Akolythen und Lektoren berufen werden und dass dadurch Leser und Kommunionhelfer, die nur eine Beauftragung auf Zeit erhalten, das Feld in den Gemeinden beherrschen. Er schlägt vor, Lektorat und Akolythat im Subdiakonat zusammenzufassen und ihn für Männer und Frauen zugänglich zu machen. Ganz dezidiert nimmt er Stellung gegen eine Auffächerung der sakramental fundierten Aufgaben des kirchlichen Amtes. „Die im Weihesakrament verankerten und somit der beliebigen Verfügung entzogenen Aufgaben des Diakons und des Presbyters im Bereich der Verkündigung, der Liturgie und der Leitung sollte

---

[20] Ebd. 248.
[21] Vgl. oben Anm. 9.
[22] Vgl. *Th. Maas-Ewerd*, Nicht gelöste Fragen in der Reform der „Weiheliturgie", in: Lebt unser Gottesdienst? Die bleibende Aufgabe der Liturgiereform (FS B. Kleinheyer). Hg. v. Th. Maas-Ewerd. Freiburg/Br. 1988, 151–173.

man nicht durch einen wie auch immer gearteten Akt Laien übertragen. Auch nicht einzelne dieser Aufgaben."[23]

2.3.2 Franz Kohlschein

Eine abwehrende Tendenz wird ebenfalls deutlich formuliert in einem Vortrag von Franz Kohlschein – wie Reiner Kaczynski Berater der Liturgiekommission der Deutschen Bischofskonferenz –, den er auf dem Kongress der Arbeitsgemeinschaft katholischer Liturgikdozentinnen und Liturgikdozenten im deutschen Sprachgebiet 1996 in Quarten gehalten hat. Er plädiert dafür, den Begriff der Leitung für den ordinierten Vorsteher zu reservieren und die leitende Tätigkeit von Laien als Moderieren zu bezeichnen.[24] Nur die sakramentale Ordination befähige zur Leitung im theologischen Sinne.

Seine grundsätzliche Einstellung wird gegen Ende seines Beitrages deutlich, wenn er schreibt: „Für die Dienste von Laien bieten sich die den Tätigkeiten entsprechenden Bezeichnungen ‚Lektor/in', ‚Vorbeter/in', ‚Kantor/in', ‚Gottesdiensthelfer/in' o. ä. an". Die Frage sei, ob die koordinierende Position im Helferteam wie in der Feier ohne ordinierten Vorsteher überhaupt einen eigenen Namen brauche. „Eventuell könnte die Bezeichnung ‚Moderator/in' im Sinn eines Leiters des Liturgie-Teams, nicht jedoch der Liturgie eingeführt werden."[25]

2.3.3 Bischof Hermann Josef Spital

Eine ähnliche Position im Ergebnis nimmt die oben zitierte Äußerung des Trierer Bischofs[26], falls richtig interpretiert, ein. Leitung hält er bei diesen Wort-Gottes-Feiern nicht für notwendig. Die Gründe dieser Position dürften in der hohen Wertschätzung der priesterlichen Würde des Gottesvolkes liegen. Es kann bestimmte Gottesdienste auch ohne priesterlichen Vorsteher feiern. Allerdings soll das Fehlen priesterlicher Leitung deutlich und symbolhaft erfahrbar werden. Diese Position geht von der katholischen Maxime aus, dass der Herrentag durch die Feier des Herrenmahles aus-

---

[23] Ebd. 164f.
[24] Vgl. *F. Kohlschein*, Zur Situation des liturgischen Dienstes heute. Überlegungen zur Profilierung des liturgischen Vorsteherdienstes und der Dienste von Laien, in: Wie weit trägt das gemeinsame Priestertum? (wie Anm. 14) 167–195, hier 184–186.
[25] Ebd. 192f.
[26] Vgl. oben Anm. 9.

gezeichnet sein sollte. Dafür ist nach katholischer Lehre die Leitung durch einen Bischof oder Priester notwendig, weil nur sie durch die sakramentale Ordination beauftragt und befähigt sind, Jesus Christus als Herrn und Haupt seiner Kirche zu repräsentieren. Ihre Rolle wird in der Eucharistiefeier unterstrichen durch ihren hervorgehobenen Platz, meist Priestersitz genannt, durch ihre spezielle liturgische Kleidung, durch ihren Dienst als Sprecher der Gemeinde vor Gott in den wesentlichen Gebeten, durch ihre Handlungen, in denen sie das Tun Christi beim letzten Abendmahl nachvollziehen, und durch ihren Vorrang vor allen anderen Diensten, natürlich abgesehen vom Bischof.

Ist nun am Sonntag kein Priester vorhanden und kann deshalb keine Eucharistie gefeiert werden, soll der dann stattfindende Wortgottesdienst als Notlösung deutlich werden. Ein/e Leiter/in tritt nicht auf, der Priestersitz bleibt leer, die agierenden Laien tragen keine liturgische Kleidung, das Presbyterium wird von den Laien nur betreten, wenn sie eine Funktion am Ambo wahrnehmen sollen. Liturgische Gesten wie etwa die Orantenhaltung oder der Kuss des Evangelienbuches stehen ihnen nicht zu. Die ganze äußere Gestaltung deutet darauf hin, dass ein Gottesdienst gefeiert wird, der eine Notlösung für die nicht stattfindende Eucharistiefeier darstellt. Manche schlagen vor, dass die Träger besonderer Dienste ihren Platz in der ersten Gemeindebank einnehmen, wie dies evangelische Pfarrer oft in ihren Kirchen halten.[27] Nur wer eine konkrete Funktion wahrzunehmen hat, geht an die betreffende Stelle des Presbyteriums, etwa an den Ambo. Der Vorstehersitz wird als Priestersitz verstanden und bleibt deshalb auf jeden Fall frei.[28] Es werden Modelle von Gemeindegottesdiensten nach Art des Stundengebetes empfohlen, die keinen Leiter hätten. Bei einem Vorgehen dieser Art werde die Leitungsaufgabe der ordinierten Amtsträger nicht verdunkelt.[29] Diese Position wirft die Frage auf, ob konstitutive Gemeindeversammlungen ohne Leitung vorstellbar sind. Dagegen sprechen alle Erfahrungen aus dem gesellschaftlich-politischen Bereich, aber auch theologische Argumente.

Bei einer tieferen Reflexion wird die Leitung von Gemeindegottesdiensten ohne Leiter fragwürdig. Das Amt gehört zur Gemeinde.

---

[27] So in einem Diskussionsbeitrag innerhalb der Liturgiekommission der Deutschen Bischofskonferenz.
[28] Das ergibt sich aus den vorher dargelegten Positionen.
[29] Vgl. *Kohlschein*, Zur Situation des liturgischen Dienstes heute (wie Anm. 24) 180–186.

Zu seinen Aufgaben gehört auch die Leitung des Gemeindegottesdienstes. Wenn keine ordinierten Amtsträger vorhanden sind, kann der Bischof für bestimmte Gottesdienste Laien mit der Leitung beauftragen. Sie sind dessen fähig aufgrund ihrer Teilhabe an dem dreifachen Amt Jesu Christi durch Taufe und Firmung. Die bischöfliche Beauftragung gibt ihnen die zusätzliche Vollmacht, die sie für diese Leitungsaufgabe brauchen.
Keine Beauftragung vorzunehmen, erweckt einen widersprüchlichen Eindruck. Einmal könnte man daraus folgern, dass Laien grundsätzlich für diesen Dienst nicht beauftragt werden können. Dann bliebe man selbst hinter den Möglichkeiten des CIC 1983 und sogar der „Instruktion" von 1997 zurück. Oder man geht von der bewussten oder unbewussten Annahme aus, dass Laien keine Beauftragung für einen solchen Leitungsdienst brauchen, weil sie in Taufe und Firmung völlig gegeben ist. Dann stellt sich aber die Frage nach dem Profil und den Aufgaben des Amtes in der Kirche. Dessen Leitungsdienst auf „die Verwaltung der Eucharistie" einzuschränken, so dass nur Kommunionhelfer einen bischöflichen Auftrag brauchten, schränkt den Wirkungsbereich des Amtes ungebührlich ein und holt die neuere Amtstheologie nicht ein. Die Leitung eines offiziellen sonntäglichen Gemeindegottesdienstes durch einen Laien dürfte eine ekklesial bedeutsamere Tätigkeit sein als die Austeilung der hl. Kommunion, die ja sehr oft in Anwesenheit, d. h. der Leitung eines Priesters in der Messe geschieht.

Nicht nur Wissenschaftler haben sich mit der Leitung von bestimmten Gottesdiensten durch Laien beschäftigt. Auch in kirchenamtlichen Dokumenten hat die Frage Aufmerksamkeit gefunden, wie im Folgenden darzulegen ist.

3. Praktische Regelungen in kirchlichen Dokumenten

Die Grundlage für die heutige Situation, dass Laien – Frauen wie Männer – im Auftrag der Kirche Wortgottesdienste leiten, wurde vom II. Vatikanum gelegt. Wir ziehen drei verschiedene Dokumente heran, die für die spätere Entwicklung grundlegende Bedeutung haben, wie ihre häufige Zitation erweist: die Liturgiekonstitution, die Kirchenkonstitution und das Dekret über das Laienapostolat.

3.1 Dokumente des II. Vatikanums

Bereits in Sacrosanctum Concilium, dem ersten offiziell verabschiedeten Dokument des Konzils, finden wir die Ermöglichung von Wortgottesdiensten unter Leitung vom Bischof beauftragter Laien. In SC 35, Absatz 4, heißt es: „Zu fördern sind eigene Wortgottesdienste an den Vorabenden der höheren Feste, an Wochentagen im Advent oder in der Quadragesima sowie an den Sonn- und Feiertagen, besonders da, wo kein Priester zur Verfügung steht; in diesem Fall soll ein Diakon oder ein anderer Beauftragter des Bischofs die Feier leiten". Dass zu den anderen Beauftragten des Bischofs auch Laien gehören, bezeugt ausdrücklich Emil Joseph Lengeling, Konzilsperitus des Münsteraner Bischofs.[30]

Was in der Liturgiekonstitution faktisch ermöglicht wird, findet seine theoretische Begründung besonders in der Kirchenkonstitution und im Dekret über das Laienapostolat. Hier sind die Textpassagen wichtig, die Aufgaben benennen, die von der Kirchenleitung Laien über das ihnen aufgrund von Taufe und Firmung zukommende eigenständige Apostolat hinaus in bestimmten Situationen übertragen werden können. In LG 33 wird von den Laien gesagt: „Außerdem haben sie die Befähigung, von der Hierarchie zu gewissen Ämtern herangezogen zu werden, die geistlichen Zielen dienen". Sie werden aber im Einzelnen nicht benannt.

Konkreter als die Kirchenkonstitution umschreibt das Dekret über das Laienapostolat diese Möglichkeit. In AA 24 wird festgestellt: „Schließlich vertraut die Hierarchie den Laien auch gewisse Aufgaben an, die enger mit den Ämtern der Hirten verbunden sind, etwa bei der Unterweisung in der christlichen Lehre, bei gewissen liturgischen Handlungen und in der Seelsorge. Kraft dieser Sendung unterstehen dann die Laien bei der Ausübung ihres Amtes voll der höheren kirchlichen Leitung." Diese Stellungnahme ist deshalb von speziellem Interesse, weil hier die Ausübung der besonderen Aufgaben von einer „Sendung" abhängig gemacht wird, die unter voller höherer kirchlicher Leitung ausgeübt wird. Ob das immer der Bischof sein muss, wird in den beiden letzten Dokumenten nicht ausdrücklich gesagt, während in der Liturgiekonstitution der Bischof als Beauftragender ausdrücklich benannt wird. Welche

---

[30] Vgl. *E. J. Lengeling*, Die Konstitution des Zweiten Vatikanischen Konzils über die heilige Liturgie. Lateinisch-deutscher Text mit einem Kommentar. Münster ²1965 (RLGD 5/6) 79.

Ausformung haben diese konziliaren Bestimmungen im nachkonziliaren Kirchenrecht gefunden?

3.2 Der CIC von 1983

Von besonderer Bedeutung sind die Bestimmungen des CIC von 1983. Can. 228 § 1 bestimmt allgemein, dass Laien, die als geeignet befunden werden, von den geistlichen Hirten für jene kirchlichen Ämter und Aufgaben herangezogen werden können, die sie gemäß den Rechtsvorschriften wahrzunehmen vermögen. Welche das im Bereich der Liturgie sind, wird in can. 230 § 3 umschrieben: „Wo es ein Bedarf der Kirche nahelegt, weil für diese Dienste Beauftragte nicht zur Verfügung stehen, können auch Laien, selbst wenn sie nicht Lektoren oder Akolythen sind, nach Maßgabe der Rechtsvorschriften bestimmte Aufgaben derselben erfüllen, nämlich den Dienst am Wort, die Leitung liturgischer Gebete, die Spendung der Taufe und die Austeilung der heiligen Kommunion." Dabei handelt es sich eindeutig um „officia", die gewöhnlich zu den Aufgaben der ordinierten Vorsteher gehören.[31]

Diese Bestimmungen erwecken zunächst einmal den Eindruck, dass bei Laien eine Beauftragung für die eben genannten Aufgaben nicht nötig ist, denn Beauftragte sind ja nicht da. Das aber ist eine kurzschlüssige Betrachtung, denn mit den fehlenden Beauftragten sind hier eindeutig offiziell durch einen liturgischen Ritus installierte Lektoren und Akolythen gemeint. Die Antwort darauf findet sich in dem oben schon wiedergegebenen can. 228 § 1: Sie „können von den geistlichen Hirten ... herangezogen werden". Es fällt auf, dass im CIC der Bischof als Beauftragender nicht genannt wird und auch keine äußere Form für diese Beauftragung vorgesehen ist. Diese an sich begrüßenswerte Offenheit dürfte zu einigen Missverständnissen beigetragen haben.

3.3 Das römische Direktorium
„Sonntäglicher Gemeindegottesdienst ohne Priester" von 1988[32]

Die Ausführungen dieses Dokumentes der römischen Gottesdienstkongregation sind – verglichen mit späteren römischen Stel-

---

[31] Vgl. zu can. 230: Münsterischer Kommentar zum Codex Iuris Canonici unter besonderer Berücksichtigung der Rechtslage in Deutschland, Österreich und der Schweiz. Hg. v. K. Lüdicke. Münster 1985 ff., Bd. 2 (H. J. F. Reinhardt).
[32] Kongregation für den Gottesdienst, Direktorium „Sonntäglicher Gemeindegottesdienst ohne Priester". Mit einer Einführung der Deutschen Bischofskonferenz. 2. Juni 1988. Hg. v. Sekretariat der Deutschen Bischofskonferenz. Bonn 1988 (VApS 94).

lungnahmen – in zwei Punkten erstaunlich zu nennen. Zwar schreibt es dem Diözesanbischof die volle Verantwortung für die Einführung sonntäglicher Wort-Gottes-Feiern zu (vgl. Nr. 24–27), aber die Benennung (!) von Laien, die bei fehlenden Diakonen die Leitung übernehmen, wird dem Pfarrer aufgetragen (Nr. 30). Weiter wird gesagt, dass die Laien diesen Dienst „kraft Taufe und Firmung ausüben können"; dies geschieht unter Hinweis auf CIC can. 230 § 3. Bezüglich der Form der Einführung hält es das Dokument für angebracht, „daß in einem Gottesdienst für sie gebetet wird" (Nr. 30).

Zwar wird festgehalten, dass es sich nicht um eine den Laien eigene Aufgabe, sondern um eine Vertretung handelt, die sie wahrnehmen, „wo es ein Bedarf der Kirche nahelegt, weil für diese Dienste Beauftragte nicht zur Verfügung stehen" (Nr. 31; CIC can. 230 § 3). Von einer Sendung durch den Bischof oder die höhere kirchliche Leitung ist in diesem Dokument keine Rede. Dieser Dienst wird kraft Taufe und Firmung wahrgenommen. Schauen wir, welche Positionen in dem nachsynodalen Schreiben Papst Johannes Pauls II. über die Berufung und Sendung der Laien vertreten werden, das ebenfalls im Jahr 1988, aber später erschienen ist als das Direktorium.

3.4 Die Leitungsfrage in „Christifideles Laici" von 1988[33]

Dieses Dokument zeigt für unsere Frage ein hohes Problembewusstsein. Es versucht „die vom Ordo abgeleiteten Ämter" und die „Dienste, Aufgaben und Funktionen der Laien" voneinander abzugrenzen und einander zuzuordnen. Letztere hätten ihre sakramentale Grundlage in Taufe und Firmung und vielfach auch in der Ehe. Dann kommt das Dokument auf besondere Aufgaben zu sprechen. „Wenn es zum Wohl der Kirche nützlich oder notwendig ist, können die Hirten entsprechend den Normen des Universalrechts den Laien bestimmte Aufgaben anvertrauen, die zwar mit ihrem eigenen Hirtenamt verbunden sind, aber den Charakter des Ordo nicht voraussetzen" (Nr. 23). CIC can. 230 § 3 wird zitiert, den wir oben bereits herangezogen haben. Danach wird etwas abrupt festgestellt: *„Die Erfüllung einer solchen Aufgabe macht den Laien aber nicht zum Hirten*: Nicht eine Aufgabe konstituiert das Amt, sondern das Sakrament des Ordo".

---

[33] Nachsynodales Apostolisches Schreiben „Christifideles Laici" von Papst Johannes Paul II. über die Berufung und Sendung der Laien in Kirche und Welt. 30. Dezember 1988. Hg. v. Sekretariat der Deutschen Bischofskonferenz. Bonn 1988 (VApS 87).

In einem weiteren Absatz wird dies näher erläutert. „Nur das Sakrament des Ordo gewährt dem geweihten Amtsträger eine besondere Teilhabe am *Amt* Christi, des Hauptes und Hirten, und an seinem ewigen Priestertum. Die in Vertretung erfüllte Aufgabe leitet ihre Legitimität formell und unmittelbar von der offiziellen Beauftragung durch die Hirten ab. Ihre konkrete Erfüllung untersteht der Leitung der kirchlichen Autorität" (Nr. 23). Für letztere Bestimmung wird auf das Dekret über das Laienapostolat verwiesen (Nr. 24), wo der Bischof wie auch hier nicht ausdrücklich erwähnt wird. Von einer letzten rechtlichen Klärung kann daher nicht die Rede sein.

Doch ist die theologische Grundposition dieses nachsynodalen Schreibens beachtenswert: Die sakramentale Grundlage für die von den Hirten übertragenen Aufgaben sind Taufe, Firmung und vielfach auch die Ehe. Die Beauftragung durch die Hirten betrifft (nur) die Legitimität der Handlungen; es geht nicht um eine Teilgabe am *Amt* des Hirten, sondern nur an dessen Ausführung. Der beauftragte Laie bleibt voll und ganz Laie.

1997 hat aus Rom ein Dokument von sich reden gemacht, das ausschließlich dem Fragenkreis der „Mitarbeit der Laien am Dienst der Priester" gewidmet ist. Wir werden sehen, ob es zu einer weiteren Klärung der Frage beiträgt.

3.5 Die römische Instruktion zur Mitarbeit der Laien am Dienst der Priester von 1997[34]

Wie bekannt, hat dieses von den Vorsitzenden sieben römischer Dikasterien unterschriebene, von Papst Johannes Paul II. „in speciali modo" gebilligte Dokument einen Teil „Theologische Prinzipien" und einen zweiten „Praktische Verfügungen". In beiden Bereichen kommt die liturgische Leitungsfrage von Laien zur Sprache. Das Dokument will vor allen Dingen Missstände bekämpfen und nur geltendes Recht anwenden.[35] Theologisch beruft es sich immer wieder auf „Christifideles laici" von 1988 und zitiert dieses Dokument ausführlich.

Aber es hält eindeutig fest, dass auch nicht mit dem Weihesakrament ausgestattete Gläubige bei einigen Funktionen der geistlichen Amtsträger mit den Hirten zusammenwirken können, „wenn sie

---

[34] Instruktion zu einigen Fragen über die Mitarbeit der Laien am Dienst der Priester. 15. August 1997. Hg. v. Sekretariat der Deutschen Bischofskonferenz. Bonn 1997 (VApS 129).
[35] Vgl. ebd. 16.

zur Ausübung dieser Mitarbeit von der rechtmäßigen Autorität und in der vorgesehenen Weise berufen sind".[36] Die ihnen zeitweilig anvertrauten „officia" seien ausschließlich Frucht der Beauftragung durch die Kirche.[37] Das Dokument erinnert noch einmal an die Voraussetzungen, an die der CIC die Beteiligung von Laien beim Dienst am Wort und bei der Homilie knüpft. Einschlägig für unser Thema sind die Abschnitte über die liturgischen Feiern und Sonntagsgottesdienste bei Abwesenheit des Priesters.

Laien dürfen keine Gebete und Gebetsteile oder Handlungen oder Gesten verrichten, die dem zelebrierenden Priester vorbehalten sind. „Ein schwerer Mißbrauch ist es überdies, wenn Laien gleichsam den ‚Vorsitz' bei der Eucharistiefeier übernehmen und dem Priester nur das Minimum belassen, um deren Gültigkeit zu garantieren."[38] Laien dürfen auch keine Paramente verwenden, die Priestern und Diakonen vorbehalten sind (Stola, Messgewand oder Kasel, Dalmatik).

Um Sonntagsgottesdienste bei Abwesenheit des Priesters zu leiten, müssen Laien eine spezielle Beauftragung des Bischofs haben, der dafür sorgen wird, die entsprechenden Anweisungen bezüglich Dauer, Ort, Bedingungen und verantwortlichem Priester zu geben.[39] Nun ist auch die Frage der Kompetenz eindeutig geklärt: der Bischof ist für die Beauftragung zuständig. Wenn Rom hier schon früher eine eindeutige Lösung vertreten hätte, wäre die Zahl der Missverständnisse wahrscheinlich geringer geblieben.[40]

---

[36] Ebd. 13.
[37] Vgl. ebd. 17.
[38] Ebd. 25.
[39] Vgl. ebd. 26. Weder in einer Fußnote noch sonstwie wird angedeutet, dass in dem Dokument der Gottesdienstkongregation von 1988 diese Kompetenz dem Priester zugesprochen worden war und damit eine gewisse Verwirrung von Rom selbst ausgegangen war.
[40] Ob schon alle Verwirrung beendet ist, scheint fraglich, seitdem die Editio tertia der Institutio Generalis Missalis Romani (Città del Vaticano 2000) bekannt wurde. Denn sie enthält in der (neuen) Nr. 107 folgende Aussage: „Liturgica munera, quae non sunt propria sacerdotis vel diaconi, et de quibus superius (nn. 100–106) dicitur, etiam laicis idoneis a parocho vel rectore ecclesiae selectis, committi possunt liturgica benedictione vel temporanea deputatione." (Liturgische Aufgaben, die nicht dem Priester oder Diakon eigen sind und von denen oben [Nr. 100–106] gesprochen wird, können vom Pfarrer oder vom zuständigen Kirchenrektor ausgewählten geeigneten Laien anvertraut werden mit einem liturgischen Segen oder durch eine zeitliche Beauftragung). Zwar sind die Gottesdienstbeauftragten in der Nr. 100 – 106 nicht ausdrücklich genannt, da sie nicht in der Eucharistiefeier tätig werden. Nimmt man aber das hier vertretene Grundprinzip ernst, ist die bischöfliche Beauftragung nicht zwingend, da Gottesdienstbeauftragte doch wohl unterhalb des Diakonates anzusiedeln sind. Auf jeden Fall werden die meisten deutschen Bischöfe überlegen müssen, ob sie Kommunionhelfer auf Zeit selber beauftragen dürfen oder müssen. Die Editio tertia erinnert damit an

Welche Bedingungen gelten für die Beauftragung von Laien für die Leitung von Gottesdiensten in Deutschland? Suchen wir Antwort darauf in dem jüngsten Dokument der Deutschen Bischofskonferenz über die Leitung gottesdienstlicher Feiern.

3.6 Die Rahmenordnung der Deutschen Bischofskonferenz „Zum gemeinsamen Dienst berufen" von 1999[41]

Dieses Dokument wurde von der Liturgiekommission der Deutschen Bischofskonferenz vorbereitet und in deren Vollversammlung gründlich diskutiert. Es geht ihm nicht zuerst um Abgrenzung und Abstellung von Missbräuchen wie der römischen Instruktion, sondern um „die Zusammenarbeit von Priestern, Diakonen und Laien im Bereich der Liturgie". Unser Dokument unterscheidet die Leitung von Gottesdiensten durch Laien „ohne Beauftragung des Bischofs",[42] wozu nicht nur herkömmliche Andachten und neuentstandene Gottesdienstformen, sondern auch die Feier der Tagzeitenliturgie gezählt werden, und solche „mit Beauftragung des Bischofs".[43]

Folgende Gottesdienste können nach diesem Dokument von einem beauftragten Laien geleitet werden:
– Selbständige Wort-Gottes-Feiern
– Horen der Tagzeitenliturgie
– Kommunionfeiern
– Eucharistische Andachten
– Feiern mit Kranken und Sterbenden
– Bußgottesdienste
– bestimmte Segnungen
– bestimmte Feiern während des Katechumenats
– die Feier des Begräbnisses.

Die Leitung von Tauffeiern und die Assistenz bei der Feier der Trauung seien zwar möglich, aber im Bereich der Deutschen Bischofskonferenz (noch) nicht notwendig.

Ausführlich werden also die Leitungsaufgaben aufgezählt, die dem beauftragten Laien zukommen können, ohne zu vergessen

---

das Direktorium der Gottesdienstkongregation „Sonntägliche Gemeindegottesdienste ohne Priester", das dieselbe Auffassung vertreten hat.

[41] Zum gemeinsamen Dienst berufen. Die Leitung gottesdienstlicher Feiern – Rahmenordnung für die Zusammenarbeit von Priestern, Diakonen und Laien im Bereich der Liturgie. 8. Januar 1999. Hg. v. Sekretariat der Deutschen Bischofskonferenz. Bonn 1999 (Die deutschen Bischöfe 62).

[42] Ebd. 20.

[43] Ebd. 25.

und zu mahnen, dass auch in einem solchen Gottesdienst die Vielfalt der Rollen zum Zuge kommen soll, sei es bei der Vorbereitung, sei es bei der Feier selbst. Der größte Teil des Dokumentes ist der Beschreibung der einzelnen Feiern unter Leitung beauftragter Laien gewidmet. Ein Echo der in der Liturgiekommission der Deutschen Bischofskonferenz vorausgegangenen Diskussionen findet sich in den Bestimmungen über den Sitz, die Kleidung und die Gebetsgebärden der beauftragten Leiter. Hier hat sich eine etwas enge Sicht durchgesetzt.

Ebenfalls ein Echo der Kontroversen findet sich in dem „Anhang" über die „Benennung der mit der Leitung von Gottesdiensten beauftragten Laien". Deutliche Skepsis wird hier der Bezeichnung „Gottesdienstleiter bzw. -leiterin" entgegengebracht und der Begriff „Gottesdienstbeauftragte" favorisiert.[44] Mit diesem Begriff lässt sich leben, da er deutlich festhält, dass beauftragte Laien bestimmte Gottesdienste leiten können, nicht in eigener Vollmacht, sondern in der des Bischofs. Deshalb hätte Vf. den Begriff „beauftragte Gottesdienstleiter" vorgezogen.

3.7 Die offizielle Regelung der deutsch-schweizerischen Ordinarienkonferenz

Es lohnt sich noch, einen Blick auf die gemeinsame Regelung der liturgischen Leitungsdienste von Laien durch die deutschschweizerische Ordinarienkonferenz zu werfen. Ende 1997 erschien in würdigem liturgischen Einband „Die Wortgottesfeier"[45], die von einer Kommission erarbeitet wurde und von den deutschschweizerischen Bischöfen approbiert ist. Sie möchten damit den Männern und Frauen, „die mit der Leitung von sonntäglichen Wortgottesdiensten beauftragt sind", eine verbindliche Grundordnung in die Hand geben.[46] Auch die Verantwortlichkeiten sind in diesem Buch klar geregelt: „Die Verantwortung für die Wortgottesfeier am Sonntag liegt beim Bischof. Er überträgt die Durchführung der Liturgie einem Diakon oder einem für die Seelsorge beauftragten Laien. Im Falle einer Notsituation (etwa wenn ein Priester unverhofft ausfällt) können auch geeignete Ordensleute, Lektoren, Mitglieder von Liturgiegruppen, Kommunionhelfer oder Katecheten im Ne-

---

[44] Ebd. 52.
[45] Die Wortgottesfeier. Der Wortgottesdienst der Gemeinde am Sonntag. Vorsteherbuch für Laien. Hg. v. Liturgischen Institut Zürich im Auftr. der deutschschweizerischen Bischöfe, Freiburg/Schw. 1997. Vgl. dazu in diesem Band auch im Beitrag von B. Kranemann S. 212f. u.ö.
[46] Vgl. ebd. 1.

benamt mit der Wortgottesfeier beauftragt werden. Voraussetzung dafür ist, dass diese Personen einen Ausbildungskurs besucht haben sowie vom Bischof bestätigt sind".[47]

Nach dieser Darlegung kirchenamtlicher Dokumente soll noch eine persönliche, mehr systematische Sicht von Leitung versucht werden.

4. Leitung in den verschiedenen gottesdienstlichen Gemeindeversammlungen

Das Volk Gottes auf dieser Erde wird in besonderer Weise als solches sichtbar und erfahrbar, wenn es sich an einem Ort versammelt, auf Gottes Wort hört, Gott lobpreist, ihm dankt sowie seine Bitten vorträgt.

4.1 Private Gebetsversammlungen

Natürlich gibt es auch im religiösen Bereich verschiedenartige Versammlungen. Wenn sich in einer Gemeinde eine kleine oder größere Gruppe regelmäßig zum Rosenkranzgebet trifft, stellt sich die Frage nach einem Vorbeter oder einer Vorbeterin nur beim ersten und zweiten Mal. De facto nimmt die Vorbeterin oder der Vorbeter dabei Leitung wahr, die aber weder einer Delegation noch sonst einer rechtlichen Regelung bedarf. Wenn eine festere religiöse Gruppierung wie die charismatische Gemeindeerneuerung oder die Legio Mariä zu einem Gebetstreffen zusammenkommt, dann liegt es bei der Leitung der Gruppe, für einen Vorbeter zu sorgen.

4.2 Gemeindliche Liturgiefeiern

Eine höhere ekklesiale Qualität hat die Zusammenkunft der Gemeinde zur sonntäglichen Eucharistiefeier oder zu einer Wort-Gottes-Feier.

Schon im Alten Testament sind die heiligen Versammlungen des Volkes Gottes konstitutiv für seine Bindung an Jahwe (vgl. Gen 49,1f.; Ex 12,6; Lev 23,2). Er versammelt sein Volk durch seinen Diener Mose oder durch andere von ihm selbst Berufene oder eingesetzte Leiter, wie z. B. die Propheten. Bei der sonntäglichen Gemeindeversammlung der Christen handelt es sich um die Darstel-

---

[47] Ebd. 7.

lung der Gemeinde als Volk Gottes, um die Sichtbarmachung des Leibes Christi an einem bestimmten Ort. Sie ist Kirche vor Ort, in der sich die universale Kirche mit ihren Wesensäußerungen der Verkündigung, des Gottesdienstes und des Bruderdienstes realisiert. Eine solche offizielle Gemeindeversammlung muss die verschiedenen Charismen und Aufgaben einer Gemeinde zum Ausdruck bringen. Die Liturgiekonstitution hat dies in SC 26 und 28 ausdrücklich angeordnet. Auch das Dokument der Deutschen Bischofskonferenz von 1999 betont, dass sich in der Gottesdienst feiernden Gemeinde das Mysterium der Kirche darstellt und zwar als eine gegliederte Gemeinschaft. Im Normalfall wird die Leitung eines sonntäglichen Gemeindegottesdienstes ein geweihter Amtsträger wahrnehmen. Aber was ist zu tun, wenn nicht genügend geweihte Amtsträger zur Verfügung stehen?

4.3 Der einzelne Notfall

„Hilfe, der Priester kommt nicht" ist ein schon älteres Merkblatt einer Diözese überschrieben, das Laien helfen sollte, einen Wortgottesdienst zu gestalten, wenn der erwartete Priester wegen Krankheit oder Unfall oder aus anderen Gründen nicht eintrifft. Hier wird man keine langen Debatten über die Leitung führen können und müssen. Man wird vielmehr froh sein, wenn sich die Lektorin und/oder ein Kommunionhelfer zusammen mit dem Organisten verständigen, wie sie einen Wortgottesdienst halten.

4.4 Der strukturelle Notfall

Anders und grundsätzlich stellt sich die Frage nach der Leitung, wenn das Fehlen eines geeigneten Amtsträgers zur Strukturfrage wird, wenn in einer wachsenden Zahl von Gemeinden die Eucharistie nicht mehr allsonntäglich gefeiert werden kann und stattdessen Wort-Gottes-Feiern gehalten werden. Wenn dabei keine Leitung sichtbar würde, käme ein wesentliches Element von Kirche nicht zum Ausdruck, nämlich Jesus Christus als Herr und Haupt seiner Kirche. Darüber hinaus darf die Kirchenleitung Laien in dieser Situation nicht alleine lassen. Ist es nicht gerade Auftrag des Amtes, für die Ordnung beim Gottesdienst zu sorgen? Schon Paulus hat dies in der Gemeinde von Korinth tun müssen (vgl. 1 Kor 14). So wird auch heute der Nachfolger der Apostel entsprechend vorbereitete Laien mit der Leitung von solchen Gottesdiensten beauftragen, für die das Weihesakrament eine nicht notwendige Voraussetzung ist.

Die erste Sorge der Kirche müsste es sein, für so viele ordinierte Amtsträger zu sorgen, dass die Eucharistie allsonntäglich in jeder Gemeinde gefeiert werden kann. Ist dies für gewisse Regionen in der Kirche eine begrenzte Zeit lang nicht zu erreichen, so liegt es nahe, geeignete Christen und Christinnen auszubilden und zu beauftragen, Wort-Gottes-Feiern zu leiten. Langjährige eigene Erfahrungen bei der Ausbildung von Lektorinnen und Lektoren sowie Kommunionhelferinnen und Kommunionhelfern zu Gottesdienstbeauftragten bestätigen, dass Gott genug Charismen schenkt, diesen Dienst der beauftragten Leitung zu verrichten. Aber diese Frauen und Männer wollen aus einem richtigen Gespür heraus nicht im eigenen Namen vor die Gemeinde treten, sondern sie erwarten einen Auftrag von der Kirchenleitung. Sie brauchen eine Sendung zu solchem außerordentlichem Tun. Schon im Römerbrief wird die Sendung für die Verkündigung vorausgesetzt bzw. gefordert. „Wie aber soll jemand verkündigen, wenn er nicht gesandt wird" (Röm 10,15)?

Wenn die Kirchenleitung sich nicht entschließen kann oder will, neue Zugangswege zu den ordinierten Ämtern zu öffnen, um dem Notstand sonntäglicher Eucharistiefeiern abzuhelfen, dann hat sie die andere Möglichkeit, christgläubige Menschen offiziell mit diesem Dienst der Leitung von Gottesdiensten, die nicht die sakramentale Ordination verlangen, zu beauftragen. Dazu steht ihr das Rechtsinstrument der Delegation zur Verfügung, durch das Laien nach Maßgabe des Rechtes an der Leitungsaufgabe mitwirken können.[48] Dies war auch der Tenor der Tagung der Arbeitsgemeinschaft der katholischen Liturgikdozentinnen und -dozenten 1996 in Quarten, die unter dem Motto „Liturgische Leitung zwischen Ordination und Delegation" stand.[49] Männer und Frauen, die Gottesdienste leiten, wären demnach delegierte oder beauftragte Leiterinnen und Leiter, oder wie die Deutsche Bischofskonferenz vorschlägt, Gottesdienstbeauftragte.

In Quarten gab es über die rechtliche Delegation hinausgehende Vorschläge. Der Tübinger Kirchenrechtler Richard Puza hat die Schaffung eines neuen Sakramentale des Gottesdienstleiters angeregt.[50] Dies wäre die Einrichtung eines neuen Kirchenamtes, das in einer liturgischen Feier übertragen werden sollte. Die Liturgiegeschichte hält ja mit der Weihe von Äbten, Äbtissinnen oder Jung-

---

[48] Vgl. CIC can. 129 § 2 und can. 131.
[49] Die Referate sind veröffentlicht in: Wie weit trägt das gemeinsame Priestertum? (wie Anm. 14).
[50] Vgl. *R. Puza*, Der liturgische Leitungsdienst aus kirchenrechtlicher Perspektive, in: Wie weit trägt das gemeinsame Priestertum? (wie Anm. 14) 249–263, hier 262f.

frauen oder Witwen oder Diakoninnen Paradigmen für solche Feiern bereit, die unterhalb der sakramentalen Ordination liegen. Auch die liturgische Bestellung von Lektoren und Akolythen könnte herangezogen werden. Jedoch ist im Vergleich zu den beiden Letzteren die relative Eigenständigkeit des inzwischen entstandenen neuen Dienstes der Gottesdienstleitung durch Laien zu beachten. Hier wäre auch noch einmal der Vorschlag von Theodor Maas-Ewerd in Erinnerung zu bringen, das Subdiakonat wieder einzurichten und in ihm die Dienste von Lektorat und Akolythat zu vereinen, und das für Männer und für Frauen.[51] Wenn man sie gemäß dem Vorschlag der Bischofskonferenz Gottesdienstbeauftragte nennen würde und eine dem Lektorat und Akolythat entsprechende liturgische Beauftragungsfeier durch den Bischof kreieren würde, wäre dem Anliegen von Puza und vielleicht auch dem von Maas-Ewerd Genüge getan.

In diesem Zusammenhang seien Zweifel angemeldet, ob die Feier des Stundengebetes in Frauen- und Männerklöstern ohne Leitung geschieht, wie es manchmal behauptet wird. Der Abt oder die Äbtissin stehen gewöhnlich diesem Gebet vor. In seiner bzw. ihrer Abwesenheit ist die Stellvertretung geregelt. Richtig ist, dass beim Stundengebet, das ja primär Gebetsgottesdienst ist, Leitung wenig in Erscheinung tritt. Wenn eine Gruppe frommer Christen es gemeinsam betet, braucht es vielleicht nur die Absprache der Dienste. Wenn aber eine Laudes oder Vesper als sonntäglicher Gemeindegottesdienst gefeiert wird, wo eine Eucharistiefeier nicht möglich ist, müsste wenigstens eine delegierte Leiterin bzw. ein delegierter Leiter vorhanden sein, damit Gemeinde als geordnete und von Jesus Christus, dem ewigen Hohenpriester, geleitete in Erscheinung tritt.

Vielleicht wird Delegation von Leitung durch den Bischof als etwas rein Rechtliches gesehen. Entspricht dem nichts auf der geistlichen Ebene der Liturgie? Ist es nicht so, dass der Bischof in der Delegation an seiner eigenen priesterlichen Vollmacht einen partiellen Anteil gibt, so dass der Delegierte begrenzten Leitungsdienst wahrnehmen kann, d. h. Christus als Haupt seiner Gemeinde zu repräsentieren, wenn auch in eingeschränktem Maße?

---

[51] Vgl. *Maas-Ewerd*, Nicht gelöste Fragen (wie Anm. 22) 161–164.

5. Ausblick

Wie soll es in Deutschland mit der Wort-Gottes-Feier unter der Leitung von Gottesdienstbeauftragten weitergehen? Wenn man der oben angesprochenen Umfrage in den deutschen Bistümern Glauben schenken darf, wird in allen deutschen Bistümern, in denen sonntägliche Wort-Gottes-Feiern unter Leitung von beauftragten Laien stattfinden, außer in Trier eine Beauftragung dazu ausgesprochen, meistens sogar in einer liturgischen Feier.[52] Das ist die faktische Seite. In den „Empfehlungen für die Praxis" heißt es: „Die Leitung von Wortgottesdiensten ist ein spezifischer liturgischer Dienst".[53] Es sollten in einer Gemeinde mehrere Personen für diesen Dienst zur Verfügung stehen, dass ein Einzelner nicht in die Rolle eines „Ersatzpriesters" gedrängt wird. Diese Gefahr ist besonders groß, wenn hauptamtliche Pastoral- bzw. Gemeindereferenten und -referentinnen eine größere Zahl liturgischer Aufgaben in einer Gemeinde übernehmen. Hier ist das Beispiel der Trierer Diözese bedenkenswert, die nur Ehrenamtliche für den Dienst der Gottesdienstleitung ausbildet. Dabei sollen die Hauptamtlichen die Gottesdienstbeauftragten für ihre Aufgabe ausbilden und sie begleiten.

Die Beauftragung der Laien wird in der Broschüre des Deutschen Liturgischen Instituts eindeutig an den Bischof gebunden. „Es empfiehlt sich, daß der Bischof oder sein Vertreter nach Abschluß der Ausbildung die Kandidatinnen und Kandidaten in schriftlicher Form und ggf. im Rahmen eines Gottesdienstes beauftragt".[54] Die hier sichtbar werdende Linie müsste konsequent ausgebaut werden. Eine gute Ausbildung, schriftliche Beauftragung durch den Bischof und liturgische Installation der Gottesdienstbeauftragten vor Ort oder auf regionaler oder auf diözesaner Ebene wären noch zu überlegen, sollten unverzichtbare Bestandteile in allen Diözesen sein, die einen offiziellen Gemeindegottesdienst am Sonntag in allen Pfarreien sichern wollen, in denen wegen des Priestermangels keine Eucharistie gefeiert werden kann.

---

[52] Vgl. Wort-Gottes-Feiern am Sonntag (wie Anm. 11) 13.
[53] Ebd. 32.
[54] Ebd. 33.

Das „Lob- und Dankgebet" in der sonntäglichen Wort-Gottes-Feier

Zu Genese, Struktur und Theologie eines neuen Gebetselements

Von Benedikt Kranemann, Erfurt

1. Einleitung

Wortgottesdienste am Sonntag, die an Stelle der Eucharistiefeier in Gemeinden ohne ordinierten Priester gefeiert werden, sind auch im deutschen Sprachgebiet keine Seltenheit mehr. Theologie und Konzeption dieser Gottesdienste sind deshalb in den letzten Jahren in Liturgiewissenschaft und Pastoraltheologie intensiver diskutiert worden.[1] Das verwundert nicht, steht doch die sonntäglich-gottes-

---

[1] Einige Hinweise können an dieser Stelle genügen. Schon SC 35,4 fordert entsprechende Gottesdienste „besonders da, wo kein Priester zur Verfügung steht". Details in den Kommentaren von *E. J. Lengeling*, Die Konstitution des Zweiten Vatikanischen Konzils über die heilige Liturgie. Lateinisch-deutscher Text. Münster ²1965 (RLGD 5/6) 79f., und *J. A. Jungmann*, Konstitution über die Heilige Liturgie, in: LThK.E 1, 9–109, hier 40f. Letzterer verweist auf entsprechende Voten zweier Missionsbischöfe. Nach Lengeling waren solche Gottesdienste „zuerst im französischen Sprachraum üblich" (ebd. 79). Allerdings nennt Lengeling weder ein Datum noch einen Beleg; vgl. *J.-Ch. Didier*, Célébrer le dimanche en l'absence de prêtre. Chambray-lès-Tours 1984, 18–26. Zur weiteren Entwicklung vgl. *R. Kaczynski*, De liturgia dominicali sacerdotibus deficientibus celebrata, in: Not. 8. 1972, 375–383; *ders.*, Erfahrungen mit priesterlosen Sonntagsgottesdiensten, in: Gottesdienst 7. 1973, 105–107; *ders.*, Drei Strukturmodelle. Erfahrungen mit priesterlosen Sonntagsgottesdiensten (II), in: ebd. 111f. (ebd. 111 ein hier nicht berücksichtigtes „brasilianisches Modell"); *O. Nußbaum*, Sonntäglicher Gemeindegottesdienst ohne Priester. Liturgische und pastorale Überlegungen. Würzburg 1985. Für (West)Deutschland waren richtungsweisend Aussagen im „Beschluß: Gottesdienst" der Würzburger Synode (Beschluß: Gottesdienst, in: Gemeinsame Synode der Bistümer in der Bundesrepublik Deutschland. Beschlüsse der Vollversammlung. Offizielle Gesamtausgabe I. Freiburg/Br. 1976, 196–225, hier 202–205); die Pastoralsynode der katholischen Kirche in der DDR kann sich vergleichsweise kurz zu diesem Thema äußern, da zur Zeit der Synode der Stationsgottesdienst hier bereits verbreitet war: Beschluß der Pastoralsynode: Glaube heute, in: Konzil und Diaspora. Die Beschlüsse der Pastoralsynode der katholischen Kirche in der DDR. Leipzig 1977, 7–35, hier 25, Nr. 47; die Zahl der Diakonatshelfer, die vorwiegend als Leiter von Stationsgottesdiensten eingesetzt wurden, betrug 1974 bereits 747 (freundlicher Hinweis von Franz Schneider, Erfurt). Als beachtenswerte Berichte über die Entwicklung in verschiedenen Ortskirchen sind zu nennen: *Ph. Barras*, Sunday Assemblies in the Absence of a Priest: The Situation and Trends in France, in: StLi 26. 1996, 91–103; *H. Büsse*, Sunday Worship Without a Priest, in: ebd. 104–112; *K. Hughes*, Sunday Celebrations in the Absence of a Priest. Gift or Threat?, in: ebd. 113–118; *A. Join-Lambert*, Aktuelle Tendenzen des Wortgottesdienstes in Frankreich. Überblick über die Beschlüsse der Diözesansynoden von 1983 bis 1997, in: LJ 49. 1999,

dienstliche Gemeindeversammlung, in welcher Form auch immer sie begangen wird, im Mittelpunkt kirchlichen Lebens und christlicher Identität. Der Sonntag ist ein für die christlichen Kirchen wie für die einzelne Gemeinde im Wochenlauf so wichtiger Tag, dass seine liturgische Gestaltung der besonderen theologischen Reflexion bedarf. Gerade Wortgottesdienste oder, wie zur Unterstreichung der Gewichtigkeit solcher Feiern formuliert wird, „Wortgottesfeiern" bedürfen also der sorgfältigen Vorbereitung und Durchführung, die wiederum ein theologisches Fundament brauchen, soll die Wortverkündigung das ihr zukommende Gewicht erhalten. Es geht um ein zentrales liturgisches Geschehen.

Im Mittelpunkt der Diskussion standen bisher vor allem das Für und Wider der Kommunionfeier im Rahmen der sonntäglichen „Wortgottesfeier" und die Frage nach der Leitung solcher Gottesdienste. Ersteres erklärt sich aus Sorge um eine theologisch sinnvolle Feier der Eucharistie, wirft allerdings ein bezeichnendes Licht auf die Rezeption bzw. Nichtrezeption der Theologie der Wortverkündigung und auf die Wertung reiner Wortgottesdienste in der katholischen Kirche.[2] Letzteres ist im Rahmen der Diskussion um die Amtstheologie und die liturgischen Beauftragungen zu sehen und steht natürlich auch im Zusammenhang des zunehmenden Priestermangels.[3]

Auffällig ist aber, dass in den liturgischen Büchern und Dokumenten inzwischen ein neues Gebetselement fast als Selbstverständlichkeit vorausgesetzt wird, ohne dass eine theologische Diskussion über Sinn und Gestalt stattgefunden hätte.[4] Gemeint sind

---

229–246; vgl. als bislang ausführlichste liturgiewissenschaftliche Studie, die allerdings auf das Thema der „Danksagung" wenig eingeht, *B. Kirchgessner*, Kein Herrenmahl am Herrentag? Eine pastoralliturgische Studie zur Problematik der sonntäglichen Wort-Gottes-Feier. Regensburg 1996 (StPaLi 11); dort umfangreiche Literaturhinweise; mit liturgiepastoralem Interesse: *St. Rau*, Sonntagsgottesdienst ohne Priester. Problematik und Hilfen für die Praxis. Mit Gebetstexten v. D. Thönnes. Kevelaer 1999 (Laien leiten Liturgie). *H. L. Hickman*, Prayers of Thanksgiving in Non-Eucharistic Services, in: Proceedings of the Annual Meeting of the North American Academy of Liturgy. Nashville, TN, 2–5 January 1989, 123–141, erörtert die Probleme eines solchen Gebetstyps aus der Perspektive der United Methodist Church, also unter anderen Voraussetzungen, als sie in der katholischen Kirche gelten.

[2] Vgl. zu diesem Problemfeld die bei *Kirchgessner*, Kein Herrenmahl am Herrentag? (wie Anm. 1) 190–192 zusammengestellte Literatur; vgl. auch *A. Moos*, Sonntäglicher Wortgottesdienst – mit oder ohne Kommunionfeier? Ein Beitrag zum Verhältnis von theologischer Kompetenz und pastoraler Praxis, in: Vorgeschmack. Ökumenische Bemühungen um die Eucharistie. Festschrift für Theodor Schneider. Hg. v. B. J. Hilberath – D. Sattler. Mainz 1995, 396–416.

[3] Vgl. dazu in diesem Band S. 181–204 den Beitrag von Manfred Probst.

[4] Dass dieses Gebetselement nicht zwingend notwendig ist, macht eine Handreichung von 1995 aus Belgien deutlich. Dort endet der Wortgottesdienst mit einer Litanei;

jene z. T. umfangreichen Gebete, deren unterschiedliche Bezeichnung allein schon liturgiewissenschaftlichen Klärungsbedarf signalisiert: „Feierliches Lob"[5], „Gratiarum actio"[6], „Sonntagsgebet"[7], „Act of Thanksgiving"[8], „Prière d'action de grâce"[9] u. v. a. m. Auch die Struktur der Gebete macht die Notwendigkeit der liturgiewissenschaftlichen Auseinandersetzung deutlich, denn die liturgischen Texte werden immer wieder in die Nähe zur Gebetsgattung „Hochgebet" gerückt.[10] Schließlich wird die Einbindung der Gebete in den Wortgottesdienst unterschiedlich geregelt, was bei einem offensichtlich so zentralen Gebetselement auffällig ist. Eine neue liturgische Tradition scheint entstanden zu sein, deren Gattung, Gestaltung und Verortung offen und deren Herkunft unklar ist.

Im Folgenden soll zunächst eine Bestandsaufnahme zu offiziellen liturgischen Büchern bzw. von liturgischen Instituten erarbeiteten Behelfen für gemeindliche Wortgottesdienste am Sonntag vorgelegt werden (2). Dem schließt sich der Versuch an, die Genese des Gebetstyps in der jüngeren Liturgiegeschichte zu rekonstruieren (3). Dann werden einige der Gebetstexte hinsichtlich Gebetsstrukturen, Zeitdimension, Stellenwert des Gebets in der Liturgie und Gemeindepartizipation analysiert (4). Abschließend werden einzelne Gebetstexte kritisch gesichtet (5). Letztlich geht es um die Frage,

---

dann folgt die Kommunionfeier (Zondagsviering bij afwezigheid van een priester. [Interdiocesane Commissie voor Liturgische Zielzorg] Brussel 1995, 30–32).

[5] Die Wortgottesfeier. Der Wortgottesdienst der Gemeinde am Sonntag. Vorsteherbuch für Laien. Hg. v. Liturgischen Institut Zürich im Auftrage der deutschschweizerischen Bischöfe. Freiburg/Schw. 1997, 33 u. ö.; vgl. dazu *E. Nagel*, Durch Erfahrung klug. ‚Die Wortgottesfeier' der deutschschweizerischen Kirche, in: Gottesdienst 32. 1998, 46; *A. Pomella*, Vorsteherbuch für sonntägliche Wortgottesdienste in der Schweiz, in: ebd.; vgl. auch die Rezension von *M. Klöckener*, in: ALw 41. 1999, 172–174 (mit Hinweisen auf weitere Rezensionen).

[6] Directorium de celebrationibus dominicalibus absente presbytero, in: EDIL 6163–6212, hier 6207. Das Dokument wurde am 2. Juni 1988 durch die Congregatio pro Cultu Divino veröffentlicht. Auf die Defizite des Direktoriums macht aufmerksam: *H. Rennings*, Sonntagsgottesdienste ohne Priester. Ein Direktorium der Kongregation für den Gottesdienst, in: Gottesdienst 22. 1988, 116 f.

[7] Wort-Gottes-Feiern am Sonntag. Erfahrungen und Anregungen. Zusammengestellt von einer Arbeitsgruppe der Liturgiebeauftragten der Bistümer Deutschlands. Trier 1998 (Pastoralliturgische Hilfen 12) 40 u. ö.

[8] Sunday Celebrations in the Absence of a Priest. Leader's Edition. Approved for Use in the Dioceses of the United States of America by the National Conference of Catholic Bishops. Prepared by the Committee on the Liturgy National Conference of Catholic Bishops. New York 1994, 31 u. ö.

[9] Vgl. Assemblées dominicales en l'absence de prêtre. Chambray-lès-Tours 1991, 165.

[10] Damit sind nicht die Eucharistischen Hochgebete gemeint, sondern die Gebetsgattung ‚Hochgebet' als solche. Dazu *M. B. Merz*, Gebetsformen der Liturgie, in: *R. Berger u. a.*, Gestalt des Gottesdienstes. Sprachliche und nichtsprachliche Ausdrucksformen. Regensburg ²1990 (GdK 3) 97–130, bes. 116–120. Zur Frage, inwieweit eine solche Nähe gegeben ist, vgl. unten S. 208 f; 212; 216, Anm. 53; 221, Anm. 75; 230.

welche Bedeutung diese Gebete für die Wortverkündigung als liturgietheologisch zentralen gottesdienstlichen Akt innehaben.

2. Bestandsaufnahme

2.1 „Directorium de celebrationibus dominicalibus absente presbytero" (1988)

Das römische Direktorium, 1988 unter dem Titel „Sonntäglicher Gemeindegottesdienst ohne Priester" in deutscher Übersetzung erschienen,[11] sieht für diese Liturgiefeiern eine Danksagung als eigenständiges Gebetselement vor und kennzeichnet sie als Lobpreis der Herrlichkeit Gottes.[12] Es weist sie unter den fünf Elementen der Feier als eigenes Element aus und ordnet sie zwischen Wortgottesdienst und Kommunionfeier ein.[13] Nach einem eigens diesem Gebet gewidmeten Absatz[14] kann die „Danksagung" jedoch „nach dem Fürbittgebet oder nach der Austeilung der Kommunion"[15] oder „vor dem Vaterunser"[16] eingefügt werden, was allerdings jeweils sehr unterschiedliche Deutungen nahe legt. Entweder handelt es sich um ein Gebet, das in irgendeiner Weise auf das Fürbittgebet bezogen ist und abschließenden Charakter besitzt;[17] oder es ist Danksagung für die Christusbegegnung in der Kommunion; oder aber es geht um eine Vorbereitung auf die Kommunion. Für letzteren Fall zumindest gibt das römische Dokument eine eindeutige Beschreibung.

Das Direktorium lässt nur vage erkennen, welcher literarischen Gattung die Danksagung zugerechnet wird und welche Struktur sie folglich besitzen soll. Psalm, Hymnus oder litaneiartiges Gebet werden genannt, drei Textsorten mit je eigenem theologischen Gehalt und unterschiedlicher liturgischer Funktion. Die Danksagung wird vom Eucharistischen Hochgebet abgesetzt; jede Verwechslung soll

---

[11] Vgl. Directorium de celebrationibus dominicalibus absente presbytero (wie Anm. 6); Kongregation für den Gottesdienst, Sonntäglicher Gemeindegottesdienst ohne Priester. Mit einer Einführung der Deutschen Bischofskonferenz. Hg. v. Sekretariat der Deutschen Bischofskonferenz. Bonn 1988 (VApS 94). Wir zitieren im Folgenden nach der deutschen Fassung.
[12] Vgl. ebd. Nr. 41c.
[13] Als Elemente werden ebd. Nr. 41 genannt: Eröffnung, Wortgottesdienst, Danksagung, Kommunionteil und Abschluß.
[14] Vgl. ebd. Nr. 45.
[15] Vgl. ebd. Nr. 45 1).
[16] Vgl. ebd. Nr. 45 2).
[17] Die Erläuterungen ebd. Nr. 45 1) lassen nicht erkennen, warum die Danksagung dem Fürbittgebet folgen soll.

vermieden werden; Textabschnitte des Eucharistischen Hochgebets dürfen nicht verwendet werden.[18]

Bemerkenswert ist mit Blick auf den Gebetstext die Genese des Direktoriums. Drei verschiedene Schemata eines „Directorium de quibusdam ministeriis laicis tribuendis"[19] waren bereits 1975 entstanden, dann aber wegen einer Umstrukturierung der römischen Gottesdienstkongregation nicht weiter bearbeitet worden.[20] In den Schemata II und III wurde die „gratiarum actio" jeweils am Ende der Fürbitten oder nach der Kollekte vorgesehen.[21] In ihr sollte Gott für sein Heilswerk gelobt werden, wobei Aspekte eines Festes oder der liturgischen Zeit Platz finden sollten, aber auch Dank gesagt werden konnte für Ereignisse in der jeweiligen Gemeinde, für die Gaben der Erde, für andere von Gott empfangene Wohltaten. Es wurde schon betont, die Oration dürfe nicht Teile des Eucharistischen Hochgebets enthalten.[22] Diese Danksagung sollte der Kommunionfeier vorausgehen.

Erst der 1987 vorgelegte Entwurf für das dann 1988 endlich veröffentlichte Direktorium hob das Dankgebet bereits typographisch hervor.[23] Der Lobpreis für das Heilswerk Gottes sollte mit Blick auf Tag, Fest oder Kirchenjahreszeit formuliert werden. Hier folgte er den Fürbitten und wurde mit dem Vaterunser beendet, dem sich der Friedensgruß und die Entlassungsriten oder die Kommunionfeier anschlossen. Als Vorbild wurden jetzt zwar die Präfationen des Messbuches genannt, doch eine Imitation des Eucharistiegebets „genere suo litterario" untersagt.[24] Die Anwesenden sollten durch Akklamationen am Gebet teilnehmen können; der Communio-Charakter des Gebets wurde unterstrichen.

Der Entwurf des Direktoriums verlieh dem Gebet dadurch noch

---

[18] Es ist mindestens missverständlich, wenn das Dokument ebd. Nr. 45 2) zwischen Präfation und Eucharistischem Hochgebet trennt.
[19] Die Schemata sind abgedruckt bei *Kirchgessner*, Kein Herrenmahl am Herrentag? (wie Anm. 1) 236–284; die Titel der verschiedenen Schemata variieren leicht.
[20] Vgl. ebd. 160f.; A. *Bugnini*, Die Liturgiereform. 1948–1975. Zeugnis und Testament. Deutsche Ausgabe hg. v. Joh. Wagner unter Mitarb. v. F. Raas. Freiburg/Br. 1988, 793–795.
[21] Vgl. bei *Kirchgessner*, Kein Herrenmahl am Herrentag? (wie Anm. 1) 265 u. 281; jeweils Nr. 34.
[22] So heißt es im Schema III: „In hac oratione ne ponantur ea quae sunt propria precis eucharisticae in Missa, prouti dialogus introductorius, Sanctus, doxologia finalis; et eae partes quae cum celebratione Eucharistica rationem magis directam habent, uti sunt narratio institutionis cum verbis Domini, epiclesis ante et post consecrationem, anamnesis aut oblatio." (*Kirchgessner*, Kein Herrenmahl am Herrentag? [wie Anm. 1] 281).
[23] Vgl. ebd. 297.
[24] Vgl. ebd.

besonderes Gewicht, dass Mustertexte im Anhang wiedergegeben wurden und dass angeordnet wurde, nur solche Texte zu verwenden, die vom Diözesanbischof gebilligt worden seien. Damit war die „gratiarum actio" aber kein beliebiges liturgisches Element mehr, sondern besaß erhebliches theologisches Gewicht für die Liturgiefeier.

2.2 „Assemblées dominicales en l'absence de prêtre" (1985)

Bereits in mehreren Auflagen hat das Pariser Centre National de Pastorale Liturgique einen Guide des animateurs für sonntägliche gottesdienstliche Versammlungen bei Abwesenheit eines Priesters herausgegeben.[25] Neben den Rahmenteilen gliedert sich ein solcher Gottesdienst in drei Abschnitte, die überschrieben sind mit „Accueillir Dieu dans sa Parole", „Prier avec toute l'Eglise" und „Partager la Communion dans le Christ".[26] Innerhalb der Gebetseinheit folgt die Danksagung auf Glaubensbekenntnis und Allgemeines Gebet.

Das französische Buch gibt besonders fundiert Auskunft über das Warum und das Wie dieses Gebets und formuliert eine kurze Gebetstheologie. Die „action de grâce" wird als Notwendigkeit beschrieben, die eine Reaktion auf das vorgängige Gnadenhandeln Gottes ist. Dieses Gebet kann deshalb nicht nur ein schlichter Dank sein, sondern muss zum Ausdruck bringen, dass der Mensch auf das Handeln Gottes („la grâce", „le cadeau") regelrecht angewiesen ist: „C'est l'élan émerveillé de notre être vers Celui".[27]

Das göttliche Heilsgeschehen ist in Christus Gegenwart. Die Vitalität des Auferstehungsgeschehens ergreift den Menschen heute. Das Gebet antwortet also auf die Zuwendung Gottes; Letztere erweckt geradezu die Gebetsresonanz. Der Mensch wird in eine neue Beziehung gestellt, „un vivre en grâce, avec nos frères".[28]

Für den Gläubigen und sein Leben hat das Gebet existentielle Bedeutung. Es wird als der notwendige Atem („respiration de la foi"[29]), damit als Lebenskraft beschrieben.

Der eigentliche Ort der sonntäglichen Danksagung ist die Eucha-

---

[25] Uns lagen Auflagen von 1985 und 1991 vor. Wir beziehen uns auf die Ausgabe von 1991. Zur Diskussion über die sonntäglichen Wortgottesdienste in Frankreich vgl. *Join-Lambert*, Aktuelle Tendenzen (wie Anm. 1).
[26] Assemblées dominicales en l'absence de prêtre (wie Anm. 9) 22.
[27] Ebd. 47.
[28] Ebd.
[29] Ebd.

ristie. Wo diese nicht gefeiert werden kann, sollen die Gläubigen eine Zeit dem gemeinsamen Dank und Lobpreis Gottes widmen.

Die „action de grâce" hat also in sich einen besonderen Rang. Im Zusammenhang der Wortverkündigung, die mit Begriffen wie „parole de Dieu" und „actualité" als Begegnungsereignis beschrieben wird,[30] wird das nachdrücklich sichtbar, indem der Mensch mit seinem Lobpreis auf die Verkündigung der präsentischen Heilstaten Gottes antwortet. Das Gebet ist gleichsam Ausweis dessen, was in der Wortverkündigung geschieht. Dass dieses Wort-Antwort-Geschehen in den Mittelpunkt sonntäglicher Gemeindeversammlung gestellt wird, unterstreicht seine Bedeutung.

19 Gebetstexte und 6 an den Präfationen der Eucharistie orientierte Gebete findet man im Anhang dieses liturgischen Buches.[31] Außerdem können über die abgedruckten Gebetstexte hinaus weitere Gebete frei formuliert werden; dafür werden Form und Inhalt beschrieben. Die inhaltlichen Vorgaben gleichen dem oben Beschriebenen. Das Gebet soll gleichzeitig Glaubensbekenntnis und Bitte sein, die an Gott gerichtet wird.

Hinsichtlich der Form wird ein Maximum an aktiver Teilnahme der Gläubigen gefordert. Die ganze liturgische Versammlung soll im Gebet engagiert sein. Eine Rollenverteilung wird vorgegeben: Das Dankgebet spricht ein beauftragter „président de la prière".[32] Akklamationen der anderen Gläubigen drücken den gemeinschaftlichen Charakter des Gebets aus.

Das liturgische Buch mahnt hinsichtlich des Gebets die „sobrietas" an. Nicht langatmiges „Schwätzen" von Heilsgeschichte, sondern ein kurzes Erinnern soll das Dankgebet prägen. Die Heilsgeschichte soll in Erinnerung gebracht und eine Haltung der Danksagung evoziert werden.

2.3 „Sunday Celebrations in the Absence of a Priest" (1994)

Das amerikanische Buch unterstreicht ebenfalls die Bedeutung der Danksagung: „God is blessed for his great glory."[33] Dieser Dank gehört zur „Liturgy of the word" und ist Teil der gemeinschaftlichen Antwort auf das Wort Gottes. Die Gläubigen sollen die Herrlichkeit („glory") und Barmherzigkeit („mercy") Gottes preisen; Gemeindeakklamationen sind vorgesehen.[34] Dies geschieht nach dem

---

[30] Vgl. ebd. 22.
[31] Vgl. ebd. 165–179; vgl. außerdem 180–182.
[32] Ebd. 48.
[33] Sunday Celebrations in the Absence of a Priest (wie Anm. 8) 27, Nr. 36.
[34] Vgl. ebd. 31, Nr. 44.

Glaubensbekenntnis und dem Allgemeinen Gebet und entweder in Form eines Psalms, Hymnus, Canticums, mit einer Litanei oder einem Gebet, für das in einem Appendix Texte angeboten werden. Das Vaterunser folgt. Es kann sich auch der „Communion Rite" anschließen. Der Leiter des Gottesdienstes und die anderen Gläubigen sprechen das Gebet zum Altar gewandt, stehend und gemeinschaftlich. Wiederum wird angemerkt, dass eine Verwechslung mit dem Eucharistischen Hochgebet ausgeschlossen werden müsse.[35] Zehn alternative Gebetstexte („Prayers of thanksgiving") sind abgedruckt. Sie sind so eindeutig den Kirchenjahreszeiten zugeordnet, dass nur wenig Auswahlmöglichkeit für dieses Gebet besteht.

2.4 „Die Wortgottesfeier" (1997)

Die deutschschweizerische Ordinarienkonferenz hat 1997 ein „Vorsteherbuch" für die Wortgottesfeier herausgegeben.[36] Immerhin sechs umfängliche Gebetstexte mit Gemeindeakklamationen sind abgedruckt worden.[37] Die Pastorale Einleitung reflektiert die Funktion des „feierlichen Lobes". In diesem Gebet übt die Gemeinde ihr priesterliches Amt aus, wie es mit Hinweis auf AEM 45 heißt. Dieser Artikel der AEM behandelt allerdings die Fürbitten. Die „Wortgottesfeier" spricht jedoch von einem deutlich anderen Element, das auf die Verkündigung des Wortes antworte und Gott preise „für das Wort der Heiligen Schrift und die Heilsgeheimnisse".[38]

Das „Feierliche Lob" wird als Höhepunkt der liturgischen Versammlung bezeichnet, es ist Dank und Anbetung. Damit ist dieses Gotteslob endgültig zu einem zentralen Element dieser Liturgie geworden.[39] Dafür spricht auch, dass das Gebet um prozessionale Elemente zur Verehrung von Lektionar bzw. Evangeliar oder die Verehrung eines Christusbildes erweitert werden kann. Zudem sieht

---

[35] Vgl. ebd. 31 die wiederum problematische Unterscheidung zwischen Eucharistischem Hochgebet und Präfation.
[36] Vgl. dazu *V. Huonder*, Die Wortgottesfeier, in: SKZ 165. 1997, 521–524; *ders.*, Der Wortgottesdienst der Gemeinde am Sonntag, in: SKZ 166. 1998, 538–540.
[37] *Huonder*, Wortgottesdienst (wie Anm. 36) 539 unterscheidet drei Arten des Feierlichen Lobes: Lob des Wortes Gottes; Lob des Sonntags; Lob einer göttlichen Person. Seltsamerweise findet sich im neuen katholischen Gesangbuch der Schweiz kein Hinweis auf dieses Gebetselement; vgl. in: Katholisches Gesangbuch. Gesang- und Gebetbuch der deutschsprachigen Schweiz. Hg. im Auftrag der Schweizer Bischofskonferenz. Zug 1998, 308, den Aufriss für einen „Wortgottesdienst am Sonntag" bzw. 309 für einen „Wortgottesdienst mit Kommunionausteilung".
[38] Vgl. Die Wortgottesfeier (wie Anm. 5) 12.
[39] Auch *Huonder*, Wortgottesdienst (wie Anm. 36) 539 spricht von einem „Höhepunkt der Feierlichkeit" und fordert: „Auch bei der Wortgottesfeier darf diese Feierlichkeit nicht fehlen."

die „Wortgottesfeier" vor, dass ein Bußritus nach dem Wortgottesdienst und vor dem Feierlichen Lob stattfinden kann. Er wird u. a. als „Vorbereitung auf den Lobpreis" gedeutet.[40] Das deutschschweizerische liturgische Buch ordnet das feierliche Lob zwischen Friedensgruß und Fürbitten ein und konturiert das Gebet als Antwort auf die Wortverkündigung. Der Wortgottesdienst kann mit einer Kommunionfeier verbunden werden.[41]

2.5 „Wort-Gottes-Feiern am Sonntag" (1998)

Eine Arbeitsgruppe der Liturgiebeauftragten der deutschen Bistümer hat 1998 theologische Aspekte und Empfehlungen für die Praxis von sonntäglichen Wortgottesdiensten zusammengetragen, die auch zwei Modelltexte für das „Sonntagsgebet" enthalten.[42] Hier ist das Gebet für sonntägliche Wortgottesdienste ohne Kommunionfeiern vorgesehen. In einem Gottesdienst mit Kommunionspendung wird es durch das „Sakramentslob" ersetzt.[43] Als Vorbild werden Texte aus der maronitischen Liturgie genannt.[44] Das Gebet wird als Gedächtnis des Christusgeschehens interpretiert. Vor allem in „geprägten Zeiten" soll ein Zusammenhang mit der jeweiligen Evangeliumsperikope sichtbar werden. Wiederum besitzt das Gebet also erheblichen Rang, was zusätzlich daran ablesbar ist, dass die Gemeinde es mit einem Lob- und Dankgesang bekräftigen soll. Zudem werden Gemeindeakklamationen vorgeschlagen. Das Gebet gehört zu „Lobpreis und Fürbitten", die auf den „Wortgottesdienst" folgen.

2.6 Zusammenfassung

Die Durchsicht der liturgischen Bücher und Arbeitshilfen hat bei allen Unterschieden einige Gemeinsamkeiten erbracht. Zweifellos muss das Gebet, das als „Danksagung" u. Ä. bezeichnet wird, als Text mit erheblichem Gewicht für die Wortgottesfeier gelten. Es handelt sich um das zentrale Gebet dieses Gottesdienstes. In dieser Gebetshandlung wird nach den meisten der untersuchten liturgischen Bücher und Behelfe die dialogisch-kommunikative Struktur

---

[40] Die Wortgottesfeier (wie Anm. 5) 13.
[41] Vgl. ebd. 91–111.
[42] Vgl. Wort-Gottes-Feiern am Sonntag (wie Anm. 7) 45–48 und 48–50. Der erste Gebetstext sieht die Einfügung von Motiven aus Schrifttexten des jeweiligen Sonntags vor.
[43] Vgl. ebd. 41.
[44] Vgl. ebd. 72, Anm. 48.

des Begegnungsereignisses Wortgottesdienst sichtbar. Auf das Hören der Schriftlesungen folgt die Antwort des Gebets. Katabasis und Anabasis korrespondieren einander.

Zugleich, und das weist nun bereits auf die Probleme hin, die dieses Gebet mit sich bringt, handelt es sich um einen Text, der auch als „Sonntagslob" verstanden wird. Das widerspricht nicht dem Charakter des Danksagungsgebets, weist aber doch auf eine deutlich andere Funktion hin, als sie ein Gebet wahrnimmt, das primär Antwort auf die Verkündigung der Heiligen Schrift sein soll. Vor allem wäre für ein Sonntagslob eine andere strukturelle Einbindung denkbar als für eine Danksagung, die zwangsläufig der Wortverkündigung folgen muss.

In beiden Fällen besitzt das Gebet lobpreisend-anamnetischen Charakter. Es erinnert Heilstaten als gegenwärtig; inwieweit auch der eschatologische Aspekt der Liturgie eine Rolle spielt, wird noch zu erfragen sein.

Schließlich handelt es sich um ein Gebetselement, das die Communio angesichts der Verkündigung des Wortes Gottes zum Ausdruck bringt. Besonders in den Akklamationen wird sowohl die Gemeinschaft der versammelten Christen untereinander als auch deren Gemeinschaft auf Gott hin zum Ausdruck gebracht. Im Gebet, wie es die liturgischen Bücher beschreiben, wird diese Communio vollzogen.

3. Die Entstehung des Gebetstyps in der jüngeren Liturgiegeschichte

3.1 Das „Dankgebet" in der sonntäglichen Wort-Gottes-Feier

Die Geschichte des Dankgebetes im Sonntagsgottesdienst bei Abwesenheit eines Priesters ist kompliziert und noch nicht in allem offengelegt.[45] Ganz offensichtlich ist es die liturgische Praxis in den Missionsländern gewesen, die prägend gewirkt hat. Das Problem

---

[45] Einen ersten Überblick, in welchen Formen historisch Kirchen und Gemeinden bei extremem Priestermangel die Gemeindeliturgie am Sonntag begangen haben, geben *Nußbaum*, Sonntäglicher Gemeindegottesdienst ohne Priester (wie Anm. 1) 13–45 mit dem Resümee: „Der derzeitige Stand der Forschung erlaubt ... lediglich die Feststellung, daß es seit dem 16. Jahrhundert in der Weltmission und in einigen europäischen Ländern, darunter auch in der katholischen Kirche Deutschlands, zeitweise von Laien geleitete sonntägliche Gemeindegottesdienste gegeben hat." (ebd. 45); *J. Dallen*, The Dilemma of Priestless Sundays. With a foreword by Bishop W. E. McManus. Chicago 1994, hier 1–29: „Communities Without the Eucharist". Dallen folgert ebd. 23, „that communities deprived of the Sunday eucharist have preferred to develop alternative forms of worship rather than provide substitutes for the usual presiders."

des Priestermangels war hier schon lange drängend, deshalb bemühte man sich um alternative Gottesdienstformen für den Sonntag. Früh versuchte man, diesem Dilemma mit sehr unterschiedlichen liturgischen Ordnungen zu begegnen.[46] Ein Gebet für die Danksagung wurde in weit rezipierten Publikationen von den Missionstheologen Johannes Hofinger und Joseph Kellner gefordert, Textbeispiele wurden vorgelegt.[47] Der Missionsbischof von Luanfu in China, C. Kramer, griff dieses Anliegen im September 1959 beim Internationalen Studienkongress für Mission und Liturgie in Nijmegen in seinem Vortrag „Der priesterlose Gottesdienst in den Missionen" auf.[48] Kramer berief sich auf Hofinger und Kellner.

Aus beiden Quellen schöpfte Hugo Aufderbeck, der für die ostdeutsche Diaspora nach einem handhabbaren Modell für den sonntäglichen Wortgottesdienst suchte[49] und sich schon als Leiter des Magdeburger Seelsorgeamtes (1948–1962)[50] für eine entsprechende Form des Gottesdienstes einsetzte.[51] Das von ihm schließlich vertretene Modell des Wortgottesdienstes, der „Stationsgottesdienst",

---

[46] Aus der Chinamission ist bekannt, dass durch die Synode von Ningpo die Gläubigen an den Orten, an denen keine Eucharistie gefeiert werden konnte, angehalten wurden, die Messorationen zu beten, um so eine „geistige" Messe zu halten; vgl. *J. Hofinger*, Missionarische Bedeutung und rechte Gestaltung des priesterlosen Gottesdienstes, in: ders. – *J. Kellner*, Liturgische Erneuerung in der Weltmission. Mit einem Vorwort von J. A. Jungmann. Innsbruck u. a. 1957, 204–237, hier 229. Ebenfalls in der Chinamission findet sich das Beispiel eines variierenden Sonntagsgebetes, das das Fundament der Sonntagsliturgie bildete; vgl. ebd. 218. Vgl. die weitgehend identische Publikation von *J. Hofinger – J. Kellner*, Der priesterlose Gemeindegottesdienst in den Missionen. Schöneck/Beckenried 1956 (SNZM 14).
[47] Vgl. *J. Kellner*, Priesterloser Gemeindefeier: Fünf Beispiele, in: Liturgische Erneuerung in der Weltmission (wie Anm. 46) 238–283.
[48] *C. Kramer*, Der priesterlose Gottesdienst in den Missionen, in: Mission und Liturgie. Der Kongreß von Nimwegen 1959. Hg. v. J. Hofinger. Mainz 1960, 118–122. *J. Baumgartner*, Wortgottesdienste in den jungen Kirchen, in: NZM 30. 1974, 256–280, hier 261, beklagt, die Textvorschläge seien „allzu sehr in die Nähe der Meßliturgie" geraten.
[49] Seit den späten 40er Jahren wurden Familiengebet und Hausandacht als Gottesdienstformen propagiert, die den Gegebenheiten der ostdeutschen Diaspora entsprechen sollten (vgl. Ich bin bei euch. Laienandachten für die Diaspora. 8 Hefte. Hg. v. H. Theissing – J. Gülden – H. Aufderbeck. Halle/S. 1949/1950; Ich bin bei euch. Katholisches Hausbüchlein für die Diaspora. Hg. v. H. Theissing – H. Aufderbeck. Leipzig 1953). Aber erst die Empfehlung eigenständiger Wortgottesdienste durch SC 35,4 wurde als „Durchbruch" empfunden (vgl. Laien spenden Eucharistie im Wortgottesdienst. Ein Erfahrungsbericht. Hg. v. Seelsorgereferat des Bischöflichen Ordinariates Berlin. Berlin 1968, 6; *Fr. Kindermann*, Stationsgottesdienste – Wortgottesdienste mit Kommunionspendung in der DDR, in: Priesterjahrheft 1983, 8–17, hier 9). Man förderte nun die sog. Stationsgottesdienste.
[50] Nach *J. Pilvousek*, Art. Aufderbeck, in: LThK 1. ³1993, 1176f.
[51] Vgl. *H. Aufderbeck*, Stationsgottesdienst. Überlegungen zum sonntäglichen Wortgottesdienst, in: LJ 14. 1964, 172–184, hier 173f.; 175; ders., Sonntagsgottesdienst ohne

wurde auch andernorts wahrgenommen.[52] Er setzt sich stärker von der Struktur des Wortgottesdienstes der Messfeier ab. Wilhelm Josef Duschak, Apostolischer Vikar von Calapan, Mindoro, Philippinen, berief sich ebenfalls auf Hofinger und Kellner; enger als Aufderbeck schloss er sich dem Gottesdienstmodell an, das beide vorgelegt hatten.[53]

Allerdings scheinen am Anfang dieser Kette keineswegs allein theologische Überlegungen aus den Missionen zu stehen. Hofinger

---

Priester, in: Gemeinde im Herrenmahl. Zur Praxis der Meßfeier. Hg. v. Th. Maas-Ewerd – K. Richter. Freiburg/Br. ²1976 (PLR-GD) 91–96, hier 92. Aufderbeck hat sich auch auf sonntägliche Gottesdienste ohne Priester bezogen, die während der Türkenherrschaft in Ungarn gefeiert wurden; dazu *Aufderbeck*, Stationsgottesdienst [1964] 174; ders., Sonntagsgottesdienst ohne Priester 92; allerdings ist die Gestalt dieser Gottesdienste unklar. Vgl. auch *Baumgartner*, Wortgottesdienste in den jungen Kirchen (wie Anm. 48) 261; *Nußbaum*, Sonntäglicher Gemeindegottesdienst ohne Priester (wie Anm. 1) 43.

[52] Der Stationsgottesdienst nach der Konzeption von Aufderbeck wurde auch in das Gotteslob. Katholisches Gebet- und Gesangbuch. Stammausgabe. Stuttgart 1975, Nr. 370, aufgenommen, firmiert dort allerdings unter „Kommunionfeier". Wie notwendig die Suche nach einer theologisch sinnvollen Ordnung für diesen Gottesdienst war, dokumentiert eine von *W. J. Duschak* (Die katechetische Funktion der priesterlosen Sonntagsfeier, in: Katechetik heute. Grundsätze und Anregungen zur Erneuerung der Katechese in Mission und Heimat. Referate und Ergebnisse der internationalen Studienwoche über Missionskatechese in Eichstätt. Hg. v. J. Hofinger. Freiburg/Br. 1961, 235–245, hier 237) überlieferte Vorgabe der Scheutvelder Missionare für „priesterlose Sonntagsgottesdienste", die Katechisten halten sollten: „1. eine Unterweisung in der christlichen Glaubenslehre. 2. Die Tagesgebete. 3. Den heiligen Rosenkranz. 4. Gebete in besonderen Anliegen. 5. Verkündigungen und Empfehlungen." (Duschak nennt ebd. als Quelle: Manual of Catechists. Catholic School Press. Baguio [Philippines] 1937). Als Motive für die Veröffentlichung des deutschschweizerischen liturgischen Buches „Wortgottesfeier" nennt *Huonder*, Wortgottesdienst (wie Anm. 36) 538, dass der Wortgottesdienst „nicht irgendeine beliebige Form" haben dürfe, vielmehr „Objektivität und Identität" besitzen solle.

[53] Bei Duschak wird bereits die Problematik dieser Gottesdienste sichtbar. Sie sollen der Struktur der „Vormesse" folgen und Elemente der „eigentlichen Messe" einbeziehen (vgl. *Duschak*, Die katechetische Funktion der priesterlosen Sonntagsfeier [wie Anm. 52] 239). Die Gläubigen sollen wissen, dass sie einen Wortgottesdienst und keine Messe mitfeiern. Allerdings entgeht Duschak der Gefahr theologisch problematischer Vermischungen nicht, wenn er über ein „Gedächtnisgebet" in diesem Gottesdienst schreibt: „Ich möchte es eine Art Laien-Anamnese nennen und behaupten, es solle bei einer priesterlosen Sonntagsfeier nicht fehlen, da es ja die heilige Messe *ersetzen* soll. Der wesentlichste Teil der Messe muß irgendwo Platz finden." (Kursivierung von Duschak). Ähnlich problematisch sind auch Ausführungen des argentinischen Bischofs Kemerer, Posados, über die *Baumgartner*, Wortgottesdienste in den jungen Kirchen (wie Anm. 48) 263 berichtet. Dass auch in der Gegenwart die Abgrenzung zwischen Hochgebet und Lobpreis ein Problem darstellt, verdeutlichen die Ausführungen von *Huonder*, Wortgottesdienst (wie Anm. 36) 539: „Das Feierliche Lob entspricht dem Bedürfnis nach einem besonderen Lobgebet in einer gewissen Analogie zum eucharistischen Hochgebet, ist aber anderseits davon deutlich verschieden und lässt keinerlei Verwechslung aufkommen."

und Kellner beziehen sich vielmehr auf das liturgische Grundschema Josef Andreas Jungmanns, das, unbeschadet seiner historischen Stringenz, große liturgietheologische Prägnanz besitzt.[54] In seiner 1939 veröffentlichten Schrift über Formgesetze der Liturgie hatte Jungmann bekanntlich als beherrschendes Schema der Liturgie formuliert: „Man beginnt mit einer Lesung; auf die Lesung folgt Gesang; den Abschluß bildet das Gebet".[55] In der Lesung ruft Gott den Menschen, so Jungmann; im Gesang antwortet dieser; „und dann, wenn so die rechte Atmosphäre geschaffen ist, kann das Gebet folgen".[56] Jungmann sah in dieser Gebetsordnung mit Katabasis und Anabasis eine Entsprechung zur christlichen Heilsordnung.

Hofinger hat eine Zweiteilung priesterloser Gottesdienste in einen Lehr- und einen Gebetsgottesdienst empfohlen, auf die Nähe zur Messfeier hingewiesen und die innere Dynamik dieses Gebetsschemas mit Zuspruch Gottes und Antwort der Gemeinde unterstrichen.[57] Bereits bei ihm besteht der Gebetsgottesdienst aus dem Bittgebet (Allgemeines Gebet und Lied), dem „Dankgebet der Gemeinde mit Sanctus und Pater Noster (Kommemoration der Festzeit)" sowie dem Schlusslied.[58] Hofinger sieht das Dankgebet als „ein schönes Gebet" an der „Stelle des eucharistischen Opfers und Opfermahles".[59] Wohl auch deshalb betont er die Verbindung mit dem Sanctus. Den Bezug des Wortgottesdienstes auf Opfer und Opfermahl hält Hofinger unter dogmatischen, liturgischen, aszetischen und katechetischen Gesichtspunkten für notwendig.[60] Eine Kommemoration der kirchlichen Festzeit kann sich anschließen; ein entsprechend geprägtes Dankgebet für hohe Feste wird empfohlen.[61]

---

[54] Diesen Zusammenhang erläutert bereits *Baumgartner*, Wortgottesdienste in den jungen Kirchen (wie Anm. 48) 259: „Entscheidende Impulse für die Neuorientierung nichteucharistischer Liturgien gingen von *J. A. Jungmann* aus." (Kursivierung von Baumgartner). Hofinger war Schüler von Jungmann; vgl. *H. Fink*, Art. Hofinger, in: LThK 5. ³1996, 207.
[55] *J. A. Jungmann*, Die liturgische Feier. Grundsätzliches und Geschichtliches über Formgesetze der Liturgie. Regensburg 1939, 55. (An diesem Schema hat Jungmann auch in späteren Ausgaben festgehalten: *J. A. Jungmann*, Wortgottesdienst im Lichte von Theologie und Geschichte. 4., umgearbeitete Auflage der ‚Liturgischen Feier'. Regensburg 1965, 54–67.) Vgl. dazu: *R. Pacik*, „Last des Tages" oder „geistliche Nahrung"? Das Stundengebet im Werk Josef Andreas Jungmanns und in den offiziellen Reformen von Pius XII. bis zum II. Vaticanum. Regensburg 1997 (StPaLi 12) 62f.
[56] *Jungmann*, Die liturgische Feier (wie Anm. 55) 56.
[57] Vgl. *Hofinger*, Missionarische Bedeutung und rechte Gestaltung des priesterlosen Gottesdienstes (wie Anm. 46) 220.
[58] Vgl. ebd. 221.
[59] Ebd. 228.
[60] Vgl. ebd. 228f.
[61] Vgl. ebd. 229f.

Dieses Modell und seine Begründungen hat Kramer in seinem erwähnten Vortrag aufgegriffen.[62]

Hugo Aufderbeck hat für die Stationsgottesdienste, die in der ehemaligen DDR als Gottesdienstform in der Diaspora entstanden sind, ein Gemeindegebet vorgeschlagen, das zwischen Schriftlesung und Kommunionfeier seinen Platz hatte. Er sprach, offensichtlich notwendigerweise ungenau,[63] von einem „Dank-, Bitt-, Buß- und Lobgebet".[64] Für die Suche nach einer angemessenen Form für den sonntäglichen Wortgottesdienst in der Diaspora, der nicht Ersatzform für die Eucharistie sein und deshalb bezeichnenderweise nicht einfach dem Ablauf der Messe folgen sollte,[65] stellte Aufderbeck drei Elemente heraus: Schriftlesung, Gebet und Koinonia. Die Schriftlesung verstand er als „Wort Gottes an die Gemeinde".[66] Aufderbeck schlug vor, das Gebet aus dem Diözesangebetbuch auszuwählen und auf Grundgebete zurückzugreifen, um diese Gebete bei den Gläubigen lebendig zu halten.[67]

3.2 Das „Sonntagslob" in der sonntäglichen Wort-Gottes-Feier

Neben diesem „Traditionsstrang", der eng mit Diaspora und Missionsgebieten verbunden ist, wurde in der jüngeren liturgiewissenschaftlichen Diskussion das „Sonntagslob" neu entdeckt. Auch von hierher ist die Diskussion um Gebetselemente der sonntäglichen Wortgottesdienste beeinflusst, wie Texte für das „Feierliche Lob" im Schweizer Liturgiebuch und in der Trierer Handreichung beweisen.[68]

---

[62] Vgl. *Kramer*, Der priesterlose Gottesdienst in den Missionen (wie Anm. 48) 120f.
[63] Kritisch dazu H. *Rennings*, Das ‚Herforder Modell'. Der Sonntagsgottesdienst ohne Priester und ein ‚Sakramentslob', in: Gottesdienst 15. 1981, 113–115; 124, hier 115: „Doch kann man wohl nicht verhehlen, daß die Stichworte zum Gemeindegebet und die angegebenen Texte recht willkürlich ausgewählt erscheinen und sich kaum organisch in den Verlauf der Feier einordnen."
[64] Vgl. *H. Aufderbeck*, Wortgottesdienste. Kommunionfeiern am Sonntag. Mit einem Geleitwort v. Erzbischof K. Berg u. einer Einführung v. Ph. Harnoncourt. Graz u. a. 1979, 10. Das Buch ist bis auf Geleitwort und Einführung identisch mit *H. Aufderbeck*, Stationsgottesdienst. Kommunionfeier. Texte für den sonntäglichen Gottesdienst ohne Priester in den Außenstationen der Diaspora. Leipzig – Heiligenstadt 1979. Vgl. auch die Neuauflage: Stationsgottesdienst. Texte für den sonntäglichen Gottesdienst ohne Priester. Ausgabe 1989. Hg. v. d. Berliner Bischofskonferenz. Bearb. v. N. Werbs. Leipzig 1989 (zu den Neuerungen gegenüber der vorhergehenden Auflage vgl. ebd. 7 f.) die „Einleitung" von N. Werbs).
[65] Vgl. *Aufderbeck*, Stationsgottesdienst [1964] (wie Anm. 51) 175.
[66] Ebd.
[67] Vgl. ebd. 177; vgl. auch *ders.*, Wortgottesdienste (wie Anm. 64) 13 f.: „Schule des Gebetes".
[68] Das Feierliche Lob III (Die Wortgottesfeier [wie Anm. 5] 39–41) lehnt sich an ein Segensgebet über Sabbat und Sonntag aus den Apostolischen Konstitutionen an; vgl.

Die Tradition dieses Sonntagslobs ist bislang nur in Bruchstücken bekannt. Ein bemerkenswertes Zeugnis ist ein Segensgebet über Sabbat und Sonntag, das sich in den Apostolischen Konstitutionen findet.[69] Es stammt vermutlich aus einer jüdischen Gebetssammlung. Die Verwendung der Benediktion geht aus der Quelle nicht hervor. Der Text ist stark anamnetisch geprägt. Er erinnert zunächst an die Schöpfung durch Christus und die Einsetzung des Sabbats, gedenkt dann des Christuszeugnisses und der Befreiung Israels aus Ägypten sowie der Gesetzesgabe, erläutert das Sabbatgebet, um schließlich den Herrentag zu preisen, der den Sabbat übertreffe, weil er der Tag des Herrn sei, dem für alles Dank zu sagen sei.

Balthasar Fischer hat auf Zeugnisse der irischen Sonntagsfrömmigkeit aufmerksam gemacht. Es handelt sich um Texte, mit denen der Sonntag begrüßt wurde. Sie wurden aber vermutlich nicht in der Liturgie verwendet. Dass sich ein vergleichbarer Text in einem niederdeutschen Gesangbuch aus der 2. Hälfte des 14. Jahrhunderts aus Lüne bei Lüneburg findet, zeigt, dass diese Tradition auch andernorts beheimatet war. Fischer weist auf Wurzeln in der jüdischen Sabbatfrömmigkeit und auf ihre Bedeutung für die Sonntagsbegrüßung in Äthiopien hin. Er vermutet zudem Sabbat- und Sonntagsbegrüßungen im alten Spanien.[70]

Zeugnisse der Maroniten hat Andreas Heinz veröffentlicht. In dieser westsyrischen Liturgie singt ein Diakon an den Sonntagen im Kirchenjahr vor der ersten Lesung und nach dem Evangelium ein Sonntagslob. Auch vor dem Hochgebet und nach der Brotbrechung stimmt er das Lob auf den Sonntag an, in welchem die Schöpfung, die Auferstehung Christi, die Gabe des Geistes, die Wiederkunft Christi etc. besungen werden.[71]

Wort-Gottes-Feiern am Sonntag (wie Anm. 7) 40 mit Anm. 48. Vgl. dazu unten S. 229f.

[69] Const. Apost VII, 36 (Sources Chrétiennes 336, 83–87 M. Metzger).

[70] Vgl. *B. Fischer*, Begrüßung des Sonntags. Eine Besonderheit irischer Sonntagsfrömmigkeit, in: Redemptionis mysterium. Studien zur Osterfeier und zur christlichen Initiation. Hg. v. A. Gerhards – A. Heinz. Paderborn 1992, 113–120 [zuerst 1986 erschienen].

[71] Vgl. *A. Heinz*, Lob des Sonntags. Sonntagstexte der maronitischen Liturgie, in: Gottesdienst 27. 1993, 123; *ders.*, Liturgisches Sonntagslob. Texte aus der maronitischen Eucharistiefeier, in: HlD 49. 1995, 153–155. Vgl. die ausführlichere Darstellung: *ders.*, Sonntagsfrömmigkeit in der heutigen Liturgie der Syrisch-Maronitischen Kirche, in: Crossroad of Cultures. Studies in Liturgy and Patristics in Honor of Gabriele Winkler. Ed. by H.-J. Feulner – E. Velkovska – R. F. Taft. Roma 2000, 369–393. Allerdings unterscheidet sich die Einordnung dieses „Sonntagslobs" markant von den gerade beschriebenen „Danksagungen": Die „rituelle Begrüßung des Sonntags" findet sich *vor* der „Lesung aus dem Synaxarion und der Heiligen Schrift" (ebd. 375) bzw.

4. Analyse ausgewählter Texte

4.1 Gebetsstruktur des Lob- und Dankgebets

Für die Analyse ausgewählter Texte konzentrieren wir uns vor allem auf die liturgischen Bücher aus der Schweiz, Frankreich und den USA sowie auf die beiden römischen Modelltexte. Formal zeichnen sich die jetzt vorliegenden Texte durch überraschende strukturelle Nähe untereinander aus. Als Strukturelemente sind vor allem anamnetische und prädikative Elemente vertreten. Der größere Teil der Gebete lässt sich der Gattung der Paradigmengebete zurechnen. Darunter versteht die Liturgiewissenschaft Gebete, die des paradigmatischen göttlichen Heilshandelns gedenken und von der Zuversicht geprägt sind, Gott werde auch heute entsprechend handeln.[72] Die Gemeinde erinnert sich der Heilsgeschichte und des Heilshandelns Gottes.

So heißt es im Feierlichen Lob I des liturgischen Buches aus der Schweiz: „Du hast die Propheten berufen als Künder deiner Liebe. Durch dein Wort mahnten sie das Volk zu Umkehr und Busse, sagten an dein gerechtes Gericht, spendeten Trost in Not und Bedrängnis."[73] Die besungene Vergangenheit hat präsentische Bedeutung. Das wird akzentuiert, wenn der Vorsteher wenig später über das Wirken des Geistes für die noch ausstehende Vollendung sagt, dass „er uns alles lehre und uns stärke zum Zeugnis des Glaubens".[74]

In der letzten Passage preist und dankt die Gemeinde Gott für sein Wort und für sein Wirken. Im Hintergrund steht die Hoffnung, dass Gott sich auch im Heute als der erweisen wird, als der er sich in der Heilsgeschichte erwiesen hat.

Dieses Gebet ist gleichsam doppelt adressiert: Die Gemeinde erinnert sich selbst an die Heilsgeschichte und damit an das, was im Mittelpunkt des sonntäglichen Feiergeschehens steht. Das kulturelle Gedächtnis der Gemeinde lebt in solchen Gebetssequenzen, zumal es sich hier explizit um ein Gebet der Gemeinde handelt.

Das Gebet ist aber implizit auch Erinnerung Gottes an seine Heilstaten. Es erzählt gleichsam vor Gott dessen Offenbarung neu, um ihn um entsprechendes Handeln in der Gegenwart zu bitten.

„an der Schwelle des Wortgottesdienstes der sonntäglichen Eucharistiefeier" (vgl. ebd. Anm. 27). Zur Begrüßung und Verabschiedung des Sabbats bei den Äthiopiern vgl. *E. Hammerschmidt*, Stellung und Bedeutung des Sabbats in Äthiopien. Stuttgart 1963 (StDel 7).

[72] Vgl. *A. Heinz*, Art. Paradigmengebet, in: LThK 5. ³1998, 1367.
[73] Die Wortgottesfeier (wie Anm. 5) 34.
[74] Ebd. 35.

Zugleich wird durch die Abfolge von Schriftverkündigung und darauf reflektierendes Gebet der Ermöglichungsgrund aller Anamnese sichtbar. Gott selbst, so markieren es die biblischen Lesungen, ergreift die Initiative. Erst aus der personalen und dynamischen Beziehung zum Menschen wird vergegenwärtigende Erinnerung möglich.

Die meisten hier berücksichtigten Gebete verzichten auf ein ausdrückliches Bittelement oder gar eine Geistepiklese. Damit ist eine klare Unterscheidung zur Gebetsgattung „Hochgebet" durchgehalten.[75] Der Grund liegt in der Feier des Wortgottesdienstes selbst. Während Hochgebete zumeist das zentrale Segnungs- oder Konsekrationsgeschehen der Liturgie markieren, hat das zentrale Gebet dieses Wortgottesdienstes eine andere Aufgabe: Es ist Antwort auf das Wort Gottes und Bestätigung, durch die der „Prozeß der Offenbarung, der Selbstgabe Gottes im Wort erst vollständig" wird.[76]

Allerdings fällt der (später aufgegebene) römische Modelltext B deutlich aus dem Rahmen. Das Gebet beginnt mit zwei Lobpreisungen „Benedictus es, Domine, sancte Pater", „Vere sanctus es, Deus Pater" und fährt dann mit zwei Abschnitten fort, die Bitten enthalten: „Respice super nos, famulos tuos" bzw. „Pacem tuam et dilectionem". Wenn es dabei heißt: „Gratiam super nos effende", kann

---

[75] Gemeint ist hier also nicht allein das Eucharistische Hochgebet; durchgehend wird allerdings auf die notwendige Distanz zu diesem Hochgebet hingewiesen. In eine andere Richtung hat Dieter Emeis optiert und einen an das 4. Hochgebet angelehnten Hochgebetstext veröffentlicht, in dem die Einsetzungsworte fehlen: *D. Emeis*, Durch ihn und mit ihm und in ihm. Vorschlag: ‚Hochgebet' für sonntägliche Gemeindeversammlungen ohne Priester, in: Christ in der Gegenwart 49. 1997, 133. Dagegen überzeugend *Fr. Lurz*, Gut gemeint, aber ... Ein ‚Hochgebet für Sonntagsgottesdienste ohne Priester'?, in: Gottesdienst 31. 1997, 84 f.; vgl. auch *B. Höffner*, ‚Hochgebet' für sonntägliche Wortgottesdienste? Anmerkungen aus liturgiewissenschaftlicher Sicht zu einem Vorschlag von Dieter Emeis, in: AnzSS 106. 1997, 461–464. Für ein Sakramentslob hat votiert: *Rennings*, Das ‚Herforder Modell' (wie Anm. 63). Über notwendige Unterscheidungsmerkmale zur Messfeier ohne *Nußbaum*, Sonntäglicher Gemeindegottesdienst ohne Priester (wie Anm. 1) 77. Allerdings sind hochgebetsähnliche Texte schon früh in der Diskussion um sonntägliche Wortgottesdienste gefordert worden, so in einem in Löwen gehaltenen Referat des argentinischen Bischofs *J. Kemerer*, La célébration dominicale sans prêtre, in: Liturgie en mission. Rapports et compte rendu de la XXXIIIe Semaine de missiologie Louvian 1963. Louvain 1964, 238–245, hier 242 f. Darauf hat schon hingewiesen *Baumgartner*, Wortgottesdienste in den jungen Kirchen (wie Anm. 48) 263. Ebd. 277 werden sechs Modelle eines „grande prière de louange" aus der Kirche Rwandas präsentiert und „als erste Versuche auf dem Weg zu einem Typus eucharistischen Gebetes außerhalb der Messe" bezeichnet. Als Quelle nennt Baumgartner ebd. 267 das „unlängst" erschienene Heft „Les célébrations dominicales sans prêtre dans les pays de jeune chrétienté et surtout en Afrique".

[76] *J. Kardinal Ratzinger*, Der Geist der Liturgie. Eine Einführung. Freiburg/Br. 2000, 178.

zumindest von einer Nähe zum epikletischen Gebet gesprochen werden. Fast zwangsläufig assoziiert man über das Vokabular Ausschnitte aus Eucharistischen Hochgebeten.[77]

4.2 Zeitebenen im Lob- und Dankgebet

Zum Konstitutivum christlicher Liturgie gehört das Ineinander der verschiedenen Zeitebenen, das die Gegenwart der Heilsgeschichte, den Anbruch der verheißenen Heilserfüllung, aber auch die gespannte Erwartung auf das noch Ausstehende zum Ausdruck bringt.[78] Gerade im reinen Wortgottesdienst, der immer noch unter dem Vorurteil steht, mehr Informations-, auf jeden Fall aber weniger Heilsgeschehen zu sein,[79] ist das in der Feier selbst zu verdeutlichen. In der Wortverkündigung ereignet sich Christusgegenwart. Das meint Präsenz von Heilsgeschichte im Heute und Teilhabe an der verheißenen Hoffnung. In einem zentralen Gebetselement muss das Sprachgestalt gewinnen. In den verschiedenen Beispieltexten ist dieser Brückenschlag zwischen den verschiedenen Zeitebenen klar zu erkennen. Die Gebetstexte verdeutlichen damit eine Grunddimension des gottesdienstlichen Geschehens. Wichtiger noch: In ihnen wird sie in der Liturgie vollzogen.

Das Liturgiebuch aus der Schweiz setzt als ersten Text an den Anfang der Danksagungen den „Lobpreis des Vaters für sein Wort in der Heilsgeschichte".[80] Theologisch sensibel stellt man nicht nur an den Beginn dieses Gebets, sondern an den Anfang des Buchkapitels eine Gebetspassage, die einen im Alten und Neuen Testament überlieferten Text in den Gottesdienst einspielt: „Gott, unser Vater, wir leben nicht vom Brot allein, sondern von jedem Wort aus deinem Munde."[81] Der durch und durch heilsgeschichtlich geprägte Text erinnert an Schöpfung, Bundesschluss mit Israel, Auftreten der Propheten, „Israels Sänger", die durch das Wort mit dem „Geist des

---

[77] Vgl. *Kirchgessner,* Kein Herrenmahl am Herrentag? (wie Anm. 1) 302f.
[78] Vgl. *R. Meßner,* Was ist systematische Liturgiewissenschaft? Ein Entwurf in sieben Thesen, in: ALw 40. 1998, 257–274, hier 272f., der die Beschäftigung mit der Zeit christlicher Liturgie als „Frage aller Fragen der systematischen Liturgiewissenschaft" bezeichnet.
[79] Die Theologie der Wortverkündigung, die beispielsweise in der Pastoralen Einleitung in das Messlektionar formuliert ist, prägt kaum das Gottesdienstverständnis der Gläubigen. Die Liturgiewissenschaft hat dieses Feld zu lange brachliegen lassen. Einen wichtigen theologischen Aufriss hat vorgelegt: *K.-H. Bieritz,* Das Wort im Gottesdienst, in: *R. Berger* u. a., Gestalt des Gottesdienstes (wie Anm. 10) 47–76.
[80] Die Wortgottesfeier (wie Anm. 5) 33–35.
[81] Ebd. 33; vgl. Dtn 8,3; Lk 4,4. Hier wird die umfänglichere alttestamentliche Fassung zitiert.

Gebets" erfüllt wurden,[82] an die Sendung Jesu und die Gabe des Heiligen Geistes. In dieses Memorieren werden die Gemeinde und ihre Gegenwart hineingenommen. Wenn zu Beginn über die Christen gesagt wird, sie lebten vom „Wort Gottes", werden über dieses Stichwort, in dem sowohl die gehörte Lesung als auch die Schriftzitate anklingen, Vergangenheit und Gegenwart eng miteinander verknüpft. Über „Israels Sänger" heißt es, sie hätten „uns gelehrt, deinen Namen zu preisen." Gott hat seinen Sohn gesandt (Vergangenheit), „Geist und Leben sind seine Worte" (Gegenwart).[83] Zudem erklingt der Gegenwartsbezug in der Gemeindeakklamation, die zugleich Selbstaufforderung der Gläubigen zum Gotteslob ist.[84] Die versammelten Gläubigen stellen sich damit unter das Wort Gottes, das für sie Gegenwart ist.

Weniger ausgeprägt ist der Ausdruck eschatologischer Erwartung; dies macht vielleicht grundsätzlich auf eine Schwäche heutiger liturgischer Texte wie der Liturgietheologie im Allgemeinen aufmerksam. So wird zwar vom ‚gerechten Gericht' gesprochen[85] und in der Schlussdoxologie das Gotteslob „in Ewigkeit" proklamiert, doch ansonsten vermisst man die Haltung des „Maranatha" in diesem Gebet.

Auch das vierte Lob- und Bittgebet im Schweizer Buch, ein Schöpfungslob, das für den „Sonntag als Tag der Schöpfung und der Neuschöpfung" dankt,[86] realisiert die liturgische „Zeitschiene". Geschickt wird ein Rahmen geschaffen, der in Erinnerung ruft, wie Schöpfung und Neuschöpfung sich im Heute ereignen. So zu Beginn des Gebets: „Heute hast du die Finsternis in Licht verwandelt, heute den Schöpfungsmorgen heraufgeführt, heute das Werk des Heils begonnen."[87] Dem korrespondiert am Schluss des Gebets: „Ja, heute hast du die Finsternis in Licht verwandelt, heute alles erneuert, heute den ewigen Morgen heraufgeführt."[88] Das Schöpfungsgeschehen gilt dem Menschen der Gegenwart. Die Gottgläubigen erfahren sich als Geschöpfe Gottes.

Zugleich wird deutlich, dass es in der Liturgie um proleptische Heilserfahrung geht, dass also die endgültige Verwirklichung dieser Schöpfung noch aussteht: der ‚ewige Morgen' ist ‚heraufgeführt'

---

[82] Ebd. 34.
[83] Ebd.
[84] Vgl. ebd. 33 u. ö.: „Singt, ihr Christen, singt dem Herrn, Halleluja, Halleluja, Halleluja!"
[85] Vgl. ebd. 34.
[86] Vgl. ebd. 42–44.
[87] Ebd. 42.
[88] Ebd. 44.

worden. Dieses eschatologische Moment wird im Schweizer Buch am klarsten im letzten Text ausgesprochen, einem „Lobpreis des Vaters für den Heiligen Geist",[89] der mit einer Prädikation vor der Schlussdoxologie endet: „weil er das Volk Gottes und seine Diener durch die Zeit begleitet hin zur ewigen Gemeinschaft mit dir."[90]

Die amerikanischen Texte halten in ähnlicher Weise die Zeitdimension der Liturgie präsent, zeigen aber auch entsprechende Defizite. So ist in einem der Prayers of Thanksgiving für den Advent, einem sehr schlichten Lobpreis, Heilsgeschichte strikt auf die betende Gemeinde bezogen, aber auch der Erwartung auf Erfüllung Raum gegeben („await in joyful hope").[91] Auch andere Texte halten das durch, so ein Gebet für Ostern („thanks ... for this great day"; „that we too might pass from death to life"), bringen aber den eschatologischen Aspekt kaum zur Sprache.

Auch die französischen Texte erinnern Heilsgeschichte durchweg als präsentisch, wie ein Ausschnitt aus einem Gebetstext für die „temps de Paques" belegt: „Avec le peuple que la Résurrection a libéré, et qui n'a plus rien à craindre de la mort, avec l'Eglise tout entière qui exulte dans la joie de Pâques, nous proclamons ta puissance et ta victoire sur toutes les forces du mal."[92] Eschatologisch geprägte Wendungen wie „Nous savons que ton Royaume est proche"[93] oder „nous pouvons travailler à la création nouvelle que tu réalises dans ton Royaume"[94] bleiben hier ebenfalls dahinter zurück.

Die Gebetstexte nehmen – trotz dieser Defizite – eine wichtige Funktion für den Sonntag und für die Sonntagsliturgie wahr. In ihnen wird nicht nur ausgesprochen, was dieser Tag begeht – in ihnen wird es zugleich vollzogen. Die Texte besitzen performative Qualität.

4.3 Das Lob- und Dankgebet im Begegnungsereignis „Liturgie"

Liturgie ist eine kommunikative Zeichenhandlung, die man u. a. mit den Begriffen „Dialog" oder „Begegnungsereignis" beschreiben kann.[95] An diesem Geschehen sind Gott und Mensch beteiligt. Gott

---

[89] Vgl. ebd. 48–50.
[90] Ebd. 49.
[91] Sunday Celebrations in the Absence of a Priest (wie Anm. 8) 183.
[92] Assemblées dominicales en l'absence de prêtre (wie Anm. 9) 169.
[93] Ebd. 168.
[94] Ebd. 171.
[95] So schon im Buchtitel: *E. J. Lengeling*, Liturgie – Dialog zwischen Gott und Mensch. Hg. v. K. Richter, 2. erw. Auflage. Altenberge 1988; vgl. *A. J. Chupungco*, A Definition of Liturgy, in: Handbook for Liturgical Studies I: Introduction to the

ist der Ersthandelnde (Katabasis), der Mensch antwortet auf den Anruf Gottes (Anabasis). Ähnliches hat Jungmann mit dem liturgischen Grundschema zum Ausdruck gebracht.

Liturgie als Begegnungsereignis muss Gestalt gewinnen. Deshalb hat die Danksagung in der sonntäglichen Wortgottesfeier durchaus Gewicht. Sie ist ein dem Sonntag angemessenes Gebetsformular, mit dem sich die Gemeinde zum Gehörten verhält und sich an Gott wendet. Mit diesem Dankgebet wird das vollzogen, was im Mittelpunkt der Wortverkündigung seht. Mit Jungmann wird man von der „Dramatik katholischer Liturgie"[96] sprechen können. „Von Gott geht das Heil, das offenbarende Wort aus, das wir in der Lesung in Empfang nehmen. Es steigt herab und weckt den Widerhall des Gesanges in den Herzen der Gläubigen, und nun sammeln sich die Bitten und Gebete der gläubigen Gemeinde und werden durch den Priester zu Gott zurückgeleitet."[97] So „schematisch" diese Beschreibung ist, wird doch der performative Charakter dieses Geschehens erkennbar. Wortverkündigung und Gebetsantwort sind der Ort – das zeigt gerade, wenn auch nicht allein – dieses Gebet, an dem sich Gott und Mensch begegnen. Die Lesung „provoziert" und ermöglicht das Gebet; das Gebet wiederum unterstreicht den Charakter der Lesung als „Wort Gottes".

Das „Feierliche Lob II" des Schweizer Gottesdienstbuches ist Ausdruck dieses Wort-Antwort-Geschehens. Es ist überschrieben mit „Lobpreis des Vaters für sein Wort als Lebenskraft" und lehnt sich eng an Ps 119 an.[98] Es handelt sich um eine große Prädikation Gottes für sein Wort, die katalogartig zusammenträgt, was dieses Wort Gottes für die Gottgläubigen bedeutet. Der Gebetstext des Vorstehers verzichtet auf einen ausdrücklichen Abschnitt mit Bitten und ist folglich reiner „Widerhall": „Herr, dein Wort bleibt auf ewig, es steht fest wie der Himmel. Dein Gesetz ist Freude im Elend, durch dein Wort schenkst du Leben." Allein die Akklamation der Gemeinde durchbricht die reine Doxologie: „Dein Wort, o Herr, geleitet uns auf allen unseren Wegen."[99]

Sowohl das französische als auch das nordamerikanische Buch sprechen in dieselbe Richtung. Beide enthalten eine Reihe von Gebeten, die auf das Kirchenjahr bezogen sind und damit den Schrifttexten, die verlesen werden, sowie dem jeweiligen Festanlass näher

---

Liturgy. Ed. by A. J. Chupungco. Collegeville MN 1997, 3–10, hier 6, der von „Liturgy as Encounter with God" spricht.
[96] *Jungmann*, Die liturgische Feier (wie Anm. 55) 100.
[97] Ebd. 65.
[98] Die Wortgottesfeier (wie Anm. 5) 36.
[99] Ebd. u. ö.

kommen, als das mit dem Schweizer Buch möglich wäre. So lautet ein erster Absatz in einem der Gebete für die „temps de Carême" in Anlehnung an die Struktur einer Berakah: „Béni sois-tu, Dieu, Père très bon. Ta patience est inlassable, et ton amour, sans défaut. Tu nous offres un temps favorable. Tu nous donnes des jours de salut. Tu es grand, Seigneur notre Dieu."[100] Die Gemeinde stimmt in diese Prädikation ein: „Béni sois-tu, maintenant et toujours."[101]

Diese Weise der Danksagung verdeutlicht nicht nur, sondern setzt um, dass Gott hier und jetzt sein Wort an die Gemeinde richtet. Die Heilsgegenwart Gottes in seinem Wort wird durch das Gebet proklamiert. Mit der elaborierten Form bringen die Gläubigen den Rang des Geschehens zum Ausdruck. Am feierlichen Lob- und Bittgebet ist ablesbar, dass sich Heilsgegenwart im Wort ereignet. Die zentrale liturgietheologische Passage in SC 7, die die Gegenwartsweise Christi im Wort neu hervorgehoben hat, nachdem diese über Jahrhunderte kaum bewusst war, kommt so in der Liturgiefeier zu ihrem Recht. Ohne von Ersatz des Wortgottesdienstes für die Eucharistie sprechen oder, theologisch unsinnig, Gegenwartsweisen gegeneinander aufrechnen zu müssen, wird der theologische Rang des reinen Wortgottesdienstes für die christliche Gemeinde unterstrichen.

Umso dringlicher wäre es, dass Gebetsformen gesucht würden, die der Gebetssituation des Menschen heute entsprächen. Nachdenklich stimmt, dass im deutschsprachigen Buch zweimal vermerkt ist, das Gebet bedürfe „einer Erläuterung für die Gemeinde".[102]

4.4 Gemeindepartizipation im „Lob- und Dankgebet"

Zu den Grundbegriffen heutiger Liturgietheologie und gleichsam zu den „großen Wörtern" der Liturgiekonstitution gehört die *participatio actuosa*.[103] Sie kann in der Liturgie, wie schon die Liturgiekonstitution und dann noch mehr die nachkonziliare Liturgiepraxis demonstriert, sehr unterschiedlich realisiert werden. Wenn aber heute nach einer neuen Gebetsordnung gesucht wird, ist dies ohne Berücksichtigung der tätigen Teilnahme der Gläubigen nicht mehr

---

[100] Assemblées dominicales en l'absence de prêtre (wie Anm. 9) 168.
[101] Ebd.
[102] Vgl. Die Wortgottesfeier (wie Anm. 5) 36; vgl. auch ebd. 39.
[103] Dazu F. *Kohlschein*, Bewußte, tätige und fruchtbringende Teilnahme. Das Leitmotiv der Gottesdienstreform als bleibender Maßstab, in: Lebt unser Gottesdienst? Die bleibende Aufgabe der Liturgiereform. Hg. v. Th. Maas-Ewerd. Freiburg/Br. 1988, 38–62.

denkbar. Das Subjektsein der versammelten Gläubigen muss angemessen zum Ausdruck gebracht werden.[104]

Da es sich um einen zentralen Gebetstext handelt, wird er von der Leiterin oder dem Leiter des Wortgottesdienstes gesprochen. Das ergibt sich aus anthropologischen und theologischen Konstanten eines solchen Gottesdienstes und der in ihm versammelten Gemeinde. Man wird nicht von Amtsgebet sprechen, aber dieses Gebet doch Vorsteherin oder Vorsteher zuordnen müssen. Umso wichtiger ist, dass, darin nun ähnlich den Amtsgebeten, sichtbar wird, dass die Gemeinde als Ganze dieses Gebet trägt und sich zu Eigen macht. Tätige Teilnahme im Sinne von Mitbeten muss möglich und deutlich werden. Das erfordert zunächst, dass diese Gebetstexte rezipierbar sind. Verhängnisvoll ist, wenn ein solches Gebet nur nach entsprechender Erläuterung für die Gemeinde zugänglich wird.[105] Nicht minder problematisch ist es allerdings, wenn solche Gebete sprachlich und inhaltlich auf so niedrigem Niveau formuliert werden, dass sie dem Anspruch des Gebets und seinem Ort nicht angemessen sind. Wie für alle Gebetsprache ist eine Verständlichkeit der Texte gefordert, die zum Gefeierten hinführt, ihm damit aber auch angemessen sein muss. Es muss die Möglichkeit zu je neuer Rezeption geben. Das erfordert nicht nur unbedingt Qualität, sondern auch Leerstellen im Text, die je neu Hören und Verstehen zulassen. Das Gebet soll die Annäherung an den, der gelobt wird, ermöglichen.[106]

Zudem soll die Gemeinde in dieses Gebet auch hörbar einstimmen können. Deshalb haben vor allem Akklamationen in diesem Lob- und Bittgebet eine besondere Bedeutung. Bemerkenswert ist, dass alle untersuchten Texte,[107] wenngleich unterschiedlich geglückt, dieses realisieren.[108] Es gibt ausführlichere Akklamationen,

---

[104] Bereits *Aufderbeck*, Wortgottesdienste (wie Anm. 64) 10 betont: „Mag der Gottesdienst auch noch so schlicht und die Gemeinde noch so klein sein, so mögen doch möglichst viele aktiv daran teilnehmen (vgl. 1 Kor 12,28)."
[105] Vgl. dazu oben S. 226.
[106] *G. Brüske*, Plädoyer für liturgische Sprachkompetenz. Thesen zur Sprachlichkeit der Liturgie, in: ALw 42. 2000, 317–343; *St. Orth*, Liturgische Sprachnot, in: HerKorr 54. 2000, 163–165, hier 164f.; *B. Kranemann*, „Am Rande des Verstummens ..." Theologisch-ästhetische Thesen zur Sprache im Gottesdienst, in: Gottesdienst 34. 2000, 89–91, hier 89f.
[107] Für das Feierliche Lob III des Schweizer Buches sind zumindest Stellen markiert, an denen Akklamationen eingefügt werden können (vgl. Die Wortgottesfeier [wie Anm. 5] 39 u. ö.).
[108] So ist die Akklamation „Ihr werdet die Kraft des Heiligen Geistes empfangen" (vgl. Die Wortgottesfeier [wie Anm. 5] 48–50) im Gebetstext VI des Schweizer Liturgiebuches in diesem Kontext weniger geeignet, weil es sich um eine Zusage an die Gemeinde handelt, die jetzt zum Inhalt der Akklamation eben dieser Gemeinde wird.

die zum Teil größere Prägnanz besitzen („Dein Wort, o Herr, geleitet uns auf allen unseren Wegen"; „Jesus Christus ist der Herr zur Ehre Gottes des Vaters"; „O Seigneur, envoie ton Esprit qui renouvelle la face de la terre"[109]), während einige der – vor allem nordamerikanischen – Kurzformeln offensichtlich sehr unter pastoralen Gesichtspunkten ausgewählt worden sind („Wonderful are your works, O Lord").[110] Indem nicht nur der einzelne Vorsteher oder die einzelne Vorsteherin, sondern die versammelte liturgische Gemeinschaft in das Gebet einstimmt, wird die ekklesiale Bedeutung des Gebets und, im Kontext gesehen, der Wortverkündigung erfahrbar. Im so gesprochenen oder gesungenen Gebet wird kirchliche Gemeinschaft konstituiert.

Zugleich erfahren sich die Gläubigen nicht eigentlich als Zuhörer, sondern stehen selbst im Wort-Antwort-Geschehen dieses Wortgottesdienstes. Durch dieses Gebet üben sie ihr priesterliches Amt aus.[111] Was sich hier an liturgischem Dialoggeschehen entfaltet, muss nicht erklärt werden, sondern expliziert sich im liturgischen Geschehen selbst. So wird das vierte Lobgebet des Schweizer Buches mit den Worten eröffnet: „Gott, Schöpfer des Alls, du hast der Welt Bestand und Sein gegeben. Allen Geschöpfen hast du den Geist des Lebens verliehen." In diesen Lobpreis stimmt die Gemeinde mit den Worten ein „Laudate omnes gentes, laudate dominum."[112] Der Wortgottesdienst erhält durch solche Elemente geradezu mystagogische Qualität.

Außerdem besitzen Akklamationen den Charakter eines „Glaubensbekenntnisses" in nuce:[113] „Dieu très-haut qui fais merveilles, béni soit ton nom!"[114] Innerhalb des Lobgebets deklamiert die ganze Gemeinde eine Kurzformel des Glaubens. Die versammelten Christen bekennen sich zum Gehörten, und sie verpflichten sich darauf, indem sie zustimmen. Die Gebetsordnung vollzieht, was sich im gottesdienstlichen Geschehen ereignet.

Beachtet man, wie sehr die untersuchten Gebete die *participatio actuosa* realisieren, darf man von einer vorbildlichen Form des Gebets auch für andere liturgische Feiern sprechen. Auch wenn die Einleitungen zu den liturgischen Büchern es kaum reflektieren,[115]

---

[109] Ebd. 36–38; ebd. 45–47; Assemblées dominicales en l'absence de prêtre (wie Anm. 9) 169.
[110] Sunday Celebrations in the Absence of a Priest (wie Anm. 8) 187–189.
[111] Vgl. auch Die Wortgottesfeier (wie Anm. 5) 12.
[112] Ebd. 42.
[113] Vgl. A. A. Häußling, Art. Akklamation. I. Liturgisch, in: LThK 1. ³1993, 289.
[114] Assemblées dominicales en l'absence de prêtre (wie Anm. 9) 172.
[115] Ebd. 48 hält fest: „Mais des interventions de l'assemblée, fréquentes, de préférence chantées, feront de l'ensemble un acte communautaire."

ist hier eine Ordnung gemeinschaftlichen Betens entstanden, die sehr nachdrücklich von den Vorgaben des II. Vatikanums geprägt ist. Da es sich um ein zentrales Gebet dieser Liturgie handelt, wird von hierher die gesamte Wortgottesfeier als gemeinschaftliches Gebet gekennzeichnet. Das Gewicht, das einem solchen Gottesdienst, zumal am Sonntag, zukommt, findet in diesem Gebet Ausdruck.

5. Kritik[116]

5.1 „Feierliches Lob- und Dankgebet" oder „Sonntagslob"?

Insgesamt ist nicht zu übersehen, dass ein theologisches Konzept für diese Gebetssorte fehlt und dass mancher Aspekt der sonntäglichen Wortgottesfeier nicht hinreichend geklärt ist. So fällt im liturgischen Buch der Schweiz auf, dass Gebete, die wirklich Resonanz auf die Lesung aus der Heiligen Schrift bieten, neben Gebetstexten stehen, die man der Kategorie „Sonntagslob" zurechnen muss.[117] Das gilt eindeutig für Gebetstext III, einer „Danksagung für den Sonntag".[118] Mit deutlich anderer Funktion müsste das Gebet jedoch auch einen anderen Ort im Gottesdienst zugewiesen bekommen. Das Sonntagslob wird man, etwa im Sinne eines Hymnus in der heutigen römischen Tagzeitenliturgie, eher an den Beginn des Gottesdienstes und nicht zwischen Schriftverkündigung und Fürbitten setzen.[119] Hier wird es in vielen Fällen zur Kollision mit den Schrifttexten kommen, die ja keine eigentlichen „Sonntagstexte" sind. Das „Feierliche Lob" hingegen verlangt, so wie es die liturgischen Bücher vorschreiben, gerade nach der vorausgehenden Lesung.[120] Erkennt man aus liturgietheologischen Gründen der Wortverkündigung, also auch dem Wortgottesdienst, den hohen Stellenwert zu, von dem nachkonziliare Dokumente und Liturgiewissenschaft sprechen, muss sich das im Umgang mit liturgischen Textsorten und Elementen niederschlagen; andernfalls bliebe der Wortgottesdienst eine zweitrangige Feier. „Sonntagslob" und „Lobgebet" können nebeneinander stehen, können aber nicht beliebig

---

[116] Wir konzentrieren uns im Folgenden allein auf die deutschsprachigen Texte.
[117] Auch Wort-Gottes-Feiern am Sonntag (wie Anm. 7) 40f. trägt zu dieser Konfusion bei: „Dieses Gebet sollte dem Gebetstypus eines ‚festlichen Lobpreises' angehören und könnte auch ‚Sonntagslob' genannt werden."
[118] Vgl. dazu oben Anm. 68.
[119] Vgl. Die Wortgottesfeier (wie Anm. 5) 39–41; 42–44.
[120] Vgl. gerade die Texte des amerikanischen Buches; dazu oben S. 211.

ausgetauscht werden. Das muss in Textgestalt und liturgischer Verortung zum Ausdruck kommen.

Unbestritten ist, dass das Lob- und Bittgebet kein dem Gebetstypus Eucharistisches Hochgebet vergleichbares Gebet ist. Es geht nicht nur um die klare Unterscheidung zwischen Gebetstypen, sondern auch zwischen Eucharistie und Wortgottesdienst. Deshalb ist die Verwendung von Präfationen als Gebetselement nach der Schriftverkündigung strikt abzulehnen. Der Eindruck der Nähe zur Eucharistie muss sich andernfalls zwangsläufig einstellen. Außerdem ist es mit Blick auf die Integrität des Eucharistischen Hochgebets unverantwortlich, die Präfation abzutrennen. Sie ist, wie im 20. Jahrhundert wieder ins Bewusstsein gebracht wurde, Teil des Hochgebets.[121] Wortgottesfeiern am Sonntag müssen eine eigene Gestalt gewinnen und dürfen nicht aus Versatzstücken der Eucharistie zusammengestellt werden.

5.2 Qualität der Sprachgestalt?

Manche der untersuchten Gebetstexte leiden in ihrer jetzigen Sprachgestalt an den grundsätzlichen Problemen heutiger Sprache in der Liturgie.[122] Am Schweizer Gebetstext II, in sich durchaus geschlossen und stimmig, wird das sichtbar. Er greift auf Ps 119 zurück und formuliert schon bald zu Beginn: „Deine Vorschriften machen froh, sie sind die besten Berater".[123] Diese Zeilen sprechen aber erst, wenn man den Kontext des Psalms hinzunimmt: „Nimm von mir Schmach und Verachtung! Denn was du vorschreibst, befolge ich. Wenn auch Fürsten gegen mich beraten: dein Knecht sinnt nach über deine Gesetze." (Ps 119,22 f. [Einheitsübersetzung]). Um den aufgenommenen Psalmvers verstehen zu können, muss der Kontext entweder präsent sein, was er den Anwesenden zumeist nicht sein wird, oder er muss erklärt werden. Kann man ein Gebet, das erst im 20. Jahrhundert entsteht, in dieser Weise aus Bibelparaphrasen aufbauen?

Problematischer noch: Das Gebet bleibt ganz im Duktus des biblisch Vorgegebenen, eine Übersetzung auf das Leben der Gläubigen hin fehlt. So wirkt dann eine Formulierung wie „Herr, du bist gerecht, und deine Entscheide sind richtig. Von Lobpreis überströ-

---

[121] Vgl. *J. Baumgartner*, Die Präfationen: Das eine Mysterium Christi im Spiegel der vielen Mysterien, in: Gratias agamus. Studien zum eucharistischen Hochgebet. Für Balthasar Fischer. Hg. v. A. Heinz – H. Rennings. Freiburg/Br. 1992 (PLR-GD) 23–43.
[122] Vgl. dazu auch die in Anm. 106 genannte Literatur!
[123] Die Wortgottesfeier (wie Anm. 5) 36.

men unsere Lippen, deine Weisung macht uns froh"[124], in sich abgeschlossen. Es gibt andere liturgische Gebetstexte, wie das „Hochgebet für Messen für besondere Anliegen", die in dieser Hinsicht wesentlich überzeugender sind und die biblischen Bezüge sprachlich sinnvoller einarbeiten. Der Gestaltungsraum, der beim reinen Wortgottesdienst besteht und der theologisch wie sprachlich eine Herausforderung ist, scheint zu wenig wahrgenommen zu werden.

5.3 Eine heutige Gebetsordnung?

Es drängt sich die Frage auf, ob es sich wirklich schon um eine wirklich heutige Gebetsordnung handelt. In der liturgiewissenschaftlichen Diskussion ist in jüngster Zeit das Augenmerk wiederholt auf die personale Dimension der Liturgie gelenkt worden.[125] „Nicht bloß dispositiv, sondern konstitutiv" sei für die Liturgiefeier die Befindlichkeit der konkreten Menschen. Damit ist nicht das Auslassen von „Formen und Formeln, wie sie Bibel und Tradition vorgeben", gemeint. Wohl aber ist „das Wahr- und Ernstnehmen der Lebensgeschichte der einzelnen Menschen mit ihren Begrenzungen und Leiden" impliziert.[126]

Auch mit dieser Perspektive sind Rückfragen an die vorliegenden deutschsprachigen Gebetstexte notwendig. Gelingt hier wirklich schon der notwendige „Übersetzungsprozess", damit das, was in der Liturgie begangen wird, von den versammelten Christen auf ihr Leben hin wahrgenommen werden kann? Oder, um es anders zu formulieren: Sind die Gebetstexte dazu angetan, der Lebenswirklichkeit der Betenden Deutung aus der Heilsgeschichte zukommen zu lassen?[127]

Die Gebetstexte des liturgischen Buches aus der Schweiz sind motivisch weitgehend biblisch geprägt, und das ist sinnvoll. Wünschenswert wäre aber in einem weiteren Schritt, dass vom biblischen Paradigma her der Bogen zum Leben der Betenden geschlagen wird. Sie sollen sich, das legt die Funktion gerade des Lob- und

---

[124] Ebd. 38.
[125] Vgl. vor allem *A. Gerhards*, Menschwerden durch Gottesdienst? Zur Positionsbestimmung der Liturgie zwischen kirchlichem Anspruch und individuellem Erleben, in: Gott feiern in nachchristlicher Gesellschaft. Die missionarische Dimension der Liturgie. Hg. v. B. Kranemann – K. Richter – F.-P. Tebartz-van Elst. Stuttgart 2000, Teil 1, 20–31 [zuerst 1998 erschienen].
[126] Alle Zitate bei *Gerhards*, ebd. 30f.
[127] Vgl. *B. Kranemann*, Zwischen Heilsgeschichte und Lebenswirklichkeit. Anmerkungen zur Theologie des Gottesdienstes heute, in: Gottesdienst 33. 1999, 129–131, hier 130f.

Dankgebets nach den Schriftlesungen nahe, mit ihrem Leben zur Sprache bringen können. Auf die Notwendigkeit, im Gebet „der Welterfahrung des heutigen Menschen und seiner religiösen Erfahrung Rechnung [zu] tragen", ist im Zuge der Revision des Messbuches mit Nachdruck hingewiesen worden.[128] Das eben erwähnte Hochgebet für Messen für besondere Anliegen zeigt, wie solche Gebetstexte aussehen könnten.

5.4 Ein unverzichtbares Gebet?

Es überrascht, dass die Frage, ob überhaupt ein solches Lob- und Dankgebet im sonntäglichen Wortgottesdienst gebraucht wird, bislang nicht thematisiert worden ist. Die Handreichung „Wort-Gottes-Feiern am Sonntag" setzt dieses Elemente regelrecht voraus: „Der sonntägliche Wortgottesdienst ohne Kommunionfeier sollte nicht ohne ein Lobpreisgebet der Gemeinde gefeiert werden."[129] Tatsächlich kann dieses Gebet dem sonntäglichen Wortgottesdienst einen besonderen Charakter geben, dem Wortgottesdienst als Sonntagsgottesdienst einen anderen Rang als möglichen Wortgottesdiensten am Werktag verleihen und Grundstrukturen des Betens erfahrbar machen.

Gezeigt hat sich aber auch, dass diese zentrale neue Gebetsform immer wieder in die Nähe zum Eucharistischen Hochgebet geraten ist und zu geraten droht.[130] Dieser äußerst problematischen Vermengung, die dort noch gesteigert wird, wo möglicherweise eine Kommunionfeier dem Wortgottesdienst folgt, und die der Assoziation, hier werde doch irgendeine Form von „Eucharistischem Hochgebet" gesprochen, mithin Eucharistie gefeiert, Vorschub leistet, muss aus liturgietheologischen Gründen entgegengearbeitet werden. Man beschädigt ansonsten die Eucharistie, unterminiert aber auch den eigenständigen Wert des Wortgottesdienstes, der es offensichtlich schwer hat, ohne eucharistieähnliches Gebet und Kommunionfeier einen wirklich eigenständigen Rang zugesprochen zu bekommen. Aus liturgietheologischen Gründen ist deshalb ein solches Lob- und Dankgebet nach der Schriftverkündigung nur akzeptabel, wenn es inhaltlich und strukturell klar vom Eucharistischen

---

[128] Leitlinien für die Revision der Gebetstexte des Meßbuchs, in: Studien und Entwürfe zur Meßfeier. Texte der Studienkommission für die Meßliturgie und das Meßbuch der Internationalen Arbeitsgemeinschaft der Liturgischen Kommissionen im deutschen Sprachgebiet 1. Hg. v. E. Nagel u. a. Freiburg/Br. 1995, 55–62, hier 58.
[129] Wort-Gottes-Feiern am Sonntag (wie Anm. 7) 40.
[130] Vgl. oben S. 208 f; 212; 216, Anm. 53; 221, Anm. 75; 230.

Hochgebet unterschieden ist.[131] Der Verzicht auf die Kommunion und die Feier eines reinen Wortgottesdienstes täte ein Übriges!

6. Resümee

Das Lob- und Dankgebet sonntäglicher Wortgottesfeiern ist aus der Not der Praxis entstanden; die theologische Reflexion ist hintangestellt worden. Stärken wie Schwächen dieses Gebetselements sind deutlich geworden. Fraglos ist die Verwendung dieses Gebets keineswegs; zugleich dürfte aber unbestritten sein, dass es dort, wo es verwendet wird, innerhalb der liturgischen Ordnung einen hohen Rang besitzt. An die Ausgestaltung der Praxis sind folglich höchste Ansprüche zu stellen. Vor allem muss man erwarten dürfen, dass eine Gebetsform, die in der zweiten Hälfte des 20. Jahrhunderts entstanden ist, Gebet ihrer Zeit ist. Ob das in den vorliegenden deutschsprachigen Texten bereits gelungen ist, bedarf der weiteren Diskussion. Will man in Zukunft am sonntäglichen Lob- und Dankgebet festhalten, liegt hier eine besondere Aufgabe wie Verantwortung. Wird sie angenommen, könnte dieses Gebet durchaus paradigmatischen Charakter für liturgisches Beten in der Gegenwart erhalten.

---

[131] Den beschriebenen Problemen würde man auf jeden Fall entgehen, wenn man ein Sonntagslob im Sinne der oben S. 218f. beschriebenen ostkirchlichen Texte an den Beginn der sonntäglichen Wortgottesfeier stellen würde. Vor allem als gesungenes Sonntagslob würde es den Rang des Tages und der liturgischen Versammlung zum Ausdruck bringen.

Der liturgische Raum

Von Dieter G. Baumewerd, Münster

Zum festlichen Gottesdienst braucht man einen Raum von gutem Ausmaß, in seiner Mitte ein Pult mit der Heiligen Schrift darauf und einen Tisch mit Brot und einen Kelch mit Wein. Pult und Tisch sind mit Kerzen erhellt und mit Sitzen für die Feiernden umgeben. Das ist alles.

Der Kelch ist die innerste Hülle um das eucharistische Geheimnis. Die Wände und Decke des Raumes sind die äußerste Umhüllung. Die Gemeinde sitzt oder steht um den Tisch und um das Pult, und der Herr ist in ihrer Mitte.

Der Raum geht von der Mitte aus und diese Mitte ist zweipolig: mit einem Tisch des Wortes und einem Tisch des Brotes. Christus ist in der freien Mitte, die die Menschen umstehen. Alle Blicke gehen hierhin.

Dort, wo eine Gemeinschaft sich einig ist, schließt sie sich zu einem Ring zusammen. Das Miteinander-Beten und die Kommunio verbindet die Menschen zu einer konzentrierten Haltung des Feierns. Die Gemeinde sitzt wie eine Familie um einen gemeinsamen Tisch. Mit ihren Händen ist sie zu einer geschlossenen Kette verbunden. So wirken aus dieser konzentrierten Haltung zwei verbindende Kräfte: die der Verbindung von Hand zu Hand und die von Blick zu Blick. Ohne diese Haltung bliebe jeder in sich befangen, nur wenig ginge von einem zum anderen hinüber. So wird das „Alleinsein" überwunden durch die rückhaltlose Offenheit der konzentrierten Versammlung um die gemeinsame Mitte. Erfährt doch der Gläubige in dieser Weise des Zusammenseins, dass der eigentliche Weg in das Innere – in das Herz des anderen – durch die gemeinsame Mitte geht.

In den Brennpunkten des Raumes stehen Ambo und Altar als zwei aufeinander bezogene Elemente einer Form. Zwischen ihnen ist ein freier Raum, frei für die unterschiedlichsten liturgischen Handlungen: Taufe, Evangelienprozession, Gabenprozession, Kommunionempfang in beiderlei Gestalt, feierliches Entzünden der Osterkerze, Platz für ein besonderes Kreuz. Schließlich ist er der freie Raum für alle Bewegungselemente der Liturgie im festlichen Sinne.

Die beiden Brennpunkte Ambo und Altar können aber auch Mittelpunkt und Bezugsort eigener liturgischer Handlungen sein, wie Wortgottesdienst am Ambo und Eucharistiefeier am Altar. Hier zieht die Gemeinde mit dem Priester von einem zum anderen Ort.

Der sinnbildliche Raum

Der architektonische Raum besteht im Letzten nur aus Mauerschalen und einem Dach. Innerhalb dieser Schalen schwingt die Bewegung der Gemeinde. Ihre wechselnden Stellungen, die Veränderung des Lichtes und der feierliche Klangraum der Gebete und des Gesanges schaffen den eigentlichen liturgischen Raum. So wird mit jeder Versammlung einer Gemeinde der „wirkliche Raum" immer neu geschaffen.

Durch die Vereinfachung aller formalen Elemente auf das Wesentliche ist die Gestalt der Kirche ausgerichtet auf ein sinnbildliches Erkennen und Verstehen.

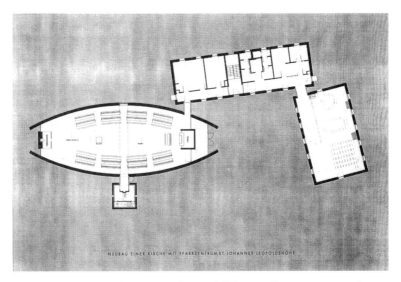

Dem Raumentwurf liegen mehrere Bildvorstellungen zugrunde:

Da ist als Erstes das Bild des „Schiffes" und der „Arche". Dieses Bild entwickelt sich aus der Vorstellung, dass wir in unserem Dasein immer unterwegs sind. Auf dem Weg oder der Fahrt zu einem Ziel, das Gott für uns vorgesehen hat. Dieser Weise des „Unterwegs-

235

seins" entspricht der Baugedanke des Liturgischen Weges, des mitten durch die Gemeinde verlaufenden Weges der liturgischen Orte.

Dann ist da noch das Bild des „Kelches". Wie zwei offene Hände, die sich zu einer Trinkschale formen oder einen wertvollen Gegenstand schützend aufnehmen, sind die Wandschalen um die Gemeinde gelegt – äußerster Ausdruck von Geborgenheit.

Eine weitere Bildvorstellung ist die des „Leibes" oder der „Frucht". Altar und Ambo sind wie Samen, die Mauern wie Schalen und die Gemeinde wie eine Frucht. Die um die liturgischen Orte versammelten Menschen sind durch das gemeinsame Feiern vereint. Durch ihr Zusammensein wachsen sie zusammen zu einem Leib. Jeder Blick richtet sich auf die liturgischen Orte, und von hierher wird jeder Einzelne genährt. Indem jeder jeden sieht, ist hier äußerste Offenheit. Jeder nimmt jeden mit in diese gemeinsame festliche Haltung. Es sind die Handlungen an Altar und Ambo, durch die alle vereint werden. Dieses ist nicht formal, sondern von äußerster Wirkkraft, indem jeder spürt, wie er mit den anderen durch diese Mitte verbunden ist. Diese gemeinsame Ausrichtung zur Mitte ist auch eine Ausrichtung von unten nach oben. Das Zusammenstehen bahnt in seiner Konzentration die Bewegung eines Aufstiegs. Alles, was zum Altar gesprochen wird, wird empor gehoben. Alles, was aus der Mitte gesprochen wird, ist auf Verbreitung angelegt. Alles Gesprochene schwingt zur Mitte des Raumes und wird zurückgeworfen als bejahende Antwort.

Die Wand ist wie eine Haut. Wie eine Schale ist sie zweiseitig: eine der Welt und die andere dem Raum zugewandt. Außen plastisch – innen Raumgrenze – exakter Ausdruck des Inhaltes. Die Schwere der Außenwand und die diese Schwere überwindende Leichtigkeit des Daches bilden die geheimnisvolle Spannung des dichten Raumes.

Der „Dichte" des Kirchenraumes entspricht auch der „kosmische" Bezug durch das Licht. Glasfenster im Osten und Westen beziehen sich, unterstützt durch ein Oberlichtband, auf die Zeichenhaftigkeit des Sonnenauf- und -unterganges. Der horizontalen Bewegung des Lichtes ist die senkrechte Lichtbewegung durch ein Oberlicht in der Mitte des Daches spannungsvoll entgegengesetzt.

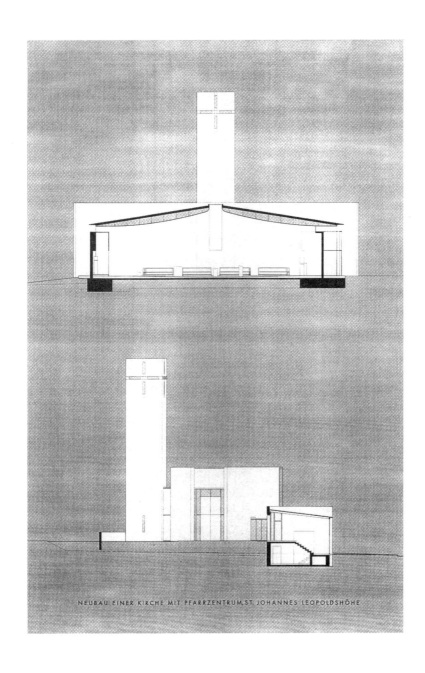

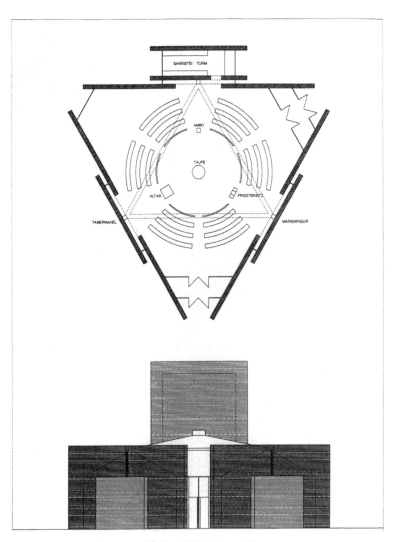

Kirche 2000, Entwurf

Epilog

Kulturelle Erfahrung und kirchliche Liturgie
Gedanken eines Laien

Von Manfred Plate, Freiburg/Br.

Wenn mir im Rahmen dieses Symposions[1] anlässlich des 60. Geburtstages von Professor Klemens Richter ein Vortrag aufgetragen wurde, dann kann ich hier nicht als Theologe, nicht als Wissenschaftler sprechen. Ich bin ja nur ein Journalist, und zudem noch – ein Laie. Erwarten Sie also nicht einen weiteren akademischen Beitrag im hoch qualifizierten Reigen dieser beiden Tage. Zwar bin ich durch meine beinahe fünfzigjährige Redaktionsarbeit an der Zeitschrift „Christ in der Gegenwart" immer auch der wissenschaftlichen Theologie verbunden gewesen. Aber meine Aufgabe war und ist die der Vermittlung, wobei es nicht immer einfach ist, theologische Erkenntnisse so weiterzugeben, dass sie auf der einen Seite einer breiteren Schicht verständlich sind, auf der anderen aber auch nicht in unzulässiger Weise banalisiert werden. Ob mir das immer gelungen ist, weiß ich nicht, eine gewisse Vereinfachung ist bei einem solchen Geschäft natürlich nie zu vermeiden.

Ausgangspunkt meiner Gedanken zum Thema „Kulturelle Erfahrung und kirchliche Liturgie" soll ein persönliches Problem sein, das aber, wie ich meine, auch ein allgemeines Problem des christlichen Lebens in unserer Zeit darstellt. Natürlich kann ich in der kurzen Zeit, die mir zur Verfügung steht, nicht alle Aspekte dieser Fragestellung vortragen, aber ich hoffe, dass ich den zentralen Punkt, auf den es mir ankommt, deutlich machen kann.

Da ist also die eigene „kulturelle Erfahrung", die wir alle als moderne Menschen haben. Damit meine ich, was mich betrifft, mein ganz persönliches existentielles, religiöses Ergriffensein durch Schöpfungen der modernen Kultur, von Kunst, Musik, von Dichtung unserer Zeit, der Gegenwart, unseres Jahrhunderts. Ob es Werke waren, die mir schon in jungen Jahren zum Beispiel durch die Schule vermittelt wurden – und ich hatte das Glück, gute Lehrer zu haben –, oder ob es dann später die persönliche Lektüre etwa eines Thomas Mann, eines Gottfried Benn oder einer Ingeborg Bachmann, oder ob es Bilder von Picasso oder Kandinsky und Arbeiten von Beuys oder die Musik eines Strawinsky, eines Luigi No-

---
[1] Der Vortragsstil wurde im Folgenden beibehalten.

no waren – immer wieder wurde ich durch die Begegnung mit den modernen Formen der zeitgenössischen Kultur bis in den innersten Kern meiner Person ergriffen, erschüttert, bewegt. Es kann gar kein Zweifel sein: das waren und sind tief gehende religiöse Erlebnisse, Gottes- und Schicksalserfahrungen, wozu auch die Dunkelheiten, ja die Verzweiflungsschreie mancher dieser Schöpfungen gehören. Ich kann hier nicht auf die einzelnen Inhalte dieser Erlebnisse, die mein Leben bis zur Stunde stark prägen, eingehen. Aber nichts von dem, was mir da entgegenkam, musste ich als gläubiger Christ zurückweisen. Auch das so genannte Negative hat da seinen Platz im Rahmen meines religiösen, meines christlichen Glaubens. Sehr früh schon war ich allerdings erstaunt, dass es bei anderen Christen offenbar nicht so ist, dass sie nur das so genannte „gute Buch" akzeptierten, Kunst ohne den „Verlust der Mitte" erleben wollten usw. In meiner Liebe zur modernen Kultur fühlte ich mich in der Kirche oft sehr einsam und unverstanden.

Und nun das zweite Stichwort, wieder mit biographischem Hintergrund: die „kirchliche Liturgie". Von der ersten bewussten Begegnung mit ihr, in tief vorkonziliaren Zeiten, liebte ich sie, lernte ich sie mindestens so lieben wie die Kunst. Ob es so genannte stille Messen oder feierliche – levitierte – Hochämter waren, die Gemeinschaftsmessen der Jugend, etwa mit den Gruppen des Bundes Neudeutschland, dem ich lange angehörte – nie habe ich mich gelangweilt, nie fand ich diese Begegnung mit dem religiösen Mysterium unseres Glaubens fad oder abstrus. Die Liturgie führte mich, wie die Kunst, in mystische Welten, an die Grenze des Unsagbaren zwischen Tod und Auferstehung. Und so blieb es mein ganzes Leben lang, etwa als ich die erste Osternacht mit Heinrich Kahlefeld auf Burg Rothenfels erlebte, an so genannten modernen Gottesdiensten teilnahm und auch den evangelischen und orthodoxen Gottesdienst schätzen lernte. Bis heute fasziniert mich der universale Reichtum unserer kirchlichen Liturgie, ihre Vielfalt, eine bewegende religiöse Kultur.

Damit kommen wir zu unserer Fragestellung; denn zwischen diesen beiden Erlebniswelten, der Kultur und der Liturgie, nun auch eine innere, sinnvolle, tragfähige Brücke zu finden, erschien mir immer sehr schwierig, ja unmöglich. Hat der religiöse Kosmos moderner Kunstschöpfungen nichts mit meinem liturgischen Leben zu tun? Wirklich, der moderne Christ lebt religiös in sehr verschiedenen Sektoren, in hart voneinander abgeschotteten Zonen. Ich fragte mich schon als junger Student, warum das so ist. Und welche Wege man gehen müsste, um die geliebte Kultur der Gegenwart mit der geliebten kirchlichen Liturgie irgendwie zusammenzubringen;

so, wie es doch wohl in der Antike, im Mittelalter und, was ich besonders bemerkenswert finde, noch in der Barockzeit war.

In dem Buch „Gott feiern in nachchristlicher Gesellschaft"[2] wird einleitend wieder an den berühmten Brief Romano Guardinis an den Mainzer Liturgischen Kongress des Jahres 1964 erinnert. In diesem historischen Dokument wurde das Problem des Zwiespalts zwischen moderner Kultur und kirchlicher Liturgie zum ersten Mal in aller Schärfe angesprochen. Ich darf noch einmal wörtlich zitieren: „Ist vielleicht der liturgische Akt, und mit ihm überhaupt das, was ‚Liturgie' heißt, so sehr historisch eingebunden – antik, oder mittelalterlich, oder barock – daß man sie der Ehrlichkeit wegen ganz aufgeben müßte? ... Und sollte man, statt von Erneuerung zu reden, nicht lieber überlegen, in welcher Weise die heiligen Geheimnisse zu feiern seien, damit dieser heutige Mensch mit seiner Wahrheit in ihnen stehen könne?"[3] In dem genannten Buch wird anschließend an Guardini der amerikanische Theologe Charles Davis[4] wiedergegeben, der in den siebziger Jahren – auch das ist schon lange her – dessen Fragestellung auf die Spitze trieb: „Da lebendige Liturgie in Beziehung zu einer lebendigen Kultur stehen müsse, stelle uns das totale Auseinanderfallen von heutiger Kultur und Christentum vor die Wahl: entweder Getto oder Wüste. Auch der erneuerte Gemeindegottesdienst basiere auf einem tradierten Ritual, das in eine vergangene Kultur gehöre; wer daran festhalten wolle, wähle das Getto ... Wer diese Spannung bemerke, befinde sich in der Wüste."[5]

Schon früh habe ich mich gefragt: Befinde ich mich nun im Getto oder in der Wüste? – Weder diesem noch jenem konnte ich zustimmen. Ich kann von mir sagen, dass ich voller Freude und Bewusstsein mitten in der modernen Kultur lebe, ihr existentiell tief verbunden bin; dass ich aber zugleich in der historisch überlieferten Liturgie, sei sie nun vorkonziliar oder nachkonziliar, gern lebe, sie mir religiös ebenso notwendig ist wie die Dichtung, die Kunst und die Musik unserer Zeit. Dabei ist es keineswegs so, dass das eine nur so genannte „Welt" wäre, abgetrennt von Gottes Reich, eine Art

---

[2] Vgl. *K. Richter*, Liturgie in nachchristlicher Gesellschaft?, in: Gott feiern in nachchristlicher Gesellschaft. Die missionarische Dimension der Liturgie. Hg. v. B. Kranemann – K. Richter – F.-P. Tebartz-van Elst. Stuttgart 2000, Teil 1, 9–19 [zuerst 1998 erschienen].

[3] *R. Guardini*, Der Kultakt und die gegenwärtige Aufgabe der liturgischen Bildung, in: LJ 14. 1964, 101–106, hier 106.

[4] *C. Davies*, in: Gottesdienst in einem säkularisierten Zeitalter. Eine Konsultation der Kommission für Glauben und Kirchenverfassung des Ökumenischen Rates der Kirchen. In deutscher Sprache mit einem Vorwort von L. Vischer und einem Konsultationsbericht. Hg. v. K. F. Müller. Kassel – Trier 1971, 21–48.

[5] *Richter*, Liturgie in nachchristlicher Gesellschaft (wie Anm. 2) 10.

„Wüste"; und das andere der reine, allein übernatürlich ausgerichtete Gottesbezirk, also das „Getto". Gewiss, beides ist sehr verschieden und hat heute scheinbar wenig miteinander zu tun. Ist es realistisch, zwischen moderner Kultur und kirchlicher Liturgie wieder eine Brücke bauen zu können? Und wie ist es überhaupt möglich, dass ich als ganz in der kulturellen Gegenwart verwurzelter Mensch eine existentiell tragfähige Beziehung zu einer Liturgieform finden kann, die ein veraltetes kulturelles Paradigma widerspiegelt?

Wegen der Kürze der mir zur Verfügung stehenden Zeit kann ich nur sehr skizzenhaft auf drei Gesichtspunkte hinweisen, die mir für diese Problematik wichtig erscheinen:
1. Der subjektive Faktor
2. Die Fähigkeit zu einer historischen Hermeneutik
3. Der grundlegende Paradigmenwechsel in der Kultur der Neuzeit.

1. Der subjektive Faktor

Das, was als neuzeitliche Kultur seit der Renaissance das Leben der so genannten westlichen Welt bestimmt, ist von Faktoren und Erkenntnissen geprägt, die den vorhergehenden Zeiten der Menschheitsgeschichte fremd und noch nicht zugänglich waren. Etwas grundlegend Neues brach in die Geschichte ein. Einer dieser neuen Faktoren ist eine bisher unbekannte und zunehmend extremer werdende Personalisierung und Individualisierung, eine auf allen Ebenen der Gesellschaft zu beobachtende radikale Wendung ins Subjekt. Aber genau sie bewahrte die Liturgiefähigkeit der Menschen in einer neuen Zeit, in der Neuzeit. Denn der immer stärker zutage tretende Widerspruch zwischen einer sich in historisch überlebten Formen abkapselnden Liturgie und dem lebendigen religiösen Leben der Menschen konnte auf dieser subjektiven Ebene überbrückt werden. Die in ihrer sprachlichen und rituellen Struktur nicht zu ändernde Liturgie wurde auf privater Basis so im Bewusstsein des Individuums rezipiert, dass sie dadurch religiös relevant werden konnte. Die Beliebtheit der so genannten stillen Messe findet hier ihre Erklärung. Aber auch bei den in lateinischer Sprache laut gesprochenen oder gesungenen Messen konnte der religiöse Funke überspringen, indem das subjektive Element den notwendigen Brückenschlag vermittelte, etwa im deutschen Volksgesang, im Rosenkranz-Beten, im Hören der feierlichen Musik, in künstlerisch hochwertigen Konzertmessen. All dies gab der subjektiven religiösen Emotion über weite Strecken freien Raum. Und auf dieser Ebene konnten viele Werke der zeitgenössischen Kunst innerhalb der Liturgie das religiöse Bewusstsein der Gegenwart artikulieren und ansprechen. Der liturgische Akt verlor dadurch allerdings weithin seine ursprüngliche Intention und Aussage, wie die moderne Liturgiewissenschaft beklagt. Immerhin blieb er grundsätzlich in Kontakt mit der Kultur der Gegenwart.

Mit der Liturgiereform trat eine völlig neue Situation ein. Sie hat die Möglichkeiten solcher subjektiven Anpassung des liturgisch Vorgegebenen, des privaten Ausweichens vor veralteten liturgischen Formen und Formeln, nicht nur eingeschränkt, sondern total abgeschnitten. Den Gottesdienstteilnehmern ist es heute praktisch verwehrt, mit ihrer Subjektivität den „garstigen Graben" zwischen Alt und Neu zu überbrücken, denn das veraltetete liturgische Paradigma tritt ihnen nun unüberhörbar in der Muttersprache und in einem so gut wie unveränderten antik-mittelalterlichen Ritual entgegen. Zudem werden wir aufgefordert, sogar aktiv an diesen alten Formen teilzunehmen. Der Widerspruch zwischen der modernen Gemeinde und überlebten historischen Ausdrucksweisen wird damit offenbar und unvermeidbar. Wir alle wissen: das ist der Kern der Krise unseres heutigen Gottesdienstes.

2. Die Fähigkeit zu einer historischen Hermeneutik

Die zweite Möglichkeit, innerhalb der historisch gewordenen Liturgie echtes religiöses Leben zu erfahren, liegt in der modernen Fähigkeit zur historischen Hermeneutik, mit anderen Worten: der seit zwei Jahrhunderten entwickelte Historismus hat uns neue Mittel und Methoden an die Hand gegeben, die verschiedenen Zeugnisse der Vergangenheit uns in einem wirklichen Verstehensprozess zu Eigen zu machen. Historische Objekte können wir dabei nicht nur im Bereich des Wissens abrufen, sondern wir können zu ihnen auch einen emotionalen, einen religiösen Zugang gewinnen. Kulturelle Formen der Vergangenheit, nicht nur die der christlichen Antike, wurden und werden ja zum Teil begeistert rezipiert und bis zu einem gewissen Grad auch existentiell verinnerlicht. Der moderne Touristenstrom zu Relikten alter Kulturen, die millionenfache Gegenwärtig-Setzung durch Fotos, Filme und Bücher haben diesen Prozess der Nähe zur Vergangenheit ungeheuer intensiviert und verstärkt. Wir können uns Gedichte von Vergil und Ovid, klassische griechische Tragödien oder lateinische Gesänge wie das Salve Regina und sehr alte Bilder, zum Beispiel aus der Romanik oder Gotik, mit innerster Ergriffenheit zu Eigen machen; und natürlich auch die Psalmen, die etwa zweieinhalbtausend Jahre alt sind. Der moderne Mensch hat ein historisches Verstehen und Erleben entwickelt, das in dieser Weise früheren Epochen fremd war. Auch mit dieser Methode ist es also möglich, einen relativ unmittelbaren Zugang zum antik-mittelalterlichen Kunstgebilde der römischen Liturgie zu finden – für die Liturgien der östlichen Kirchen gilt das Gleiche. Der moderne Mensch ist in diesem Sinne durchaus liturgiefähig – wenn er mit dem Schlüssel der historischen Hermeneutik sich die Türen dieser alten Welt und er sich ihnen öffnet.

Aber auch hier muss die entscheidende Rolle der Subjektivität berücksichtigt werden. Denn der komplizierte Vorgang des historischen Verstehens setzt ja die Vergangenheit nicht an sich gegenwärtig, sondern diese wird vielmehr bewusstseinsmäßig in einen völlig anderen Kontext versetzt und erst dadurch zugänglich. Jede historische Rezeption mischt jeweils auf eigene Weise das Vergangene und das Heutige. Diese Subjektivität kann sogar zu einer willkürlichen Adaption entarten, die mit dem ursprünglich Ausgesagten kaum mehr etwas zu tun hat. Auf die römische Liturgie bezogen, in der wir unsere Gottesdienste feiern, heißt dies, dass auch hier die alten Inhalte von den jeweiligen Subjekten, bis hin zu den Zelebranten, die ja ebenfalls moderne Menschen sind, zumindest stillschweigend, bewusst oder unbewusst uminterpretiert, umgedeutet, dem eigenen religiösen Horizont angepasst werden. Nur so ist die überlieferte Liturgie in unserer Kirche heute überhaupt noch lebensfähig.

3. Der grundlegende Paradigmenwechsel in der Kultur der Neuzeit

In der Frage, ob der heutige Mensch noch liturgiefähig oder die Liturgie noch menschenfähig ist, muss über die beiden genannten Gesichtspunkte hinaus noch etwas Drittes bedacht werden. Es ist meiner Meinung nach der entscheidende Faktor in unserer Fragestellung. Auch die kirchliche Liturgie ist betroffen von jenem geistesgeschichtlichen Umbruch, der mit der Neuzeit über uns hereingebrochen ist und seit etwa drei Jahrhunderten die Lebensverhältnisse des Menschengeschlechts grundlegend verändert hat – zumindest in der westlichen Welt –, und weiter verändert, wenn wir nur an die neuesten Entwicklungen der Computer-Elektronik und der Genforschung denken.

Wenig wird allerdings beachtet, dass durch diesen Wandel, durch diesen Paradigmenwechsel nicht nur wissenschaftliche Weltbilder, sondern auch uralte religiöse Sehweisen und Haltungen, in denen unter anderem die Bibel, die bisherige christliche Glaubensgeschichte und eben auch unsere Liturgie beheimatet sind, erschüttert, ja ungültig gemacht werden. Es sind Vorstellungen, die Jahrhunderte, ja Tausende von Jahren hindurch das religiös-sakrale Verhalten der Menschheit bestimmten, Symbole und Zeichen, Riten und Sprachspiele von ehrwürdiger Tradition. Aber das moderne Weltbild hat sie entthront. Sie stellen in weiten Teilen auch in unserer Liturgie nur noch eine tote Überlieferung dar, die religiös steril geworden ist. Das beginnt bei einem überholten Gottesbild, das bis zur Stunde unsere Gebetsform konstituiert, das geht weiter über grundlegende kosmisch-religiöse Symbole, über die Notwendigkeit religiöser Opfer und die göttliche Inspiration heiliger Texte bis hin zu magischen oder halbmagischen Vorstellungen, die nach wie vor in vielen Texten und Riten vorhanden sind. Sei es die Rolle und Herkunft der Sünde und des Bösen, der Glaube an gute und böse Geister, seien es die Auffassungen von der religiösen Bedeutung natürlicher Phänomene – Licht, Wind, Blitz und Gewitter, Wasser, Erde, Sonne, Mond und Sterne –, religiös hat all dies in den letzten Jahrhunderten einen völlig anderen menschlichen und damit kulturellen und kultischen Stellenwert erhalten. Auch der Sinn des Gebetsaktes selbst hat sich zutiefst geändert. Wenn wir nur daran denken, dass ein so großer und durchaus gottgläubiger Denker wie Immanuel Kant das Gebet eine „Anhäufung von Wahnsinn" nannte, „eine Art Wahn, in dem Methode sein kann",[6] dann finden wir vielleicht eher Zugang zu den eigentlichen Problemen und den Ursachen der Krise des christlichen Gottesdienstes, in der wir uns befinden.

Ich will hier nicht einer platten Aufklärung oder einer radikalen Entmythologisierung das Wort reden. Aber dass auch die Liturgie zutiefst betroffen ist vom Wandel der religiösen Grundbefindlichkeit des Menschen in der neuzeitlichen Welt, kann niemand mehr übersehen. Der Paradigmenwechsel der Neuzeit betrifft auch hier Grundlegendes. Als gläubige Christen sind wir selbstverständlich von der Botschaft der biblischen Offenbarung, vom Sinn des Erlösungshandelns Christi in Menschwerdung, Kreuz und Auferstehung überzeugt. Diese Botschaft ist wirklich das Heil der Welt! Was im Pascha-Geheimnis gefeiert und erinnert, was hier vergegenwärtigt und vollzogen wird, existiert in seinem Wesen jenseits aller kulturellen Paradigmen, welche die Menschheitsgeschichte prägen. Doch die Art und Weise dieser Feier ist immer konkret und damit

---

[6] I. Kant, „Die Religion innerhalb der Grenzen der bloßen Vernunft", 1793; ders., „Vom Gebet". Sieben kleinere Aufsätze, 1788–91.

dem historischen Wandel unterworfen. Die römisch-lateinische Kultur ist längst vergangen. Unsere Riten brauchen eine veränderte Ausdrucksform, wenn sie nicht gänzlich zum historischen Relikt werden sollen. Die vorhin kurz beleuchteten Möglichkeiten subjektiver Rezeption und Umdeutung sind ja auf die Dauer kein Weg in die Zukunft.

Es kann nun nicht meine Aufgabe sein, diese oder jene liturgischen Elemente, die innerlich und äußerlich dem notwendigen Paradigmenwechsel unterworfen werden müssten, im Einzelnen zu benennen. Das würde meine Kompetenz bei weitem überschreiten. Aber auch als Laie kommt man nicht umhin, wenigstens grundlegend darauf hinzuweisen, dass die religions- und glaubensgeschichtliche Wende, in der wir stehen, mehr ist als das Ändern eines Gewandes oder einer äußeren Form. Es gibt Formulierungen in unserer Wortverkündigung, die auch inhaltlich nicht mehr tragbar sind.

Das Ausscheiden von Formen und Riten, deren Symbolik tot ist, mag noch ein recht einfaches Geschäft sein gegenüber dem Aufbau einer Liturgiestruktur, die dem Horizont der Kultur unserer Zeit entspricht. Aber der Wandel hat längst begonnen. Wir stehen schon mitten in einem epochalen Prozess der „Heutigwerdung", vieles geschieht, vieles ist im Werden. Der moderne Kirchenbau, der mehr als ein Jahrhundert alt ist, war zum Beispiel nicht nur ein Aufbruch, sondern auch ein Ausbruch aus einer mehr als tausendjährigen Tradition, die von der römischen Basilika geprägt war. Dann die Liturgiereform des Konzils – gewiss ein erster, aber doch ein gewaltiger Schritt, auch wenn er – noch – kein Durchbruch war. Theoretische Überlegungen zu dem, was zu tun sei, beginnen sich zu verdichten und stehen neben praktischen Experimenten, in denen neue Formen ausprobiert werden, etwa in den Gruppen-, den Kinder- und Jugendgottesdiensten. Aber der Weg in die Zukunft ist noch lang und in der Frage, wie das liturgische Paradigma im dritten Jahrtausend nach Christus im Ganzen aussehen sollte, aussehen könnte, tappen wir noch weithin im Dunkeln. Die säkulare Kultur der Gegenwart, da bin ich sicher, wird auch wieder die sakrale Sphäre entdecken, gewiss nicht in den Formen der Vergangenheit, wohl aber im Zuge einer menschheitlichen Evolution, in der Gottes Geist ebenso wirksam ist wie in den bisherigen Ereignissen der Heilsgeschichte.

Lassen sie mich zum Schluss noch auf etwas hinweisen, das den Bogen zum Beginn dieser Gedankenskizze zurückführt: dass weitere Schritte in eine glaubwürdige liturgische Zukunft nur möglich sind, wenn die Theologen und Kirchenleute ernsthafter als bisher den Dialog mit der Kultur der Gegenwart realisieren. Dabei sollte man sich nicht nur auf die Ebene der populären Massenkultur begeben, wie das vor allem bei liturgischen Praktikern geschieht. Das neue geistliche Lied etwa ist auf der untersten Stufe des kulturellen Niveaus angesiedelt – für anspruchsvolle Musik ist unsere Liturgie offenbar zurzeit kaum aufnahmefähig. So ist nicht nur zu fragen, warum – zum Beispiel – die Missa Solemnis von Beethoven nicht „liturgiefähig" ist, sondern auch umgekehrt: warum unsere Liturgie in weiten Strecken seit etwa 200 Jahren nicht „kulturfähig", zum Beispiel nicht geeignet ist, moderne religiöse Musik zu rezipieren. Beide Seiten, meine ich, müssten sich nähern, um das Neue, das wir brauchen, hervorzubringen.

Noch drängender und wichtiger ist das Problem der Sprache. Die Sprache der römischen Liturgie ist dicht gefüllt mit Wörtern, mit Begriffen und Metaphern, die keine unmittelbare geistige Kraft mehr haben, weil sie nicht verwurzelt sind im sprachlichen Paradigma der Moderne. Bei diesem Sprachproblem sollte man ebenfalls nicht zuerst an die Massen-Kultur denken, die flüchtig ist und ohne inneren Halt; sondern zuerst und vor allem an die ernsthafte, tiefenstrukturierte Sprachkunst unserer Zeit. Literatur und Dichtung sind zwar seit Goethe und Hölderlin säkularisiert, aber sie sind auch, was in kirchlichen Kreisen gern übersehen wird, voller Religiosität. Natürlich kann nicht alles, was an sich wertvoll ist, liturgisch-christlich vereinnahmt werden, so gehen die Wege neuer Kultur- und Liturgiewerdung nicht. Es handelt sich in erster Linie auch nicht um diese oder jene Wörter oder Verse, sondern um die sprachliche Grundstruktur und die grundlegende Sprachhaltung unserer Liturgie, vom Wortgottesdienst bis zu den Hochgebeten und Orationen. Und da braucht es nicht nur intellektuelle Einsicht, sondern qualifiziertes modernes Sprachgefühl und poetisch-theologisches Niveau.

Die kulturelle, die theologische, die kirchliche Situation zu Beginn des dritten Jahrtausends nach der Geburt Jesu Christi ist unübersichtlich und verwirrend. Kulturelle Erfahrung und kirchliche Liturgie können nicht in einer Art Machbarkeitswahn mit Gewalt wieder zusammengeführt werden. Auch wenn wir die Aufgabe bejahen, sind die historischen Umstände, ist der Wert des historischen Erbes zu beachten. Immerhin deuten sich schon die Konturen unserer liturgischen Zukunft an. Die Kirche hat sich auf den Weg gemacht. Aus dem Getto, in das sie sich viele Jahre zurückgezogen hatte aus Angst vor dem Neuen, sind wir schon mutig hinausgegangen. Und es ist gewiss nicht nur eine Wüste, in der wir religiös und liturgisch leben. Überall kündigt es sich an: wir befinden uns im

Übergang, auch wenn dieser sich als Übergangskrise darstellt. Gottes Geist treibt uns und die Welt an, denn Er ist nicht nur Herr der Kirche, sondern seiner ganzen Schöpfung und in ihr der Geschichte. In diesem Sinn bin ich fest überzeugt, dass die Zukunft dem Glauben gehört, in welcher Gestalt, in welchem kulturellen und liturgischen Paradigma auch immer.

Mitarbeiterinnen und Mitarbeiter

Prof. Dieter G. Baumewerd, Architekt, Münster

Prof. Dr. Albert Gerhards, Professor für Liturgiewissenschaft an der Katholisch-Theologischen Fakultät der Universität Bonn

Prof. Dr. Christian Grethlein, Direktor des Seminars für Praktische Theologie und Religionspädagogik der Evangelisch-Theologischen Fakultät der Universität Münster

Prof. Dr. Benedikt Kranemann, Professor für Liturgiewissenschaft an der Theologischen Fakultät Erfurt

Prof. Dr. Claus-Peter März, Professor für Exegese und Theologie des Neuen Testaments an der Theologischen Fakultät Erfurt

Manfred Plate, Publizist, Freiburg

Prof. Dr. Manfred Probst, Professor für Liturgiewissenschaft an der Philosophisch-Theologischen Hochschule der Pallottiner, Vallendar

Prof. Dr. Thomas Pröpper, Direktor des Seminars für Dogmatik und theologische Hermeneutik der Katholisch-Theologischen Fakultät der Universität Münster

Prof. Dr. Dorothea Sattler, Direktorin des Ökumenischen Instituts der Katholisch-Theologischen Fakultät der Universität Münster

Prof. Dr. Thomas Söding, Professor für Exegese des Neuen Testaments am Fachbereich 2 (Geschichte-Philosophie-Theologie) der Bergischen Universität – Gesamthochschule Wuppertal

Honorarprof. DDr. Thomas Sternberg, Kirchen- und Kunsthistoriker, Direktor der Diözesanakademie Franz-Hitze-Haus, Münster

Prof. Dr. Erich Zenger, Direktor des Seminars für Zeit- und Religionsgeschichte des Alten Testaments an der Katholisch-Theologischen Fakultät der Universität Münster

Register
1. Bibelstellen

Gen		**2 Sam**		**Koh**	
1,26f.	104	23,1–7	29	3,14	53
22	27				
49,1	200	**2 Chr**		**Sir**	
		5,12f.	30	18,1	67
Ex				22,6	148
3,14	25, 36, 104	**Neh**		51,10	56
12,6	200	8	46		
19,3	29			**Jes**	
20,2	133	**Tob**		41,4	131
20,4	104	13,2	67	44,6	131
20,11	67			45,23	68
33,19	104	**2 Makk**		48,12	131
34,6f.	25, 69	2,7	87	49,1.5f.	56
40,34f.	30			54,1–10	133
		Ps			
Lev		1	29f.	**Jer**	
16	91f.	1,1	30	1,5	56
23,2	200	17,50LXX	66	10,10	67
		18	67	16,14f.	67
Dtn		22	24	23,7f.	67
4,2	53	22,4	16	26,2	53
4,35	104	31	24, 38f.	31,20	133
5,6	133	31,13–15	39		
5,26	67	40,2.4	28	**Dan**	
6,6	146	42–43	24	2,28f.	53
8,3	222	42,3	67	6,27f.	67
13,1	53	69	24		
30	30	70,10LXX	66	**Hos**	
30,19	30	107–145	25	2	67
32,40	67	119	225, 230	2,1	67
33	30	119,22f.	230	11,1–9	133
33,29	30	132,10	29		
34,10	29	145	25	**Mt**	
		145,21	25	6,9–13	24f., 47
Jos		146–150	25	9,17	33
3,10	67	146,6	67	16,16	67
				18,20	42
1 Sam		**Spr**		26,63	67
14,39	67	8,35	149	28,20	147
17,26.36	67	30,6	53		

251

Mk		15,9	47, 66f.	**Gal**	
1,1	42	15,13	49	1,15	56
1,1–11	43	16,16	50	2	55
16,2	46	16,25ff.	61	3	56
				4,4	58, 142
Lk		**1 Kor**		4,4ff.	47
4,4	222	1–2	49	4,5f.	56
4,16ff.	46	3,14	49	4,20	49
4,16–30	136	4,6	47	6,6	55
10,1	72	5,3	49		
		7	58	**Eph**	
Joh		11	45	3,3f.	51
1,1–18	60	11,4f.	47	5,19	47
1,14	147	11,5	46		
14,26	147	11,23ff.	58	**Phil**	
19,35	78	11,26	50	2,6–11	56
20,22	136	11,27ff.	50	4,9f.	49
20,30f.	78	12	47, 56		
21,24f.	78	12,8ff.	47	**Kol**	
		12,28	227	1,15	110
		12,28ff.	47	2,5	49
Apg		14	45, 47, 201	3,16	47
2,46	46, 48	14,15	47	4,16	51
4,3	46	14,16.23	169		
13,1	45	14,22–25	46	**1 Thess**	
13,15	46, 83	14,26	47	1,1–3	49
14,15	67	14,26–33	46	1,9	61
15,21	46	14,33b–36	46	1,9f.	67
16,25	47	15,3ff.	47, 76	2,1–12	49, 57
20,7	48	15,3–5	59, 78	2,8	57
20,7.11	46	15,45	136	2,13	49, 57, 65
23,31f.	46	16	65	3,10	49
		16,2	46	3,11ff.	49
		16,20–23	50	4,1	49
Röm		16,22	47	4,13	49
1,2	43f., 57, 66			5,12	48
1,3f.	58, 136			5,23f.	49
3,1f.	43, 57	**2 Kor**		5,27	48
5,5	111	1,20	61		
8,15	47, 56	3–5	61		
8,26	17	3	46f.	**2 Thess**	
9–11	67	3,6–18	78	2,1	88
9,1–5	44	4,7	56	3,16ff.	50
9,4f.	58	4,7–15	56		
9,26f.	67	5,16	58	**1 Tim**	
10,15	202	5,20	66	2,5	59
10,17	66	8,9	56	2,11f.	46
11	61	10,10	49	3,16	59
12	49, 56	11,21–33	56	4,10	67
12,1f.	81, 180	12,9	56	4,13	47
12,6ff.	47	12,10	56	6,20	47, 61
14,11	67	13,12	50		
15,3	66				

252

2 Tim		8,1	96	13,22	83
2,8	59	8,1 f.	93	13,22 ff.	85
3,15 f.	47, 51	9,8	62		
3,16 f.	62	9,11	88	**1 Petr**	
4,13	51	9,14	92	1,10 ff.	63, 65
		10,1	88	1,11	63
Tit		10,14	92	2,18–25	59
3,4 f.	133	10,15	62	5,14	50
		10,19	96		
Hebr		10,19–25	87, 93 f.	**2 Petr**	
1–4	91	10,19–13,21	91	1,3.10 f.	60
1,1 f.	62, 81, 88, 90	10,22	92	1,16 ff.	60
1,1–14	90	10,24 f.	87	1,20 f.	62
1,5–13	62	10,25	87, 97	2,21	52, 61
2,1	90	10,29	89	3,1	51
2,1–4	86, 89–91	10,32–34	86	3,2	51
2,5–9	85	11,13 f.	89	3,15 f.	49, 60
2,5–18	92	12,2	59	3,15 ff.	52
2,7	85	12,14–17	89	3,16 f.	54
2,12	47	12,15–17	87	3,17 f.	50
2,15	89	12,22 f.	88		
3,1	59	12,22–24	94, 97	**1 Joh**	
3,5.7 ff.	89	12,24	89	1,1	146
3,7	62	12,25–29	89	1,1–4	55, 60
3,7–4,13	62	13,1–6	94		
3,12 f.	87	13,1–21	94–98	**Offb**	
4,1	87	13,7	94 f.	1,1–3	53
4,7	62	13,7–17	86 f., 89, 94, 98	1,8	131
4,12	62, 80			1,10	46, 53
4,12 f.	67, 89 f.	13,9	95	1,10 ff.	53
4,13	67	13,10	95–97	1,19	53
4,14	92 f., 96	13,10–14	94 f.	2,1.8.18	53
4,14–10,18	91	13,10–16	95–97	3,1.7.14	53
5,1–10	91	13,11	95 f.	4,9 f.	67
5,11–6,3	83, 89	13,11 f.	96 f.	7,2	67
5,11–6,12	91	13,15 f.	84, 94, 97 f.	10,6	67
5,11–6,20	86	13,17	94 f.	15,7	67
6,4 ff.13–20	89	13,18–21	94	19,10	53
6,6	87	13,18–25	83	21,4	137
6,19 f.	93	13,20 f.	83	21,6	131
7–10	83	13,20–24	51	22,7 f.10	53
7,1–10,18	91	13,21	83	22,18 f.	53
				22,20	50, 53

2. Namen

Adna, J. 59
Amalar 72
Ambrosius 70
Anselm von Canterbury 108
Asting, R. 82
Athanasius von Alexandrien 17–19, 25–27, 31
Aufderbeck, H. 215, 218, 227
Augustinus 42, 70
Ausländer, R. 146
Austin, J. L. 124f., 137

Bachmann, I. 142f., 240
Bachmann, M. 47
Backhaus, K. 52, 67, 98
Bader, G. 18
Ballhorn, E. 29
Baltensweiler, H. 89
Balthasar, H. U. v. 71
Barras, Ph. 205
Barth, K. 77
Bauer, W. 45, 82, 170
Baumewerd, D. 13
Baumgartner, J. 215–217, 221, 230
Baumstark, A. 71
Becker, Hansj. 47, 78, 152, 154
Beethoven, L. v. 248
Benn, G. 240
Berg, K. 218
Berger, R. 168, 187, 207, 222
Berger, T. 149, 165f.
Beutel, A. 175
Beuys, J. 240
Bieritz, K.-H. 89, 151, 157, 168, 170, 222
Blankenburg, W. 69
Böhl, F. 8
Bohren, R. 77
Bongardt, M. 100
Bornkamm, H. 21

Brakmann, H. 70, 159
Braulik, G. 37, 79, 152
Bretschneider, W. 150, 157
Brocke, M. 25
Brucker, R. 47
Brüske, G. 227
Bsteh, A. 85
Buchinger, H. 33
Bugnini, A. 209
Bultmann, R. 58
Büsse, H. 205

Cabrol, F. 65
Casper, B. 138
Cassiodor 26
Chupungco, A. J. 224f.
Clavier, H. 89
Clemens von Alexandrien 54
Congar, Y. 79
Coreth, E. 85
Courth, F. 185
Cullmann, O. 45, 82

Daiber, K.-F. 175
Dallen, J. 214
Daniélou, J. 75
Dannowski, H. W. 175
Davis, C. 242
Deissler, A. 24, 26
Delgado, M. 140
Delling, G. 45, 47, 82
Demel, S. 169
Dibelius, M. 84, 88, 92
Didier, J.-Ch. 205
Dionysos von Korinth 52
Dohmen, Ch. 27, 53, 76
Droosten, P. H. 68
Duschak, W. J. 216

Ebertz, M. N. 166f.
Eckstein, H.-J. 62
Ehrlich, E. L. 77, 153
Eisenbach, F. 8, 42
Emeis, D. 221
Englert, R. 140

Ernst, W. 84f.
Eusebius 52

Falken, H. 165
Fessler, G. 34
Feulner, H.-J. 219
Figura, M. 148
Fink, H. 217
Fischer, A. 167
Fischer, Balth. 31–34, 38, 219
Frankemölle, H. 59
Franz, A. 9, 41, 152
Freitag, R. 13
Fries, H. 65
Fritzsche, Y. 167
Fuchs, W. 127
Fuchs-Heinritz, W. 167
Füglister, N. 37

Galley, H.-D. 84
Geerlings, W. 150
Gerhards, A. 12, 13, 33, 38, 70, 147, 149f., 152, 154f., 157, 159f., 162, 165, 219, 231
Gerosa, L. 169
Gilbert von Poitiers 26
Ginzel, G. B. 34
Godu, G. 69
Goethe, J. W. v. 248
Goltzen, H. 31
Goppelt, L. 74
Gräßer, E. 83, 87–89, 91, 94–96
Grethlein, Chr. 12, 175
Grillo, A. 123
Guardini, R. 164, 242
Gülden, J. 215

Haag, E. 67
Häfner, G. 62
Hahn, F. 45, 82, 84
Hake, J. 157
Hammerschmidt, E. 220
Hansberger, Th. 29

254

Hanssens, J. M. 68
Hardmeier, Ch. 21
Harnack, A. von 51
Harnoncourt, Ph. 150, 154, 218
Haubeck, W. 47
Häußling, A. A. 152, 176, 228
Hegermann, H. 89
Heinz, A. 157, 219 f., 230
Hell, S. 148
Hemmerle, K. 138
Hengel, M. 42, 46 f.
Herder, J. G. 105
Hertzsch, K.-P. 151
Hickman, H. L. 206
Hiegemann, S. 179
Higgins, A. J. B. 89
Hilberath, B. J. 167, 206
Höffner, B. 221
Hofinger, J. 215–217
Hölderlin, F. 248
Hollerweger, H. 157
Holtz, T. 48
Homeyer, J. 9, 184
Honnefelder, L. 85
Horn, F.-W. 56
Hossfeld, F.-L. 67
Hübner, H. 41, 57
Hughes, K. 205
Hultgren, A. J. 51
Huonder, V. 212, 216

Ignatius von Antiochien 47, 95
Irenäus 105

Jammers, E. 43
Janowski, B. 21
Jaschinski, E. 150, 152, 157
Jaspert, B. 41
Johannes Chrysostomus 70
Johannes Paul II. 34, 38 f., 195 f.
Join-Lambert, A. 162, 205, 210
Jörns, K.-P. 48
Josephus 46, 51
Jungmann, J. A. 7, 38, 43, 64 f., 68–70, 73, 149 f., 205, 215, 217, 225
Justin 46, 48, 50, 54, 72

Kaczynski, R. 47, 70, 74, 154, 158, 187, 190, 205
Kahlefeld, H. 241
Kandinsky, W. 240
Kant, I. 101, 246

Karrer, M. 55
Käsemann, E. 84 f., 90, 93 f.
Kasper, W. 157, 186 f.
Kellner, J. 215–217
Kemerer, J. 216, 221
Kennel, G. 47
Kertelge, K. 58 f.
Kierkegaard, S. 110
Kindermann, Fr. 215
Kirchgessner, B. 8, 147, 182, 206, 209, 222
Klauck, H.-J. 45, 48, 50, 52, 60, 78, 95 f.
Klecr, M. 29
Klinghardt, M. 45
Klöckener, M. 13, 152, 162 f., 177, 185, 207
Knoch, O. 32 f., 45, 84, 98
Koch, D.-A. 64, 159
Koch, K. 100, 122, 188 f.
Koetschau, P. 37
Kohlschein, F. 190 f., 226
Korn, S. 160
Kramer, C. 215, 218
Krämer, P. 169
Kranemann, B. 9, 12, 37 f., 41, 73, 152, 158, 164, 167, 177, 199, 227, 231, 242
Kranemann, D. 13
Kraus, W. 63
Kreuzer, S. 38, 67
Kuhn, H. W. 58
Kunze, G. 69
Kussmaul, P. 125

Labahn, M. 58
Landmesser, Chr. 62
Lattke, M. 47
Laub, F. 59
Leipold, J. 82
Lengeling, E. J. 70, 147, 193, 205, 224
Lentes, Th. 25 f.
Lerle, E. 82
Levinas, E. 27 f.
Lichtenberger, H. 62, 159
Lietzmann, H. 82
Lohfink, N. 35, 79, 152
Löhr, H. 46
Loretan, A. 188 f.
Lubac, H. de 75
Lüdicke, K. 194
Lukatis, W. 175
Lurz, F. 166–168, 179, 221
Luther, M. 12, 21, 26, 170–172, 177 f.
Lüthi, K. 38
Lutz-Bachmann, M. 38

Maas-Ewerd, Th. 189 f., 203, 216, 226
Machovec, M. 20
Maier, J. 46 f.
Malherbe, A. J. 57
Mann, Th. 240
Manson, Th. W. 89
Marcellinus 17 f.
Marti, K. 20
Martimort, A.-G. 43
Martin, G. M. 175
März, C.-P. 10, 84 f., 89, 92, 96
Maser, P. 159
Maximus Confessor 71
McManus, W. E. 214
Meade, D. G. 55
Merk, O. 58
Merz, M. B. 152, 177, 207
Meßner, R. 78, 148, 152, 156, 158, 186, 222
Metzger, M. 219
Meyer, H. B. 44, 168 f., 185–187
Michel, O. 83, 96
Mödl, L. 155
Moltmann-Wendel, E. 135
Monshouwer, D. 70
Moos, A. 8, 123, 206
Müller, A. 149
Müller, K. F. 69, 180, 242
Müller, L. 169
Müller, M. 49
Müller, P. 48
Müller, U. B. 50, 53
Münchmeier, R. 167

Nagel, E. 9, 78, 152, 157, 164, 167, 207, 232
Nautin, P. 72
Neuheuser, H. P. 8, 158, 163
Neumann, Burkh. 123
Nicol, M. 178
Nono, L. 240 f.
Nübold, E. 74, 77, 151, 164, 167
Nußbaum, O. 158 f., 164, 205, 214, 216, 221

Oberlinner, L. 51, 62
Odenthal, A. 147
Oeming, M. 53
Ohly, F. 75
Ong, W. J. 178
Origenes 37, 54, 71 f., 75
Orth, St. 227
Ovid 244

Pacik, R. 78, 152, 217
Pahl, I. 44, 168
Pannenberg, W. 44, 123, 149
Pawlowski, H. 156
Pesch, R. 46
Petrus Lombardus 26
Petuchowski, J. J. 25
Philo 46 f.
Picasso, P. 240
Pilvousek, J. 215
Plate, M. 13
Plett, H. F. 52
Plinius d. J. 47 f.
Plümacher, E. 51
Polykarp von Smyrna 51 f.
Pomella, A. 207
Probst, M. 12, 184 f., 206
Pröpper, Th. 11
Puza, R. 202 f.

Quinn, K. 48

Raas, F. 209
Rad, G. von 28
Rahner, K. 139 f.
Raspe, M. 151
Ratzinger, J. 65, 71, 74, 157, 160 f., 221
Rau, St. 206
Reemts, Ch. 17
Remigius von Auxerre 72
Rengstorf, K.-H. 47
Rennings, H. 163, 207, 218, 221, 230
Richter, K. 9, 13, 37 f., 41, 82, 100, 123, 143, 147, 164–167, 185, 216, 224, 231, 240, 242
Riesner, R. 59
Rilke, R. M. 21
Rieße, G. 185
Roberts, C. H. 51
Roloff, J. 53
Rosien, P. 156
Rössler, M. 155

Salzmann, H. Chr. 45, 50, 53 f., 71
Sänger, I. 146
Sattler, D. 11, 123, 167, 206
Savigny, E. v. 124
Scherzer, R. B. 146
Schierse, F. J. 92, 94–96
Schilson, A. 147, 157

Schirn, M. 125
Schleiermacher, Fr. 173
Schlier, H. 82
Schmidt, Joh. 171
Schmidt-Lauber, H.-Chr. 38, 151, 179
Schneider, Fr. 8, 205
Schneider, H. 18, 22
Schneider, Th. 44, 123, 149
Schnelle, U. 41, 51, 58, 60
Schnider, F. 50
Schöllgen, G. 70
Scholten, C. 70
Scholtissek, K. 51, 58
Schöpf, W. G. 186
Schrage, W. 47, 87
Schröger, F. 84
Schulz, F. 179
Schulz v. Thun, F. 128 f.
Schützeichel, H. 150
Schwemer, A. M. 46
Searle, J. R. 124 f., 137
Seidel, H. 89
Seybold, M. 189
Sieben, H.-J. 17 f.
Silva, D. A. de 86 f.
Simon, W. 140
Skeats, T. C. 51
Sloterdijk, P. 141
Söding, Th. 10, 41 f., 49, 58–60, 62, 67, 75 f., 98, 133
Sparn, W. 127
Spener, P. J. 173
Spieckermann, H. 69
Spital, H. J. 190 f.
Stanley, Ch. D. 64
Stanton, G. 42
Steck, O. H. 27
Steins, G. 9, 27, 41, 75
Stemberger, G. 27
Stenger, W. 50, 67
Stöger, A. 74
Stolle, V. 45
Stowers, S. K. 52
Sträter, U. 171, 173
Strawinsky, I. F. 240
Strecker, G. 170
Strolz, W. 25
Strotmann, A. 56
Stuflesser, M. 123
Sulze, E. 174
Swetnam, A. 83, 98
Swoboda, W. H. 179

Taft, R. F. 219
Tarnow, P. 171 f.
Tebartz-van Elst, F.-P. 164, 231, 242
Tertullian 24 f., 54
Theissing, H. 215
Theobald, M. 62
Thönnes, D. 100, 206
Thraede, K. 50
Thurén, J. 97
Thyen, H. 52, 83
Tiefensee, E. 85
Trajan 47
Trepp, L. 46

Übelacker, W. G. 83, 85
Ulrich, L. 175

Vajta, V. 180
Valentin 24
Velkovska, E. 219
Vergil 244
Vielhauer, Ph. 52
Vinet, A. 178
Vischer, L. 180
Vögtle, A. 52, 61
Vorgrimler, H. 123, 177

Wagner, Joh. 209
Wallraff, M. 161
Walter, N. 63
Weder, H. 55
Weil, S. 117
Weiser, A. 185
Weiß, H.-F. 83, 85, 87 f., 90, 92, 97 f.
Wendebourg, D. 179
Wenham, D. 59
Werbick, J. 140 f.
Werbs, N. 218
Wider, D. 89
Wilckens, U. 44
Wilk, F. 63
Windisch, H. 84
Wintzer, F. 173
Wokittel, H. 179
Würbel, A. 149

Zahn, Th. 72
Zenger, E. 10, 21, 25, 27, 34, 67, 135, 154
Zerfaß, R. 70
Zulehner, P. M. 148